Arbeitnehmerrechte weltweit stärken?

Arbeit – Interessen – Partizipation

Herausgegeben von Ludger Pries and Rainer Trinczek

Band 10

Siglinde Hessler, Dr. rer. soc., ist im Rahmen eines Forschungsprojekts an der Gemeinsamen Arbeitsstelle Ruhr-Universität Bochum/IG Metall tätig und lehrt an der Universität Hamburg.

Siglinde Hessler

Arbeitnehmerrechte weltweit stärken?

Die Umsetzung der Internationalen Rahmenvereinbarungen in Mexiko

Campus Verlag
Frankfurt/New York

Gedruckt mit freundlicher Unterstützung der Hans-Böckler-Stiftung.

Bibliografische Information der Deutschen Nationalbibliothek
Die Deutsche Nationalbibliothek verzeichnet diese Publikation in der Deutschen Nationalbibliografie; detaillierte bibliografische Daten sind im Internet unter http://dnb.d-nb.de abrufbar.
ISBN 978-3-593-39779-5

Umschlaggestaltung: Campus Verlag GmbH, Frankfurt am Main
Druck und Bindung: CPI buchbücher.de, Birkach
Gedruckt auf Papier aus zertifizierten Rohstoffen (FSC/PEFC).
Printed in Germany

Dieses Buch ist auch als E-Book erschienen.
www.campus.de

Inhalt

Teil II: Die Umsetzung von Internationalen Rahmenvereinbarungen bei ausgesuchten Unternehmen in Mexiko

Teil III:Ergebnisse

1 Einleitung

1.1 Ausgangslage und Problemstellung

Im Zeitalter einer weltweiten Kapital-, Markt- und Produktionsvernetzung haben sich die Anforderungen an eine internationale Erwerbsregulierung und damit auch die Herausforderungen, vor denen international tätige Unternehmen sowie die Arbeitnehmer[1] und ihre Interessenvertretungen stehen, grundlegend verändert. Zahlreiche Unternehmen produzieren in immer größerem Maße weltweit und vernetzen zunehmend die verschiedenen Produktionsstandorte. Sie sind damit in verschiedene nationale *settings* eingebunden, die sich sowohl in Bezug auf die allgemeine wirtschaftliche und politische Entwicklung als auch hinsichtlich der jeweiligen rechtlichen Rahmenbedingungen und der Systeme der Erwerbsregulierung meist in erheblichem Maße unterscheiden. Dadurch werden die Unternehmen oft nicht nur vor Herausforderungen bezüglich ihrer Arbeitsorganisation und Produktionsstruktur gestellt, sondern es können auch Probleme hinsichtlich der Einhaltung von Arbeitnehmerrechten entstehen. So werden immer wieder Fälle eklatanter Missachtung von Arbeitnehmerrechten durch international tätige Unternehmen, vor allem in Entwicklungs- und Schwellenländern, bekannt. Es scheint deshalb fraglich, ob international tätige Unternehmen eine weltweite Respektierung von grundlegenden Arbeitnehmerrechten gewährleisten können. Zumindest in den industriell weiter entwickelten Ländern des Nordens gewinnt das Thema einer gesellschaftlichen Verantwortung von Unternehmen *(Corporate Social Responsibility,* CSR*)* immer mehr an Bedeutung und setzt die Unternehmen unter Druck, eine Einhaltung von Mindestarbeitsstandards an ihren Standorten weltweit nachzuweisen.

---

1 Aus Gründen der besseren Lesbarkeit wird in dem vorliegenden Buch auf die Verwendung der weiblichen Form verzichtet; weibliche Personen sind jedoch immer mit eingeschlossen.

Gleichzeitig sind Unternehmen durch ihre weltweiten Produktionsstrukturen in der Lage, diese an aktuelle wirtschaftliche Entwicklungen anzupassen und die Vergabe von Produktionsaufträgen kurzfristig zu verlagern. Auch wenn dieses Szenario in vielen Fällen letztlich nicht umgesetzt wird (Pries 2002), wird es doch als Drohung und zur Durchsetzung unliebsamer Entscheidungen gegen die Arbeitnehmerschaft verwendet und birgt für die Arbeitnehmervertretungen neue Herausforderungen. Diese können aufgrund der veränderten strukturellen Bedingungen nicht mehr nur nationale Entscheidungen treffen, sondern müssen international denken und handeln, wenn sie ihren Einfluss nicht verlieren wollen.

Inzwischen existieren zahlreiche Ansätze, mithilfe derer Arbeits- und Sozialstandards in international produzierenden Unternehmen weltweit angeglichen werden sollen. Viele Unternehmen reagieren auf die wachsenden Erwartungen ihrer Kunden, Geschäftspartner und einer medialen Öffentlichkeit, gesellschaftliche Verantwortung zu übernehmen, mit der Verabschiedung unilateraler Verhaltenskodizes, die auf reiner Freiwilligkeit der Unternehmen beruhen und keine externe Überprüfung (Monitoring) vorsehen. Nichtregierungsorganisationen (NGOs), Gewerkschaften sowie Unternehmens- und Industrieverbände rufen Multistakeholder-Initiativen ins Leben, die Sozial-, Arbeits- und Umweltstandards festschreiben und die verschiedene Akteure in das Monitoring einbeziehen.[2] Auch zwischenstaatliche Vereinbarungen wie die OECD-Richtlinien für Multinationale Konzerne (1976) und die Grundsatzerklärung der *International Labour Organization* (ILO) über Multinationale Konzerne und Sozialpolitik (1977)[3] sollen auf die Beachtung von wesentlichen Arbeitnehmerrechten hinwirken.

Darüber hinaus haben sich in zahlreichen international tätigen Unternehmen grenzüberschreitende Strukturen der Arbeitsbeziehungen entwickelt, die den Dialog und die Kooperation auf Seiten der Arbeitnehmer

2 Die bekannteste Multistakeholder-Initiative stellt der Global Compact dar. Hierbei handelt es sich um eine UN-Initiative, die internationale Konzerne und andere Organisationen zur Berücksichtigung von Menschenrechten und zum Umweltschutz verpflichtet. Die Initiative zählt heute bereits mehr als 8.000 Unterzeichner (Stand: Juli 2011, http://www.unglobalcompact.org/ParticipantsAnd Stakeholders/index.html; Zugriff 13.7.2012).

3 Beide Richtlinien enthalten Bestimmungen über Arbeitnehmerrechte in internationalen Konzernen. Sie zeigen jedoch kaum Auswirkungen, was u. a. in dem mangelnden Engagement von OECD und ILO begründet ist (vgl. Greven/Scherrer 2001: 76; siehe auch Kapitel 2.3, Teil I).

und damit ihren Einfluss auf internationaler Ebene fördern sollen. Vor allem die vermehrt gegründeten Europäischen Betriebsräte (EBR) und die in geringerem Maße etablierten Weltbetriebsräte (WBR) sind hier zu nennen. Des Weiteren sind auch auf zwischenstaatlicher Ebene – insbesondere im europäischen Wirtschaftsraum – bereits erste Erfolge in Richtung einer Harmonisierung der Regulierung von Arbeit und Arbeitsbeziehungen erzielt worden.[4]

Während die Instrumente zur Durchsetzung der Normen dabei ebenso vielfältig wie umstritten sind, besteht weitreichender Konsens über die zu implementierenden Arbeitsstandards und die Notwendigkeit eines grundlegenden Schutzes von Arbeitnehmerrechten weltweit. Trotz zum Teil gegenläufiger Meinungen vor allem aus dem wirtschaftsliberalen Lager hat sich die Auffassung durchgesetzt, dass Mindestarbeitsstandards die Voraussetzung für eine weltweit ökonomisch, sozial und politisch gerechte und fortschrittliche Entwicklung sind (vgl. zur Debatte sowie zur Begründung der Notwendigkeit von Arbeitsstandards etwa Sengenberger 2002).[5] Eine wichtige Rolle kommt in diesem Zusammenhang der ILO zu, indem sie die grundlegenden Arbeitsstandards definiert und in einen verbindlichen Rahmen einbettet. Insbesondere die ILO-Kernarbeitsnormen, die sich auf Vereinigungsfreiheit und das Recht auf Kollektivverhandlungen, die Beseitigung von Zwangsarbeit, die Abschaffung von Kinderarbeit und das Verbot von Diskriminierung beziehen, setzen für alle UN-Mitgliedsstaaten grundlegende und verbindliche Regeln fest, unabhängig von der Ratifizierung durch die einzelnen Staaten.

Die hier untersuchten Internationalen Rahmenvereinbarungen (IRV)[6] beziehen sich auf diese Kernarbeitsnormen und stellen einen relativ neuen Ansatz zur Regulierung von Arbeit und Beschäftigung auf internationaler Ebene dar. Erst seit Ende der 1990er Jahre werden IRV abgeschlossen. Bei

---

4 So etwa durch die Richtlinie zur Gründung von Europäischen Betriebsräten (EBR) in Unternehmen mit mehr als 1.000 Beschäftigten, die Direktive zum Verbot geschlechtlicher Diskriminierung oder auch die Richtlinie zur rechtlichen Gleichbehandlung von Teilzeitkräften (vgl. ausführlicher Kapitel 2.3, Teil I).

5 Dabei herrscht die Meinung vor, dass gerade die für die ärmsten Länder hohen Kosten der Globalisierung nur durch staatliche Steuerung und weltweit gültige Regeln zu vermeiden sind. Arbeitsstandards würden auch diesen Ländern bzw. den dort verarmenden Bevölkerungsschichten eine Chance auf Wohlstand und sozialen Ausgleich eröffnen.

6 Die IRV werden z. T. auch als Globale Rahmenabkommen, Internationale Rahmenabkommen, International Framework Agreement (IFA) oder Global Agreements bezeichnet. In dieser Arbeit wird der Ausdruck Internationale Rahmenvereinbarung verwendet.

diesen handelt es sich um Abkommen zwischen den Internationalen Gewerkschaftsverbänden *(Global Union Federations,* GUF*)*, internationalen Unternehmen und meist auch betrieblichen Arbeitnehmervertretungsorganen – in der Regel dem EBR oder dem WBR[7] –, die Mindestarbeitsstandards für das entsprechende Unternehmen festschreiben. Dabei gelten die Standards aber in der Regel nicht nur für das Unternehmen und seine Niederlassungen, sondern auch für die Zulieferer, die bei der Anwendung der Abkommen unterstützt werden sollen. Neben den ILO-Kernarbeitsnormen enthalten IRV meist Angaben zu Höchstarbeitszeiten, Mindestvergütung sowie Arbeits- und Gesundheitsschutz.

Im Rahmen einer internationalen Erwerbsregulierung stellen die IRV eine innovative Weiterentwicklung der bisherigen Ansätze dar. Innerhalb der Forschungsgemeinschaft wird vor allem das Potenzial der IRV, das in einem institutionalisierten Dialog zwischen Unternehmen und GUF, der angestrebten Anwendung auf Zulieferbetriebe sowie der Bezugnahme auf die ILO-Normen gesehen wird, positiv bewertet (vgl. Kapitel 1, Teil I und 2.4, Teil I). Trotz dieser positiven Bewertung stehen eine empirische Untersuchung der Umsetzung der IRV in den verschiedenen lokalen Kontexten und damit die Überprüfung ihrer Umsetzungschancen noch weitgehend aus (vgl. zum Forschungsstand Kapitel 1, Teil I). Auf gewerkschaftlicher Seite finden zwar Strategiediskussionen bezüglich der IRV statt, in denen durchaus auch kritische Stimmen Platz haben,[8] diese werden aber kaum durch aussagekräftige empirische Daten untermauert. Zu kurz war bislang die Dauer des Implementationsprozesses und zu gering waren die Kontakte zu den einzelnen Produktionsstätten in den entsprechenden Ländern.

Die vorliegende Studie will helfen, diese Forschungslücke zu schließen. In vier internationalen Konzernen[9] der Automobilindustrie wird überprüft,

---

7 Unterschieden wird z. T. zwischen Internationalen und Europäischen Rahmenvereinbarungen, wobei Letztere auf die europäische Ebene begrenzt sind und dementsprechend auf Arbeitnehmerseite von europäischen Akteuren – etwa den Europäischen Gewerkschaftsverbänden, den Europäischen Betriebsräten und/oder den nationalen Gewerkschaften – unterzeichnet werden (Telljohann u. a. 2009: 6).

8 So sprechen sich u. a. einige US-Gewerkschaften gegen den Abschluss von IRV aus und auch die europäischen Gewerkschaften diskutieren immer wieder kritisch ihren Nutzen (vgl. Kapitel 2.4.1, Teil I).

9 Der Begriff »international« soll in der vorliegenden Arbeit als Überbegriff verwendet werden. Eine Differenzierung, wie sie etwa Bartlett und Ghoshal (1989) und Hauser-Ditz u. a. (2010) vornehmen, wird nicht vorgenommen. Diese Typologien unterscheiden zwischen multinationalen, globalen, internationalen/fokalen und transnationalen Orga-

wie diese Unternehmen die IRV in Mexiko umsetzen und welche Faktoren dabei eine Rolle spielen. Die untersuchten Konzerne – zwei Automobilhersteller und zwei große Zulieferbetriebe[10] – haben alle zu einem recht frühen Zeitpunkt eine IRV abgeschlossen und verfügen über mindestens einen Standort in Mexiko. Die gewerkschaftliche Vertretung der Mitarbeiter in den betroffenen Metallunternehmen in Deutschland besteht in allen Fällen aus der IG Metall; auf internationaler Ebene ist der Internationale Metallgewerkschaftsbund (IMB) zuständig. Mit dem IMB wird die Politik einer GUF untersucht, die den Abschluss neuer IRV in ihrem Einflussbereich bereits zu einem frühen Zeitpunkt gefördert hat (vgl. Kapitel 2.4, Teil I).[11]

Mit Mexiko als Umsetzungskontext wurde ein Land ausgewählt, das aufgrund seiner Umbruchsituation seit Ende der rund 70-jährigen faktischen Einparteienherrschaft durch die Partei der Institutionalisierten Revolution (PRI) im Jahr 2000 eine spannende politische und gesellschaftliche Entwicklung durchlebt. Parallel zur politischen fand eine wirtschaftliche Öffnung statt. Während Mexiko sich bis in die 1980er Jahre ökonomisch weitgehend von der Weltwirtschaft abgeschottet hatte, ist das Land inzwischen stark in den Welthandel integriert. So ist die nach Brasilien zweitgrößte Volkswirtschaft Lateinamerikas seit 1994 Mitglied der OECD und durch ein System von Freihandelsabkommen mit zahlreichen Ländern und Staatengemeinschaften – insbesondere den USA, Kanada, Japan und der EU – vernetzt, wobei die USA den mit Abstand wichtigsten Handelspartner darstellen. Zahlreiche internationale Konzerne unterhalten Produktionsstandorte in Mexiko, in denen insbesondere für den US-amerikanischen Markt produziert wird.

---

nisationen bzw. Konzernen. Als multinationale Konzerne werden demnach dezentrale Organisationsformen bezeichnet, während globale Konzerne eine dezentralisierte Struktur bei gleichzeitiger Machtkonzentration auszeichnet. Internationale Unternehmen betrachten sie als koordinierte Föderationen mit einer zentralisierten Machtstruktur; transnationale Konzerne hingegen werden als integrales Netzwerk definiert, in dem unabhängige lokale Einheiten in einem integralem globalen Austausch stehen.

10 Da die Unternehmen z. T. den Wunsch nach Anonymisierung äußerten, werden die Namen der untersuchten Konzerne in der vorliegenden Untersuchung nicht genannt.

11 Beim IMB handelt es sich um eine der größten und ältesten bestehenden GUF. Der IMB wurde 1893 in Zürich gegründet und hat seinen Sitz heute in Genf. Die Organisation verfügt über mehr als 200 Mitgliedsorganisationen in 100 Ländern und über 25 Millionen Gesamtmitglieder. Organisiert ist der IMB nach industrieverbandlichem Prinzip, so dass verschiedene Berufsgruppen der Metallindustrie vertreten werden (vgl. ausführlich zu Charakter, Entwicklung und Politik des IMB Platzer/Müller 2009: 113–164).

Die politische und wirtschaftliche Öffnung Mexikos hat erheblich dazu beigetragen, dass es auch im Bereich von Arbeit und Erwerbsregulierung zu deutlichen Verschiebungen kam. So haben sich nicht nur die Arbeitsbedingungen vieler Arbeitnehmer verändert, sondern es haben sich auch die Rollen von Staat, Gewerkschaften und Unternehmen im System der Erwerbsregulierung in großem Maße gewandelt (vgl. Kapitel 1, Teil II). Beschäftigungsverhältnisse wurden flexibilisiert, Unternehmen privatisiert und wirtschaftliche Entwicklungen dereguliert. Diese tiefgreifenden gesellschaftlichen Veränderungen machen Mexiko zu einem interessanten Feld für die Untersuchung der Umsetzung der IRV.

Die Studie wird von zwei sich ergänzenden Forschungsfragen geleitet:

1. Die erste Frage bezieht sich auf die Wirkungsmächtigkeit der IRV: Wie werden die IRV in Mexiko umgesetzt, welche Faktoren spielen dabei eine Rolle und was resultiert aus ihrer Umsetzung? Findet eine tatsächliche Umsetzung der IRV statt oder wird vielmehr eine Strategie des *window dressing*, also eine allein auf Außenwirkung bedachte und letztlich inhaltsleere PR-Strategie, angewandt? Erste Untersuchungen deuten darauf hin, dass die nationalen *settings* eine große Bedeutung für den Verlauf und den Erfolg der Umsetzung der IRV haben (vgl. Kapitel 1, Teil I). In der vorliegenden Arbeit soll auf diese *settings* vor Ort und ihre Bedeutung für die Umsetzung der IRV fokussiert werden. Dabei wird der Grundannahme des soziologischen Neoinstitutionalismus gefolgt, der davon ausgeht, dass Organisationen institutionalisierte Elemente, also Handlungsmodelle, Strukturen, Technologien oder andere Organisationselemente, oft nicht aus Gründen der Effizienzsteigerung, sondern zur Legitimation gegenüber anderen Organisationen übernehmen. Dementsprechend wird angenommen, dass die offen oder indirekt geäußerten Ansprüche von Gewerkschaften und Betriebsräten, von anderen Profit- oder Non-Profit-Organisationen sowie von Kunden und Ratingagenturen den Abschluss und die Umsetzung von IRV durch die Unternehmen fördern. Es soll deshalb untersucht werden, welche Erwartungen seitens der relevanten Organisationen im Umfeld der Unternehmen – ihrem *organisationalen Feld* (vgl. ausführlich Kapitel 3.1, Teil I) – in Mexiko Einfluss auf die Umsetzung der IRV haben.
2. Die zweite Frage bezieht sich auf den Kontext einer internationalen Erwerbsregulierung: Wie sind die IRV in diesen Kontext einzuordnen und stellen sie ein zukunftsfähiges Instrument einer internationalen Erwerbsregulierung dar? Dabei werden die IRV in der vorliegenden Ar-

beit von rein freiwilligen CSR-Instrumenten unterschieden, da es sich um ausgehandelte und damit deutlich verbindlichere Vereinbarungen handelt. Gewerkschaften und Betriebsräte sind an Umsetzung und Kontrolle der IRV beteiligt und tragen somit zu ihrer erfolgreichen Umsetzung bei. Der Erfolg von Aushandlung und Umsetzung liegt also – so die Grundannahme dieser Arbeit – nicht allein auf Unternehmensseite begründet, sondern hat seine strukturellen Ursachen in den nationalen und internationalen Systemen von Erwerbsregulierung und dem Handeln der verschiedenen Akteure. Es soll deshalb untersucht werden, in welchem Kontext einer internationalen Erwerbsregulierung sich die IRV bewegen, welche Faktoren innerhalb des mexikanischen Systems der Erwerbsregulierung fördernd oder hemmend auf die Umsetzung der IRV wirken und welchen Beitrag die IRV zur Internationalisierung von Erwerbsregulierung leisten können.

Hieraus ergeben sich für die Untersuchung zwei Ziele:

1. Es soll das Umsetzungspotential der IRV in nationalen Kontexten überprüft werden. Sind sie anpassungsfähig an verschiedene Kontexte und können sie flexibel auf verschiedene Akteurs- und Machtkonstellationen eingehen? Sind sie ausgestattet mit ausreichenden Ressourcen und Umsetzungsmechanismen, um auch in anderen als den Herkunftskontexten eine Umsetzung zu gewährleisten? Oder bleiben sie abhängig vom Herkunftskontext? Da es sich bei der Untersuchung um eine räumlich begrenzte Fallstudie handelt, können nur bedingt generalisierte Aussagen getroffen werden. Zwar sollen die Ergebnisse der Fallstudien mithilfe der theoretischen Einordnung generalisiert und Rückschlüsse für das Potential der IRV im weltweiten Kontext gezogen werden, der nationale Kontext ist jedoch maßgeblich für die Umsetzung der IRV.
2. Darüber hinaus soll das vorliegende Buch einen Beitrag leisten, die Entwicklungschancen eines internationalen Systems der Erwerbsregulierung aufzuzeigen. Welche Rolle spielen die nationalen *settings* und die unterschiedlichen Erwartungen der einzelnen Akteure für die Entwicklung eines internationalen Systems der Erwerbsregulierung?

1.2 Aufbau des Buches

Das Buch ist in drei Teile gegliedert. Im ersten Teil soll das Untersuchungskonzept erläutert werden. Nach einer Vorstellung der verschiedenen Forschungsansätze, die sich mit dem Thema der IRV befassen, sollen die IRV in den Kontext einer internationalen Erwerbsregulierung gestellt werden. Die existierenden Forschungsansätze zum Thema internationale Erwerbsregulierung sollen erläutert und die wesentlichen Merkmale der IRV herausgearbeitet werden. Anschließend werden der neoinstitutionalistische Theorieansatz und die sich daraus ergebenden forschungsleitenden Fragen und Hypothesen sowie deren Operationalisierung für die vorliegende Studie vorgestellt.

Im zweiten Teil des Buches sollen die empirischen Erfahrungen aus Mexiko abgebildet werden. Nach einer Analyse des Systems der Erwerbsregulierung in Mexiko werden die Ergebnisse der vier Fallstudien nach dem Zeitpunkt des Abschlusses der einzelnen IRV chronologisch geordnet vorgestellt. In den Fallbeispielen werden zunächst die IRV der Unternehmen analysiert und auf ihr Potenzial hin geprüft. Anschließend wird die Umsetzung der IRV in den untersuchten Unternehmen in Mexiko anhand ausgewählter Aspekte dargestellt und es werden im Abgleich mit den eingangs dargestellten Grundannahmen die Faktoren herausgearbeitet, die für die Umsetzung der IRV in den einzelnen Unternehmen verantwortlich sind.

Im dritten und letzten Teil werden die Fälle miteinander verglichen und es sollen Antworten auf die Frage nach den Faktoren für die Arbeit mit den IRV in Mexiko gegeben werden. Dabei sollen durch den Vergleich der Fälle generalisierende Antworten gefunden werden, die über das Fallbeispiel Mexiko hinausweisen. Es wird erwartet, dass die Ergebnisse der Arbeit Hinweise auf Potenzial, Wirkungsmächtigkeit und realen Nutzen der IRV liefern. In diesem Zusammenhang sollen die Ergebnisse einen Ausblick für die weitere Entwicklung der IRV und einer internationalen Erwerbsregulierung ermöglichen. Darüber hinaus soll auch der Nutzen des soziologischen Neoinstitutionalismus für die vorliegende Forschung resümiert und für weitere Untersuchungen diskutiert werden.

Teil I: Untersuchungsdesign

1 Forschung zu Internationalen Rahmenvereinbarungen

Die IRV stellen inzwischen trotz einer relativ kurzen Dauer ihrer Existenz einen beliebten Forschungsgegenstand dar. So gibt es zahlreiche, vor allem neuere Arbeiten, die sich mit den IRV beschäftigen und die sich meist auf ihre inhaltliche und konzeptionelle Ausgestaltung konzentrieren. Dabei werden die IRV in der Regel von unilateralen Verhaltenskodizes *(codes of conduct)* unterschieden und in Abgrenzung zu diesen als ein Element der Arbeitsbeziehungen eingeordnet. Pries (2008 und 2010) etwa betrachtet die IRV als Element einer internationalen Erwerbsregulierung. Er bewertet sie vor allem im Zusammenspiel mit anderen Instrumenten und sieht das Potenzial der IVR insbesondere darin, verschiedene Regulierungsebenen und Akteure zu verbinden. So entstehe eine »emergierende Netzwerktextur«, innerhalb derer die IRV eine wichtige Rolle spielen könnten. Entscheidend sei aber, so Pries, die Verankerung der IRV in den lokalen Kontexten, ohne die sie keine Durchsetzungskraft entfalten könnten.

Die Möglichkeit, mithilfe von IRV eine Kultur des internationalen Austauschs und der Aushandlung innerhalb und zwischen den GUF beziehungsweise Gewerkschaften und Unternehmen zu institutionalisieren, betonen auch Papadakis u. a. (2008) und Papadakis (2011). Sie bewerten die IRV als wichtigen Versuch zur Etablierung von internationalen Aushandlungsstrukturen. Bourque (2008) hingegen sieht die bislang mangelhaften internationalen Gewerkschaftsstrukturen und -ressourcen als grundlegendes Problem für eine effektive Nutzung von IRV an. Ausgehend von einer Analyse der Inhalte von 42 IRV untersucht er das Potenzial der IRV zur Förderung von fundamentalen Arbeitsstandards und von *collective-bargaining*-Strukturen in internationalen Unternehmen. Auch wenn er die IRV dabei abschließend positiv bewertet, sieht er doch in der fehlenden internationalen Vernetzung auf Arbeitnehmerseite schwerwiegende Probleme.

Auch Telljohann u. a. (2009) betrachten die IRV als ein Instrument der Arbeitsbeziehungen auf globaler Ebene, das die Anerkennung von Sozialpartnerschaft und die Entwicklung neuer Formen sozialer Regulierung auf internationaler Ebene fördere. Als mögliche *spill-over*-Effekte identifizieren sie dabei die Förderung des sozialen Dialogs, die Entwicklung von Vertrauen zwischen den Tarifpartnern und neue Möglichkeiten zur Konfliktlösung auf Unternehmensebene. Auch den zunehmenden Austausch zwischen Arbeitnehmer- und Arbeitgeberorganisationen auf internationaler Ebene bewerten sie positiv. Allerdings zeichne sich aufgrund der geringen Anzahl von IRV kein nachhaltiger Einflussgewinn auf die Entwicklung internationaler Arbeitsbeziehungen ab.

Als Teil eines globalen sozialen Dialogs sieht auch Stevis (2010) die IRV. Ihm zufolge stellen sie ein Beispiel eines unternehmensbezogenen sozialen Dialogs mit globaler Reichweite dar, das sich durch verbindliche Strukturen und die Beteiligung zentraler Akteure auszeichnet. Allerdings, so Stevis, variierten die IRV zum Teil erheblich, wobei weitere Forschungen zeigen müssten, inwiefern sich diese Unterschiede in der Praxis auswirkten. Hammer (2005) hingegen spricht den IRV eine wichtige und zukunftsweisende Rolle zu. Er unterscheidet zwischen *rights agreements* und *bargaining agreements*, also zwischen Vereinbarungen, die vor allem materiale Normen betonen, und Abkommen, bei denen prozedurale Normen im Vordergrund stehen.[12] Insbesondere den *bargaining agreements* schreibt Hammer ein großes Potenzial zu. Durch ihren prozesshaften Charakter und die Einbeziehung der Sozialpartner stellten sie ein innovatives Instrument der Arbeitsbeziehungen dar. Darüber hinaus hebt er die Einbindung der Zulieferbetriebe sowie der lokalen Gewerkschaften und auch die Anerkennung der GUF als Vertragspartner positiv hervor.

Andere Forschungen untersuchen die IRV vor allem aus gewerkschaftlicher Perspektive. So bewerten etwa Müller u. a. (2003; 2004; 2008) sowie Platzer/Müller (2009) die IRV im Rahmen einer internationalen Gewerkschaftsarbeit positiv. Sie heben vor allem den institutionalisierten Dialog zwischen GUF, lokalen Gewerkschaften und Unternehmen hervor. Die Gewerkschaften könnten sich so in eine »proaktive« Rolle bringen, die stärker in der Förderung von Dialog- und Kommunikationsstrukturen bestehe als in der Durchführung von Kampagnen und anderen Aktionen als Reak-

12 Als materiale Normen werden diejenigen Normen bezeichnet, die Bedingungen für Arbeit, Beschäftigung und Partizipation explizit definieren. Prozedurale Normen hingegen bezeichnen diejenigen Regelungsinhalte, die das Verfahren festlegen, nach dem Arbeits-, Beschäftigungs- und Partizipationsbedingungen definiert und kontrolliert werden (vgl. auch Pries 2010: 59).

tion auf Unternehmenspolitiken. Dabei, so Platzer und Müller (2009: 737), könnten die IRV vor allem genutzt werden, um Arbeitnehmer- und Gewerkschaftsrechte in Entwicklungs- und Schwellenländern zu stärken. Allerdings dürfe nicht übersehen werden, dass die Umsetzung der IRV nur »pragmatisch, mittels beharrlicher kleiner Schritte« (Platzer/Müller 2009: 239) erfolgen könne.

Das Potenzial der IRV als Instrument zur Verteidigung von Arbeitnehmerinteressen in einem globalen Kontext und als Reaktion auf aktuelle krisenhafte Entwicklungen betonen auch Ganter u. a. (2010). Sie sehen die IRV als Teil einer »Doppelstrategie«, in der einerseits die betriebliche Ebene innerhalb der internationalen Kooperation gestärkt wird und andererseits die überbetriebliche internationale Gewerkschaftsbewegung eine aktive Rolle in der Formulierung, Aushandlung und Umsetzung globaler Arbeitsstandards einnehmen soll. Auch Croucher (2009) betrachtet die IRV im Kontext einer internationalen Gewerkschaftsbewegung. Er spricht den IRV zwar eine normative, aber in der Praxis wenig einflussnehmende Rolle zu. In den jeweiligen nationalen Kontexten seien die IRV zu wenig eingebunden und könnten keine Mobilisierungsstärke entfalten.

Eine ausführliche Untersuchung der IRV als strategisches Instrument der Gewerkschaften in ihrem Internationalisierungsprozess legt Rüb (2009) vor. Am Beispiel der IG Metall zeigt er auf, dass IRV eine wichtige Möglichkeit der Gewerkschaften darstellen, die Entwicklung »globaler Unternehmensarbeitsbeziehungen« (Rüb 2009: 229) voranzutreiben und damit den eigenen Einfluss auf internationaler Ebene auszubauen sowie den gewerkschaftlichen Solidaritätsgedanken umzusetzen. Allerdings, so Brandl (2006), befänden sich die GUF in dem Dilemma, dass sie sich zwar einerseits stärker internationalisieren und neue Strategien wie etwa die IRV entwickeln müssten, während sie dadurch andererseits eine Abkehr von den bisher eingeübten Aushandlungsprozessen der Arbeitsbeziehungen in Kauf nehmen müssten.

Eine ausführliche rechtliche Diskussion der IRV findet sich bei Zimmer (2008) und Sobczak (2008). Beide betonen, dass zwar Möglichkeiten bestünden, bei Verstößen gegen die IRV zu klagen, dass der rechtliche Rahmen aber noch nicht ausreiche, um eine Rechtssicherheit für die Vertragspartner herzustellen. Vielmehr müsse, so Sobczak, ein weltweiter oder zunächst ein zumindest europaweiter rechtlicher Rahmen geschaffen werden, der diese Unsicherheiten beseitige. Doch auch wenn ein solches weltweites oder zumindest europaweites Rechtssystem geschaffen würde, bleibe doch fraglich, inwieweit die Umsetzung in die nationalen Kontexte davon beeinflusst würde. So hat Zimmer ausgewählte IRV und unternehmenseigene Verhaltenskodizes auf ihre rechtliche Verbindlichkeit und Durchsetzung in El Salvador überprüft und kommt zu dem Schluss, dass die lokale Umsetzung oft mangelhaft ist. Als Gründe nennt sie unter anderem geringe finanzielle Ressourcen sowie ein fehlendes Verständnis grundlegender Menschen- und Arbeitnehmerrechte vor Ort. So seien Aufklärungsarbeit und Monitoring unbedingt notwendig, um die Unterstützung der Akteure vor Ort zu gewinnen und eine Umsetzung der IRV zu gewährleisten.

Aus einem eher unternehmensbezogenen Blickwinkel betrachten Fichter und Sydow (2008) sowie Hiß (2005) die IRV. Sie untersuchen stärker als andere Autoren die Rolle, die die IRV für die Unternehmen spielen, sowie die Faktoren, die beim Abschluss einer IRV auf Unternehmensseite von Bedeutung sind. So gehen Fichter und Sydow in ihrem Forschungsprojekt (vgl. Fichter/Sydow 2008) davon aus, dass Risikomanagement, die Verbesserung der Arbeitsbeziehungen im Unternehmen und eine Produktivitätssteigerung wesentliche Gründe für den Abschluss einer IRV darstellen. Gleichzeitig analysieren sie die IRV als Teil einer globalen Wertschöpfungskette. Hiß (2005) hingegen sieht äußere Faktoren als ausschlaggebend für den Abschluss von IRV an, indem die Unternehmen vor allem den an sie von der Umwelt gestellten Erwartungen entsprechen wollten, während Papadakis (2009) in einer empirischen Untersuchung von IRV in Südafrika, Russland und Japan betont, dass neben äußeren Einflüssen auch die (guten) Beziehungen zwischen Gewerkschaften und Management sowie die Wertvorstellungen und Interessen der verantwortlichen Manager eine wesentliche Voraussetzung für den erfolgreichen Abschluss einer IRV darstellen. Die Bedeutung von Unternehmenstradition und –kultur für den Abschluss und die Umsetzung der IRV betont auch Pries (2010: 215).

Während sich die genannten Arbeiten vor allem auf die Inhalte der IRV und das daraus resultierende Potenzial konzentrieren, gibt es bislang nur wenige empirische Studien, die sich mit der konkreten Umsetzung der IRV beschäftigen. Der IMB hat in Vorbereitung einer Konferenz zum Thema ein Hintergrundpapier erstellt (IMB 2006) und auch andere GUF haben bereits Erfahrungsberichte veröffentlicht (vgl. etwa Hellmann 2007 und Holdcroft 2006). Eine umfassende empirische Arbeit liefern Schömann u. a. (2008), die IRV und Verhaltenskodizes hinsichtlich ihrer Auswirkungen auf die Arbeitsbeziehungen und den Umgang mit Arbeitsstandards in elf Unternehmen untersuchen. Sie kommen zu dem Schluss, dass beide Instrumente Chancen zu Implementierung von fundamentalen sozialen Rechten beinhalten, wobei die IRV insbesondere positiv auf die Arbeitsbeziehungen in den Unternehmen wirken, indem sie die Sozialpartner einbezögen und dadurch den sozialen Dialog förderten. Die Umsetzung einer IRV hat Riisgard (2004) am Beispiel des Abkommens von Chiquita in einigen lateinamerikanischen Ländern untersucht. Sie konnte erste Erfolge der IRV beobachten, etwa durch die Gründung neuer Gewerkschaften in Zulieferbetrieben, sieht aber auch Schwierigkeiten beim Übersetzungsprozess in den lokalen Kontext. So vertreten die Gewerkschaften vor Ort, internationale Gewerkschaften und Arbeitnehmervertretungen der Stammsitze zum Teil gegenläufige Interessen und verfügen oft über sehr unterschiedliche Handlungsspielräume und -konzepte. Einen aktuellen Überblick über die Entwicklung in einzelnen Feldern bietet auch der Sammelband von Papadakis (2011). Während sich die Beiträge von Welz (2011) und Stevis (2011) der Umsetzung der IRV in einzelnen Unternehmen widmen, fragen Fichter und Helfen (2011) nach den Erfolgen der Umsetzung mehrerer IRV in Brasilien und den USA. Gemeinsam ist allen Beiträgen die positive Beurteilung der IRV als Instrument von International Labour Relations, das allerdings durch verschiedene Strukturmuster gestärkt werden muss, so etwa durch die stärkere Konzentration auf außereuropäische Regionen, einen grenzüberschreitenden Austausch und die Qualifizierung und Einbeziehung lokaler Gewerkschaften.

Zusammenfassend lässt sich festhalten, dass die IRV in der Regel positiv bewertet werden. Sie werden als ein Instrument zur Ausbildung von internationalen Strukturen der Erwerbsregulierung betrachtet, das die Möglichkeit bietet, eine neue Kultur des Austauschs und der Aushandlung auf internationaler Ebene zu etablieren. Durch ihre Verbindlichkeit würden sie Vertrauen zwischen den Vertragspartnern und Akteuren auf nationaler und internationaler Ebene schaffen und die Möglichkeit der Konfliktlösung bieten. Es wird hervorgehoben, dass die IRV eine Brücke zwischen freiwilligen Vereinbarungen und den völkerrechtlich verbindlichen Normen der ILO schlagen. Stärker als freiwillige Instrumente, wie etwa die bei Unternehmen beliebteren unilateralen Verhaltenskodizes, stellten die IRV ein verbindliches Vertragswerk dar, das die Unternehmen nicht nur moralisch, sondern auch rechtlich an die Einhaltung bestimmter Standards bindet. Förderlich für die Gestaltungskraft der IRV scheinen auch die Einbindung von verschiedenen Akteuren – Unternehmen, GUF, nationale Gewerkschaften, Gesamtbetriebsrat (GBR), EBR, WBR und zivile Akteure – sowie die Prozesshaftigkeit und Anpassungsfähigkeit der Regulierungsinhalte zu sein. Denn erst die Einbindung und das Zusammenwirken der verschiedenen Akteure sowie die relative Offenheit der verankerten Normen bezüglich der Umsetzung ermöglichen anscheinend eine Nutzung der IRV vor Ort. Aus gewerkschaftlicher Sicht positiv beurteilt werden auch die Möglichkeiten der Einflusssteigerung und der Herausbildung internationaler Strukturen, die sich den Arbeitnehmervertretern durch die IRV auf nationaler und internationaler Ebene böten.

Bemängelt werden hingegen in der Regel die fehlenden finanziellen, personellen und strukturellen Ressourcen der GUF, die eine substanzielle Umsetzung der IRV behinderten. So hätten sich auf Gewerkschaftsseite noch keine nachhaltigen internationalen Strukturen herausbilden können, die eine intensive Nutzung der IRV zur Durchsetzung der Arbeitnehmerinteressen ermöglicht hätten. Die Interessen der einzelnen Akteure seien so unterschiedlich und zum Teil sogar gegenläufig, dass eine konzentrierte Zusammenarbeit zur Umsetzung der IRV oft nicht stattfinde. Viele Gewerkschaften verhielten sich bislang eher abwartend, anstatt den Abschluss der IRV zu forcieren und die GUF mit entsprechenden Ressourcen auszustatten. Auf lokaler Ebene sei das Wissen über die IRV oft gering und auch die Handlungskonzepte und -spielräume entsprächen oft nicht den von den IRV vorgesehenen. So müsse vor Ort erst für die Arbeit mit den IRV geworben und der internationale Austausch intensiviert werden.

Auch wenn erste empirische Studien die aufgeführten Einschätzungen weitgehend bestätigen, ergeben sich aus den genannten Forschungsansätzen doch erhebliche Forschungsdesiderate. Es muss weiter überprüft werden, ob die IRV tatsächlich ein Instrument darstellen, das eine Kultur des internationalen Austauschs und der Aushandlung etablieren kann. Konnten die IRV bereits Erfolge in diese Richtung verzeichnen und wie sind diese messbar? Spielen hierbei qualitative Unterschiede in der Ausgestaltung der IRV eine Rolle? Oder sind es vielmehr andere Faktoren, wie etwa die Rolle der Akteure, die für das Gelingen oder den Misserfolg der IRV verantwortlich sind? Darüber hinaus muss die Rolle der Akteure weiter untersucht werden. Welche strategischen Ziele verfolgen die Gewerkschaften und betrieblichen Akteure mit dem Abschluss der IRV und wie können sie sich in den Umsetzungsprozess einbringen? Auch die Rolle der Unternehmen bei Abschluss und Umsetzung der IRV muss weiter erforscht werden. Welche Interessen verfolgen sie mit der Vereinbarung und welche Strukturen entwickeln sie zu ihrer Umsetzung? Wie werden die lokalen Einheiten eingebunden? Darüber hinaus fehlen vor allem Untersuchungen zur Umsetzung der IRV in den nationalen Kontexten. Bislang existieren kaum Fallstudien, die eine Umsetzung vor Ort und die ausschlaggebenden Faktoren für Erfolg oder Misserfolg analysieren. Zwar ist sich die Forschung einig darin, dass eine erfolgreiche Umsetzung vor allem durch die Verankerung vor Ort gelingen kann. Wie diese Verankerung in der Praxis aussehen soll, bleibt jedoch bislang weitgehend im Dunkeln. Mit der vorliegenden Arbeit soll geholfen werden, einen Teil dieser Forschungslücken zu schließen.

2 Internationale Rahmenvereinbarungen als Instrument einer internationalen Erwerbsregulierung

Im Folgenden sollen die IRV in den Kontext einer internationalen Erwerbsregulierung eingeordnet werden. In diesem Zusammenhang sollen zunächst Forschungsansätze zur internationalen Erwerbsregulierung diskutiert und der Begriff der Erwerbsregulierung erläutert werden. Darüber hinaus sollen bisherige Ansätze einer internationalen Erwerbsregulierung aufgeführt werden. Anschließend werden ausgewählte Aspekte der IRV erläutert, wobei vor allem diejenigen Merkmale, die sie als Instrument einer internationalen Erwerbsregulierung auszeichnen, herausgearbeitet werden.

2.1 Zum Begriff der Erwerbsregulierung

Bei dem Begriff der Erwerbsregulierung handelt es sich um eine Erweiterung des Begriffs der *Industrial Relations* oder Industriellen Beziehungen (vgl. Pries 2005b). Als Erwerbsregulierung sollen hier in Anlehnung an Pries (2008) diejenigen Prozesse und Regeln verstanden werden, die auf einer individuellen oder kollektiven Ebene Arbeits-, Beschäftigungs- und Partizipationsbedingungen[13] aushandeln, festlegen und kontrollieren. Da-

---

13 Pries unterscheidet zwischen Arbeits-, Beschäftigungs- und Partizipationsbedingungen (Pries 2008: 298f.). Unter Arbeitsbedingungen werden dabei die Regelungen gefasst, die das konkrete Arbeitshandeln betreffen, also die Frage danach, welche Arbeitsschritte die Tätigkeit beinhaltet und wie diese ausgeführt werden. Die Beschäftigungsbedingungen hingegen betreffen die Fragen nach Bezahlung und möglichen Nebenleistungen, Arbeitszeiten, Dauer des Vertragsverhältnisses und Chancen der vertikalen Mobilität, also Aufstiegschancen. Einen dritten Aspekt von Erwerbsregulierung stellen nach Pries die Partizipationsbedingungen dar. Sie betreffen die Möglichkeiten einer Mitbestimmung an Fertigungsprozessen und allgemeinen Entscheidungen der Unternehmen. Aus Gründen der Lesbarkeit wird in der vorliegenden Arbeit in der Regel aber auf eine entsprechende Differenzierung verzichtet und meist allgemein von ‚Arbeitsbedingungen' gesprochen.

mit geht das Konzept über den klassischen Ansatz der Industriellen Beziehungen hinaus, der in Deutschland etwa von Müller-Jentsch (1997) vertreten wird. Die traditionelle Forschung zu Industriellen Beziehungen bezieht sich vor allem auf die staatlich gelenkten beziehungsweise begleiteten Aushandlungsprozesse zwischen Arbeitgeberverbänden und Arbeitnehmervertretern in den früh industrialisierten Ländern.[14] Dabei fokussieren diese Ansätze auf die Normalarbeitsverhältnisse, wie sie insbesondere in industriellen Fertigungsprozessen anzutreffen sind. Es wird davon ausgegangen, dass klar definierte Tarifpartner, nämlich Arbeitgeberverbände und Gewerkschaften, Verträge aushandeln, in denen die einzelnen Aspekte der Arbeitsbeziehungen festgeschrieben werden. Rahmenverträge, Kollektivvereinbarungen sowie Vermittlungs- und Schlichtungsinstanzen stellen dabei Kernelemente der Industriellen Beziehungen dar.

Erste theoretische Erklärungsansätze der Industriellen Beziehungen wurden unter dem Eindruck der industriellen Entwicklungen sowie der Entstehung einer Arbeitnehmerschaft und deren gewerkschaftlicher Vertretung in Deutschland von Lujo Brentano (1844–1931), in Großbritannien von Sidney und Beatrice Webb (1858–1947; 1858–1943) und in den USA von John R. Commons (1862–1942) entwickelt. Hierbei wurden erstmals die Institutionen einer Erwerbsregulierung herausgearbeitet und benannt, wobei der Schwerpunkt vor allem auf der Hervorhebung der Bedeutung von Kollektivverhandlungen und gewerkschaftlicher Vertretung lag (vgl. Müller-Jentsch 1997: 53ff.). Weitere Erklärungsansätze liefern etwa Dunlop (1993), der den Versuch unternahm, die Industriellen Beziehungen als Systemtheorie zu etablieren, oder auch Hyman (1975 und 1989), der die Industriellen Beziehungen in Abgrenzung zu Dunlop nicht als eigenständiges, neben dem ökonomischen bestehendes Subsystem begreift, sondern als eingebettet in politische und ökonomische Entwicklungen und Strukturen (vgl. Müller-Jentsch 1997: 58).

Zwar hat sich der Blickwinkel inzwischen deutlich geweitet und unter dem Oberbegriff Industrielle Beziehungen werden auch Themen wie vergleichende internationale Studien, Arbeitssicherheit und -gesundheit oder

14 Es kann zwischen den früh industrialisierten Ländern des Nordens und den spät industrialisierten Ländern des Südens unterschieden werden (vgl. Pries 2001). Während in Ersteren bereits im 19. Jahrhundert der Industrialisierungsprozess einsetzte und eine Formalisierung, Institutionalisierung und Homogenisierung der Arbeitsbeziehungen stattfand, setzte dieser Prozess – sofern er überhaupt stattfand – in den spät industrialisierten Ländern rund 100 Jahre später ein.

auch Diskriminierung am Arbeitsplatz erforscht (Strauss/Whitfield 1998: 5), aber noch dominieren die Aushandlungsprozesse zwischen Arbeitgeberverbänden und Arbeitnehmervertretern den wissenschaftlichen Diskurs. Doch muss mit Kochan (1998: 39f.) und Pries (2005b) die Frage gestellt werden, ob diese Definition der Industriellen Beziehungen noch ausreichend ist für die sich rasch verändernden Bedingungen von Arbeit und Beschäftigung und ihre Aushandlung. So verändern nach Kochan (1998: 39f.) ein immer intensiver werdender Wettbewerbsdruck, eine beschleunigte technologische Entwicklung und die dadurch veränderten Anforderungen an die Arbeitnehmer, die wachsende Mobilität des Kapitals sowie schneller werdende Kommunikationsmöglichkeiten die Arbeitswelt nachhaltig und stellen auch die Forschung vor neue Aufgaben. Die bisher im Vordergrund stehenden Aspekte der Forschung zu Industriellen Beziehungen – die Aushandlungsprozesse zwischen Gewerkschaften und Unternehmen sowie deren Ergebnisse in Form von Rahmenverträgen – betreffen einen immer kleineren Teil der Erwerbsbevölkerung und können die Entwicklungen von Arbeit nicht allein erfassen (Abel u. a. 2001; Kochan 1998; Pries 2005b).

Während in spät industrialisierten Ländern die Systeme von Arbeit und Beschäftigung meist kaum formalisiert sind und Normalarbeitsverhältnisse im Sinne einer sozialversicherten und vertraglich geregelten Arbeit eine Ausnahme darstellen, nehmen in den früh industrialisierten Ländern formalisierte Beschäftigungsverhältnisse ab und werden vermehrt durch prekäre Beschäftigungsverhältnisse ersetzt, die zum Beispiel durch fehlende Sozialversicherung oder Zeitverträge gekennzeichnet sind.[15] Gewerkschaften verlieren an Mitgliedern, Unternehmen treten aus Arbeitgeberverbänden aus beziehungsweise gar nicht erst ein. Außerdem entstehen zunehmend »interessenvertretungsfreie Zonen« etwa in der *New Economy* (Abel u. a. 2001). So wird deutlich, dass der Begriff der Industriellen Beziehungen nur bedingt in der Lage ist, die weltweiten Entwicklungen von Arbeit und ihrer Aushandlung zu erfassen.

In der vorliegenden Studie soll deshalb auf das Erwerbsregulierungskonzept von Pries Bezug genommen werden, das den Begriff der Industriellen Beziehungen um drei Punkte erweitert (Pries 2005b: 66ff. und 2008: 300f.). Erstens finden Aushandlungsprozesse über die Bedingungen von Arbeit und Beschäftigung heute oft auf der individuellen Ebene statt, etwa

15 Vgl. ausführlich zum Strukturwandel der Erwerbsregulierung Müller-Jentsch 2007: 81ff.

wenn individuelle Verträge abgeschlossen und individuelle Ziele vereinbart werden und die Motivation der Mitarbeiter angesprochen wird. Gleichzeitig gewinnen *diskursive* Regelungen an Gewicht, die sich außerhalb von formellen oder informellen Vereinbarungen zwischen den Tarifpartnern bewegen. So sind internationale Kampagnen oder auch betriebliche Erklärungen wie Verhaltenskodizes oft ein wichtiger Referenzpunkt für das Verhalten von Unternehmen und die Ausgestaltung ihrer Arbeitsbeziehungen.

Zweitens verweist Pries darauf, dass die direkte Partizipation und Mitbestimmung der Beschäftigten bei relevanten Entscheidungen des Unternehmens und der Bestimmung von Leistungszielen immer wichtiger werden. Zum einen stellt die moderne Wissensarbeit andere Anforderungen an ihre Mitarbeiter, die nicht über standardisierte Vorgaben, sondern über direkte Partizipation, häufig in Projektarbeit, tagtäglich in Entscheidungsprozesse einbezogen werden. Zum anderen überwiegt in den spät industrialisierten Ländern oft ohnehin eine sehr viel flexibler gestaltete Form von Arbeit und Beschäftigung, zum Beispiel in Form von familiären Arbeitsbeziehungen. Eine industrielle Massenproduktion mit standardisierten Vorgaben stellt in vielen Ländern die Ausnahme dar.

Drittens muss Erwerbsregulierung, so Pries, in einen internationalen Kontext eingebettet werden. Aufgrund der zunehmenden Internationalisierung von Unternehmen und Produktionsstrukturen kann die Aushandlung von Arbeit und Beschäftigung nicht mehr national begrenzt bleiben. So ändern sich Konstellationen und Domänen[16] der beteiligten Akteure und es kommt zu einer nachhaltigen Verschiebung von Aushandlungsstrukturen und Einflussbereichen. Während der Einflussbereich der nationalen Gewerkschaften und in der Regel auch der betrieblichen Arbeitnehmervertreter auf die nationale Ebene begrenzt sind,[17] hat sich der unternehmerische Aktionsradius deutlich erweitert und umfasst bei internatio-

16 Die Domänenstruktur von Gewerkschaften kann nach Traxler (2003: 544) anhand ihrer territorialen, sachlich-ökonomischen und politisch-ideologischen Ausrichtung bestimmt werden. So kann erstens zwischen »lokalen, regionalen, nationalen und supra-nationalen Gewerkschaftsorganisationen« unterschieden werden, zweitens zwischen »Unternehmens- bzw. Betriebsgewerkschaften, Berufsgewerkschaften, Industriegewerkschaften und Standesorganisationen« und drittens zwischen »Richtungs- und Einheitsgewerkschaften«. Je umfassender die Domäne ausgeprägt ist, so Traxler, desto größer ist der Einflussbereich der Gewerkschaft (Traxler 2003: 543).

17 Zwar haben sich sowohl auf betrieblicher als auch auf gewerkschaftlicher Ebene inzwischen verschiedene internationale Vertretungsstrukturen etwa in Form von EBR und WBR sowie durch die GUF herausgebildet, doch bleiben deren Kompetenzen begrenzt und erstrecken sich in der Regel nicht auf tarifliche Fragen.

nalen Unternehmen oft zahlreiche Produktionsstandorte und große Mitarbeiterzahlen weltweit. So betreffen tarifvertragliche Vereinbarungen oft nur einen Bruchteil der Mitarbeiter, während häufig diskursive und unilaterale Elemente die internationale Aushandlungspraktik bestimmen.

Eine Konzeptualisierung von Erwerbsregulierung kann diese Aspekte nicht mehr außer Acht lassen. Mit dem vorliegenden Konzept von Erwerbsregulierung soll dieser Entwicklung Rechnung getragen und der Begriff der Industriellen Beziehungen entsprechend erweitert werden. Im weiteren Verlauf der Arbeit wird zu prüfen sein, wie die IRV in das Konzept der Erwerbsregulierung einzuordnen sind.

2.2 Internationale Erwerbsregulierung: Forschungsansätze

Es existieren zahlreiche Arbeiten, die sich mit den verschiedenen Instrumenten einer internationalen Regulierung von Erwerbsarbeit auseinandersetzen und diese gegeneinander abgrenzen (vgl. etwa Block 2001; Greven/Scherrer 2001; Dirks u. a. 2003; Bass 2004; Mamic 2004). Gleichzeitig mangelt es bislang an Konzepten zur theoretischen Einordnung der verschiedenen Instrumente. Die theoretischen Ansätze zur Erfassung von Systemen der Erwerbsregulierung wachsen erst langsam über den nationalen Rahmen hinaus. Gleichwohl existieren erste Ansätze einer theoretischen Erfassung der internationalen Erwerbsregulierung, die im Folgenden vorgestellt werden sollen.

Sowohl Abel u. a. (2001: 396ff.) als auch Müller-Jentsch (2007: 125ff.) erweitern das traditionelle Arenenkonzept der deutschen Arbeitsbeziehungsforschung um die europäische Ebene.[18] Beide Arbeiten beschäftigen

18 In der deutschen Arbeitsbeziehungsforschung gilt bzw. galt Arena lange Zeit als ein »›Ort‹ geregelter Konfliktaustragung und institutionalisierter Problemlösung, aber auch ein ›Kampfplatz‹, auf dem die jeweiligen Akteure nicht nur ihre widerstreitenden Interessen durchzusetzen, sondern auch die prozeduralen Rahmenbedingungen zu verändern trachten« (Müller-Jentsch 1997: 80). Die Arena stellt nach dieser Auffassung den institutionellen Rahmen für eine geregelte Auseinandersetzung zur Verfügung und hält Lösungsmöglichkeiten bereit. Für die Akteure werden damit Strukturen vorgegeben, innerhalb derer sie agieren und Konflikte lösen können. Auch wird ein Überspringen von Konflikten auf andere Bereiche weitestgehend verhindert, indem Grenzen gesetzt werden. Prototypen stellen für Müller-Jentsch im deutschen System die Betriebsverfassung und die Tarifautonomie dar. In der vorliegenden Arbeit soll jedoch ein differenzierterer Arenenbegriff verwendet werden (vgl. Kapitel 2.3, Teil I).

sich mit der Internationalisierung von Gewerkschaften und Arbeitgeberverbänden, der Europäisierung der Betriebsräte durch die EU-Richtlinie von 1994 und dem europäischen sozialen Dialog. Zwar beobachten die Autoren durchaus Fortschritte bei einer Europäisierung der Erwerbsregulierung, sie sehen die Erfolge bei deren Umsetzung in der Gesamtheit jedoch skeptisch. Die Bereitschaft, Verantwortung an die supranationale, also europäische Ebene abzugeben, sei sowohl bei Arbeitnehmer- und Arbeitgeberverbänden als auch bei den nationalen Regierungen immer noch gering beziehungsweise nicht ausreichend. Wie Müller-Jentsch (2007: 134) beklagt, stehen gerade auf der Arbeitnehmerseite die Partikularinteressen der nationalen Einzelgewerkschaften einer vorbehaltlosen Europäisierung der Erwerbsregulierung im Wege. Dennoch beurteilen sowohl Abel u. a. (2001) als auch Müller-Jentsch (2004) die Europäisierung der Erwerbsregulierung als faktisch gegeben, wenn auch mit zum Teil noch defizitärer Umsetzung.

Einen über die Europäisierung der Erwerbsregulierung hinausgehenden und deutlich ausdifferenzierteren Ansatz wählen Müller u. a. (2004). Sie fragen in dem von ihnen entwickelten »Mehrebenenmodell« nach der Entstehungsgeschichte, Ausprägung und Verknüpfung der Institutionen einer internationalen Regulierung von Arbeit sowie nach der Rolle der Akteure innerhalb dieses entstehenden Systems. Die einzelnen Ebenen – national/lokal, europäisch und global – und die damit verbundenen Strukturen und Akteure – etwa gewerkschaftliche Netzwerke, Betriebsrat, Europäischer Gewerkschaftsbund oder auch GUF – sollen auf ihre Ausprägung und vor allem ihre Verbindungen hin überprüft werden. Allerdings, so die Autoren, fehlten auf der globalen Ebene bislang die für die Herausbildung von Arenen nötigen Institutionen und Strukturen.

Auf die Verbindung der einzelnen Instrumente, der Strukturen und Arenen fokussiert auch der Ansatz von Pries (2008 und 2010). Mithilfe eines »Netzwerktexturkonzeptes« untersucht er nicht nur die räumliche Reichweite[19] der unterschiedlichen Instrumente einer internationalen Er-

19 Pries (2005a und 2008: 132ff.) unterschiedet zwischen sieben Idealtypen der Internationalisierung. Unter »Inter-Nationalisierung« versteht er vor allem die Beziehungen zwischen souveränen Nationalstaaten, während »Supra-Nationalisierung« die Ausdehnung des Konzeptes souveräner Nationalstaaten auf eine supranationale Ebene meint, etwa in Form von Gesetzgebungen. »Re-Nationalisierung« hingegen fasst das Phänomen des (Wieder-) Erstarkens nationaler Staaten oder Gesellschaften. Den Begriff »Globalisierung« bezieht Pries auf Phänomene, Beziehungen, Praktiken, Rechte etc., die weltweite Verbreitung erfahren, während »Glokalisierung« die Auswirkung globaler Struktu-

werbsregulierung, sondern setzt die einzelnen Instrumente und Ebenen beziehungsweise Arenen in Beziehung zueinander. Dadurch entstehe, so Pries, eine »emergierende Netzwerktextur«, anhand derer eine analytische Fassung der einzelnen Instrumente, Ebenen und Akteurskonstellationen möglich wird. Eine besondere Rolle komme dabei der Herausbildung einer Form der *transnationalen* Erwerbsregulierung zu. Dieses »netzförmige Geflecht mit vielen flexiblen, grundsätzlich für weitere Ankopplungen offenen Knotenpunkten« eröffne die Möglichkeit, verschiedene Internationalisierungsformen und -instrumente zu einer internationalen Netzwerktextur zu verdichten (Pries 2008: 336f.).

Mit den genannten Ansätzen sind wichtige Schritte hin zu einer konzeptionellen Erfassung des Phänomens einer Internationalisierung der Erwerbsregulierung erfolgt. Gleichwohl müssen weitere Schritte unternommen werden, um Verbindungen zwischen den einzelnen Instrumenten, ihrer Wirkungsweise und ihrer Durchsetzungsmechanismen zu untersuchen. Im Folgenden soll auf den genannten Ansätzen aufgebaut werden, um die IRV als Instrument einer internationalen Erwerbsregulierung einzuordnen. Dabei soll insbesondere das Arenenkonzept im Mittelpunkt stehen, das zunächst erläutert und anschließend auf den internationalen Kontext übertragen wird. Die Internationalisierung von Erwerbsregulierung soll theoretisch und konzeptionell erfasst und die einzelnen Instrumente einer internationalen Erwerbsregulierung sollen eingeordnet werden.

2.3 Regulierungsarenen einer internationalen Erwerbsregulierung

Für die Analyse von Erwerbsregulierung sind verschiedene Aspekte beziehungsweise »Dimensionen« (Pries 2010: 51ff.) von Bedeutung: Regelungsgegenstände, Regulierungsarenen, räumliche Reichweite, Regulierungsmodus, Konfliktregulierung, dominante Akteure, Machtressourcen, Ak-

---

ren und die Wahrnehmung globaler Phänomene auf die lokale Ebene meint. »Diaspora-Internationalisierung« geht von einem klar lokalisierbaren Zentrum aus, um das herum ein sternförmiges Netzwerk entsteht. »Transnationalisierung« schließlich umfasst die »Zunahme pluri-lokaler und dezentraler, dauerhafter und dichter Sozialbeziehungen und Austauschverhältnisse«, die sich über Nationalgesellschaften hinweg erstrecken (Pries 2008: 160f.).

teurskonstellation und gemeinsame Ideologie. In der vorliegenden Arbeit soll zunächst die Dimension der Regulierungsarenen im Vordergrund stehen. Die verschiedenen Instrumente einer internationalen Erwerbsregulierung sollen in das System einer internationalen Erwerbsregulierung eingeordnet werden.

Unter Arena werden im Folgenden nach Pries die »allgemeine sozialrechtliche und legitimatorische Rahmung sowie die Akteursbezüge der Erwerbsregulierung« verstanden (Pries 2010: 54). Dadurch erfolgt eine Abgrenzung von dem traditionellen Arenenkonzept, das unter Arena den »Ort« oder auch »Kampfplatz« (Müller-Jentsch 1997: 80) versteht, in dem die staatlich gelenkten Aushandlungsprozessen zwischen Arbeitgeberverbänden und Arbeitnehmervertretern stattfinden (vgl. Fußnote 18). Bei einer Ausweitung auf den internationalen Kontext wird rasch deutlich, dass die Reduzierung auf eine vor allem rechtlich klar abgegrenzte Arena nicht ausreichend ist, um die aktuellen Entwicklungen zu erfassen. So sind Aushandlung, Festlegung und Kontrolle von Arbeits-, Beschäftigungs- und Partizipationsbedingungen nicht auf staatlich definierte Akteure begrenzt und durch rechtliche Regelungen definiert, sondern insbesondere auf der internationalen Ebene spielen diskursive Elemente eine große Rolle. Dabei bezieht sich die Dimension der Arena also anders als die räumliche Dimension von Erwerbsregulierung nicht auf das geographische Anwendungsgebiet, sondern untergliedert Erwerbsregulierung in ihre sozial-rechtlichen, legitimatorischen und die Akteure betreffenden Bezüge.

Im Folgenden soll die internationale Erwerbsregulierung in Arenen unterschieden werden.[20] Dabei lassen sich in Anlehnung an Pries (2010) vier Arenen herausarbeiten,[21] die jedoch nicht ganz trennscharf sind und sich immer wieder überschneiden:[22] Staatliche beziehungsweise gesetzliche

20 Müller-Jentsch (2007: 125ff.) bezeichnet die Europäisierung der Industriellen Beziehungen insgesamt als Arena. Diese Kategorisierung erscheint jedoch zu kurz gegriffen, da auf europäischer Ebene durchaus facettenreiche sozial-rechtliche und legitimatorische Rahmungen sowie verschiedene Akteursbezüge der Erwerbsregulierung auszumachen sind.

21 Pries unterscheidet grundsätzlich zwischen fünf Arenen: dem individuellen Vertrag, der betrieblichen Vereinbarung, dem Tarifvertrag, dem Gesetz bzw. der staatlichen Regelung und der diskursiven Legitimation (Pries 2010: 55). Der individuelle Vertrag soll hier keine Berücksichtigung finden, da die Mikroebene auf der Ebene einer internationalen Erwerbsregulierung nur in wenigen Fällen eine Rolle spielt (etwa bei der Besetzung von Führungspositionen oder anderen wichtigen Personalentscheidungen).

22 So weist Pries (2010: 54f.) in Anlehnung an Schmidt und Trinczek (1989) darauf hin, dass es zwischen den Institutionengefügen, die den Arenen zugeordnet werden, zu zahl-

Bestimmungen, betriebliche Vereinbarungen, tarifvertragliche Bestimmungen und diskursive Legitimation.

2.3.1 Regulierungsarena Gesetze, Rechtsnormen, internationale Vereinbarungen

Die erste Arena bezieht sich auf die Aushandlung und Kontrolle von staatlichen beziehungsweise gesetzlichen Bestimmungen der internationalen Erwerbsregulierung. Hierunter werden Instrumente und Regelungen gefasst, die auf der zwischenstaatlichen Ebene vereinbart, umgesetzt und kontrolliert werden. In der Regel sind Regierungen und deren Vertreter in den internationalen Gremien die relevanten Akteure, wobei sich die Gültigkeit der Instrumente auf die Nationalstaaten erstreckt. Die Instrumente und Regelungen dieser Arena beruhen auf einer legitimatorischen Rahmung, die sich auf dem öffentlichen Recht begründet.

Die wohl wichtigsten international gültigen Regeln für Arbeitsstandards werden durch die ILO aufgestellt, einer tripartistisch zusammengesetzten Unterorganisation der UNO, die inzwischen 189 Konventionen und 202 Empfehlungen verabschiedet hat (Stand: Juli 2012), die sich mit Arbeitszeiten, Arbeitsalter, Diskriminierung, Vereinigungsfreiheit und vielen anderen Themen befassen. Im Jahr 1998 verabschiedete die ILO die »Erklärung über die grundlegenden Prinzipien und Rechte bei der Arbeit und ihre Folgemaßnahmen«, in der acht Konventionen als besonders wichtig und ungeachtet ihrer tatsächlichen Ratifizierung seitens der einzelnen Staaten für alle Mitglieder als bindend eingestuft wurden.[23] Diese sogenannten Kernar-

---

reichen Überschneidungen kommt. Auf der personellen Ebene etwa seien die betriebliche und die gewerkschaftliche Arena eng verknüpft.

23 Mit der Entwicklung der ILO-Kernarbeitsnormen reagierte die ILO auf zahlreiche Probleme, mit denen sie sich Ende der 1990er Jahre konfrontiert sah. So musste sie im Zuge einer quantitativen Erweiterung der Mitgliedsländer mit deren ständig wachsender Heterogenität in Bezug auf Entwicklungsstand, Gesellschaftsstruktur und Produktionstechniken umgehen. Darüber hinaus stellten das weltweite Anwachsen von informeller Beschäftigung, der Bedeutungszuwachs von zivilgesellschaftlichen Akteuren im Bereich Arbeit und der gleichzeitige Bedeutungsverlust von Gewerkschaften die Organisation vor neue Herausforderungen (vgl. Senghaas-Knobloch 2004: 239f.). Gleichzeitig entwickelte die ILO auch ein Follow-up-Verfahren, das diejenigen Länder, die die entsprechenden Standards noch nicht unterzeichnet hatten, in der Umsetzung der Standards unterstützen sollte. Darüber hinaus setzt die ILO heute stärker auf Unterstützungs- und Öffentlichkeitsarbeit sowie auf Bewusstseinsbildung und die Stärkung lokaler Akteure als auf die bloße Ratifizierung der Konventionen durch die Mitgliedsstaaten.

beitsnormen betreffen die Themen Vereinigungsfreiheit und Kollektivverhandlungen (Konventionen Nr. 87 und 98), Zwangsarbeit (Nr. 29 und 105), Kinderarbeit (Nr. 138 und 182) und Diskriminierung (Nr. 100 und 111).

Allerdings lässt sich feststellen, dass zahlreiche Länder nicht alle ILO-Kernarbeitsnormen unterzeichnet haben und auch bei einer Unterzeichnung der Normen deren Einhaltung nicht vorausgesetzt werden kann. Dies deutet auf ein grundlegendes Problem der ILO hin: Die Organisation verfügt nicht über wirksame rechtliche Mittel, um die Einhaltung der Standards zu kontrollieren und einzufordern (vgl. Pries 2008: 305ff). Zwar existiert ein Berichtssystem, das die Staaten zu einer regelmäßigen Berichterstattung anhält, und Arbeitgebern, Arbeitnehmern und Regierungen wird ein Beschwerde- und Klagerecht eingeräumt. Sanktionsmöglichkeiten gegenüber Staaten, die die Konventionen und Empfehlungen nicht erfüllen, bestehen jedoch nicht. Weder der zuständige Verwaltungsrat noch der in letzter Instanz anzurufende Internationale Gerichtshof können Erzwingungsmechanismen in Gang setzen.[24]

Der ausgeübte Druck ist deshalb vor allem moralischer und diskursiver legitimatorischer Art. Die ILO-Kernarbeitsnormen stellen dabei keinen End-, sondern einen Ausgangspunkt dar, von dem aus die weltweite Durchsetzung von Mindeststandards erreicht werden soll. Dennoch können die ILO-Konventionen als die wahrscheinlich wichtigsten weltweit anerkannten Normen in Bezug auf Arbeit gelten. Sie nehmen immer mehr den Charakter »globalisierter Mindestrechte der Arbeit« an und werden, so Pries, zu einem »quasi ubiquitären Mindestanspruch für alle Erwerbstätigen« (Pries 2008: 307). Wie später zu sehen sein wird, spielt die ILO auch als normsetzende Institution für andere Instrumente eine bedeutende Rolle.

Darüber hinaus können die OECD-Richtlinie für Multinationale Konzerne (MNK) von 1976, die zuletzt in den Jahren 2000 (vgl. Pries 2008: 337ff.) und 2011 umfassend erweitert wurde, und die ILO-Grundsatzerklärung über MNK und Sozialpolitik von 1977 als Regulierungsversuche genannt werden. Beide Abkommen betreffen zwar die betriebliche Ebene, sind aber auch auf internationaler Ebene ausgehandelt und verabschiedet worden. Die Erfolge der Vereinbarungen sind jedoch bislang gering, vor

24 Allerdings wurde Myanmar (Burma) im Jahr 2005 durch die ILO-Jahresversammlung zur Zahlung einer Geldstrafe verpflichtet, da das Land wiederholt gegen das Zwangsarbeitsverbot verstoßen hatte (vgl. Pries 2010: 162).

allem da weder die OECD noch die ILO entsprechende Ressourcen zur Verfügung gestellt haben und ebenso wie bei den ILO-Kernarbeitsnormen wirksame Sanktionsmechanismen fehlen (Scherrer/Greven 2001: 76; Pries 2010: 251ff.).[25] Auch nach einer grundlegenden Überarbeitung der OECD-Richtlinie für MNK im Jahr 2000 und der Aufnahme prozeduraler Regeln in Bezug auf die Überprüfung der Umsetzung der *Guidelines* und der Veröffentlichung der Ergebnisse können noch keine substanziellen Verbesserungen festgestellt werden.[26]

Als weitere legislative Ansätze können die Verankerung von Arbeitnehmerrechten in der UN-Charta über Bürgerrechte und politische Rechte, die UN-Konvention zur Beseitigung aller geschlechtlichen Diskriminierung und die UN-Konvention zu den Rechten des Kindes (Sengenberger 2002: 7) genannt werden, wobei der Aspekt der Arbeitnehmerrechte in diesen Zusammenhängen nur eine untergeordnete Rolle spielt. Laut Block u. a. (2001) und Pries (2010) kann auch das EU-Recht als legislativer Ansatz zur internationalen Regulierung von Arbeit gelten. Beide führen dabei Regelungen auf EU-Ebene an, wie etwa die Richtlinie zur Gründung von EBR in Unternehmen mit mehr als 1.000 Beschäftigten (davon mindestens 150 in jeweils zwei Mitgliedsländern; vgl. Kapitel 2.3.2, Teil I), die Direktive zum Verbot von geschlechtlicher Diskriminierung oder auch die Richtlinie zur rechtlichen Gleichbehandlung von Teilzeitkräften (Block u. a. 2001: 267; Pries 2010: 56).

Darüber hinaus sind auch in einzelnen Handelsverträgen Arbeits- und Sozialstandards festgeschrieben. So beinhaltet etwa das *North American Agreement on Labor Cooperation* (NAALC), ein Nebenabkommen des 1994 vereinbarten *North American Free Trade Agreements* (NAFTA) zwischen den USA, Kanada und Mexiko, arbeitsrechtliche Aspekte. Allerdings konnte das NAALC bislang wenig Erfolge verzeichnen, was nicht zuletzt an der

---

25 In Lateinamerika kritisieren vor allem die Gewerkschaften die langsame Umsetzung der OECD-Richtlinien. Hauptkritikpunkte sind dabei die schleppende Einrichtung der für die Annahme und Bearbeitung der Beschwerdefälle zuständigen Nationalen Kontaktstellen, ihre mangelhafte Ausstattung sowie die fehlende Bereitschaft zur Bearbeitung der Fälle, hohe Personalrotation, fehlende Information und Transparenz sowie eine lange Bearbeitungszeit (vgl. FES 2009).

26 So übermittelt nur ein Teil der Mitgliedsländer einen Jahresbericht an das zuständige OECD-Komitee, wobei die eingereichten Berichte oft wenig aufschlussreich sind und NGOs die mangelnde Bearbeitung eingehender Beschwerden beklagen. Dennoch hat sich die Transparenz innerhalb der Beschwerdeverfahren deutlich verbessert (vgl. ausführlich Pries 2010: 256ff.).

geringen Akzeptanz des Instrumentes bei den nationalen Akteuren liegt (vgl. ausführlich Dombois u. a. 2004). Das *Generalized System of Preferences* (GSP), das die USA bereits Mitte der 1980er Jahre verabschiedet haben, macht die Gewährung von Zollfreiheit von der Einhaltung fundamentaler Arbeitnehmerrechte abhängig.[27] Des Weiteren hat die EU ein Präferenzsystem etabliert, das die Beachtung von Arbeitsstandards als Voraussetzung für günstige Handelsbedingungen festschreibt.[28] Eine Verankerung von Sozial- oder Arbeitsrechtsklauseln konnte sich im internationalen Handelssystem bislang jedoch nicht durchsetzen. Weder beinhaltete das 1947 vereinbarte Allgemeine Zoll- und Handelsabkommen (GATT) derartige Regelungen, noch konnte sich die 1995 gegründete Welthandelsorganisation (WTO) auf die Aufnahme von grundlegenden Arbeitsstandards in ihre Richtlinien einigen.[29]

---

27 Die USA setzten das GSP vor allem als politisches Druckmittel ein. So wurden politisch unerwünschten Regierungen, etwa in Nikaragua, Rumänien, Paraguay und Chile, zeitweise die Präferenzen entzogen (Scherrer/Greven 2001: 72). Doch können zumindest für die Fälle Guatemala und Dominikanische Republik auch Erfolge verbucht werden, da die Handelspräferenzen dort nicht ausgesetzt wurden, sondern die Regierungen aufgefordert wurden, Arbeitsrechte gesetzlich zu verankern und umzusetzen, was z. T. auch geschah.

28 Im Rahmen des Allgemeinen Präferenzsystems (APS) der EU erhalten zahlreiche benachteiligte Länder besondere Vorteile durch einen zoll- und kontingentfreien Marktzugang. Voraussetzung für die Inanspruchnahme dieser Sonderregelung ist u. a. die Unterzeichnung von 23 wichtigen internationalen Übereinkünften über grundlegende politische, Menschen- und Arbeitnehmerrechte.

29 In der recht komplexen und sich immer wieder verändernden Interessengemengelage können folgende Hauptinteressen ausgemacht werden: Als Befürworter von Sozialklauseln in Handelsverträgen sind vor allem Gewerkschaften und soziale Bewegungen des Nordens zu nennen. Sie sehen die Sozialklauseln als wichtige Variante zur Durchsetzung von Arbeitsstandards an und schlagen eine Kombination aus Sanktionen und Anreizen durch Zollerleichterungen für die Länder vor, die Mindeststandards einhalten. Auch eine engere Zusammenarbeit zwischen WTO und ILO wird gefordert (Scherrer/Greven 2001: 20ff. und 63ff., gemeinsame Erklärung von Attac, VENRO und DGB). Inzwischen unterstützt auch die EU die Forderung nach einer Sozialklausel in den WTO-Verträgen, konnte sich aber damit weder gegen die USA noch gegen die Mehrzahl der Entwicklungsländer durchsetzen. Seitens der Regierungen des Südens und z. T. auch von dortigen Nichtregierungsorganisationen sehen sich die Gewerkschaften dem Vorwurf des Protektionismus ausgesetzt (der jedoch laut Scherrer/Greven nicht haltbar ist, vgl. 2001: 63ff.). Es wird argumentiert, dass die Sozialklauseln nur vordergründig der Durchsetzung von Mindestarbeitsnormen dienen sollen, der eigentliche Kern aber im Schutz der heimischen Produktion liege. Zu einer ausführlichen Darstellung der Argumentation und der vorgebrachten Argumente siehe Scherrer/Greven 2001 sowie aktualisiert Greven/Scherrer 2005.

2.3.2 Regulierungsarena betriebliche Vereinbarungen

Die zweite Arena bezieht sich auf betriebliche Vereinbarungen. Es handelt sich um Instrumente, die auf der Unternehmensebene angesiedelt sind und deren legitimatorischer Bezug die betriebliche Sozialordnung ist. Sie werden je nach Landesspezifika von Betriebsräten beziehungsweise gewerkschaftlichen Vertretungsorganen ausgehandelt und umfassen sowohl formelle als auch informelle *(custom and practice)* Regelungen. Da rund ein Drittel des Welthandels zwischen international agierenden Firmen erfolgt und an einem weiteren Drittel mindestens ein internationales Unternehmen beteiligt ist, können betriebliche Vereinbarungen als wichtige Instrumente zur Durchsetzung von Arbeitsstandards auf betrieblicher Ebene betrachtet werden (Scherrer/Greven 2001: 76). Zu nennen sind in der Arena der betrieblichen Vereinbarungen etwa Übereinkünfte zwischen Unternehmen und Arbeitnehmervertretern zur Gründung von EBR und WBR. Diese wiederum beinhalten eine große Bandbreite von Regelungsgegenständen. Während es sich bei einigen EBR um reine Informations- und Konsultationsorgane handelt, gehen andere EBR-Vereinbarungen darüber hinaus, indem sie dem Gremium auch das Recht zugestehen, europa- oder weltweite konzernbezogene Vereinbarungen abzuschließen.[30] Europaweit existierten 969 EBR im Jahr 2010, wobei die Zahl der Neugründungen nach einem sprunghaften Anstieg im Jahr 1996 – also nach Verabschiedung der Europäischen Betriebsratsrichtlinie und der Umsetzung in nationales Recht – deutlich zurück gegangen ist (ETUI 2010). Die WBR[31] sind jedoch weitaus weniger verbreitet als die gesetzlich definierten und geregelten EBR[32] und haben in der Regel weitaus weniger Kompetenzen. So

30 Die Literatur zu dem Thema EBR ist inzwischen umfangreich, vgl. etwa Hauser-Ditz u. a. 2010; Kotthoff 2006; Pries 2010: 180ff.; Streeck 1997; Telljohann 2005.

31 Pries (2010: 200) bezeichnet die Mehrheit der WBR allgemeiner als »Plattformen der Erwerbsregulierung auf Weltkonzernebene (PEW)«. In der Regel hätten die PEW deutlich weniger Kompetenzen als ein GBR oder EBR, weshalb die Bezeichnung WBR irreführend sei. So könne zwischen Vereinbarungen von Unternehmen und Arbeitnehmervertretung über Formen des Informationsaustauschs, der direkten Beteiligung von ausländischen Arbeitnehmervertretern in den nationalen Aufsichts- oder Verwaltungsräten in den Herkunftsländern der Unternehmen und den verbindlichen Strukturen eines WBR unterschieden werden.

32 Da eine offizielle Auflistung von eingerichteten WBR bislang fehlt, kann eine genaue Anzahl der WBR nicht wiedergegeben werden. Laut Rüb existieren inzwischen etwa zehn bis 15 WBR weltweit (2009: 129), während Pries bereits 18 WBR allein im Organisationsbereich des IMB ausmacht (Pries 2010: 201).

sehen sie meist Informations- und Konsultations-, in wenigen Fällen auch Mitbestimmungsfunktionen vor.[33] Darüber hinaus können auch »transnationale Unternehmensvereinbarungen« (Rüb u. a. 2011) genannt werden, die die Struktur der Arbeitsbeziehungen auf internationaler Ebene betreffen. Hierunter fallen etwa Vereinbarungen zur Steuerung von Restrukturierungsprozessen oder auch zur Verankerung grundlegender Arbeitnehmerrechte. Nicht nur die IRV sind hier einzuordnen, wie noch zu zeigen sein wird, sondern auch andere Vereinbarungen wie zum Beispiel die »Charta der Arbeitsbeziehungen« des in der vorliegenden Studie als Unternehmen A benannten Konzerns, die Formen der Mitbestimmung auf internationaler Ebene regelt (vgl. Kapitel 2, Teil II).

2.3.3 Regulierungsarena Tarifvertrag

Die dritte Arena umfasst tarifvertragliche Regelungen. Mit diesen sind in der Regel privatrechtliche[34] Kollektivvereinbarungen zwischen Gewerkschaften und Arbeitgeberverbänden gemeint, die sich je nach Domänenstruktur auf die Beschäftigten einer Branche, eines Betriebes oder auch einer Region erstrecken.[35] Für die Mitglieder der am Abschluss beteiligten Verbände sind die Tarifverträge rechtlich bindend, und die Einhaltung der Verträge ist einklagbar.

Die Regulierungsarena Tarifvertrag hat auf internationaler Ebene bislang eine geringe Bedeutung. Während auf der nationalen Ebene in der Regel privatrechtliche Kollektivvereinbarungen zwischen Gewerkschaften

---

33 Einen Vergleich der Entstehungsgeschichte, Entwicklung und Funktionen von globalen Arbeitnehmerstrukturen und WBR in acht internationalen Unternehmen haben Müller u. a. (2004) vorgenommen. Sie sprechen den WBR Potenzial zu, wobei sie aber davon ausgehen, dass die zahlenmäßige Entwicklung aufgrund des voluntaristischen Charakters gering bleiben wird (Müller u. a. 2004: 255ff.).

34 In Mexiko etwa gehen Tarifverträge aber über die privatrechtliche Ebene hinaus, indem sie durch das Arbeitsministerium genehmigt werden müssen (Pries 2010: 56; vgl. auch Kapitel 1, Teil II).

35 Während sich Tarifverträge in Deutschland entsprechend der Struktur der Gewerkschaften meist auf Branchen erstrecken, werden in einigen Ländern, wie z. B in Mexiko (vgl. Kapitel 1, Teil II), vor allem betriebliche Tarifverträge vereinbart oder, wie im Falle Englands, auf Berufsgruppen bezogene. In Brasilien hingegen beziehen sich die Kollektivvereinbarungen auf die lokale Ebene. Darüber hinaus kommt es in Deutschlands großen Unternehmen oft zum Abschluss von Haustarifverträgen, die sich auf alle Beschäftigten des Unternehmens in den unterschiedlichen nationalen Standorten beziehen (vgl. Pries 2010: 56).

und Arbeitgeberverbänden getroffen werden, die für die Mitglieder der entsprechenden Verbände rechtlich bindend sind und deren Einhaltung einklagbar ist, existieren eine entsprechende Regelung und rechtliche Rahmung auf internationaler Ebene nicht. Allerdings lassen sich auch hier erste Ansätze zu internationalen tarifvertraglichen Vereinbarungen ausmachen. So können vor allem die IRV, die unter anderem Regelungen zu Mindestentgelt, Höchstarbeitszeiten und Arbeitsplatzbedingungen enthalten, als tarifvertragsähnliche Elemente eingeordnet werden – auch wenn dabei erhebliche Einschränkungen festzustellen sind, wie noch zu sehen sein wird (vgl. Kapitel 2.4, Teil I; Pries 2010: 207f.).

2.3.4 Regulierungsarena diskursive Legitimation

Eine vierte für die internationale Erwerbsregulierung wichtige und an Bedeutung gewinnende Arena betrifft die diskursive Legitimation. Arbeits-, Beschäftigungs- und Partizipationsbedingungen sind immer stärker auch Teil von Aushandlungsprozessen, die auf einer öffentlich-diskursiven Ebene geführt werden. Öffentliche Kampagnen oder die Berichterstattung in den Medien beeinflussen die Politik von Unternehmen und erzeugen einen legitimatorischen Druck, diesen Erwartungen zu entsprechen (vgl. Pries 2010: 56f.; Hiß 2005; Schömann u. a. 2008). Insbesondere Profit-Organisationen reagieren oft sensibel auf öffentliche Kampagnen und fürchten ein Negativimage. Die Unternehmen adaptieren Instrumente und Regularien, mit denen sie auf die wachsende Bedeutung der Themen Umweltschutz, Nachhaltigkeit und CSR reagieren. Hierzu zählen etwa einseitige Verhaltenskodizes, Multistakeholder-Initiativen, Zertifizierungen und Labels oder auch internationale Kampagnen.[36]

Die Verhaltenskodizes sind inzwischen ein beliebtes Mittel international agierender Konzerne, ihren Willen zur Einhaltung von Umwelt-, Sozial- und Arbeitsstandards zu bekunden.[37] Es handelt sich um unilaterale Erklärungen der Unternehmen, entsprechendes Verhalten auf Konzernebene zu fördern. Neben der öffentlichkeitswirksamen Darstellung der Unternehmenspolitik nach außen fungiert der Verhaltenskodex auch als

36 Einen guten Überblick über verschiedene Initiativen und Instrumente bieten etwa Brandl und Stelzl 2005; Hiß 2005 und Pries 2010.

37 Die Literatur zu Verhaltenskodizes ist inzwischen nahezu unüberschaubar geworden, vgl. etwa Bass/Melchers 2004; Hiß 2005; Jenkins u. a. 2002; Pries 2010: 189ff.; Scherrer/Greven 2001; Schöman u. a. 2008; Wick 2003.

Willensbekundung nach innen. Die eigenen Mitarbeiter sollen weltweit eingeschworen werden auf die dem Unternehmen eigenen Werte. Kritisch muss dabei jedoch gesehen werden, dass die Verhaltenskodizes in der Regel keine externe Kontrolle und keine Sanktionsmechanismen vorsehen. So muss darauf vertraut werden, dass die Unternehmen die Inhalte selbständig prüfen und umsetzen.[38]

Während den einseitig proklamierten Verhaltenskodizes also nur eine äußerst begrenzte Wirkung zugesprochen wird, werden die Multistakeholder-Initiativen als zum Teil deutlich wirksamer beurteilt. Als Vorteil wird die Einbindung verschiedener Akteure in die Aushandlung der Abkommen und die Beobachtung ihrer Umsetzung gesehen (vgl. etwa Mamic 2004; Brandl/Stelzl 2005; Greven/Scherrer 2005; Weiss 2001). Die wohl bekannteste Multistakeholder-Initiative stellt der *Global Compact* dar. Hierbei handelt es sich um eine UN-Initiative, die internationale Konzerne und andere Organisationen zur Berücksichtigung von Menschenrechten und Umweltschutz verpflichtet.[39] Die Initiative zählt bereits mehr als 8.000 Unterzeichner, davon über 6.000 Unternehmen in 135 Ländern (Stand: Juli 2011).[40] Aber auch am *Global Compact* Kritik wird geübt: Seine Einhaltung sei ebenso wenig überprüfbar wie die der Verhaltenskodizes und Firmen benutzten ihn zum »Blauwaschen«, also zur positiven Darstellung ihres Unternehmens (vgl. Greven/Scherrer 2005: 148f.; Pries 2010: 196f.) [41]

Neben konzernbezogenen Erklärungen können auch Zertifizierungen und Labels als Instrumente einer diskursiven Legitimation genannt werden. So zertifizieren etwa der *Dow Jones Sustainibility Index (DJSI)* und der *Social Accountability International Standards SA 8000* Unternehmen nach bestimmten Kriterien. Immer stärker spielen hierbei nicht nur wirtschaftliche Faktoren, sondern auch erwerbsbezogene Kriterien eine Rolle. So wird unter anderem geprüft, ob die Unternehmen Maßnahmen zur Wahrnehmung ihrer gesellschaftlichen Verantwortung ergriffen haben, welche Regeln sie sich und den Mitarbeitern auferlegt haben und ob ein entspre-

38 Allerdings arbeiten zahlreiche Unternehmen auch mit externen Firmen zusammen, die Monitoringverfahren durchführen. Aber auch hier ist die Unabhängigkeit der Kontrolle nicht unbedingt gewährleistet (vgl. Wick 2003: 83).

39 Vgl. ausführlicher zu Hintergründen, Akteuren und Chancen des Global Compact Hamm 2002; Pries 2010: 193ff.

40 Die letzte Aktualisierung der öffentlich einsehbaren Teilnehmerliste fand im Juli 2011 statt (vgl. http://www.unglobalcompact.org/ParticipantsAndStakeholders/index.html, Zugriff 13.7.2012).

41 Der Begriff »Blauwaschen« bezieht sich auf Blau als die Farbe der Vereinten Nationen.

chendes Berichtssystem existiert. Der Kriterienkatalog des SA 8000-Standard umfasst sogar insgesamt 16 ILO-Konventionen und darüber hinaus weitere erwerbsrelevante Bestimmungen (Pries 2010: 224ff.). Labels beziehen sich anders als Zertifizierungen in der Regel nicht auf Unternehmen, sondern auf einzelne Produkte. So zertifiziert etwa das *Fairtrade*-Label Produkte nach sozialen, ökologischen und ökonomischen Faktoren, das *Rugmark*-Label zeichnet Teppiche aus, die ohne die Beteiligung von Kinderarbeit hergestellt wurden, und das *Flower*-Label zertifiziert Blumen, die unter der Beachtung von arbeitsrechtlichen und ökologischen Mindeststandards produziert wurden.

Darüber hinaus nimmt die Bedeutung von Kampagnen, die sich auf die Arbeitsbedingungen in einzelnen Konzernen oder deren Zulieferbetrieben konzentrieren, auf der internationalen Ebene zu. So ist etwa die »Kampagne gegen Kinderarbeit in der Teppichindustrie« zu nennen, die von den Organisationen terre des hommes, Brot für die Welt und Misereor in den 1990er Jahren gegründet wurde und aus der das *Rugmark*-Label hervorging, oder die Medienkampagne gegen den Bananenproduzenten Chiquita, dem schlechte Arbeitsbedingungen, Einschränkung der gewerkschaftlichen Rechte und Korruption in den lateinamerikanischen Herstellungsländern vorgeworfen wurde (vgl. Pries 2008: 325). Darüber hinaus soll auf eine Kampagne der *Clean-Clothes-Campaign* (CCC) hingewiesen werden, die bereits 1989 auf ausbeuterische Arbeitsbedingungen in asiatischen Zulieferbetrieben der Bekleidungsindustrie aufmerksam machte und heute in einem Netzwerk von rund 200 Organisationen versucht, die Arbeitsbedingungen in der globalen Bekleidungs- und Sportartikelindustrie zu verbessern (vgl. Scherrer/Greven 2001: 83ff.; Pries 2010: 236).

Ein weiteres Beispiel für die wachsende Bedeutung und die Erfolgsaussichten internationaler Kampagnen stellen die Aktionen gegen schlechte Arbeitsbedingungen bei dem Discounter Aldi dar (vgl. Pries 2010: 238f.). Hier schlossen sich verschiedene Akteure, darunter das Südwind Institut für Ökonomie und Ökumene, die Gewerkschaft Ver.di, die Evangelische Kirche im Rheinland und weitere Aktionsgruppen, zusammen, um auf schwerwiegende Verstöße gegen Arbeitnehmerrechte in Zulieferbetrieben in Indonesien und der VR China aufmerksam zu machen. Als Erfolg der Kampagne, die verschiedene Protest- und Informationsformen verband,[42]

42 So wurden u. a. ein Leitfaden für Konsumenten erstellt, eine umfangreiche Pressearbeit durchgeführt und das Bundesministerium für Verbraucherschutz zum Eingreifen aufgefordert (vgl. ausführlich Pries 2010: 238f.).

bekannte sich Aldi erstmals zu seiner sozialen Verantwortung auch gegenüber den Arbeitnehmern in Zulieferbetrieben. Ob daraus tatsächliche Veränderungen vor Ort resultieren, bleibt abzuwarten.

Tabelle 1: Arenen und Beispiele einer internationalen Erwerbsregulierung

Gesetzliche bzw. staatliche Regelungen	*Betriebliche Vereinbarungen*	*Tarifvertragliche Regelungen*	*Diskursive Legitimation*
ILO-Konventionen und Kernarbeitsnormen ILO- Grundsatzerklärung über MNK und Sozialpolitik OECD-*Guidelines* für MNK UN-Charta über Bürgerrechte und politische Rechte, sowie versch. UN-Konventionen EU-Richtlinie zur Gründung von EBR Handelsverträge (NAALC, GSP, EU-Zollpräferenzsystem) IRV	Vereinbarung zur Gründung von EBR und/oder WBR Transnationale Unternehmensvereinbarungen IRV	Hauseigene Tarifabkommen IRV	Unilaterale Verhaltenskodizes Multistakeholder-Initiativen *(Global Compact)* Zertifizierungen (DJSI und SA 8000) Labels (*Fair Trade, Rugmark, Flower-*Label-Programm) Kampagnen (CCC, Aldi, Kampagne gegen Kinderarbeit in der Teppichindustrie) IRV

(Quelle: eigene Zusammenstellung, mit Informationen u. a. aus Pries 2010; Brandl/Stelzl 2005; Hiß 2005; Sengenberger 2002; Block u. a. 2001)

2.4 Charakteristika von Internationalen Rahmenvereinbarungen

Eine einheitliche Definition der IRV existiert bislang nicht. Gleichwohl werden unter IRV in der Regel Vereinbarungen verstanden, die verhandelt sind

»[...] between a transnational company and the trade unions of its workforce at the global level. It is a global instrument with the purpose of ensuring fundamental workers' rights in all of the target company's locations.« (IMB 2003)

Dieser Definition soll in der vorliegenden Arbeit gefolgt werden. Die IRV werden dabei als Abkommen verstanden, die zwischen Unternehmen, GUF und eventuell auch betrieblichen Arbeitnehmervertretern ausgehandelt werden und grundlegende internationale Arbeitsstandards und deren Anwendung in den weltweiten Niederlassungen des Unternehmens zum Inhalt haben.[43] Der Bezug auf die ILO-Kernarbeitsnormen ist dabei die Regel, nicht aber zwingender Bestandteil. Im Folgenden soll nun ein Überblick über die IRV gegeben werden. Dabei wird der Schwerpunkt vor allem auf die vom IMB abgeschlossenen IRV gelegt, da die im Rahmen der vorliegenden Arbeit untersuchten IRV alle in der Metallbranche angesiedelt und somit vom IMB unterzeichnet worden sind.

2.4.1 Anzahl und Verbreitung von Internationalen Rahmenvereinbarungen

Bei den IRV handelt es sich um ein recht junges und wenig erprobtes Instrument der internationalen Erwerbsregulierung. Nachdem im Jahr 1988 zunächst der französische Lebensmittelhersteller Danone mit der *International Food, Agricultural, Hotel, Restaurant, Catering, Tobacco and Allied Workers' Associations* (IUF) eine Vereinbarung über die Einhaltung von grundlegenden Arbeitnehmerrechten abgeschlossen hatte, folgten erst Jahre später

43 Dabei soll nicht unterschieden werden zwischen Internationalen und Europäischen Rahmenvereinbarungen, wie dies in der Literatur teilweise der Fall ist (etwa Telljohann u. a. 2009: 6). Während Letztere auf die europäische Ebene begrenzt sind und dementsprechend auf Arbeitnehmerseite von europäischen Akteuren unterzeichnet werden, wie etwa den Europäischen Gewerkschaftsverbänden, den Europäischen Betriebsräten und/oder den nationalen Gewerkschaften, beziehen sich die IRV auf die weltweite Ebene des Konzerns.

weitere Abkommen. Insbesondere seit Mitte der 1990er Jahre ist aber die Anzahl der IRV erheblich gewachsen. Inzwischen können weltweit 94 IRV gezählt werden (Stand: Juli 2012; vgl. Tabelle 9 im Anhang).[44] Allerdings nimmt sich diese Anzahl im Verhältnis zu rund 82.000 internationalen Konzernen (UNCTAD 2010: 5) immer noch sehr bescheiden aus.

Die Zahl der Abschlüsse von IRV variiert je nach Branche und zuständiger GUF erheblich. Stärkster Partner beim Abschluss von IRV ist die internationale Dienstleistungsgewerkschaft UNI, die sich insbesondere seit 2006 sehr um den Abschluss von IRV bemüht und 35 IRV abgeschlossen hat. Dahinter folgt der IMB, der insgesamt 23 IRV ausgehandelt hat, während die *International Federation of Chemical, Energy, Mine and General Workers' Unions* (ICEM) mit 16 und die *Building and Wood Workers' International* (BWI) mit 14 IRV eine geringere Anzahl von Abschlüssen erzielt haben. Die *International Food, Agricultural, Hotel, Restaurant, Catering, Tobacco and Allied Workers' Associations* (IUF) hat sechs und die *Public Service International* (PSI) zwei IRV unterzeichnet, und der europäische beziehungsweise internationale Journalistenverband *EJF/IJF*[45] sowie die *International Textile, Garment and Leather Workers Federation* (ITGLWF) haben jeweils nur eine IRV abgeschlossen.[46]

Auffallend ist die hohe Konzentration der Abkommen auf europäische Konzerne. So sind von den insgesamt 94 Abkommen nur 17 von nicht-europäischen Unternehmen abgeschlossen worden (vgl. Abbildung 1). Dabei hat vor allem UNI seit 2006 Abschlüsse mit Unternehmen erreicht, die in nicht-europäischen Ländern ihren Stammsitz haben. Der Grund für die Konzentration der IRV auf den europäischen Raum wird unter anderem in der vor allem in Europa verankerten Tradition des sozialen Dialogs und des Bemühens um sozialen Ausgleich und der damit verbundenen

44 Aufgrund der unterschiedlichen Merkmale, die Unternehmen, GUF und Experten bei der Bestimmung einer IRV zugrunde legen, unterscheiden sich die Angaben zur Anzahl der unterzeichneten IRV z. T. erheblich. Darüber hinaus ist auch die Abgrenzung zu anderen unternehmensbezogenen Vereinbarungen nicht immer ganz einfach, wie Pries exemplarisch für einige internationale Konzerne zeigt (Pries 2010: 213).

45 Die auf drei Jahre begrenzte IRV zwischen der deutschen Mediengruppe WAZ und dem europäischen und internationalem Journalistenverband (EJF/IJF) wurde im Februar 2011 durch den EJF gekündigt. Als Begründung gab der Verband an, dass die Hoffnungen, durch die IRV die Arbeitsbedingungen in den osteuropäischen Ländern, in denen die WAZ-Gruppe besonders aktiv ist, zu verbessern und einen sozialen Dialog in Gang zu setzen, nicht erfüllt wurden (vgl. EJF 2011).

46 Da z. T. mehrere GUF an dem Abschluss einer IRV beteiligt sind, ergibt die Addition der hier aufgeführten IRV eine höhere Anzahl als 94.

ausgeprägten Dialogbereitschaft der europäischen Gewerkschaftszentralen und Unternehmen gesehen (vgl. Brandl/Stelzl 2005; Stevis 2010: 11f.). Dass die jeweilige Unternehmenstradition und -kultur sowie die Einbindung in »grenzüberschreitende Regelungen, Abkommen und Aushandlungsmechanismen der Erwerbsregulierung« einen wichtigen Einfluss auf die IRV haben, steht dabei laut Pries (2010: 215) außer Frage. So scheint auch die starke Stellung der gewerkschaftlichen und/oder betrieblichen Arbeitnehmervertretung im Heimatland den Abschluss einer IRV zu begünstigen. Beim Abschluss einer IRV sind die GUF auf starke nationale Mitgliedsgewerkschaften und betriebliche Interessenvertreter angewiesen, da die GUF selbst oft nicht als Verhandlungsführer seitens der Unternehmen anerkannt werden und kaum über ausreichende Kontakte zur Unternehmensführung verfügen (vgl. Brandl/Stelzl 2005: 85). Insbesondere die EBR spielen dabei in der Regel eine wichtige Rolle (vgl. Rüb 2009: 230). Starke Gewerkschaften und/oder BR, ausgestattet mit entsprechenden Ressourcen, Zugängen und Interessen sowie auf der anderen Seite dialogbereite Unternehmen scheinen insbesondere in Europa förderlich für den Abschluss von IRV zu sein. Im Gegensatz dazu sehen sich zum Beispiel die Gewerkschaften in den USA, wo bislang nur vier IRV abgeschlossen worden sind, mit einem überaus gewerkschaftsfeindlichen Umfeld und einer schwachen eigenen Position konfrontiert. US-Gewerkschafter unterstützen deshalb kaum den Abschluss von IRV. Sie fordern zunächst eine Verankerung stärkerer rechtlicher Verbindlichkeiten in den IRV, die sich vor allem darin ausdrücken soll, dass die Kernarbeitsnormen Vorrang vor der nationalen Gesetzgebung genießen (vgl. Rüb 2006: 1).[47]

47 Darüber hinaus fordern US-Gewerkschaften die Verpflichtung zur Neutralität der Unternehmen bei Organisierungskampagnen der Gewerkschaften, die verbindliche Einbeziehung der Zulieferbetriebe, die zwingende Publikation der IRV in den Betrieben und die Durchführung von Schulungen durch die Unternehmen sowie die Aufnahme von konkreten Durchsetzungsmechanismen in die Vereinbarungen (vgl. Rüb 2006: 4).

Abbildung 1: Abgeschlossene IRV nach Land/Region (Stand: Juli 2012)

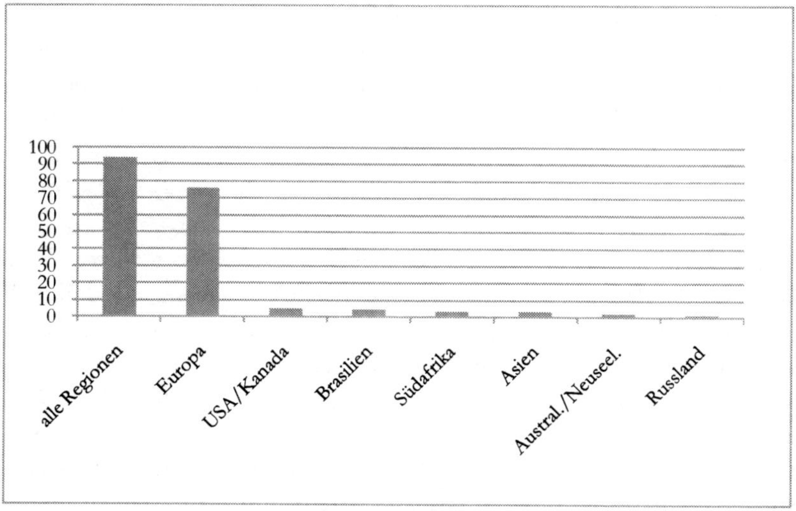

(Quelle: eigene Zusammenstellung, mit Informationen der GUFs sowie aus Brandl 2006; Hammer 2008; Zimmer 2009; Pries 2010; EBR-News; vgl. auch Tab. 9 im Anhang)

2.4.2 Inhalte von Internationalen Rahmenvereinbarungen

Kernelement der IRV sind in der Regel die ILO-Kernarbeitsnormen, zu deren weltweiter Einhaltung sich das entsprechende Unternehmen verpflichtet. Als Kernarbeitsnormen der ILO gelten dabei, wie bereits dargestellt, die Übereinkommen, die sich auf folgende vier Grundprinzipien beziehen: das Recht auf Vereinigungsfreiheit und Kollektivverhandlungen, die effektive Abschaffung von Kinderarbeit und die Beseitigung jeglicher Diskriminierung bei Arbeit und Beschäftigung. Während die IRV in der Regel auf diese grundlegenden ILO-Konventionen Bezug nehmen, sind Art und Umfang der Bezugnahme durchaus unterschiedlich. So geben einige IRV die Normen im Wortlaut wieder, während andere sich mit einer allgemeinen Bezugnahme in einem einleitenden Text begnügen oder nur einzelne Konventionen erwähnen. Darüber hinaus enthalten viele IRV Bestimmungen zu Vergütung, Arbeitssicherheit und Gesundheitsschutz, Qualifizierung und Umweltschutz (vgl. Tabelle 2). In der Regel sind die getroffenen Aussagen jedoch recht allgemein gefasst und setzen die nationale Gesetzgebung der einzelnen Länder als Mindeststandards fest. Damit bieten die IRV oft wenig Schutz für die Beschäftigten, da vor allem in Ländern des Südens keine umfassende Gesetzgebung zu den Themen Arbeits- und Gesundheitsschutz existiert (vgl. Zimmer 2008: 176). Dennoch können die IRV aufgrund ihrer Inhalte als eine »Art weltweiter Basistarifvertrag« verstanden werden (Pries 2010: 207).[48]

Als besonderes Charakteristikum der IRV wird in der Regel die Einbeziehung der Zulieferer in den Geltungsbereich der IRV dargestellt (vgl. etwa Hammer 2005 und 2008; Fichter/Sydow 2008; Pries 2010: 218ff.).[49] Wie Pries betont, bergen IRV durch die Einbeziehung der GUF im Vergleich zu anderen Instrumenten die Möglichkeit, einer »sozialen Schließung« entgegenzuwirken, also einer Durchsetzung von Arbeitnehmerrechten allein in den internationalen Konzernen, und somit die positiven Effekte von IRV auf die gesamte Wertschöpfungskette auszudehnen (Pries 2010: 219). So enthalten nahezu alle der vom IMB abgeschlossenen IRV eine Zulieferklausel (vgl. Tabelle 2). Allerdings sieht die Mehrzahl der IRV ausschließlich eine Information der Zulieferbetriebe vor und ihre Unterstützung bei der Umsetzung der IRV. Mit einer derartigen Absichtserklärung übernehmen die Konzerne keine Verantwortung für die Einhaltung von Arbeitsstandards bei den Zulieferbetrieben (vgl. Zimmer 2008: 177f.). In einigen Fällen hingegen schreibt die IRV eine Bestrafung der Zulieferer bei Nichteinhaltung der ILO-Kernarbeitsnormen vor (vgl. Tabelle 2). So sehen etwa die IRV von Bosch, Indesit (Merloni) und PSA Peugeot Citroën eine Beendigung der Zusammenarbeit mit denjenigen Zulieferern vor, die sich nachhaltig einer Beachtung der grundlegenden Arbeitsstandards verweigern.

---

48 Allerdings können sie nur eingeschränkt als Tarifvertrag eingeordnet werden. Zahlreiche Merkmale unterscheiden sie, so Pries, von ›echten‹ Tarifverträgen. So haben die am Abschluss der IRV beteiligten Betriebsräte nach deutschem Recht keine Befugnis, Tarifverträge abzuschließen; stattdessen werden Tarifverträge von Gewerkschaften unterzeichnet. Darüber hinaus unterliegen IRV anders als Tarifverträge keinen nationalen oder internationalen Rechtsbestimmungen und sind nicht eindeutig von anderen Regulierungsinstrumenten, wie CSR-Instrumenten und anderen Unternehmensvereinbarungen, zu unterscheiden (vgl. Pries 2010: 208).

49 Als Abgrenzung zu unilateralen Verhaltenskodizes der Unternehmen kann die Einbindung der Zulieferer jedoch nicht dienen. Wie Schömann u. a. (2008) festgestellt haben, beziehen auch zahlreiche einseitige Erklärungen die Zulieferer mit ein.

Tabelle 2: Inhalte der vom IMB abgeschlossenen IRV (Stand: Juli 2012)

	Allg. Menschenrechte	Vereinigungsfreiheit/ Kollektivverhandlungen	Chancengleichheit/ Diskriminierung	Zwangsarbeit	Kinderarbeit	Bezug auf ILO-Normen	Vergütung	Arbeitszeiten	Gesundheitsschutz und Arbeitssicherheit	Qualifizierung	Umweltschutz	Erhoffte Anwendung auf Zulieferer	Sanktionen gegen Zulieferer	Information der Beschäftigten	Richtlinien zu Beschwerdeverfahren	Richtlinien zu Monitoring	Richtlinien zu Revision
Aker (Schiffsbau)	X	X	X	X	X	X	X	X	X	X	X	-	-	X	X	X	X
Arcelor (Stahl)	-	X	X	X	X	X [50]	-	-	X	X	X	X	-	X	-	-	X
BMW (Automobil)	-	X	X	X	X	X	X	X	X	X	-	X	-	X	-	-	X
Bosch (Automobil/Elektro)	X	X	X	X	X	X	X	X	X	X	X	X	X	X	X	-	X
Brunel (Ingenieurswesen)	X	X	X	X	X	X	X	X	X	X	-	X	-	X	-	--	X
DaimlerChrysler (Automobil)	X	X	X	X	X	X	X	X	X	X	-	X	-	X	X	X	X
EADS (Luft- und Raumfahrt)	X	X	X	X	X	X	X	X	X	X	X	X	-	X	X	-	X
Electrolux (Elektro)	X	X	X	X	X	X	X	X	X	-	X	-	-		X	X	X
Ford (Automobil)	X	X	X	X	X	X	X	X	X	X	X	X	-	-	X	-	X
GEA (Maschinenbau)	X	X	X	X	X	X	X	X	X	X	X	X	-	X	-	-	X
Indesit (Merloni) (Metall)	X	X	X	X	X	X	-	-	-	-	X	X	X [51]	X	-	X	-
Leoni (Automobil/Kabel)	X	X	X	X	X	X	X	X	X	X	-	X	-	X	-	X	X
MAN (Maschinenbau/Automotive)	X	X	X	X	X	X	X	X	X	X	-	X	-	X	X	X	X
Norsk Hydro (Metall/Energie)	X	X	X	X	X	X	X	X	X	X	X	X	-	X	X	X	X

50 Unter Berücksichtigung nationaler Besonderheiten.

51 Die Sanktionen betreffen nur Verstöße gegen Kinder- und Zwangsarbeit.

Prym (Metall)	-	X	X	X	X	X	X	X	X	-	-	X	-	X	-	-	X
PSA Peugeot Citroën (Automobil)	X	X	X	X	X	X	X	X	X	X	X	X	X	X	X		X
Renault (Automobil)	X	X	X	X	X	X	X	X	X	X	-	X	-	X	-	-	X
Rheinmetall (Rüstung/ Automobil)	X	X	X	X	X	X	X	X	X	X	X	X	-	X	-	-	X
Röchling (KFZ-Zulieferer)	X	X	X	X	X	X	X	X	X	X	X	X	-	X	-	-	X
SKF (Kugellager)	-	X	X	X	X	-	X	X	X	X	-	-	-	-	-	X	-
Umicore (Metall)	X	X	X	X	X	X	X	X	X	X	X	X	-	X	X	X	X
Vallourec (Metall)	X	X	X	X	X	X	X	X	X	X	-	X	-	X	X	-	-
VW (Automobil)	-	X[52]	X	X	X	X	X	X	X		-	X	-	X	-	-	X

Quelle: eigene Zusammenstellung, nach Angaben des IMB (2011c)

Allerdings muss hier die Frage gestellt werden, inwieweit die in den genannten IRV angedrohten Sanktionen oder gar die Kündigung der Zusammenarbeit mit den Zulieferern realistisch sind. So verfügen in der Regel weder die GUF noch die nationalen oder lokalen Gewerkschaften über die entsprechenden personellen und finanziellen Ressourcen und Strukturen, um eine Überwachung der IRV zu gewährleisten (vgl. etwa Müller u. a. 2003: 672; Brandl/Stelzl 2005: 85; Platzer/Müller 2009: 735).

Bezüglich ihrer Umsetzung machen die IRV in der Regel deutlich weniger Angaben als im Hinblick auf die einzuhaltenden Standards. So beinhaltet die Mehrzahl der IRV kaum konkrete Umsetzungsrichtlinien in Form von prozeduralen Normen. In vielen Fällen wird lediglich vereinbart, dass die Mitarbeiter in den Niederlassungen über den Abschluss und die Inhalte der IRV zu informieren sind (vgl. Tabelle 2). Dabei bleiben jedoch die Durchführung und Art der Information in der Regel offen. Verantwortlich für die Entwicklung der entsprechenden Vorgehensweise und ihre Bekanntmachung sind meist die lokalen Geschäftsführungen, wobei zum Teil eine Zusammenarbeit mit den lokalen Arbeitnehmervertretern vorgesehen ist.

52 Das Recht auf Kollektivverhandlungen wird hier nicht erwähnt.

Einige IRV enthalten darüber hinaus konkrete Bestimmungen zu Beschwerdeverfahren, einem intern stattfindenden Monitoring[53] und/oder einer Revision der IRV. Die IRV des in der vorliegenden Arbeit als Unternehmen B bezeichneten Konzerns (vgl. ausführlich Kapitel 3, Teil II) sieht etwa nicht nur die Ernennung von Ansprechpartnern vor, an die sich Geschäftspartner, Kunden und Arbeitnehmer bei Fragen oder Problemen wenden können, sondern auch die Einrichtung einer zentralen Hotline zur Annahme von Beschwerden. Eine regelmäßige Beratung und Revision der IRV sieht die Vereinbarung von PSA Peugeot Citroën vor. Im Rahmen der jährlichen Sitzung des erweiterten EBR soll diese stattfinden. Darüber hinaus sieht auch diese IRV die Hauptverantwortung für ihre Umsetzung bei den lokalen Geschäftseinheiten. In den wichtigsten Ländern, in denen PSA Peugeot Citroën über Standorte verfügt, soll die Einrichtung von lokalen sozialen Observatorien erfolgen, die verantwortlich sind für die lokale Umsetzung und die Entgegennahme von Beschwerden.

Bezüglich der Umsetzung der IRV bei den Zulieferern sowie deren Kontrolle werden in den IRV in der Regel kaum Vorgaben gemacht. Meist wird lediglich die Unterstützung der Zulieferer bei der Umsetzung der IRV zugesichert. Konkrete Angaben über die Ausgestaltung dieser Zusammenarbeit fehlen jedoch in der Regel. Allein der Hinweis, dass eine Information der Zulieferer über die IRV und die entsprechenden Erwartungen des Unternehmens erfolgen soll, ist oft Bestandteil der Vereinbarungen.

Abschließend lassen sich also mehrere Charakteristika der IRV festhalten. Zunächst ist ein deutlicher Überhang von materialen Normen zu konstatieren, vor allem angelehnt an die ILO-Kernarbeitsnormen. Bei diesen Normen handelt es sich um Mindeststandards, die zudem oft bereits vom nationalen Recht abgesichert werden. Auch diejenigen materialen Normen der IRV, die sich auf Entgelt oder Urlaubsansprüche beziehen, orientieren sich in der Regel an nationalen Gesetzgebungen. Sie setzen somit in vielen Fällen keine neuen Standards. Im Vergleich zu den genannten materialen Normen sind prozedurale Normen in deutlich geringerem Maße in den IRV enthalten. Die meisten IRV schreiben nur wenige konkrete Maßnahmen zu ihrer Umsetzung vor, die Ausgestaltung derselben bleibt in der Regel den einzelnen Niederlassungen vorbehalten. Die IRV setzen lediglich Mindeststandards fest und schaffen die Ausgangsbasis, aufgrund derer eine Umsetzung in den lokalen Kontexten erfolgen soll.

53 Externe Akteure werden bei der Durchführung des Monitorings in der Regel nicht einbezogen.

2.4.3 Dominante Akteure bei Aushandlung und Umsetzung von Internationalen Rahmenvereinbarungen

Vertragspartner der IRV sind in der Regel die Unternehmen und zuständigen GUF, wobei in zahlreichen Fällen neben den GUF auch die betrieblichen Arbeitnehmervertretungen – Betriebsrat, GBR, EBR oder WBR – als Mitunterzeichner fungieren (vgl. Tabelle 3). Die Mitunterzeichnung der IRV durch die GUF gilt in der Regel als eines ihrer wichtigsten Merkmale (vgl. etwa Stevis 2010: 5; Schömann u. a. 2008: 49). Hervorgehoben wird der dadurch entstehende Bedeutungszuwachs für die GUF als Verhandlungspartner und einflussnehmender Akteur in den Beziehungen zum Unternehmen. Allerdings nehmen bei den Vertragsverhandlungen und der Umsetzung der IRV oft die Betriebsräte eine zentrale Rolle ein, wie in der Auflistung der vom IMB unterzeichneten IRV in Tabelle 4 deutlich wird. Hier wird dem IMB zum Teil nur eine unterstützende Funktion zugeschrieben.[54] Ein Grund für diese Situation ist darin zu sehen, dass die Betriebsräte als betriebliche Akteure der Unternehmensführung oft deutlich näher stehen und besser in unternehmerische Abläufe integriert sind als gewerkschaftliche Vertreter (vgl. Rüb 2009: 230).

Insbesondere für die GUF aber stellen die IRV eine Möglichkeit dar, ihren Einflussbereich zu vergrößern. Durch die zunehmende Internationalisierung der Unternehmen sehen sich die GUF dem Druck ausgesetzt, ihre Strategien und Strukturen an die internationale Entwicklung anzupassen.[55]

---

54 Innerhalb des IMB hat diese Situation bereits zu erheblichen Diskussionen geführt. Während einige Mitgliedsgewerkschaften auf eine Unterschrift durch den IMB bestehen, um die Glaubwürdigkeit der IRV zu erhöhen, halten andere eine Unterschrift nicht unbedingt für notwendig, sollte es ohne diese nicht zum Abschluss einer IRV kommen. So konnte in einigen deutschen Unternehmen nur deshalb eine IRV abgeschlossen werden, weil die Arbeitnehmervertreter eben nicht auf die Unterschrift des IMB bestanden (vgl. Rüb 2006: 3f.).

55 Erste Versuche lassen sich dabei bereits in den 1960er und 1970er Jahre beobachten. Die Gewerkschaften verfolgten dabei eine Doppelstrategie (Müller u. a. 2003: 667). So versuchten sie, auf politischer Ebene Restriktionen für expandierende Unternehmen durchzusetzen und damit einem seitens der Arbeitnehmervertretungen befürchteten Dumping bei Löhnen und Arbeitsstandards vorzubeugen. Diese Strategie führte u. a. zur Verabschiedung der OECD-Richtlinie für MNK von 1976 und der ILO-Grundsatzerklärung über Multinationale Konzerne und Sozialpolitik von 1977. Dennoch erwies sich das neoliberal geprägte, internationale Regime der Finanz- und Wirtschaftsinstitutionen bestehend aus Welthandelsorganisation (WTO), Internationalem Währungsfonds (IWF) und Weltbank als zu dominant, als dass auf supranationaler Ebene nachhaltig wirksame Mittel zum Schutz der Arbeitnehmerrechte hätten etabliert werden können. So

Agierten die Gewerkschaften lange Zeit vor allem national, sind sie nun gezwungen, sich international zu vernetzen. Die IRV stellen dabei eine Möglichkeit dar, sich als ernst zu nehmende Vertragspartner der Unternehmen zu etablieren (Brandl/Stelz 2005: 87; Platzer/Müller 2009: 738, Rüb 2009: 215). Müller u. a. (2008) identifizieren vier zentrale Ziele der GUF bei Abschluss einer IRV: Erstens die Sicherung von sozialen Mindeststandards in allen Standorten der Unternehmen und deren Zulieferkette; zweitens den Aufbau kontinuierlicher Dialog- und Verhandlungsbeziehungen mit dem Management auf internationaler und nationaler beziehungsweise lokaler Ebene; drittens die Unterstützung gewerkschaftlicher Organisierungskampagnen an den lokalen Standorten und viertens den Aufbau »transnationaler unternehmensbezogener gewerkschaftlicher Netzwerke zur Verbesserung der internationalen Zusammenarbeit von Gewerkschaften« (Müller u. a. 2008: 7; vgl. auch Mund/Priegnitz 2007: 674).

Tabelle 3: Internationale Akteure, die formal am Abschluss der vom IMB unterzeichneten IRV beteiligt sind

Arbeitnehmervertretungen / *Unternehmen*	*EBR*	*WBR*	*IMB*
Aker	-	-	X/nationale Gewerkschaft
Arcelor	-	-	X/EMB
BMW	X	-	X
Bosch	X	-	X
Brunel	-	-	X/nat. Gewerkschaft
Daimler Chrysler	-	X	X
EADS	X	-	X/EMB
Electrolux	X		X
Ford	-	X	X
GEA	X	-	X/EMB
Leoni	X	-	X

scheiterte etwa der Versuch, die ILO-Kernarbeitsnormen in Vereinbarungen der WTO festzuschreiben. Gleichzeitig stärkten die GUF ihre Bemühungen, konzernbezogene Strukturen aufzubauen und Mindestarbeitsnormen zu etablieren. So wurde die Gründung von EBR, WBR und konzernbezogenen gewerkschaftlichen Netzwerken, die den Informationsaustausch und die Kooperation zwischen GUF, nationalen Gewerkschaften und gewerkschaftlich organisierten betrieblichen Arbeitnehmervertretern ermöglichen sollen, von den GUF unterstützt (vgl. ausführlicher Müller u. a. 2004: 233ff.)

MAN	X[56]	-	X
Norsk Hydro	-	-	X/nationale Gewerkschaft /ICEM
Indesit (Merloni)	-	-	X
Prym	X	-	X
PSA Peugeot Citroën	-	-	X/EMB; nationale Gewerkschaften
Renault	-	X[57]	X
Rheinmetall	X	-	X/EMB
Röchling	X	-	X/EMB
SKF	-	-	EMB
Umicore	-	-	X/ICEM
Vallourec	X	-	X
VW	-	X	X

(Quelle: eigene Zusammenstellung, mit Informationen des IMB (2011c))

Gleichzeitig sind für den Abschluss von IRV auf Arbeitgeberseite zahlreiche weitere Motive und Ausgangslagen verantwortlich, die bislang jedoch nur für Einzelbeispiele erforscht sind. So gehen etwa Schömann u. a. (2008) davon aus, dass auch der Wunsch nach einer positiven Außendarstellung des Unternehmens, ein verbessertes Risikomanagement und eine Vereinheitlichung der unternehmensinternen Werte ausschlaggebend für den Abschluss einer IRV sind. Hiß (2005) hingegen sieht insbesondere den Wunsch nach einer Legitimation des Unternehmens nach außen als wichtigen Grund für die Unterzeichnung von IRV an. Aber auch der Wunsch nach einer Vertiefung der Dialogstrukturen zwischen Management und Gewerkschaft beziehungsweise betrieblicher Arbeitnehmervertretung kann einen zentralen Grund für den Abschluss einer IRV darstellen (IOE 2005: 6).[58]

56 Da es sich bei der Rechtsform des Unternehmens um eine Europäische Gesellschaft handelt (SE), handelt es sich bei dem Betriebsrat um einen SE-Betriebsrat.

57 Zwar existiert formell bei Renault nur ein EBR, bei diesem handelt es sich faktisch jedoch um einen WBR, da auch Vertreter auch Nicht-EU-Ländern als Beobachter zugelassen sind (vgl. Hauser-Ditz u. a. 2010: 216f.)

58 Gleichzeitig wird auf Arbeitgeberseite genau diese potenzielle Vertiefung der Arbeitsbeziehungen z. T. als Gefahr gesehen. So warnt die International Organisation of Employers (IOE) vor dem Abschluss von IRV, da die IRV aufgrund der Erwartungen

Tabelle 4: Akteure, die an der Umsetzung der vom IMB ausgehandelten IRV beteiligt sind

	verantwortliche Akteure für Umsetzung allgemein	*verantwortliche Akteure für Monitoring*	*Berichterstattung an*	*Austauschgremium*
Arcelor	Geschäftsführung; Arbeitnehmervertretung	Lokale Vertretungen; Paritätisch besetzte Instanz auf Konzernebene (EBR, Personalabteilung, IMB)	-	-
BMW	-	-	-	EURO-Forum
Bosch	Einzelne Geschäftsbereiche; Regionalgesellschaften; Standorte	-	Management; Arbeitnehmervertretungen; EBR	EBR-Sitzungen
Brunel	-	-	-	IMB/nationale Gewerkschaften
Daimler Chrysler	Lokale Geschäftsleitungen	Konzernrevision	Arbeitnehmervertretungen	Konzernleitung; Arbeitnehmervertretung
EADS	Leitungen der Business Units	Leitungen der Business Units	EBR	EBR
GEA	Geschäftsleitungen; Arbeitnehmervertretungen	-	-	EBR (mind. einmal jährlich)
Leoni	-	Konzernrevision	EBR	EBR-Sitzung
Norsk Hydro	Geschäftsführung, IMB,	-	Lokale Geschäftsführungen, lokale	jährliche Treffen von Konzern-

---

der Gewerkschaften nicht als kurzfristiges PR-Instrument dienten, sondern erheblichen Druck auf die Unternehmen erzeugen könnten. Die Unternehmen müssten deshalb vor Abschluss einer IRV folgende Risiken bedenken: Erstens könnten die IRV eine Forderung nach weltweiter Angleichung der Löhne auf Dollar-Basis nach sich ziehen; zweitens könnten die IRV die Bekanntgabe sensibler Unternehmensdaten erfordern; drittens könnten die Unternehmen gezwungen sein, neben den nationalen Tarifverhandlungen auch internationale Tarifverhandlungen zu etablieren; viertens könnten nationale Probleme internationales Mobilisierungspotenzial entfalten; fünftens könnten auf internationaler Ebene Solidaritätsstreiks durchgeführt werden; sechstens könnten die GUF auf den IRV aufbauende Folgeabkommen durch internationale Mobilisierungsaktionen durchzusetzen versuchen; siebtens benötigten die Unternehmen mehr Personal zur Bearbeitung und Umsetzung der IRV und achtens würden wichtige Management-Ressourcen in einen unproduktiven Bereich des Unternehmen fließen und fehlten in produktiven Aktivitäten (IOE 2005: 6f.).

	ICEM, nationale Gewerkschaft		betriebliche und gewerkschaftliche Arbeitnehmervertretungen, lokale Arbeitsschutz- und Gesundheitsbeauftragte	leitung, IMB, ICEM, nationaler Gewerkschaft
Indesit (Merloni)	-	National Joint Commission	EBR; nationale Arbeitnehmervertretungen	-
Prym	-	-	EBR	EBR-Sitzung (jährlich)
PSA Peugeot Citroën	Unterzeichnende Parteien	Lokale soziale Observatorien (Personalleitungen und Gewerkschaften)	EBR	Treffen der unterzeichnenden Parteien alle drei Jahre
Renault	-	Konzernleitung; Konzernbetriebsausschuss; Personalvertretung	-	Konzernleitung; Konzernbetriebsausschuss; Personalvertretung
Rheinmetall	Geschäftsleitungen; Arbeitnehmervertretungen	-	-	EBR (mind. einmal jährlich)
Röchling	Geschäftsleitungen; Arbeitnehmervertretungen	-	-	EBR (mind. einmal jährlich)
SKF	-	Management; WBR	-	-
Umicore	-	Externe	Management; IMB; ICEM; EBR	Komitee (Management, IMB, ICEM, EBR)
Vallourec	-	-	EBR/IMB	-
VW	-	-	-	WKBR

Quelle: eigene Zusammenstellung, mit Informationen des IMB (2011c)

Bei der Berichterstattung und dem Austausch über Fortgang der Umsetzung nehmen Arbeitnehmervertreter und dabei insbesondere die betrieblichen Arbeitnehmervertreter eine wichtige Rolle ein. Zahlreiche IRV sehen eine regelmäßige Berichterstattung an den EBR und zum Teil auch an den IMB sowie einen kontinuierlichen Austausch mit den Arbeitnehmervertretern vor (vgl. Tabelle 4). Lokale Akteure werden aber weder bei der Berichterstattung noch beim Austausch über die IRV einbezogen. Damit wird deutlich, dass das Zentrum von Aushandlung, Gestaltung, Umsetzung und Austausch in den Konzernzentralen liegt. Nur einige wenige IRV beziehen explizit die lokalen Geschäftsleitungen und Arbeitnehmervertretungen in die Umsetzung der IRV mit ein. Pries betrachtet deshalb die IRV als Element einer »Diaspora-Internationalisierung« (Pries 2008: 324ff; Pries 2010: 218ff.). Ihr Charakteristikum sei ein klar definiertes Zentrum – nämlich die jeweilige Konzernzentrale –, um das herum sich ein sternförmiges Netz von Unterorganisationen, Unternehmen und Zulieferern anordnet.

Erschwerend kommen die Strukturen der Arbeitnehmervertretungen selbst hinzu. So existieren in den meisten Unternehmen bislang nur EBR und keine WBR. Außereuropäische Arbeitnehmervertreter bleiben bei Abschluss der IRV also in der Regel unberücksichtigt. Darüber hinaus handelt es sich bei den nationalen Arbeitnehmervertretungen nur teilweise um Mitgliedsgewerkschaften des IMB. So ist auch über den IMB eine Einbindung der lokalen Gewerkschaften in den Entwicklungs- und Umsetzungsprozess der IRV nicht gewährleistet. Doch gerade diese Einbindung verschiedener lokaler Akteure, so Pries (2010: 219ff.), berge das größte Potential der IRV. Denn erst die Verwurzelung von IRV in den lokalen Kontexten könne ihre Umsetzung vor Ort bewirken.

2.4.4 Zwischenfazit

Es ist deutlich geworden, dass es sich bei den IRV um ein Instrument einer internationalen Erwerbsregulierung handelt, das keiner Arena der internationalen Erwerbsregulierung klar zuzuordnen ist. Vielmehr weisen die IRV Elemente aller vier Regulierungsarenen auf. Zum einen sind sie in der Arena der betrieblichen Vereinbarungen verankert und beziehen sich auf den Einflussbereich eines Unternehmens. An Entwicklung und Abschluss der IRV sind in der Regel vor allem betriebliche Akteure beteiligt und die räumliche Reichweite beschränkt sich auf das Unternehmen selbst und seine direkten Geschäftspartner. Zum anderen sind die IRV der Arena Gesetze, Rechtsnormen und internationale Vereinbarungen zuzuordnen. Sie zeichnen sich durch den Bezug auf weltweit geltende Rechtsnormen aus, wie die ILO-Kernarbeitsnormen, die allgemeinen Menschenrechte oder nationale Gesetze, und sind damit in nationale und internationale Normsetzung eingebunden. Dabei handelt es sich aber nicht um starre Regelwerke, sondern um prozessorientierte Mindestvereinbarungen, die

Raum für eine Einpassung, also eine organisationsbezogene *adaptation*,[59] in nationale *settings* lassen.

Darüber hinaus weisen die IRV Elemente einer diskursiven Legitimation auf. Sie werden im Kontext einer – zumindest in Europa weit verbreiteten – öffentlichen Diskussion über die gesellschaftliche Verantwortung von Unternehmen (CSR) und die generelle Bedeutung von Arbeits- und Sozialstandards abgeschlossen. Die IRV beziehen sich zum Teil auf CSR-Initiativen wie etwa den *Global Compact* und stellen das gesellschaftliche Engagement der Unternehmen heraus. Weiterhin können IRV in eingeschränkter Form auch der Arena Tarifabkommen zugeordnet werden, indem sie Normen zu Arbeits-, Beschäftigungs- und Partizipationsbedingungen enthalten.

Durch diese vielschichtigen Bezüge zu verschiedenen Ebenen und Akteuren weisen die IRV eine hohe Flexibilität und ein ausgeprägtes Verknüpfungspotenzial auf. Damit können die IRV laut Pries als Teil einer »emergierenden rissfesten Netzwerktextur« (Pries 2008: 344f.) gesehen werden, die durch starke und vielfältige Bezüge eine internationale Erwerbsregulierung möglich macht. Im weiteren Verlauf der Arbeit wird der Frage nachgegangen, wie diese Netzwerktextur vor Ort genutzt wird.

59 Der Begriff adaptation findet vor allem in der Organisationsforschung bei der Untersuchung von Übernahmekonzepten von Produktionssystemen in der Automobilbranche Anwendung. Er bezeichnet im Gegensatz zur application nicht die Übernahme eines Gesamtkonzepts, sondern die flexible Anpassung an spezifische regionale und nationale Bedingungen (vgl. etwa Pries 2003).

3 Internationale Rahmenvereinbarungen als institutionalisiertes Element in einem organisationalen Feld

Im Folgenden sollen die IRV als institutionalisiertes Element einer internationalen Erwerbsregulierung betrachtet und der theoretische Rahmen der vorliegenden Studie aufgezeigt werden. Dabei wird der neoinstitutionalistische Ansatz in den Mittelpunkt gestellt, der insbesondere in der US-amerikanischen, aber auch in der europäischen Organisationsforschung seit den 1970er und 1980er Jahren eine starke Verbreitung erfahren hat.[60]

Der neoinstitutionalistische Ansatz fokussiert auf das Verhältnis von Umwelt und Organisation und schreibt den Erwartungen der Umwelt dabei eine besondere Bedeutung für die Ausgestaltung der Organisationsstruktur zu. In Abgrenzung zum situativen (oder auch Kontingenz-) Ansatz[61] geht der Neoinstitutionalismus davon aus, dass nicht Effizienzkriterien, sondern vielmehr der Anpassungsdruck an die in der Umwelt vorhandenen Erwartungen maßgeblich für die Gestaltung von Struktur und Arbeitsaktivitäten der Organisationen sind (Meyer/Rowan 1977). Meyer und Rowan stellen in ihrem wegweisenden Aufsatz die viel zitierte These auf, dass Organisationen *»rationalized myths«* übernehmen, also als rational und effektiv geltende institutionalisierte soziale Strukturen, wie etwa Programme, Berufe und berufliche Positionen oder auch Techniken, um den Erwartungen der Umwelt zu entsprechen und sich dadurch zu legitimieren (Meyer/Rowan 1977: 344 und 347).

In der vorliegenden Studie soll diese These als Ausgangspunkt gewählt werden. Wie bereits ausgeführt, werden die IRV unter anderem der Arena der diskursiven Legitimation zugeordnet, das heißt, es wird davon ausgegangen, dass die IRV von den hier untersuchten Unternehmen genutzt werden, um den Erwartungen der Umwelt zu entsprechen und sich zu

60 Einen guten Überblick zum Neoinstitutionalismus und seiner Entwicklung bieten etwa Brinton/Nee 1998; Hasse/Krücken 2005; Walgenbach 2006; Walgenbach/Meyer 2008; Greenwood u. a. 2008.

61 Vgl. ausführlich zum situativen Ansatz Kieser 2006.

legitimieren. Damit wird der vor allem in der CSR-Forschung verbreiteten Argumentation (vgl. Hiß 2005) gefolgt, die insbesondere den gesellschaftlichen Erwartungsdruck als Grund für die Übernahme von CSR-Konzepten sieht.

Im Folgenden sollen in einem ersten Abschnitt zunächst die Begriffe Institution und Institutionalisierung definiert werden. Anschließend werden anhand des Drei-Säulen-Modells von W. Richard Scott (2001) die tragenden Elemente von Institutionen herausgearbeitet. In einem weiteren Schritt sollen theoretische Erklärungsmuster für die eventuell erfolgende Übernahme von Institutionen beziehungsweise *institutionalisierten Mythen* in die betriebliche Arbeitsorganisation dargestellt werden, bevor abschließend das der Studie zugrunde liegende Akteurskonzept erläutert wird.

3.1 Zu den Begriffen Institution, Institutionalisierung, organisationales Feld

Bei dem Begriff Institution handelt es sich um einen der zentralen Begriffe der Soziologie. Nach Durkheim ist Soziologie sogar die »Wissenschaft von den Institutionen« (Durkheim 1980: 100). Im nicht wissenschaftlichen Diskurs wird mit Institution meist ein Phänomen bezeichnet, das sich durch seine Beständigkeit (Tradition) und seine Gestaltungskraft auszeichnet, also durch die Annahme, dass es die einzige Handlungsmöglichkeit darstellt. Geläufige Beispiele sind Kirche und Familie oder auch etablierte Organisationen wie etwa Universitäten oder Parteien (Hasse/Krücken 2005: 14). Im wissenschaftlichen Kontext wird der Begriff deutlich differenzierter gebraucht, wobei der Definition je nach Forschungsinteresse unterschiedliche Blickwinkel zugrunde liegen. Dennoch lassen sich einige Gemeinsamkeiten herausarbeiten.

Pries definiert soziale Institutionen als »vererbte (also relativ dauerhafte, Generationen übergreifende) Gebilde von Routinen, Regeln, Normen und wechselseitigen Erwartungen, die für große Verflechtungszusammenhänge von Menschen, wie zum Beispiel Ethnien oder nationale Gesellschaften, bestimmte Bereiche des sozialen Lebens und die dazu gehörigen Handlungsprogramme strukturieren und die gleichzeitig Identität, Integration, Stabilität und Berechenbarkeit stiften« (Pries 2010: 31). Damit werden bereits die wesentlichen Aspekte von Institutionen zusammengefasst, die in der Literatur genannt werden.

Die »Erwartungsstrukturen« betonen auch Hasse und Krücken, die davon ausgehen, dass Institutionen darüber bestimmen, »was angemessenes Handeln und Entscheiden ist« (Hasse/Krücken 2005: 15). Dabei setzen sie nicht nur die Regeln fest, an denen sich Handeln ausrichtet, sondern koordinieren Interaktionen, verteilen Aufgaben und Rollen und definieren die Beziehungen der Akteure zueinander (Walgenbach/Meyer 2008: 55). Institutionen regeln also das Miteinander in einer Gesellschaft beziehungsweise einer Organisation und bestimmen deren Strukturen. Dabei haben sie einerseits die Funktion, durch die Vorgabe von Strukturen Handeln zu ermöglichen, und andererseits, Handeln zu restringieren (Scott 2001: 50).

Giddens betont die Beständigkeit von Institutionen über Raum und Zeit hinweg: Institutionen können laut Giddens zusammengefasst werden als »the more enduring features of social life [...] giving ›solidity‹ (to social systems) across time and space«. (Giddens 1984: 24). Den Aspekt der Dauerhaftigkeit betont auch Scott (2001: 48ff.) in Anlehnung an Jepperson (1991) und Zucker (1977): »[...] institutions are multifaceted, durable social structures, made up of symbolic elements, social activities, and material resources« (Scott 2001: 49). Allerdings, so Scott, sind Institutionen durchaus Veränderungen ausgesetzt. Dabei spiele das menschliche Verhalten eine besondere Rolle: »Rules, norms, and meanings arise in interaction, and they are preserved and modified by human behavior« (Scott 2001: 49). Neben dem menschlichen Verhalten, das bereits Geertz (1973) sowie Berger und Luckmann (1967) betont haben, spielen auch materielle Ressourcen und Macht eine wichtige Rolle für die Herausbildung und Stabilität von Institutionen (Giddens 1979, 1984 und Sewell 1992). Denn erst Ressourcen und Macht verleihen Regeln Sanktionsmacht und Normen Gestaltungskraft (Scott 2001: 50).

Auf die Herausbildung von Institutionen und die entsprechenden Entwicklungsphasen im Prozess der Institutionalisierung gehen Tolbert und Zucker (1996) ein. Sie gehen davon aus, dass die Institutionalisierung in drei Phasen erfolgt: Im Prozess der *Habitualisierung* entstehen als Reaktion auf aktuelle Probleme in einer oder mehreren Organisationen zunächst neue strukturelle Elemente. Entsteht in der Folge ein Konsens über den Nutzen und den Wert dieses neuen strukturellen Elements oder dieser Praxis, kann von *Objektivierung* gesprochen werden. Zu diesem Zeitpunkt ist das Element jedoch noch nicht fest verankert. Es ist durchaus möglich, dass es wieder an Bedeutung verliert. Sollte sich das Element schließlich aber derart verankern, dass es unreflektiert und über Generationen hinweg als selbstverständlich wahrgenommen und angewandt wird und ihm der geteilte Glauben an seinen Nutzen zugrunde liegt, sprechen Tolbert und Zucker von *Sedimentation.* Das heißt, dass das Element nun vollständig institutionalisiert ist. Erst eine vollkommene Institutionalisierung bedeutet, dass Handlungen nicht mehr reflektiert werden.

Darüber hinaus können Institutionen als relativ betrachtet werden (Jepperson 1991: 146). Das heißt, es handelt sich nicht zwangsläufig um in allen gesellschaftlichen Bereichen verankerte Elemente, sondern sie sind abhängig von den sie umgebenden Faktoren. Während ein Element in einem Kontext etwa stark institutionalisiert ist, kann es in einem anderen Kontext beinahe bedeutungslos sein. Institutionen sind also immer gebunden an ihre Umwelt beziehungsweise an ihr *organisationales Feld.* Unter einem organisationalen Feld wird eine Gruppe von Organisationen verstanden, die

»[...] in aggregate, constitute a recognized area of institutional life: key suppliers, resource and product consumers, regulatory agencies, and other organizations that produce similar services or products.« (DiMaggio/Powell 1983: 148)

Dabei kann der Begriff des organisationalen Feldes jedoch nicht mit dem der Branche gleichgesetzt werden. Er geht über Geschäftsbeziehungen etwa zwischen Zulieferer und Abnehmer hinaus, indem er weitere Akteure und Organisationen einbezieht, wie Behörden, zivilgesellschaftliche Organisationen (NGOs) oder auch Unternehmensberater. Dennoch unterliegt das organisationale Feld Beschränkungen. Nicht die gesamte Umwelt einer Organisationen wird als relevant für das Handeln der einzelnen Organisationen im jeweiligen Feld berücksichtigt, sondern es werden nur diejenigen Organisationen in das organisationale Feld eingeordnet, die sich durch ein »gemeinsames Sinnsystem«, also durch kognitive und diskursive Elemente, sowie durch »aufeinander bezogene Handlungen und gemeinsame Regulationsmechanismen auszeichnen« (Walgenbach /Meyer 2008: 33). Dabei wird das Handeln der Mitglieder eines organisationalen Feldes durch das gemeinsame Deutungsmuster geleitet (Scott 2001: 84).

Gleichzeitig handelt es sich um ein im Prozess befindliches System, das erst durch die Strukturierung des Feldes entsteht. Hierbei sind mehrere Faktoren ausschlaggebend: Erstens die zunehmende Interaktion der Mitglieder, zweitens die Herausbildung von Herrschaftsstrukturen und Koalitionen, drittens das Anwachsen der Informationsmenge, mit der sich die

Organisationen auseinander setzen müssen, sowie viertens die Entwicklung eines Bewusstseins, dass sie in ein gemeinsames Feld eingebunden sind (DiMaggio/Powell 1983: 148).

Ein organisationales Feld lässt sich also weder statisch noch im Vorfeld bestimmen, sondern es ergibt sich aus den Verbindungen der eingebundenen Organisationen und muss im Laufe der empirischen Untersuchung herausgearbeitet werden (DiMaggio/Powell 1983: 148). Darüber hinaus kann das organisationale Feld nicht als hermetisch abgeriegelt betrachtet werden, sondern es steht im Austausch mit gesellschaftlichen und individuellen Entwicklungen. Die Beziehungen zwischen Gesellschaft auf der Makroebene, dem organisationalen Feld auf der Mesoebene und dem Individuum auf der Mikroebene befinden sich in einem stetigen Austauschprozess:

»Wider societal forces operate to structure organizational fields, which develop their own distinctive institutional logics and governance systems, and these systems, in turn, influence the structure and activities of individual organizations.« (Scott 2001: 148)

Institutionen sollen in der vorliegenden Arbeit also verstanden werden als Strukturelemente in einem organisationalen Feld, die beständig über Raum und Zeit sind, gleichzeitig aber auch Veränderungen ausgesetzt sein können. Das menschliche Verhalten spielt bei der Veränderung oder auch der Stabilität von Institutionen eine erhebliche Rolle, während Regeln und Normen erst durch Ressourcen und Macht an Durchsetzungs- und Gestaltungskraft gewinnen. Dabei offenbart sich, wie dargestellt wurde, einerseits der restriktive, andererseits der ermöglichende Charakter von Institutionen und Strukturen. Institutionen setzen nicht nur Regeln fest, die durch Sanktionen eingefordert werden, sondern sie ermöglichen durch die Definition von Funktionen und Strukturen auch Handeln.

3.2 Die Grundlagen von Institutionen: Das Drei-Säulen-Modell von W. Richard Scott

Ausgehend von dieser allgemeinen Definition von Institutionen sollen im Folgenden die einzelnen Bausteine von Institutionen herausgearbeitet und damit das Analyseraster für die weitere Arbeit definiert werden. Dabei wird sich auf das Modell von W. Richard Scott bezogen, das drei Säulen identifiziert, auf denen Institutionen beruhen: eine regulative, eine normative und eine kulturell-kognitive Säule (Scott 2001: 52ff.). Damit führt Scott die verschiedenen Schwerpunktsetzungen der neoinstitutionalistischen Forschung zusammen, die in der Regel nur einen Aspekt besonders betonen. Scott fordert dabei eine integrative, aber dennoch trennscharfe Analyse der drei Säulen (Scott 2001: 51).

Tabelle 5: Die drei Säulen von Institutionen nach W. Richard Scott

	Pillar		
	Regulative	*Normative*	*Cultural Cognitive*
Basis of compliance	Expedience	Social obligation	Taken-for-grantedness; Shared understanding
Basis of order	Regulative rules	Binding expectations	Constitutive schema
Mechanisms	Coercive	Normative	Mimetic
Logic	Instrumentality	Appropiateness	Orthodoxy
Indicators	Rules; Laws; Sanctions	Certification; Accreditation	Common beliefs; Shared logics of action
Basis of legitimacy	Legally sanctioned	Morally governed	Comprehensible; Recognizable; Culturally supported

Quelle: Scott 2001: 52

Unter der regulativen Säule fasst Scott das zusammen, was in der Forschung vor allem unter verhaltensregulierenden und -beschränkenden Elementen verstanden wird: formelle und informelle Regeln, Gesetze und Verordnungen. Die Adoption und Umsetzung dieser Regeln erfolge durch

Zwang und Sanktionen.[62] Scott weist in Anlehnung an Weber ([1924] 1968) darauf hin, dass die Beachtung von Regeln und Gesetzen aber ebenso von dem Glauben an ihre Rechtmäßigkeit abhänge (Scott 2001: 53):

»Force, fear, and expedience are central ingredients of the regulatory pillar, but they are often tempered by the existence of rules, whether in the guise of informal mores or formal rules and laws. As Weber ([1924] 1968) emphasized, few if any rulers are content to base their regime on force alone; all attempt to cultivate a belief in its legitimacy. Hence, powerful actors may sometimes *impose* [Herv. i. Orig.] their will on others, based on the use or threat of sanctions. Or they may provide *inducements* [Herv. i. Orig.] to secure compliance: For example, many federal programs lack programmatic authority but secure local cooperation by supplying funds designated to support specific programs. The most common case, however, involves the use of *authority* [Herv. i. Orig.], in which coercive power is legitimated by a normative framework that both supports and constraints the exercise of power (see Scott 1987). The regulative and normative pillars can be mutually reinforcing.« (Scott 2001: 53)

Demnach ist ein gemeinsamer normativer und kulturell-kognitiver Rahmen Grundlage für die Ausgestaltung und erfolgreiche Umsetzung von Regeln und Gesetzen. So beruhen schließlich auch Gesetze, die der Staat in Konflikten als scheinbar neutrale »dritte Partei« durchzusetzen hat, auf normativen und kulturell-kognitiven Grundlagen. Darüber hinaus bestehe bei der Auslegung von Gesetzen ein interpretativer Spielraum. Die regulative Säule sieht Scott also eng gekoppelt an die normative und kulturell-kognitive Säule.

Scott misst darüber hinaus normativen Systemen eine große Bedeutung bei.[63] Dabei unterscheidet er einerseits Werte, die in seiner Konzeption Idealvorstellungen und damit Referenzsysteme für die sich aktuell abbildenden Elemente darstellen, und andererseits Normen, die Ziele definieren sowie den Rahmen vorgeben, demgemäß Handlungen vollzogen werden sollen. Normen haben nach Scott dabei eine starke Gestaltungskraft: Sie legen Rollen von Individuen oder sozialen Positionen fest und bestimmen ihren Handlungsrahmen. Der Akteur nimmt die von außen an ihn herangetragenen Vorstellungen als Druck war, während er gleichzeitig das Rollenbild verinnerlicht hat. Hier wird der Bezug zu Parsons deutlich, der

62 Die regulative Säule steht in enger Verbindung zu dem, was DiMaggio und Powell (1983) unter Isomorphie durch Zwang verstehen, nämlich die Übernahme eines institutionalisierten Elements durch äußeren Druck.

63 Die normative Säule kann mit dem Mechanismus der Angleichung verglichen werden, den DiMaggio und Powell (1983) als Nachahmung bezeichnen.

betont: »conformity with it [a normative system] becomes a need-disposition in the actor's own personality structure« (Parsons 1951: 37). Dabei können die Rollenbilder formeller Art sein, etwa in Form festgeschriebener Funktionen, Verantwortungsbereiche und Verpflichtungen von Positionen, oder auch – über einen längeren zeitlichen Rahmen hinweg – informeller Art.

Scott betont, dass normative Systeme dabei nicht nur als begrenzende und einschränkende Systeme wahrgenommen werden dürfen, sondern vor allem auch als legitimierende. Sie ermöglichen Handeln, indem sie Individuen oder soziale Positionen mit Rechten und Funktionen ausstatten. So bezieht sich Scott unter anderem auf Hughes (1958), der die große Bedeutung von normativen Systemen insbesondere für eigentlich ›verbotene‹ Handlungen und Funktionen wie etwa das Hinrichten von Verurteilten und andere physische Bestrafungen betont hat. Normative Systeme sind also auch in der Lage, Institutionen Legitimation zu verleihen (vgl. Walgenbach/Meyer 2008: 59).

Neben Regeln, Normen und Werten spielen, so Scott, kulturell-kognitive Elemente eine große Rolle für die Herausbildung und Stabilität von Institutionen.[64] Das Individuum mit seinem Handeln und Denken spiegelt die Vorstellungen und kulturellen Sinnsysteme einer Gesellschaft wider. Es ist eng gebunden an kulturelle Bedingungen:

> »The hyphenated label *cognitive-cultural* [Herv. i. Orig.] recognizes that internal interpretative processes are shaped by external cultural framework.« (Scott 2001: 57)

Individuen verinnerlichen demzufolge externe Stimulanzen und übersetzen diese in symbolische Elemente. Dabei spielt die Interpretation der externen Einflüsse eine entscheidende Rolle. Der Akteur bleibt also nicht passiv, sondern trägt durch sein interpretatives Handeln zur Herausbildung, Stabilität und/oder Veränderung von Institutionen bei.

Mit dem Drei-Säulen-Modell hat Scott einen wichtigen analytischen Rahmen geschaffen, um die tragenden Elemente von Institutionen herauszuarbeiten.[65] Für die vorliegende Arbeit dient das Modell als wertvolle Hilfestellung, um der Frage nachzugehen, ob und in welchem Maße die

64 Dabei gleicht die kulturell-kognitive Säule dem bei DiMaggio/Powell (1983) als normativer Druck bezeichneten Angleichungsmechanismus.

65 Zur Kritik am Drei-Säulen-Modell vgl. etwa Edelman/Suchman (1997), die auf eine mögliche Verengung des Blickwinkels durch die Beschränkung auf drei Säulen hinweisen (vgl. auch Walgenbach 2006: 382).

IRV in den untersuchten Unternehmen in Mexiko institutionalisiert sind. Während die Ansätze von DiMaggio und Powell (1983) sowie Meyer und Rowan (1977) insbesondere der Frage nachgehen, welche Mechanismen bei einer Angleichung von Organisationen eine Rolle spielen, wird in der vorliegenden Arbeit der Schwerpunkt auf die Frage nach der Institutionalisierung der IRV in einem organisationalen Feld gelegt. Für diese Fragestellung bietet das Drei-Säulen-Modell von Scott ein passendes Analyseraster, indem es die Möglichkeit zu einer systematischen Analyse der IRV als institutionalisiertes Strukturelement in einem organisationalen Feld bietet.

3.3 Legitimitätsdruck als Motiv für die Übernahme von Institutionen

Mit der Institutionalisierung der IRV ist die Frage nach ihrer Legitimität und damit der Legitimität, die sie den beteiligten Unternehmen und Organisationen verleiht, eng verknüpft. Legitimität stellt einen der zentralen Aspekte in der soziologischen Organisationsforschung dar. So betonte bereits Max Weber (1968) die Bedeutung von Legitimität für Organisationen und bürokratische Systeme. Auch Parsons (1960) wies auf die Bedeutung von sozialen Regeln, Normen und Werten für die Legitimität von Organisationen hin (vgl. Deephouse/Suchmann 2008).

Insbesondere in der neoinstitutionalistischen Theorie wird dem Aspekt der Legitimität eine große Bedeutung beigemessen.[66] So spielt Legitimität in dem wegweisenden Aufsatz von Meyer und Rowan (1977) eine übergeordnete Rolle, in dem sie als das zentrale Motiv bei der Übernahme von Institutionen bezeichnet wird:

»[…] organizations are driven to incorporate new practices and procedures defined by prevailing rationalized concepts of organizational work and institutionalized in society. Organizations that do so increase their legitimacy and their survival prospects, independent of the immediate efficacy of the acquired practices and procedures.« (Meyer/Rowan 1977: 340)

66 Einen guten Überblick über die Verwendung des Begriffs in der neoinstitutionalistischen Forschung bieten Deephouse und Suchman (2008).

Auch Scott betont die Bedeutung von Legitimität für die Dauerhaftigkeit von Organisationen (Scott 2001: 58ff.). Legitimität definiert er dabei in Anlehnung an Suchman wie folgt:

»Legitimacy is a generalized perception or assumption that the action of an entity are desirable, proper, or appropiate within some socially constructed systems of norms, values, beliefs, and definitions.« (Suchman 1995: 574)

Dabei wird Legitimität aber nicht als dauerhafter Besitz einer Organisation verstanden, sondern als eine Zuschreibung, die sich auf die Gesamtheit und Geschichte der Organisation bezieht und nicht auf einzelne Ereignisse oder Strukturelemente (Suchman 1995: 574). Es handelt sich also weder um ein statisches, unveränderbares Ereignis, noch um ein durch vereinzelte Handlungen oder Ereignisse zu erlangendes. Vielmehr kann Legitimität zugeschrieben, aber gleichzeitig auch wieder entzogen werden.

Diese Prozesshaftigkeit von Legitimität führt zum Teil zu Strategien des Legitimitätsmanagements. Organisationen versuchen, den Prozess der Legitimation zu beeinflussen und zu steuern. Je nach Anspruchsgruppe werden gezielt Strategien eingesetzt, um Legitimität erstmalig zu erhalten, um sie aufrechtzuhalten oder zu erneuern (vgl. Walgenbach/Meyer 2008: 65). Bei den Anspruchsgruppen – nach Scott »kulturelle und politische Autoritäten« (Scott 2001: 59) – handelt es sich um den Staat und andere (staatliche oder nichtstaatliche) Regulatoren, wie zum Beispiel Regierung und Parlament auf nationalstaatlicher Ebene, oder auch die Börse auf unternehmerischer Ebene (vgl. Scott 2001: 59f.; Walgenbach/Meyer 2008: 66). Nach Deephouse kann die Legitimation durch diese Anspruchsgruppen, die sich vor allem auf Regeln und Gesetze bezieht, als *»regulatory endorsement«* bezeichnet werden (Deephouse 1996: 1025). Andererseits können auch Berufsverbände, die allgemeine Öffentlichkeit, soziale Bewegungen oder die Medien Legitimität verleihen. Diese Ebene bezeichnet Deephouse (1996) als *»public endorsememt«*. Sie steht in enger Verbindung zur normativen Säule.

Scott (2001: 58ff.) unterscheidet entsprechend der drei Säulen von Institutionen drei Arten von Legitimität. So könne Legitimität durch die Einhaltung von Regeln und Gesetzen (bei Betonung der regulativen Säule), durch die Orientierung an Normen und Werten (bei einer Betonung der normativen Säule) sowie die Übernahme eines bewährten Referenzrahmens (bei Betonung der kulturell-kognitiven Säule) erzeugt werden. Nach Scott unterscheiden sich diese Arten der Legitimität in ihrer Intensität. So produziert die Übernahme eines bewährten Referenzrahmens, also die

Orientierung an kulturell-kognitiven Aspekten, die tief greifendste Legitimität, während Scott vor allem eine auf Regeln beruhende Legitimität als eher schwach wertet (Scott 2001: 60f.).

3.4 Entkopplung als Vermeidungsstrategie

Neben der institutionellen Verankerung und der Legitimität der IRV soll in der vorliegenden Arbeit vor allem die Frage nach der Umsetzung der IRV eine Rolle spielen. Im folgenden Kapitel soll deshalb auf die theoretische Begründung und konzeptionelle Erfassung des konkreten Umsetzungsprozesses eingegangen werden.

Meyer und Rowan (1977) gehen davon aus, dass Organisationen durch die Adoption von institutionellen Strukturelementen möglicherweise vor schwerwiegende Probleme gestellt werden – vor allem diejenigen, deren Legitimation von der Adoption rationalisierter Mythen abhängt.[67] Zum einen führen Meyer und Rowan die Möglichkeit an, dass das entsprechende Element mit anderen, bereits adoptierten Elementen kollidieren könne, zum anderen, so Meyer und Rowan, könne die Effizienz von Organisationen gefährdet werden, indem das adoptierte Element nicht mit den Anforderungen einer effizienten Produktion übereinstimme.[68]

Eine Organisation hat nach Meyer und Rowan zwei Möglichkeiten, auf diese Probleme zu reagieren:

»Instead of relying on a partial solution, however, an organization can resolve conflicts between ceremonial rules and efficiency by employing two interrelated devices: decoupling and the logic of confidence.« (Meyer/Rowan 1977: 356)

Entscheidet sich eine Organisation für die Strategie der Entkopplung, gibt sie vor, institutionalisierte Regeln zu übernehmen und anzuwenden, während sie diese in der Realität aber nicht in ihre Arbeitsaktivitäten integriert, sondern nur die formalen Strukturen anpasst:

---

67 Meyer und Rowan (1977: 353f.) unterscheiden zwischen Organisationen, die stark von der Adoption institutionalisierter Regeln abhängen – etwa in Verwaltungs- oder Bildungseinrichtungen – und solchen, die sich intensiver nach Effizienzkriterien richten müssen, vor allem produzierende Unternehmen.

68 Vgl. allgemein zur Entkopplungsthese auch Boxenbaum/Jonsson 2008.

»To maintain ceremonial conformity, organizations that reflect institutional rules tend to buffer their formal structures from the uncertainties of technical activities by becoming loosely coupled, building gaps between their formal structures and actual work activities.« (Meyer/Rowan 1977: 341)

Die Entkopplung, die insbesondere bei Organisationen auftritt, die ein institutionalisiertes Strukturelement zu einem recht späten Zeitpunkt übernommen haben (Westphal/Zajac 1994 und 1997), wird nach Meyer und Rowan (1977) von mehreren Strategieelementen[69] begleitet, vor allem in Form von Professionalisierung. Die einzelnen Aufgaben werden an spezialisierte Mitarbeiter übertragen und damit delegiert. Das Vertrauen in die effiziente Umsetzung der institutionalisierten Regeln wird dadurch gestärkt. Gleichzeitig formulieren Organisationen ihre Ziele äußerst vage, so dass sie unklar und damit unüberprüfbar bleiben; zum Beispiel legen Krankenhäuser die *Behandlung* und nicht die *Heilung* von Kranken als Ziel fest.

Darüber hinaus wird versucht, Evaluationen und Inspektionen zu verhindern, um den Glauben an die Einhaltung dieser institutionalisierten Regeln nicht zu gefährden. Dabei kommt der zu überprüfenden Organisation laut Meyer und Rowan (1977: 359) zugute, dass das Interesse der internen und externen Akteure an einer ernsthaften Überprüfung der Strukturen und der Außendarstellung von Organisationen gering ist. Externe Akteure haben unter anderem aus Selbstschutz kein Interesse an einer zu genauen Überprüfung der institutionalisierten Struktur: Schließlich handeln sie eventuell ähnlich und möchten ebenfalls eine Evaluierung ihrer Struktur vermeiden. Darüber hinaus werden formale Regeln durch persönliche Absprachen und Beziehungen ersetzt, die deutlich flexibler sind. Es wird also eine Fassade errichtet, die glauben machen soll, dass das institutionalisierte Strukturelement umgesetzt wird.

---

69 Dass Entkopplung auch durchaus als proaktive Strategie und nicht nur als reaktive Vermeidungstaktik eingesetzt wird, haben Beverland und Luxton (2005) sowie Elsbach und Sutton (1992) nachgewiesen. Während Beverland und Luxton eine entsprechende Strategie bei hochpreisigen Weinerzeugern festgestellt haben, die ihre internen Praktiken von nach außen vertretenen Werbeslogans entkoppeln, haben Elsbach und Sutton radikale soziale Bewegungen untersucht, die sich bei ihrer Außendarstellung auf konsensfähige Themen konzentrieren, während sie nach innen deutlich radikalere Positionen vertreten. An dieser Strategiethese wird kritisiert, dass hierdurch eine der Grundannahmen des Neoinstitutionalismus, nämlich die unreflektierte Übernahme von Institutionen, in Frage gestellt wird (vgl. ausführlich Walgenbach 2006; Walgenbach/Meyer 2008). Auf diese Problematik wird in dieser Arbeit noch im Zusammenhang mit dem Akteurskonzept eingegangen (vgl. Kapitel 3.6, Teil I).

Von zentraler Bedeutung für die Wirksamkeit der Entkopplungsstrategie ist nach Meyer und Rowan, dass sie von einer sogenannten Logik des Vertrauens begleitet wird (Meyer/Rowan 1977: 357f.). Damit ist gemeint, dass die Organisationsmitglieder sowie die externen Akteure von einem grundlegenden Vertrauen und Glauben in die Organisation geprägt sind. Der gemeinsame Glaube daran, dass sich die Organisation konform und vertrauenswürdig verhält, stellt einen wesentlichen Teil ihres Zusammenhalts dar. Vor allem die internen Akteure spielen dabei eine wesentliche Rolle, da sie die Fassade aufrecht erhalten müssen, dass institutionalisierte Regeln tatsächlich umgesetzt werden. Aber auch das Vertrauen der externen Akteure in die Organisation und die Umsetzung ihrer institutionalisierten Strukturelemente ist von Bedeutung, um durch die Anspruchsgruppen legitimiert zu werden. Die Fassade hält also den guten Glauben aufrecht und sichert somit das Überleben der Organisation.

Elementare Kritik an der Entkopplungsthese wird dahingehend geäußert, dass ihre Bestandsfähigkeit angezweifelt wird. Bereits DiMaggio und Powell (1983) haben auf die Veränderungsprozesse hingewiesen, die ihrer Meinung nach selbst durch die zeremonielle Übernahme von institutionalisierten Strukturelementen erfolgt.[70] Edelman u. a. (1992) haben nachgewiesen, dass Mitarbeiter institutionalisierte Regeln, die zunächst entkoppelt worden und nur in der formalen Struktur integriert waren, mit Leben zu füllen begannen. Damit versuchten sie, den formal an sie gestellten Erwartungen zu entsprechen. Ähnlich argumentiert auch Scott (2001), der davon ausgeht, dass Personen ein Interesse entwickeln, die adoptierten Elemente umzusetzen, um nicht untätig zu sein. Die Aufrechterhaltung

70 »The fact that these changes may largerly ceremonial does not mean that they are inconsequential« (DiMaggio und Powell 1983: 150). DiMaggio und Powell beziehen sich dabei auf Ritti und Goldner (1979), die argumentieren, dass Mitarbeiter beginnen, sich für die Machtfülle ihrer Funktionen einzusetzen und dabei die bestehenden Machtstrukturen in Frage stellen. Und auch Walgenbach kommt in seiner Studie zu der Adoption der ISO 9000 Norm in 37 Unternehmen zu dem Ergebnis, dass die Übernahme der Norm zu Veränderungen führte, obwohl diese nicht intendiert waren. So haben die Unternehmen die ISO-Norm vor allem aus Gründen der Wettbewerbsfähigkeit und aufgrund eines Gefühls, einen Trend nicht verpassen zu wollen, adoptiert. Eine Verbesserung des Qualitätsmanagements – das eigentliche Ziel der ISO-Norm – spielte weniger eine Rolle. Dennoch führte die Übernahme der ISO 9000-Norm zu Veränderungen. So wurden neue Funktionen und Verantwortlichkeiten geschaffen und interne Audits eingeführt. Diese empfand die Geschäftsführung als Vorteil, da sie extern, nämlich durch die ISO-Norm, legitimiert waren und eine bessere Kontrolle der Mitarbeiter gewährleisteten.

einer Fassade ist nach Meinung der Kritiker auf Dauer nicht haltbar. Institutionalisierte, entkoppelte Strukturen würden schleichend in die Arbeitsaktivitäten übernommen.

3.5 Die Rolle der Akteure im Umsetzungsprozess der Internationalen Rahmenvereinbarungen

Wie in den vorangegangenen Kapiteln deutlich geworden ist, wird in der vorliegenden Arbeit davon ausgegangen, dass die Umsetzung der IRV stark von ihrer institutionellen Umwelt abhängt. Die Vorstellungen und Erwartungen dieser Umwelt prägen das Verhalten der Organisationen im Umgang mit institutionalisierten Strukturelementen. Doch welche Rolle spielen dabei die Organisationsmitglieder? Schließlich sind es Betriebsräte, Gewerkschafter, Unternehmensmitarbeiter und andere Akteure, die die IRV entwickeln und umsetzen. Bleiben sie passiv und dem Geschehen wahllos ausgeliefert oder können sie Gestaltungsräume nutzen und strategisch handeln?

Dem Neoinstitutionalismus wird oft vorgeworfen, dass er kein Akteurskonzept beinhalte und die Akteure passiv blieben (vgl. ausführlicher Walgenbach/Meyer 2008: 115ff.). Zwar wird den Organisationen zum Teil strategisches Verhalten zugestanden, wie etwa in der Entkopplungsthese, doch treten sie grundsätzlich als passive Einheiten auf, deren Verhalten durch die Umwelt bestimmt wird. Die individuellen Interessen von Akteuren, ihr Streben nach Macht oder ihr strategisches Verhalten spielen in den früheren neoinstitutionalistischen Ansätzen kaum eine Rolle. Selbst die Hauptvertreter der neoinstitutionalistischen Theorie haben diese Gefahr einer »Übersozialisierung« (Powell 1991) des individuellen Verhaltens erkannt und benannt (Zucker 1987; Oliver 1991, Powell 1991; DiMaggio 1991; Scott 1994).

Dieser Arbeit soll ein Akteurskonzept zugrunde gelegt werden, das dem Akteur und damit den Organisationen und Organisationsmitgliedern Wahlmöglichkeiten im Verhalten zugesteht. Akteure sollen dabei als von der sie umgebenden Umwelt bestimmt betrachtet werden. Dabei wird davon ausgegangen, dass der Akteur nicht nach seinen ureigenen Vorstellungen handelt, sondern sich in seinem Handeln an den Erwartungen und Vorstellungen der ihn umgebenden Umwelt orientiert. Er handelt auf der Basis institutionalisierter Regeln und Vorstellungen.[71] Scott fasst diese Verinnerlichung institutionalisierter Regelungen und Erwartungen in der kulturell-kognitiven Säule zusammen, die das Sinnsystem der Organisationsmitglieder wiedergeben und sich in ihrem Verhalten spiegeln (Scott 2001; vgl. Kapitel 3.2, Teil I).

Jepperson und Meyer differenzieren darüber hinaus die Erwartungshaltungen und damit die Motivation für das Handeln genauer aus. Sie gehen davon aus, dass Akteure als legitimierte *Agenten* im Auftrag eines legitimierten *Prinzipals* handeln, also im Auftrag einer direkt oder indirekt formulierten Erwartung (Meyer/Jepperson 2000).[72] Dabei unterscheiden Meyer und Jepperson (2000) drei verschiedene *Prinzipale*: Der Akteur (Agent) handelt auf der Basis institutionalisierter oder kultureller Regelungen für sich selbst, für Andere oder für den kulturellen Rahmen an sich, also für das Prinzip.

So verbinden Funktionsträger ihre Arbeit mit individuellen Zielen, wie etwa dem Wunsch nach Erfolg, Macht[73] und Selbstverwirklichung. Allerdings, so Meyer und Jepperson, sind auch diese Ziele nur scheinbar individuell und selbstbestimmt. Im Grunde entsprächen auch sie den verinnerlichten Erwartungen und Vorstellungen der Umwelt. Darüber hinaus kann der Akteur für andere handeln. Er übernimmt etwa als Berater die *Agentschaft für Andere* oder setzt sich für Einheiten ein, die keinen Akteursstatus haben, wie zum Beispiel für den Umweltschutz oder für bedrohte Tierarten. Auch kann sich der Akteur für *Prinzipien* einsetzen, zum Beispiel für ethische Grundsätze oder Religionen.

Dabei, so die in der vorliegenden Arbeit vertretene These, sind die Akteure den sie umgebenden Strukturen und institutionellen Umwelten aber

---

71 Walgenbach und Meyer (2008: 129ff.) betonen die Gefahr, dass die Grundprinzipien des Neoinstitutionalismus bei einer starken Berücksichtigung der Akteure aufgegeben werden. Eine Verknüpfung etwa mit dem strategischen Management, wie sie Oliver (1991, 1996) vornimmt, ist also nur bedingt sinnvoll, nämlich dann, wenn die Einbettung des Handelns in den institutionellen Rahmen die Basis der Überlegungen bildet. Die Organisation darf dabei nicht als selbstbestimmte und autonom von kulturellen und gesellschaftlichen Vorstellungen handelnde Einheit verstanden werden.

72 Der hier vorgestellte und verwendete Ansatz baut auf der Agenturtheorie auf, die sich mit der Institution des Vertrags und seiner Rolle als Mittler zwischen einem Auftraggeber (Prinzipal) und einem Auftragnehmer (Agent) befasst (vgl. überblicksartig etwa Ebers/Gotsch 2006: 258ff.)

73 In diesem Zusammenhang kann auch das Machtkonzept von Crozier und Friedberg (1993) eingeordnet werden, demzufolge die Akteure vom Streben nach Macht geleitet sind.

nicht hilflos ausgeliefert. Sie verfügen durchaus über »Handlungsmächtigkeit« (Walgenbach/Meyer 2008: 133). Damit wird Bezug genommen auf die Strukturationstheorie von Anthony Giddens (1979, 1984), die den Zusammenhang von Struktur und Handeln in den Mittelpunkt ihrer Überlegungen stellt. Laut Giddens bedingen sich Struktur und Handeln gegenseitig, indem die Struktur das Handeln der Akteure beeinflusst und soziale Praktiken produziert, während die Akteure die Strukturen stetig reproduzieren.[74] Das (Alltags-) Handeln ist also bestimmt durch die sozialen Strukturen, die die Akteure reflexartig wiedergeben und damit reproduzieren (auch Sewell 1992; Scott 2001). Allerdings besitzt der Akteur nach Giddens dabei die Macht und die Fähigkeit, sein Handeln zu reflektieren und Entscheidungen zu treffen, wobei Handeln auch die Macht zur Umgestaltung (Giddens 1984) bedeutet. Der Akteur kennt die Hintergründe des eigenen Handelns und ist ihnen nicht hilflos ausgeliefert. Er kann – zumindest innerhalb des vorgegebenen strukturellen Rahmens – Entscheidungen treffen und sein Handeln strategisch an seinen Zielen und Intentionen ausrichten. Damit wird die Nähe zu neoinstitutionalistischen Ansätzen sichtbar, die den Akteuren durchaus Handlungsspielräume zubilligen (vgl. etwa Scott 2001; Sahlin/Wedlin 2008).

Unter Strukturen werden dabei sowohl Regeln als auch Ressourcen verstanden (Giddens 1979, 1984; vgl. auch Thompson 1989). Die Macht des eigenständigen Handelns entsteht durch die Interpretation von Regeln und der individuellen Nutzung von Ressourcen. Ressourcen wiederum unterscheidet Giddens in allokative und autoritative Ressourcen. Allokative Ressourcen beziehen sich auf die Fähigkeit des Menschen, Herrschaft über Objekte, Güter und natürliche Ressourcen auszuüben, während autoritative Ressourcen die Möglichkeit der Einflussnahme durch die Herrschaft über Personen und Akteure darstellen. Bei der Frage nach Handlungsmöglichkeiten und den institutionellen Rahmenbedingungen müssen also stets die zur Verfügung stehenden Ressourcen berücksichtigt werden.

Auch das Konzept des institutionellen Unternehmers stellt die Bedeutung von Ressourcen und ihre effektive Nutzung für das erfolgreiche Handeln in den Mittelpunkt (DiMaggio 1988; vgl. ausführlich auch Walgenbach/Meyer 2008: 139ff.). Dieser Ansatz geht von Wahlmöglichkeiten der Akteure innerhalb des institutionellen Rahmens aus, differenziert darüber hinaus aber Mechanismen im Entscheidungsprozess. Dem Konzept liegt

74 Vgl. zur Strukturationstheorie von Giddens und der Verknüpfung mit dem Neoinstitutionalismus Hasse /Krücken 2005: 87ff.; Walgenbach/Meyer 2008: 131ff.

die Annahme zugrunde, dass Akteure oder Akteursgruppen mit unterschiedlicher Ressourcenausstattung aktiv die Herausbildung und die Weiterführung, aber auch den Wandel von Institutionen betreiben. Institutioneller Wandel wird demnach erst dann wahrscheinlich, »when organized actors with sufficient resources (institutional entrepreneurs) see in them an opportunity to realize an interest that they value highly« (DiMaggio 1988: 14).

Rivalisierende Akteure oder Akteursgruppen setzen ihre allokativen oder autoritativen Ressourcen ein, um ihre Ziele zu erreichen (DiMaggio 1988). Sie suchen die Unterstützung durch andere Akteure und sind bestrebt, eine Umwelt zu schaffen, in der ihr Projekt erfolgreich sein kann (Fligstein 2001; Suchman 1995). So kann etwa die Unterstützung durch Medien hilfreich sein (Lounsbury/Glynn 2001; Pollock/Rindova 2003) oder es müssen Ressourcen mobilisiert werden, wie etwa die Fähigkeit, Autorität auszuüben, Verhandlungen geschickt zu führen oder auch die (öffentliche) Agenda zum Thema zu bestimmen (Fligstein 2001).

3.6 Internationale Rahmenvereinbarungen als institutionalisiertes Element in einem organisationalen Feld: Hypothesen, Forschungsfragen und Operationalisierung

Aus dem in den vorangegangenen Kapiteln aufgespannten theoretischen Konzept sollen im Folgenden zentrale Hypothesen und Forschungsfragen abgeleitet und darauf aufbauend ihre Operationalisierung für den weiteren Verlauf der Arbeit entwickelt werden. Ausgehend von der forschungsleitenden Frage, *wie die IRV in Mexiko umgesetzt werden und welche Faktoren dabei eine Rolle spielen,* stehen dabei drei Unterfragen und Hypothesen im Vordergrund.

3.6.1 Hypothesen und Forschungsfragen

Erstens werden die IRV in der vorliegenden Studie als institutionalisiertes Strukturelement eines organisationalen Feldes betrachtet und untersucht. Dabei werden sie nicht als Institution in einem allgemein soziologischen

Sinne verstanden, sondern als relativ, nämlich gebunden an das organisationale Feld. Es wird davon ausgegangen, dass die IRV zwar nicht die Charakteristika einer Institution aufweisen, nämlich Dauerhaftigkeit und Bedeutung für einen »großen Verflechtungszusammenhang« (Pries 2010: 31), dass sie aber dennoch in einem begrenzten Raum, nämlich in dem organisationalen Feld, Erwartungen, Anforderungen und Regeln widerspiegeln. Dabei liegt dieser Arbeit die Annahme zugrunde, dass IRV von Organisationen innerhalb dieses Feldes genutzt werden, um ihre Legitimität zu erhöhen. Eine institutionelle Verankerung der IRV in dem organisationalen Feld, so die Grundannahme, konfrontiert die Unternehmen mit der Erwartung, die IRV in ihrer Arbeit zu nutzen. Anders formuliert heißt dies: *Die Unternehmen nutzen die IRV, um den Erwartungen ihrer Umwelt – also den Anspruchsgruppen innerhalb des organisationalen Feldes – zu entsprechen und ihre Legitimität zu erhöhen.* Mit dieser Grundannahme wird die Verbindung hergestellt zur Eingliederung der IRV in die Arenen einer internationalen Erwerbsregulierung als diskursives Element. Anhand des Drei-Säulen-Modells von Scott sollen die Grundpfeiler der IRV und ihre damit verbundene Legitimität sowie ihre legitimierende Funktion herausgearbeitet werden.

Aus den genannten Überlegungen ergibt sich folgende Hypothese: *Die Umsetzung der IRV ist abhängig von ihrer institutionellen Verankerung in einem organisationalen Feld. Die institutionelle Verankerung der IRV ist in Mexiko gering ausgeprägt. Die IRV spielen für die Legitimität der in Mexiko untersuchten Unternehmen nur eine untergeordnete Rolle und werden deshalb kaum umgesetzt.*

Folgende Forschungsfrage soll die Untersuchung lenken: *Wie sind die IRV in den organisationalen Feldern der Unternehmen in Mexiko institutionell verankert und welche Rolle spielt das für ihre Umsetzung?*

Zweitens wird in der vorliegenden Studie davon ausgegangen, dass eine konsequente Umsetzung der IRV für die untersuchten Unternehmen in Mexiko zum Teil gravierende Veränderungen und damit einhergehende Probleme mit sich brächte. Vor allem in Hinblick auf die in den IRV verankerte Vereinigungsfreiheit und das Recht auf Kollektivverhandlungen würde eine erfolgreiche Implementierung der IRV zu erheblichen Problemen für die betroffenen Unternehmen führen, da beides in Mexiko nur eingeschränkt gewährleistet ist (vgl. ausführlicher Kapitel 1, Teil II). So wird in der vorliegenden Arbeit angenommen, dass die Unternehmen auf die genannten Probleme mit einer Entkopplung reagieren: Nach außen hin stellen sie die Umsetzung der IRV als erfolgreich dar, während sie eine substanzielle Umsetzung nach innen vermeiden, um den reibungslosen Produktionsablauf nicht zu gefährden. Ob die IRV sich dennoch in den Unternehmensalltag einschleichen, muss überprüft werden.

Daraus ergibt sich folgende Hypothese: *Die IRV werden in Mexiko kaum umgesetzt. Aus Gründen der Legitimitätssteigerung wird die Umsetzung der IRV jedoch nach außen als erfolgreich dargestellt.*

Als Forschungsfrage ergibt sich daraus: *Wie wird die Arbeit mit den IRV dargestellt und stimmt diese Darstellung mit den tatsächlich ergriffenen Maßnahmen überein?*

Darüber hinaus soll drittens die Rolle der Akteure und ihrer Interessen innerhalb des Umsetzungsprozesses als wichtig bewertet werden. Ihre institutionelle Verankerung und ihre damit verbundenen Handlungsmotive müssen bei der Analyse der IRV und ihrer Umsetzung in Mexiko berücksichtigt werden. In der vorliegenden Arbeit sollen die genannten Akteurskonzepte miteinander verknüpft werden. So werden die Akteure als institutionelle Unternehmer betrachtet, die sich aktiv für ihre durch den institutionellen Rahmen vorgegebenen, multiplen Interessen einsetzen. Für die Umsetzung ihrer Interessen agieren die Akteure strategisch und mobilisieren die ihnen zur Verfügung stehenden Ressourcen und potenzielle Unterstützergruppen. Gleichzeitig werden sie als *agenthafte* Akteure gesehen, das heißt als Akteure, die eingebettet in den institutionellen Rahmen »im Auftrag« von Prinzipalen handeln.

Das Handeln der Akteure spiegelt also die an sie gestellten Erwartungen wieder. Entsprechend der Annahme, dass die IRV in Mexiko nur in geringem Maße institutionalisiert sind, wird davon ausgegangen, dass auch die Akteure kaum mit Erwartungen in Bezug auf eine Umsetzung der IRV in Mexiko konfrontiert sind.

Aus diesen Überlegungen ergibt sich folgende Hypothese: *Die Erwartungen und Interessen, die das Handeln der Akteure leiten, sowie die zur Verfügung stehenden Ressourcen fördern die Umsetzung der IRV in Mexiko nicht.*

Folgende Forschungsfragen schließen sich an: *Welche Erwartungen und Interessen leiten das Handeln der Akteure in Mexiko und welche Ressourcen stehen ihnen zur Verfügung? Welche Prinzipale spielen dabei eine Rolle: Handelt der Akteur bei der Umsetzung oder Nichtumsetzung der IRV für sich selbst, für Andere oder für Überzeugungen und Ideologien?*

Das an dieser Stelle vorgestellte theoretische Konzept, das wesentliche Aussagen des Neoinstitutionalismus mit einem erweiterten Akteurskonzept verbindet, soll als analytischer Rahmen für die Beantwortung der Frage dienen, ob beziehungsweise inwieweit die IRV in Mexiko umgesetzt werden und welche Faktoren dabei eine Rolle spielen.

3.6.2 Operationalisierung

Im Folgenden soll dargestellt werden, wie die aufgeworfenen Fragen beantwortet und die genannten Hypothesen überprüft werden sollen.

Um die institutionelle Verankerung der IRV in einem organisationalen Feld in Mexiko zu überprüfen, soll in der vorliegenden Studie auf das bereits erwähnte Säulenmodell von Scott zurückgegriffen werden. Mit seiner Hilfe soll untersucht werden, ob es sich bei den IRV der beforschten Unternehmen in Mexiko um ein institutionalisiertes Strukturelement innerhalb eines organisationalen Feldes handelt. Wie dargestellt, legt Scott Institutionen drei Säulen zugrunde: die regulative, die normative und die kulturell-kognitive. Diesen Säulen werden jeweils Indikatoren zugeordnet, mithilfe derer im Folgenden die Verankerung der IRV untersucht werden soll.

Als Indikatoren der regulativen Säule nennt Scott Regeln, Gesetze und Sanktionen (Scott 2001: 52; vgl. Tabelle 5). Diese sollen auch in der vorliegenden Studie angewandt werden. Zu fragen ist deshalb nach der regulativen Verankerung der IRV in Mexiko. Hier spielt das System der Erwerbsregulierung eine entscheidende Rolle. Es muss untersucht werden, ob die Umsetzung der IRV durch die nationale Gesetzgebung gefördert oder eher behindert wird. Sind die Inhalte der IRV in der nationalen Gesetzgebung verankert und bestehen ausreichende Möglichkeiten, die Umsetzung dieser Normen einzuhalten? Gleichzeitig muss gefragt werden, in welchem Maße internationale Standards die Umsetzung der IRV in Mexiko fördern. Gibt es hier Übereinstimmungen, die sich auf die Institutionalisierung der IRV auswirken? Sind etwa die ILO-Kernarbeitsnormen, die in der Regel Inhalt der IRV sind, durch Mexiko unterzeichnet worden? Beantwortet werden sollen die aufgeworfenen Fragen durch die kritische Diskussion des mexikanischen Systems der Erwerbsregulierung und seiner Einbindung in internationale Arenen der Erwerbsregulierung.

An diese Überlegungen schließt sich die Frage nach der normativen und der kulturell-kognitiven Verankerung der IRV und ihrer Inhalte an. Denn die Gültigkeit von nationalen oder internationalen Gesetzen allein kann noch nicht ihre Umsetzung garantieren. Als Indikatoren der normativen Säule können nach Scott (2001: 52) Zertifizierungen und Anerkennung gelten. In der vorliegenden Studie ist deshalb zu fragen, ob die Umsetzung der IRV in Mexiko durch Zertifizierungen und Anerkennung gefördert werden. Gibt es etwa nationale oder internationale Zertifizierungsprogramme oder Bewertungen, in denen IRV eine Rolle spielen? Oder werden entsprechende Erwartungen der Umwelt über Kampagnen oder Medienberichte zum Ausdruck gebracht? Diese Fragen werden zum einen im Kapitel über die Ausprägung der Arena der diskursiven Legitimation in Mexiko untersucht, zum anderen in der Darstellung der Fallstudien. So wird gefragt, ob sich die betroffenen Unternehmen mit entsprechenden Erwartungen durch Medienberichte, Kampagnen oder Zertifizierungen konfrontiert sehen und welche Bedeutung diese Erwartungen für ihre Arbeit haben.

Darüber hinaus betont Scott die Gestaltungskraft von Normen und Werten (Scott 2001: 55f.). Es muss also gefragt werden, ob Handlungsverpflichtungen und -optionen geschaffen werden, indem in den IRV selbst und/oder als deren Folge Vorgaben zu Bekanntmachung der IRV in den Unternehmen und Zulieferbetrieben gemacht werden, ob Verantwortlichkeiten zum Beispiel in Form von Positionen, Verpflichtungen, Funktionen geschaffen werden und ob Evaluationen und Monitoringmaßnahmen geplant und umgesetzt werden. Darüber hinaus können eine institutionalisierte Konfliktbearbeitung sowie institutionalisierte interne und externe Austauschbeziehungen als Indikatoren einer normativen institutionellen Verankerung der IRV im organisationalen Feld gelten. Dabei ist es nicht von Bedeutung, ob es sich bei den entwickelten oder sich entwickelnden Normen um formelle oder informelle Normen handelt, da beide gleichermaßen eine Bindungswirkung entfalten können.

Zum Nachweis der Existenz entsprechender Normen und Werte werden zum einen die Inhalte der IRV und zum anderen ihre Umsetzung im Unternehmen allgemein und in Mexiko im Speziellen untersucht. Konkret soll in den Fallstudien überprüft werden, wie die Information der Beschäftigten und Zulieferer in den IRV verankert ist und wie sie in der Praxis tatsächlich erfolgt, welche Kontrollmechanismen vereinbart und etabliert werden, ob sich bestimmte Praktiken bereits im Zuge der Nutzung der IRV innerhalb des Unternehmens erkennen lassen und ob es bezüglich der Umsetzung und Überwachung der IRV zu einer Zusammenarbeit mit nationalen und internationalen betrieblichen und gewerkschaftlichen Akteuren oder mit anderen Organisationen kommt.

Tabelle 6: Mögliche Indikatoren der drei Säulen

	Regulative Säule	*Normative Säule*	*Kulturell-Kognitive Säule*
Indikatoren nach Scott	Regeln Gesetze Sanktionen	Zertifizierungen Anerkennung	Gemeinsamer Glaube Geteilte Handlungslogik
Indikatoren in Bezug auf die Umsetzung der IRV in Mexiko	Zwang zur Umsetzung durch nationale Gesetzgebung, ausgestattet mit Sanktionsmacht Zwang zur Umsetzung durch internationale Normen, ausgestattet mit Sanktionsmacht	Entwicklung von Handlungsverpflichtungen und -optionen: Bekanntmachung der IRV; Schaffung von Funktionen und Zuständigkeitsbereichen; Evaluation/Monitoring; institutionalisierte Konfliktbearbeitung; institutionalisierte interne und externe Austauschstrukturen; Erwartungen der Umwelt durch Zertifizierungen, Kampagnen, Medienberichte	Gemeinsamer Glaube an Nutzen der IRV im organisationalen Feld Gemeinsamer Glaube an Inhalte der IRV im organisationalen Feld

Quelle: eigene Zusammenstellung nach Scott (2001: 52)

Schließlich soll die kulturell-kognitive Säule der IRV in Mexiko über die Existenz eines gemeinsamen kulturellen Rahmens nachgewiesen werden. Dabei handelt es sich sicherlich um die am schwersten zu belegende Säule. Das Denken und Handeln eines Individuums wird nach Scott (2001) geprägt durch die Umwelt, die es umgibt, indem externe Stimulanzen verinnerlicht und in symbolische Repräsentanzen übersetzt werden. Dabei, so Walgenbach und Meyer (2008: 60), verfolgen Individuen aber in den seltensten Fällen starre Handlungsskripte, wie sie Berger und Luckmann

(1967: 73ff.) ausmachen, sondern haben innerhalb des vorgegeben Rahmens durchaus Wahlmöglichkeiten. In der vorliegenden Arbeit soll nun nachgewiesen werden, ob die IRV und ihre Inhalte selbstverständlich und unhinterfragt in den organisationalen Feldern der untersuchten Unternehmen in Mexiko verankert sind. Als Indikatoren sollen dabei der gemeinsame Glaube an die *Inhalte der IRV* sowie der Glaube an ihren *Nutzen* gelten. Beides kann über die Befragung von organisationsinternen und -externen Experten aus dem organisationalen Feld sowie über die Auswertung von Selbstdarstellungen der jeweiligen Organisationen ermittelt werden.

Die organisationalen Felder der Unternehmen werden in der vorliegenden Studie, wie von DiMaggio/Powell (1983: 148; vgl. Kapitel 3.1, Teil I) empfohlen, nicht vorab, sondern im Laufe der Untersuchung, aufbauend auf den jeweiligen Forschungsergebnissen, bestimmt. Als Indikatoren gelten hierbei, wie an anderer Stelle bereits ausgeführt (vgl. Kapitel 3.1, Teil I), ein gemeinsames Sinnsystem sowie aufeinander bezogene Handlungen und Regulationsmechanismen. Diese Verflechtungen zeigen sich etwa in Geschäftsbeziehungen, Regulierungsbeziehungen, gemeinsamen Projekten, einem gemeinsamen Kundenstamm oder auch einer Zusammenarbeit und /oder wechselseitigen Bezugnahme der Organisationen.

In den einzelnen Fallstudien werden die Bedeutungen entsprechender Organisationen und Institutionen für die Arbeit der untersuchten Unternehmen mit den IRV herausgearbeitet. Insbesondere die Zusammenarbeit und der Austausch mit anderen Organisationen stehen hier im Mittelpunkt des Interesses. Bei den Organisationen, die möglicherweise das organisationale Feld der untersuchten Unternehmen konstitutieren, könnte es sich um Folgende handeln: Zulieferfirmen und andere Unternehmen aus der Automobilbranche, nationale und internationale NGOs, nationale und internationale Regierungsorganisationen, nationale und internationale betriebliche und gewerkschaftliche Arbeitnehmervertretungen, nationale und internationale Beratungsfirmen, die deutsche Unternehmenszentrale sowie private Kunden und Geschäftskunden (vgl. Abbildung 2). Mithilfe der genannten Vorgehensweise soll die Frage beantwortet werden, ob es sich bei den IRV der untersuchten Unternehmen in Mexiko um ein institutionalisiertes Strukturelement in einem organisationalen Feld handelt.

Abbildung 2: Das potenzielle organisationale Feld der Unternehmen und ihrer IRV in Mexiko

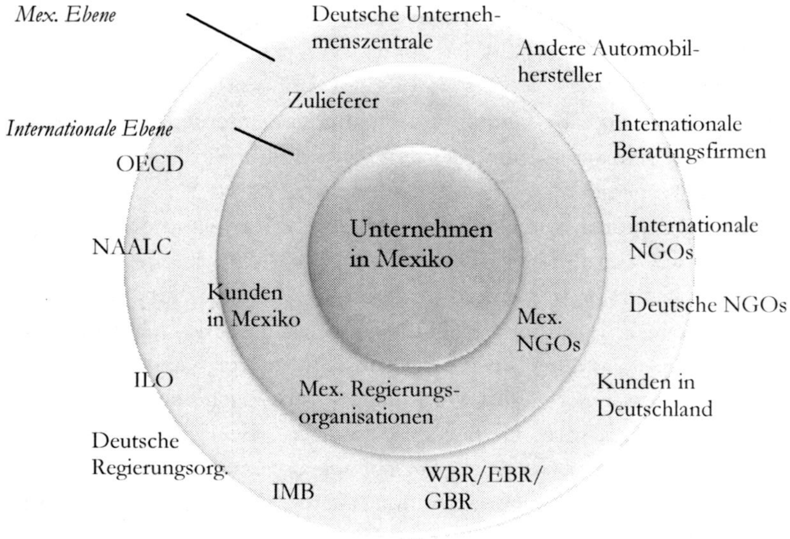

Quelle: eigene Darstellung

Der Nachweis einer Entkopplung kann anhand zahlreicher Indikatoren erfolgen: Mehrere Strategieelemente, die von den Unternehmen eingesetzt werden, können Indikatoren einer Entkopplungsstrategie sein (vgl. Meyer/Rowan 1977; auch Kapitel 3.5, Teil I). So ist zu prüfen, ob die Aufgaben an spezialisierte Mitarbeiter delegiert werden und damit der Eindruck einer Professionalisierung erweckt wird, während die entsprechenden Mitarbeiter gleichzeitig wenig Einfluss auf die tatsächliche Unternehmenspolitik haben. Ein weiterer Indikator von Entkopplung ist, dass Ziele möglichst vage formuliert werden und dadurch ihre Überprüfung erschwert wird. Dies betrifft auch Evaluationen und Inspektionen, deren Durchführung unter Umständen verhindert wird, und formale Regeln, die durch persönliche Absprachen und Beziehungen ersetzt werden. Um eine Entkopplungsstrategie nachweisen zu können, müssen die entsprechenden Aspekte in den folgenden Fallstudien untersucht werden. Dabei muss einerseits die formelle Verankerung von Funktionen, Evaluationen, Monitoringmaßnahmen und Zielen in den IRV und anderen Dokumenten überprüft und andererseits ihre Umsetzung in der Praxis untersucht werden.

Auch ist die Darstellung der IRV und ihrer Umsetzung nach außen, etwa in Geschäfts- und Nachhaltigkeitsberichten, von großer Bedeutung für den Aspekt der Entkopplung.

Die Rolle der Akteure soll anhand ihrer Einbettung in die institutionelle Umwelt und ihrer daran geknüpften Motive herausgearbeitet werden. Zu fragen ist nach den Erwartungen und Interessen, die das Handeln der Akteure leiten, sowie nach den verfügbaren Ressourcen. Als Akteure werden in der vorliegenden Studie zum einen individuelle Akteure verstanden, wie etwa Gewerkschaftsvorsitzende oder andere Organisationsmitglieder, zum anderen kollektive Akteure (etwa Gewerkschaften) beziehungsweise korporative Akteure (etwa Unternehmen). Im Einzelnen soll hier jedoch keine Unterscheidung zwischen Einzelinteressen und kollektiven beziehungsweise korporativen Interessen gemacht werden. Zur Ermittlung der Differenzen zwischen den Einzel- und kollektiven beziehungsweise korporativen Interessen wäre eine dezidierte Untersuchung und eine sehr viel genauere Befragung der Interviewpartner in Bezug auf die persönlichen Motive vonnöten.[75] Da dies jedoch nicht im Mittelpunkt der vorliegenden Studie steht, kann dieser Aspekt hier nicht weiter vertieft werden.

Herausgearbeitet werden sollen die Motive und Interessen der Akteure als Handelnde mithilfe von Prinzipalen, die laut Meyer und Jepperson (2000; vgl. Kapitel 3.6, Teil I) das Handeln der Akteure leiten. Mögliche Prinzipale bei der Umsetzung der IRV in den untersuchten Unternehmen sind die Übernahme einer Agentschaft des Selbst, wie das Streben nach Selbstverwirklichung und Durchsetzung persönlicher Machtinteressen, oder die Agentschaft für Andere, etwa für Arbeitnehmer, Arbeitgeber, Unternehmen, Gewerkschaften, Parteien und/oder Regierungen. Darüber hinaus kann auch die Agentschaft für Prinzipien eine Rolle spielen, also zum Beispiel der Einsatz für Ideologien, Menschen- und Arbeitnehmerrechte, für die freie Marktwirtschaft oder für das Leistungsprinzip (vgl. Tabelle 7).

Nachgewiesen werden sollen die Prinzipale anhand der Darstellung der institutionellen Einbettung der Akteure. So muss vor allem bei den untersuchten Gewerkschaften nach der Basis ihrer Legitimation gefragt werden. Welche Prinzipale spielen für ihr Handeln eine Rolle? Übernehmen sie eine Agentschaft des Selbst, für Andere oder für Prinzipien und um welche

75 Gerade bei Gewerkschaften als kollektivem Akteur haben Schmitter und Streeck (1999) Differenzen zwischen den verschiedenen Ebenen von Interessen ermittelt. So konstatieren sie ein z. T. erhebliches Spannungsverhältnis von Einflusslogik (Funktionärs- und Organisationsinteressen) und Mitgliedschaftslogik.

Prinzipale handelt es sich dabei? Zur Klärung dieser Fragen müssen Charakter, Struktur und personelle Besetzung der Gewerkschaften herausgearbeitet werden.

Tabelle 7: Mögliche Prinzipale bei der Umsetzung der IRV

Agentschaft des Selbst	*Agentschaft für Andere*	*Agentschaft für Prinzipien*
Selbstverwirklichung (Macht-) Interessen	Arbeitnehmer Arbeitgeber Unternehmen Gewerkschaften Parteien Regierungen	Ideologien Menschenrechte Arbeitnehmerrechte freie Marktwirtschaft Leistungsprinzip

Quelle: eigene Zusammenstellung

4 Methodik

Die aufgeworfenen Fragen sollen anhand einer qualitativen empirischen Untersuchung in vier deutschen Unternehmen der Automobilbranche in Mexiko beantwortet werden. Die IRV der Unternehmen sollen analysiert und ihre Umsetzung überprüft werden. Im Folgenden wird das methodische Vorgehen dargestellt und begründet. Nach einer Erörterung der Fallauswahl soll dabei auf die Erhebungsmethoden eingegangen werden. Anschließend wird die Auswertungsstrategie erläutert.

4.1 Fallauswahl

Das Sample der vorliegenden Studie setzt sich aus vier Unternehmen der Metall- beziehungsweise Automobilbranche zusammen: Unternehmen A, Unternehmen B, Unternehmen C und Unternehmen D.[76] Damit wurden zwei Endhersteller – Unternehmen A und B – ein reiner Zulieferbetrieb der ersten Zulieferkette – Unternehmen C – sowie ein Zulieferer aus dem Automobilbereich und gleichzeitiger Endhersteller in anderen Geschäftsbereichen – Unternehmen D – ausgewählt.[77]

Die Fallauswahl wurde bereits vor Beginn der Untersuchung weitgehend festgelegt. Dabei wurden verschiedene Kriterien berücksichtigt. Wichtigstes Kriterium war der Abschluss einer IRV. Dabei war die Auswahl der Unternehmen aufgrund der insgesamt immer noch geringen An-

76 Auf den Wunsch einzelner befragter Konzerne nach Anonymisierung der Untersuchungsergebnisse wurde bereits in der Einleitung hingewiesen. Die Namen von Unternehmen, Gewerkschaften, Orten und Personen, die Auskunft über die Identität der Unternehmen und der Interviewpartner geben könnten, wurden deshalb anonymisiert.

77 In den Geschäftsbereichen Haushaltsgeräte und Elektrowerkzeuge handelt es sich bei Unternehmen D um einen Endhersteller.

zahl von IRV allerdings begrenzt. Auch stellte der Zeitpunkt des Abschlusses der IRV ein Kriterium dar. Dieser sollte möglichst weit zurück liegen, um eine größtmögliche Zeitspanne für die Umsetzung der IRV zu gewährleisten. So wurde das Sample aus denjenigen Unternehmen zusammengestellt, die zu den ersten Unterzeichnern einer IRV gehörten. Darüber hinaus war die Bereitschaft der Unternehmen zur Teilnahme an der Studie entscheidend. So waren nicht alle angefragten Unternehmen zur Mitarbeit bereit. Die Zugänglichkeit wurde im Vorfeld geklärt und das Sample dementsprechend zusammengestellt.

Bei der Auswahl der untersuchten Standorte in Mexiko war ebenfalls die Bereitschaft zur Mitarbeit ein wesentlicher Faktor. Im Falle derjenigen Unternehmen, die über mehrere Standorte in Mexiko verfügen, wurde zunächst Kontakt zu den Produktionsstätten aufgenommen, über die bereits Informationen vorlagen. In ersten Interviews mit zentralen Akteuren waren zum Teil Kontaktpersonen genannt worden, die einen Zugang erleichtern konnten. Durch dieses Schneeballsystem ergab sich eine Auswahl von Standorten, die in der Mehrzahl der Fälle in relativer räumlicher Nähe lagen.[78] Weitere Standorte wurden zum Teil miteinbezogen, wenn es die Möglichkeit dazu gab.

Des Weiteren wurden durch das Sample die Variablen Herkunftsland und Branche des Unternehmens kontrolliert, da weder der Einfluss des Länderkontextes noch der Branche untersucht werden sollten. Aus diesem Grund wurden ausschließlich Unternehmen deutscher Provenienz ausgewählt, die in der Metallbranche angesiedelt sind. Eine Ausnahme stellt dabei der Autobauer B dar, der im Untersuchungszeitraum deutsche und US-amerikanische Wurzeln hatte. Nach der Fusion zweier Unternehmen im Jahre 1998 verfügte Unternehmen B bis zum Jahr 2007, als die Verbindung wieder gelöst wurde, über jeweils einen Firmensitz in Deutschland und den USA (vgl. Kapitel 3, Teil II). Da alle Unternehmen in der Metallautomobilbranche angesiedelt sind, war bei allen IRV der Internationale Metallgewerkschaftsbund (IMB) Verhandlungspartner auf Gewerkschaftsseite. Hinsichtlich der institutionalisierten Umwelt liegen aufgrund der gemeinsamen Provenienz also keine gravierenden Unterschiede vor. Intervenierende Variablen wie kulturelle Besonderheiten werden damit weitgehend ausgeschlossen. Es kann davon ausgegangen werden, dass sich die Erwartungen von Aktionären, Rating-Agenturen, Konsumenten und ande-

78 Eine Ausnahme stellt das Unternehmen C dar, das ausschließlich über Standorte im Norden des Landes verfügt.

ren Akteuren nur in geringem Maße unterscheiden. Allerdings birgt die Auswahl von zwei Endherstellern und zwei Zulieferern im Automobilbereich die Möglichkeit, über die eigentliche Fragestellung hinausgehende Ergebnisse zu erzielen, indem sie einen Vergleich zwischen der Umsetzungspraxis und den beeinflussenden Faktoren bei Endherstellern und Zulieferern erlaubt.

Aufgrund der geringen Fallzahl können keine statistisch repräsentativen Ergebnisse erzielt werden, was auch nicht Ziel der Untersuchung ist. Stattdessen sollen einige wenige Fälle intensiv erforscht werden. Durch eine gezielte Fallauswahl können dennoch empirisch gehaltvolle Ergebnisse erzielt und eine theoretische Generalisierbarkeit erreicht werden (Flick 2000: 26).

4.2 Datenerhebung

Die Untersuchungsergebnisse wurden anhand von leitfadengestützten Experteninterviews erzielt. Mit dem Experteninterview wurde ein methodisches Erhebungsverfahren gewählt, das aufgrund seiner Konzentration auf das Wissen von Experten aus dem für die IRV relevanten Feld angemessen erscheint.[79] Anders als bei anderen qualitativen Interviewformen steht bei dem Experteninterview nicht die Gesamtperson als Untersuchungsgegenstand im Mittelpunkt der Analyse, sondern das Interesse fokussiert auf das Wissen des Experten:

> »Eine Person wird im Rahmen eines Forschungszusammenhangs als Experte angesprochen, weil wir wie auch immer begründet annehmen, dass sie über ein Wissen verfügt, das sie zwar nicht notwendigerweise alleine besitzt, das aber doch nicht jedermann in dem interessierenden Handlungsfeld zugänglich ist. Auf diesen Wissensvorsprung zielt das Experteninterview.« (Meuser/Nagel 2009: 37)

Als Experten werden hier also sowohl Repräsentanten und Funktionsträger innerhalb einer Organisation verstanden als auch Personen, die über einen privilegierten Zugang zu Informationen aus einem bestimmten

---

79 Inwieweit es sich bei dem Experteninterview um eine eigenständige Erhebungsmethode handelt, ist in der Forschung umstritten. Während etwa Liebold und Trinczek (2009) davon ausgehen, dass es sich streng genommen nicht um eine eigenständige Methode handelt, da allein die Interviewpartner, nicht aber die Interviewmethode definiert werden, betrachtet Pfadenhauer (2009) Experteninterview als eine eigenständige Methode, die sich über Erkenntnisinteresse und Art der Gesprächsführung auszeichnet.

Themenfeld haben. Laut Meuser und Nagel (1991: 443) kann derjenige als Experte bezeichnet werden, der erstens »in irgendeiner Weise Verantwortung trägt für den Entwurf, die Implementierung oder die Kontrolle einer Problemlösung« oder der zweitens »über einen privilegierten Zugang zu Informationen über Personengruppen oder Entscheidungsprozesse verfügt«. Anders als etwa Spezialisten verfügen Experten aber nicht über ein »aufgabenbezogenes, relativ genau umrissenes Teil-Wissen innerhalb eines Sonderwissensbereichs«, sondern über einen »*Überblick* [Herv. i. Orig.] über einen Sonderwissensbereichs« (Pfadenhauer 2009: 100f.). Dieses Überblickswissen, das sich aus den jeweiligen Zuständigkeiten, Aufgaben und Tätigkeiten speist, ist Gegenstand des Experteninterviews. Dabei sind die Experten in vielen Fällen nicht auf der obersten Hierarchieebene anzutreffen, sondern auf der zweiten oder dritten Ebene. Denn oft, so Meuser und Nagel (1991: 443f.), ist das meiste Wissen über interne Strukturen und Ereignisse auf der zweiten oder dritten Ebene vorhanden, und Entscheidungen werden hier vorbereitet und durchgesetzt.

Die Definition des Experten übernimmt in dem jeweiligen Forschungszusammenhang der Forschende selbst (Meuser/Nagel 1991: 443)[80]. Er bestimmt, wer für sein Forschungsinteresse von Bedeutung ist und als Experte befragt werden soll. Für den Forschenden heißt dies, dass er sich vor Beginn der empirischen Forschung intensiv in das Thema einarbeiten und in Erfahrung bringen muss, welche Einzelpersonen und/oder Personengruppen für sein Forschungsinteresse von Belang sind (Pfadenhauer 2009: 110f.).

Nach Bogner und Menz kann zwischen drei Typen von Experteninterviews unterschieden werden: dem *explorativen*, dem *systematisierenden* und dem *theoriegenerierenden* Experteninterview (Bogner/Menz 2009b). Diese Interviewformen unterscheiden sich in Zielsetzung und erkenntnisleitender Funktion und gehen von einem überaus unterschiedlichen Wissensbegriff[81] aus. Das *explorative* Interview bietet eine erste Orientierung in einem Forschungsfeld. Es dient zur Hypothesengenerierung und thematischen Strukturierung des Feldes. Die befragten Experten können sowohl selbst Teil des Handlungsfeldes sein und damit zur Zielgruppe der Untersuchung gehören als auch eine komplementäre Informationsquelle darstellen, die

80 Vgl. zur Diskussion des Expertenbegriffs ausführlich etwa Bogner/Menz (2009b) und Meuser/Nagel (2009).

81 Vgl. ausführlich zur Diskussion des Wissensbegriffs im Experteninterview etwa Bogner/Menz (2009b).

Informationen über das zu erforschende Feld bereit hält. Bei dem *systematisierenden* Experteninterview hingegen dienen die Experten als Informationsquelle über das eigentliche Forschungsobjekt. Sie geben ihr Wissen über Abläufe und soziale Situationen wieder und stehen damit nicht selbst im Mittelpunkt der Untersuchung, sondern sind vielmehr Informationsübermittler. Das so abgefragte Wissen bezieht sich auf Handlungs- und Erfahrungswissen, also auf Fachwissen, das nur einer bestimmten Personengruppe zugänglich ist. Die dritte Form des Experteninterviews stellt das *theoriegenerierende* Interview dar, das auf die subjektive Dimension des Expertenwissens abzielt. Diese Form, die insbesondere von Meuser und Nagel (1991) begründet und entwickelt worden ist, konzentriert sich auf die subjektive Handlungsorientierung sowie auf die Vorstellungen und ideologisch geprägten Entscheidungsmuster der Experten. Wissensbestände, Weltbilder und Routinen, die dem Handeln der Experten zugrunde liegen und konstitutiv für das Funktionieren von sozialen Systemen sind, werden hier erfragt und dienen der angestrebten Theorieentwicklung. Den Forscher interessieren dabei die subjektiven Dimensionen und Grundlagen, auf denen Entscheidungen getroffen werden.

Im Rahmen der Untersuchung wurden insbesondere in einer ersten Erhebungsphase aber auch im weiteren Verlauf zahlreiche *explorative* Interviews geführt. Es wurden zunächst Personen beziehungsweise Personengruppen identifiziert, deren Befragung aufgrund ihrer Funktion im Rahmen der Forschung sinnvoll erschien. Dabei handelte es sich um Vertreter von Unternehmen, Betriebsräten, Gewerkschaften und anderen Organisationen, von denen angenommen wurde, dass sie mit dem Thema IRV befasst sind. Zu den Experten wurde in der Regel telefonisch oder per Email Kontakt aufgenommen. In Mexiko wurden die Personen zum Teil auch persönlich ohne Voranmeldung angesprochen, da eine vorherige Terminabsprache oft schwierig war. In einigen Fällen mangelte es in den Organisationen an Transparenz, was eine Identifizierung von Ansprechpartnern nicht möglich machte, zum Teil wurde auf Anfragen der Forscherin nicht reagiert.[82]

82 In der mexikanischen Kultur ist eine mündliche, persönliche Kommunikation sehr viel verbreiteter als eine schriftliche. Das gesprochene Wort und der persönliche Kontakt haben in der Regel eine größere Bedeutung. So war oft erst der persönliche, z. T. unangemeldete, Besuch der Interviewerin ausschlaggebend für das Zustandekommen eines Gesprächs.

In den Interviews wurde häufig auf weitere Personen verwiesen, die für das Forschungsvorhaben von Interesse waren, in einigen Fällen wurde auch direkt der Kontakt hergestellt. So konnte die Forscherin den »forschungsökonomischen« (Bogner/Menz 2009a: 8) Aspekt der Experteninterviews, nämlich den recht unproblematischen Einstieg ins Forschungsfeld, nutzen. Insbesondere wurde der Feldzugang in Mexiko durch die *explorativen* Interviews erheblich erleichtert. Da der Kontakt zu den mexikanischen Niederlassungen und den dort vertretenen Gewerkschaften aufgrund fehlender Kontakte seitens der deutschen Akteure oft nicht über die Mutterkonzerne hergestellt werden konnte, mussten die Unternehmen und Gewerkschaften in Mexiko in der Regel direkt angesprochen werden. Darüber hinaus war aber auch die Kontaktaufnahme vor Ort mit erheblichen Schwierigkeiten belastet, da insbesondere die Gewerkschaften ihre Strukturen in den wenigsten Fällen öffentlich machen. Die mündliche Empfehlung und Kontaktherstellung durch bereits befragte Experten war deshalb von nicht zu unterschätzender Bedeutung für den Erfolg der Untersuchung.

Neben der *explorativen* Interviewform wurde in der vorliegenden Untersuchung auch die *systematisierende* Form des Experteninterviews genutzt. Mithilfe von exklusivem Expertenwissen wurden Informationen über die Verabschiedung, Umsetzung, Kontrolle und Weiterentwicklung der IRV gesammelt. Da über die Hintergründe des Zustandekommens der IRV, ihre Umsetzung und ihre Kontrolle kaum schriftliche Dokumentationen vorliegen, musste dieses Wissen über Experten generiert werden, die über Abläufe und Ergebnisse informiert sind. Als Experten können in diesem Zusammenhang Organisationsmitglieder, Wissenschaftler oder auch andere Personen gelten, die privilegierten Zugang zu internen Informationen haben und somit über einen Überblick über den Sonderwissensbereich der IRV verfügen. Im Rahmen der vorliegenden Arbeit wurden vorab gezielt Personen beziehungsweise Personengruppen als Experten definiert und angesprochen. In der Regel bestimmten jedoch die Organisationen selbst diejenigen Experten, die über eine ausreichende Kompetenz zu dem Thema verfügen. Dadurch konnte gewährleistet werden, dass die Forscherin Zugang zu exklusivem Expertenwissen erhielt.

Darüber hinaus stellt die *theoriegenerierende* Form des Experteninterviews eine wichtige Interviewform im Rahmen der vorliegenden Untersuchung dar. So soll, wie ausgeführt wurde, die Verwurzelung der IRV in den Denk- und Entscheidungsmustern der Akteure, die in den Unternehmen, Gewerkschaften und anderen relevanten Organisationen im Feld mit den IRV arbeiten, in Bezug auf das Themenfeld IRV untersucht werden.

Anzumerken ist, dass eine klare Trennung zwischen *explorativem, systematisierendem* und *theoriegenerierendem* Interview zwar für die theoretische Einordnung plausibel, aber für die praktische Durchführung wenig sinnvoll ist. So konnte aus einem *explorativen* Interview, das ursprünglich als ›Türöffner‹ gedacht war, ein intensives *systematisierendes* und/oder *theoriegenerierendes* Interview werden. Andererseits konnten sich auch *theoriegenerierende* oder *systematisierende* Interviews zu anderen Formen entwickeln. Darüber hinaus enthielten zahlreiche Interviews sowohl *explorative* als auch *systematisierend* und *theoriegenerierende* Elemente. In der vorliegenden Untersuchung wurden die Interviewpartner also zum einen in Bezug auf ihr Handlungs- und Erfahrungswissen als Hintergrundinformanten befragt, zum anderen interessieren aber auch die ihrem Handeln zugrunde liegenden Denkmuster und Entscheidungsstrukturen.

Durchgeführt wurden die Interviews in Form von *halb-strukturierten* und *offenen* Interviews auf der Basis eines Interviewleitfadens. Die Fragen dienten eher als Orientierungshilfe denn als zwingendes Muster und wurden stetig den neuen Untersuchungsergebnissen und der jeweiligen Gesprächssituation angepasst; der Interviewpartner erhielt keine Vorgaben für seine Antworten. Es wurde hinreichend Raum für freie Erzählpassagen mit eigenen Relevanzsetzungen gelassen, wobei subjektive und erweiternde Darstellungen des Experten Platz finden konnten (Liebold/Trinczek 2009). Die Antworten überschritten deshalb zum Teil den Fragehorizont und zeigten neue Perspektiven auf. Gleichzeitig diente der Leitfaden aber zur weitgehenden Begrenzung des Themas auf relevante Aspekte und verhinderte ein zu starkes Abschweifen auf für die vorliegende Studie irrelevante Themen.

Durch die offene Interviewführung konnte die Interviewerin auf das Gesagte reagieren und auf neue relevante Aspekte eingehen, so dass sich in der Regel ein Dialog entwickelte. Es wurde versucht, eine Interviewsituation zu schaffen, die es dem Experten erlaubte, sich zu öffnen.[83] Dabei

---

83 Sowohl Pfadenhauer (2009) als auch Trinczek (2009) verweisen auf die wichtige Rolle des Forschers für eine gelungene Interviewführung insbesondere mit Managern. Um als Gesprächspartner ernst genommen zu werden, muss der Interviewer eine thematische Kompetenz vorweisen. Gelingt eine kompetente Gesprächsführung durch die Einführung von Einschätzungen, Gründen und Gegenargumenten, ist die Chance groß, dass sich der Experte öffnet und sein Wissen und seine Einschätzungen kundtut (Trinczek 2009: 52). Der Forscher nimmt dabei die Rolle eines »Quasi-Experten« ein (Pfadenhauer

spielte unter anderem das Auftreten der Interviewerin als kompetente Gesprächspartnerin eine Rolle, das auf Seiten des Experten Vertrauen schaffen sollte, sich zu öffnen und *tacit knowledge*, also informelles Wissen, preiszugeben (Meuser/Nagel 1991: 449).[84]

Im Rahmen der Untersuchung wurden 50 Interviews[85] und darüber hinaus zahlreiche ergänzende Gespräche mit relevanten Akteuren geführt. Das Gros der Interviews fand im Zeitraum Juli 2006 bis Oktober 2007 statt. Nach Abschluss dieser ersten, intensiven Erhebungsphase wurden aber auch darüber hinaus die weiteren Entwicklungen bezüglich der IRV allgemein sowie in den vier untersuchten Unternehmen im Besonderen verfolgt. Durch die wiederholte Rücksprache mit den Experten bis zur Fertigstellung des Buches wird gewährleistet, dass wichtige Veränderungen im Umsetzungsprozess der IRV in den Unternehmen in der vorliegenden Studie berücksichtigt werden. Die hier vorgelegten Ergebnisse beziehen

---

2009: 106), die sich dadurch auszeichnet, dass der Interviewer – anders als der Experte – keine Verantwortung für den Entwurf und die Bereitstellung von Problemlösungen trägt. Somit steht der Forscher auch nicht in Konkurrenz zum Experten, der sich dadurch evtl. leichter öffnet. Trinczek (2009: 55) weist aber auch darauf hin, dass die Kompetenzzuschreibung durch den Experten auch durch formale Statusmerkmale wie etwa das Geschlecht oder den Titel des Interviewers beeinflusst wird. So kann die Gefahr bestehen, dass Forschern aufgrund ihres Alters und ihres Geschlechts eine geringere Kompetenz unterstellt wird (Trinczek 2009: 55). Es kann schwieriger sein, eine Situation zu schaffen, in der »auf gleicher Augenhöhe« gesprochen wird.

84 Im Rahmen der vorliegenden Studie handelte es sich bei den befragten Experten in der Mehrzahl der Fälle um Männer, während die Befragung von einer Frau durchgeführt wurde. In der Erfahrung der Forscherin stellte dies mitunter ein Problem dar, das insbesondere in der machistisch geprägten mexikanischen Gesellschaft auftrat. Durch Kompetenz und Sachlichkeit konnte dennoch in allen Fällen eine vertrauensvolle und kooperative Gesprächssituation geschaffen werden. Darüber hinaus konnte das Geschlecht der Forscherin z. T. sogar genutzt werden, indem die Forscherin aufgrund der ihr evtl. zugesprochenen geringeren Kompetenz als weniger bedrohlich wahrgenommen wurde und im Gespräch Details wiedergegeben wurden, die einem männlichen Interviewer gegenüber evtl. nicht erwähnt worden wären. So gestand eine Gewerkschaftsvorsitzende ihr Unwissen bezüglich der IRV und nutze die Forscherin als Informationsquelle. Inwiefern für diese Offenheit Alter und Geschlecht eine Rolle spielten, kann nur gemutmaßt werden, es wird aber davon ausgegangen, dass dies der Fall war.

85 Im Einzelnen wurden jeweils vier bis sechs Interviews in den Unternehmen selbst geführt, während sich die verbleibenden 28 Interviews auf die Organisationen im organisationalen Feld der Unternehmen bezogen. Trotz dieser begrenzten Anzahl von Interviews in den Unternehmen konnte durch eine gezielte Auswahl der Interviewpartner die Gewinnung der zentralen Daten gewährleistet werden (s. u.).

sich also nicht nur auf eine kurze, intensive Erhebungsphase, sondern bilden durchaus ein Langzeitentwicklung ab.[86]

Die überwiegende Mehrzahl der Interviews (31) wurde während zweier Forschungsaufenthalte in Mexiko im Oktober und November 2006 sowie von März bis Mai 2007 geführt. Sieben Interviews fanden in Deutschland und fünf weitere in Genf statt. Vier Interviews wurden telefonisch geführt. Die Interviews wurden entsprechend der Sprachkenntnisse der befragten Experten auf Deutsch, Englisch oder Spanisch geführt. In der Regel handelte es sich um Einzelinterviews. Auf Wunsch der Interviewpartner oder aufgrund zeitlicher Probleme kam es aber auch in einigen Fällen zur gleichzeitigen Befragung mehrerer Experten. In der Regel fanden die Interviews in den Räumen der Unternehmen, Gewerkschaften oder anderen Organisationen statt. In zwei Fällen wurden die Interviews am Rande eines Arbeitstreffens beziehungsweise eines Seminars geführt. Die Gespräche wurden in der Regel mit einem digitalen Tonbandgerät aufgezeichnet und anschließend in den Computer übertragen. In einigen wenigen Fällen fand auf Wunsch der Interviewpartner keine Aufzeichnung der Interviews statt, sondern sie wurden handschriftlich protokolliert.

Im Rahmen der vorliegenden Untersuchung wurden folgende Personen (-gruppen) interviewt:

- das Management der Unternehmen in Deutschland, in der Regel die Personalabteilung oder die Abteilung Kommunikation
- Betriebsräte der untersuchten Unternehmen in Deutschland, in der Regel Vorsitzende oder (Fach-) Referenten
- die Betreuer der untersuchten Unternehmen bei der IG Metall in Deutschland
- die Betreuer der untersuchten Unternehmen beim IMB in Genf
- Vertreter von Basisnetzwerken in den Unternehmen
- das Management der Unternehmen in Mexiko, in der Regel die Personalabteilung und zum Teil auch die Abteilung Einkauf
- Gewerkschaftsvertreter der Betriebsgewerkschaften in den Unternehmen in Mexiko, in der Regel die Vorsitzenden

86 Wie Pries u. a. (1990: 2f.) betonen, beeinflusst u. a. der Zeitpunkt erheblich die empirischen Aussagen. Konfigurationen können sich innerhalb kurzer Zeiträume stark verändern und damit auch Umsetzungsprozesse und die empirischen Ergebnisse wesentlich beeinflussen. Erst langfristig angelegte Verlaufsstudien könnten dieses Defizit beheben. In der vorliegenden Studie wurde deshalb versucht, langfristige Entwicklungen zu berücksichtigen.

- Vertreter des IMB in Mexiko und Lateinamerika
- Vertreter von Regierungsorganisationen in Mexiko
- Vertreter von Verbänden und NGOs in Mexiko
- Vertreter internationaler Organisationen in Mexiko
- Vertreter deutscher Organisationen in Mexiko
- Mexikanische Wissenschaftler und andere (Fach-) Experten in Mexiko

Da nicht alle Interviews gleichermaßen relevant sind beziehungsweise vor allem diejenigen mit *explorativem* Charakter[87] Informationen für die weitere Vorgehensweise, nicht aber unbedingt für die Beantwortung der Fragestellung relevante Aspekte beinhalteten,[88] wurde ein Teil der Interviews nicht transkribiert. Zum Teil wurden die Interviews zusammengefasst und nur die wichtigsten Informationen notiert. Auch die Transkription der relevanten Interviews erfolgte nicht immer vollständig (zur Zulässigkeit dieses Verfahrens vgl. Meuser/Nagel 1991: 455f.). Da die Interviewpartner oft auch Themen ansprachen, die für die vorliegende Studie keine Relevanz besitzen, konnten diese Passagen zusammengefasst werden. Darüber hinaus wurden gesprächsbegleitende Aspekte, wie Stimmlage, Pausen oder andere nonverbale und parasprachliche Elemente nicht transkribiert und ausgewertet. Anders als etwa bei narrativen oder konversationsanalytischen Interviews spielt in der vorliegenden Untersuchung nicht der Gesprächsverlauf an sich eine Rolle, sondern es interessieren ausschließlich themenrelevante Aspekte (vgl. Meuser/Nagel 1991: 455).

Ergänzt wurde die Erhebungsmethode des Experteninterviews durch die Methoden der teilnehmenden Beobachtung sowie die Dokumentenanalyse (vgl. Flick 2004: 199ff.). Im Rahmen der vorliegenden Studie sowie auch zurückliegender Untersuchungen[89] konnten zahlreiche Betriebe be-

---

87 Als Interviews mit explorativem Charakter können elf der für diese Studie geführten Interviews bezeichnet werden. Darüber hinaus handelt es sich auch bei den zahlreichen hier nicht dokumentierten ergänzenden Gesprächen oft um explorative Interviews.

88 So war die Zielsetzung der explorativen Interviews meist, die Kompetenz des Interviewpartners in Bezug auf die Fragestellung zu erfahren und Hinweise in Bezug auf weitere Gesprächspartner zu erhalten. Stellte sich heraus, dass der Interviewpartner kein Wissen über den Forschungsgegenstand besaß, wurde das Interview in der Regel nach kurzer Zeit beendet.

89 Im Vorfeld und auch während der Untersuchung wurden von der Autorin (z. T. gemeinsam mit anderen Wissenschaftlern) Erhebungen durchgeführt und Arbeiten erstellt, deren Ergebnisse als Hintergrundinformationen in die vorliegende Arbeit eingeflossen sind und auf die an verschiedenen Stellen Bezug genommen wird (vgl. Hessler 2005 und Hessler u. a. 2007).

sucht und zum Teil Werke und Fertigungsstrecken besichtigt werden.[90] Hier konnte sich zumindest teilweise ein Bild von der Be- oder Missachtung grundlegender Arbeitnehmerrechte, der betrieblichen Arbeitsorganisationen sowie der Arbeit der Gewerkschaft und ihrem Kontakt zu den Arbeitnehmern gemacht werden. Darüber hinaus nahm die Forscherin an Gewerkschaftssitzungen, Diskussionsrunden und Konferenzen insbesondere in Mexiko teil. Durch diese teilnehmende Beobachtung konnten zum Teil Aussagen der Interviewpartner überprüft und durch zusätzliche Informationen ergänzt werden. Gleichwohl darf dabei die Rolle der Autorin nicht verschwiegen werden, die durch die offene und teilnehmende Beobachtung Teil des Umsetzungsprozesses wurde und so zum Teil zur Intensivierung des Diskussionsprozesses um die IRV beitrug. So tauschte sich die Autorin nicht nur in den Gesprächen mit Experten über Inhalte, Nutzen und Perspektiven der IRV aus, sondern wurde als Forscherin selbst Teil der institutionellen Umwelt, die nach den eingangs vorgestellten Thesen die Umsetzung einer IRV beeinflusst.[91]

Im Rahmen der Dokumentenanalyse wurden einerseits Gesetzestexte und Verträge sowie andererseits Hintergrundpapiere und Berichte der an der Umsetzung der IRV beteiligten Organisationen untersucht.[92] Zu den ausgewerteten Dokumenten gehören die IRV der untersuchten Unternehmen und anderer Konzerne, Strategie- und Hintergrundpapiere der untersuchten Organisationen, Geschäfts-, Nachhaltigkeits- und andere Berichte sowie Internetauftritte der untersuchten Unternehmen, nationale Gesetzestexte und internationale Rechtsnormen und Tarifverträge.

Die Relevanz der Dokumente ist dabei sehr unterschiedlich. Während die IRV in ihrer Gänze interessieren, indem sie die Frage nach ihrem Charakter und ihren Regelungsmöglichkeiten beantworten, wurden andere Texte selektiv untersucht. Hintergrund- und Unternehmensberichte oder auch Gesetzestexte sind für die vorliegende Studie nur dann von Bedeu-

---

90 Im Rahmen der Arbeit wurden insgesamt sechs Produktionsstätten der untersuchten Unternehmen besucht. In der Regel fanden hier auch die Interviews mit Geschäftsführung und Arbeitnehmervertretung statt. In zwei Werken erhielt die Autorin eine persönliche Werksbesichtigung.

91 Vgl. zur Rolle des Wissenschaftlers im Prozess der teilnehmenden Beobachtung auch Flick 2004: 199ff.

92 Die Analyse von Zeitschriftenartikeln war geplant, wurde aber schließlich nicht durchgeführt. Eine erste Stichprobe in mexikanischen Medien blieb erfolglos und auch die Ergebnisse der Experteninterviews machten wenig Hoffnung, in Medienberichten Angaben über die IRV in Mexiko und andere relevante Informationen zu finden.

tung, wenn sie das Thema der IRV berühren. Doch auch wenn die genannten Dokumente insgesamt wichtige Hintergrundinformationen liefern, nehmen sie innerhalb der vorliegenden Untersuchung einen geringeren Stellenwert ein als die Experteninterviews und bleiben zahlenmäßig hinter diesen zurück.

4.3 Datenauswertung

Auf die Transkription des Interviewmaterials folgt der wichtige Schritt der Auswertung. Die erhobenen Daten müssen geordnet und für weitere Analyseschritte aufbereitet werden. Meuser und Nagel (1991; 2002) schlagen als Auswertungsmethode für das Experteninterview eine Form der »Entdeckungsstrategie« (Meuser/Nagel 2002: 81) vor, also eine offene Methode, die als interpretatives Verfahren eingeordnet werden kann. Mithilfe von Paraphrasierungen soll das Material zusammengefasst und bearbeitbar gemacht werden. Dabei steht die Kategorienbildung im Mittelpunkt der Auswertung. Die einzelnen, als relevant erachteten Textabschnitte werden mit den eigenen Worten erfasst und unter Überschriften subsumiert. Dabei werden Kategorien entwickelt, auf deren Grundlage im weiteren Verlauf die Verknüpfung der Ergebnisse mit dem theoretischen Konzept der Arbeit erfolgt. Anschließend werden diese Überschriften in soziologische Terminologien und Kategorien übersetzt, und erst in einem nächsten Schritt kommt es zur theoretischen Generalisierung, also zur Verknüpfung mit soziologischen Theorien.

Auch Mayring (2008) hat ein Modell für die Auswertung von qualitativ erhobenem Forschungsmaterial entwickelt. Mithilfe einer *qualitativen Inhaltsanalyse* will er die Auswertung systematisieren und dadurch überprüfbar machen. Dabei hat er die Modelle der *zusammenfassenden*, der *explizierenden* und der *strukturierenden* Inhaltsanalyse entwickelt. In der vorliegenden Untersuchung sollen die genannten Modelle miteinander kombiniert werden.[93] Dabei findet zum einen das Modell der *zusammenfassenden qualitativen Inhaltsanalyse* Anwendung, das dem Modell von Meuser und Nagel ähnelt und eine *induktive* Kategorienbildung vorsieht, also eine Entwicklung von

---

93 Sowohl Meuser und Nagel (1991; 2002) als auch Mayring (2008: 43) betonen, dass es sich bei den Modellen um Anregungen, nicht um starre Schemata handelt. Sie müssten dem jeweiligen Material und den Untersuchungsbedingungen angepasst werden.

Kategorien aus dem Text heraus. Gleichzeitig soll aber auch das Modell der strukturierenden Inhaltsanalyse Anwendung finden, die eine *deduktive* Kategorienbildung beinhaltet. Die Kategorien werden dabei aus den Theorien und der Fragestellung vorab entwickelt und das empirische Material wird auf den entsprechenden Gehalt hin überprüft.

Es ergibt sich also ein Ablauf der Auswertung, der sich aus einer Kombination von induktiver und deduktiver Kategorienbildung zusammensetzt. Dabei wurde zunächst ein ›Probedurchlauf‹ der Auswertung durchgeführt. Das Interviewmaterial zu einem Fall wurde durchgesehen und die relevanten Passagen wurden paraphrasiert. Anschließend wurden Überschriften entwickelt und die Interviews thematisch verglichen, das heißt die Aussagen aller Interviews wurden unter gemeinsamen Überschriften zusammengefasst und anhand dieser Überschriften wurde ein Kategoriensystem entwickelt.

Gleichzeitig wurde aufgrund der theoretischen Grundannahmen der Studie und der Fragestellungen, die bereits bei der Entwicklung des Fragebogens eine Rolle gespielt hatten, ein Kategoriensystem erarbeitet. Das aus dem Textmaterial abgeleitete, induktive Kategoriensystem wurde nun mit dem deduktiv entwickelten Kategoriensystem abgeglichen und entsprechend überarbeitet. Dabei wurden neue Kategorien aufgenommen, die über die deduktiv generierten Kategorien hinausgingen. Dadurch konnten die Ergebnisse um Aspekte angereichert werden, die allein aufgrund der theoretischen Vorannahmen keinen Eingang in die Studie gefunden hätten.

Nach einer Verschriftlichung des ersten Falls und der erneuten Überprüfung des angewandten Kategoriensystems wurde mit der Auswertung der weiteren Fälle fortgefahren. Dabei wurde ebenso wie im Probedurchlauf gleichermaßen induktiv wie auch deduktiv vorgegangen. Zum einen wurde das bereits erarbeitete Kategoriensystem als Analyseraster angelegt, zum anderen wurden wichtige Textabschnitte codiert und in neue Kategorien umgewandelt. So wurde das Auswertungsmodell ständig überprüft und weiterentwickelt.[94]

Anders als im Probedurchlauf erfolgte die Auswertung nun computergestützt mithilfe des Computerprogramms MAXQDA,[95] das bei der Ver-

94 Die Bedeutung einer stetigen Überarbeitung und Anpassung der einzelnen Auswertungsschritte betonen auch Meuser und Nagel (2002: 91) sowie Mayring (2008: 55).

95 Das Computerprogramm MAXQDA stellt neben ATLAS/ti u. a. eines der gängigen Auswertungsprogramme qualitativer Erhebungsmethoden dar.

waltung der insgesamt großen Menge an Datenmaterial hilfreich war.[96] Statt ausführlicher Paraphrasierung wurde in der Regel eine Codierung vorgenommen, das heißt das Material wurde ohne den Schritt der Paraphrasierung in *codes* (Kategorien) zusammengefasst.[97] Diese wurden mithilfe von MAXQDA mit Anmerkungen, Zitaten oder ausführlichen Zusammenfassungen versehen. Nach einer vollständigen Codierung des Interviewmaterials wurden die Ergebnisse dieser Auswertungsschritte verschriftlicht und im weiteren Verlauf der Studie entsprechend der theoretischen Grundannahmen analysiert.

Die Auswertung der untersuchten Dokumente erfolgte wie bereits erwähnt selektiv und richtete sich nach der Relevanz der Dokumente. So wurden die IRV als eine zentrale Quelle der Untersuchung ausführlich untersucht und induktiv Kategorien entwickelt, während Unternehmens- und Hintergrundberichte sehr gezielt nach relevanten Informationen durchsucht wurden. Die Auswertung erfolgte hier deduktiv anhand der zuvor entwickelten Hypothesen und Fragestellungen.

Nach Abschluss der Auswertung und Verschriftlichung der Ergebnisse wurden die Fallstudien mehreren der zuvor interviewten Experten zur Information und Prüfung übergeben. Mindestens ein zentraler Interviewpartner aus jedem Unternehmen, in der Regel aber je ein Vertreter von Management und Betriebsrat, wurde in dieses *resonance board* (Dijkzeul 2000: 229) integriert. Damit wurde ein Rückkopplungseffekt erreicht, der die Möglichkeit eröffnete, sachlich falsche Aussagen zu korrigieren und Anmerkungen der Experten in die Studie einfließen zu lassen.[98] In diesen Rückkopplungsprozess wurden aus Gründen der Praktikabilität jedoch nur Interviewpartner in Deutschland einbezogen.

---

96 Die computergestützte Auswertung erleichterte sowohl die Verwaltung der insgesamt großen Datenmenge als auch die Codierung, indem einzelne codes markiert, organisiert, verknüpft und überarbeitet werden können. Vgl. zu den Vorteilen computergestützter Auswertungstechniken ausführlich Kuckartz (2007: 100ff.).

97 Eine Auslassung des Schrittes der Paraphrasierung ist laut Mayring im Falle von sehr großen Materialmengen zulässig (vgl. Mayring 2008: 619).

98 Wroblewski und Leitner (2009: 273) sehen die Überprüfung der erzielten Ergebnisse vor allem für deren spätere praktische Implementation als überaus wichtig an. Die Experten erhielten so die Möglichkeit, ihre Arbeit in einen breiteren Zusammenhang einzuordnen und ggf. neu zu bewerten. Auch erhöhe sich dadurch die Kooperations- und Kommunikationsbereitschaft mit anderen Experten und Akteuren. In der vorliegenden Arbeit hatten die befragten Experten z. T. die Bitte geäußert, das Manuskript vor Veröffentlichung lesen und kommentieren zu dürfen.

Teil II: Die Umsetzung von Internationalen Rahmenvereinbarungen bei ausgesuchten Unternehmen in Mexiko

1 Das System der Erwerbsregulierung in Mexiko

Im Folgenden sollen das System der Erwerbsregulierung in Mexiko und die darin enthaltene Rolle der IRV dargestellt werden. Damit soll der institutionelle Rahmen erläutert werden, in dem die Umsetzung der IRV in Mexiko stattfindet. Es soll untersucht werden, welche nationalen und internationalen Rechtsnormen die Erwerbsregulierung in Mexiko steuern, welche Rolle betriebliche Vereinbarungen spielen und ob Elemente einer diskursiven Legitimation, zu denen die IRV unter anderem zu zählen sind, in Mexiko von Bedeutung sind. Darüber hinaus soll dargestellt werden, welche Rolle die Akteure im mexikanischen System der Erwerbsregulierung spielen.

Abschließend werden die IRV als Instrument einer Erwerbsregulierung in Mexiko beleuchtet. Welche Verbreitung haben sie bislang erfahren und welche Rolle spielen sie im nationalen Kontext? Werden sie von den Akteuren genutzt? Einleitend soll jedoch zum besseren Verständnis zunächst ein Überblick über die historische und aktuelle politische und ökonomische Situation im Land gegeben werden, ohne deren Kenntnis ein Verständnis des mexikanischen Systems der Erwerbsregulierung nicht möglich ist.

1.1 Die politische, ökonomische und soziale Entwicklung Mexikos im 20. und 21. Jahrhundert

Das überaus komplexe und ausdifferenzierte System der Erwerbsregulierung in Mexiko ist eng verknüpft mit der politischen und ökonomischen Entwicklung des Landes und unterliegt damit einem erheblichen Wandlungsprozess.[99] Zeitlich fällt die Entwicklung des aktuellen formalen Systems der Erwerbsregulierung in die Zeit während und nach der mexikanischen Revolution (1910–1920)[100], aus welcher der moderne mexikanische Nationalstaat hervorging. Das System der Erwerbsregulierung in Mexiko wurde von den aus der mexikanischen Revolution siegreich hervorgegangenen Parteien entwickelt und zur Sicherung der politischen Stabilität und damit dem eigenen Machterhalt von oben implementiert. So war für die Ausarbeitung der Arbeitsgesetzgebung – die Verfassung von 1917 und das Bundesarbeitsgesetz von 1931 – und der Festlegung der Rollen der verschiedenen Akteure (Staat, Arbeitgeber und Gewerkschaften) der Wunsch nach sozialem Frieden und einer hohen politischen Stabilität ausschlaggebend.

Als Teil dieser Entwicklung bildeten sich Arbeitgeber- und Arbeitnehmerverbände heraus, die anders als in früh industrialisierten Ländern, wie etwa in Deutschland, nicht als Folge einer zunehmenden Industrialisierung und einer sozialen Bewegung entstanden, sondern deren Rolle und Funktion noch vor Entstehen einer nennenswerten industriellen Arbeiterschaft in den 1940er Jahren festgeschrieben wurde (Dombois/ Pries 1999: 69f.).[101] Aufgabe der neuen Verbände war eine Absicherung des nachrevolutionären Regimes unter der Regierung der Partei der Institutionalisierten Revolution (PRI), die ihre Vorherrschaft langfristig vor allem durch ein korporatistisches System absicherte, das insbesondere auf der Einbindung großer Teile der Bevölkerung in die PRI und das politische System über Verbände und Gewerkschaften beziehungsweise die großen Gewerkschaftsverbände beruhte.[102] Den Gewerkschaften kamen dabei zentrale

99 Eine detailreiche und präzise Darstellung der Entwicklung des mexikanischen Systems der Erwerbsregulierung im 20. Jahrhundert findet sich bei Bensusán (2000).

100 Die Periodisierung der mexikanischen Revolution ist in der Forschung umstritten. Einigkeit besteht darin, dass die Jahre zwischen 1910 und 1920 eine Phase darstellten, die von militärischen Auseinandersetzungen geprägt war. Im Gegensatz dazu verliefen die 1920er und 1930er Jahre weitgehend gewaltfrei, wobei aber gerade in dieser Zeitspanne grundlegende politische, soziale und wirtschaftliche Umwälzungen stattfanden und sich das nachrevolutionäre Regime konsolidierte (vgl. Tobler 1984: 12ff.; Pietschmann 2000: 227f.).

101 So wurde die Gründung der nachrevolutionären nationalen Dachorganisationen *Confederación Regional de Obreros Mexicanos* (CROM) im Jahr 1918 durch staatliche Institutionen unterstützt (vgl. Tobler 1984: 269ff. und 342f.).

102 Bei den mexikanischen Gewerkschaften handelt es sich in der Regel um Betriebsgewerkschaften, die wiederum in einem der großen Dachverbände *Confederación de Trabajadores de*

Funktionen einer Arbeitnehmervertretung zu: nach innen wurden über die Zugehörigkeit zu einer Gewerkschaft die Sozialversicherungs-, Krankenversicherungs- und Pensionsansprüche der Mitglieder geregelt, während die Gewerkschaften nach außen zum einen als »Kampfverbände« (Neumann: 1978: 150) auftraten, die über Tarifverträge, Streiks und Boykotte ihre Interessen und die ihrer Mitglieder vertraten. Zum anderen versuchten die Gewerkschaften als politische Verbände über Verhandlungen, die Teilnahme an Gesetzgebungsverfahren und die Einflussnahme auf politische Parteien den Staat und den staatlichen Apparat zu beeinflussen.[103] Durch die Einbindung der verschiedenen gesellschaftlichen Gruppen wurde ein recht hoher Grad an politischer Stabilität erreicht – bei gleichzeitiger, immer wieder auftretender Missachtung von Demokratie und Menschenrechten.[104] Die politische Stabilität wurde lange Zeit durch eine ebenfalls stabile ökonomische Situation gestützt, indem eine staatlich gelenkte In-

---

México (CTM), *Confederación Revolucionaria de Obreros y Campesinos* (CROC), CROM o. a. organisiert sind.

103 Neumann nannte bereits Mitte der 1930er Jahre drei grundlegende Funktionen von Gewerkschaften, die bis heute – wenn auch in erweiterter Form – Gültigkeit haben: Erstens die gegenseitige Hilfe der Mitglieder über Unterstützung bei Krankheit, Arbeitslosigkeit, Pension etc.; zweitens die Markt- oder Kartellfunktion, indem die Gewerkschaft als Kampfverband auftritt, der über den Abschluss von Tarifverträgen, Streiks, Boykott u. a. Mitteln auf die Beherrschung des Arbeitsmarktes abzielt; drittens stellen Gewerkschaften laut Neumann politische Verbände dar, die über Verhandlungen, Teilnahme an Gesetzgebungsverfahren, Hilfe politischer Parteien u. a. Einflussnahmen den Staat und den staatlichen Apparat zu beeinflussen versuchen. (Neumann 1978: 150).

104 Faktisch handelte es sich um eine Einparteienherrschaft, da Oppositionsparteien kaum eine Chance hatten, die Wahlen zu gewinnen. Aufgrund der hohen politischen und wirtschaftlichen Stabilität, der Einbeziehung der Volksmassen in die PRI und die auf diese Weise ausgeübte Kontrolle gewann die PRI die Wahlen bis in die 1960er Jahre hinein mit 80–98 Prozent der Stimmen (Ruhl/Ibarra García 2000: 195). Als der PRI 1988 erstmals eine Wahlniederlage drohte, kam es zu offensichtlichen Manipulationen am Ergebnis (vgl. Boris/Sterr 2002: 27ff.). Zu offener Missachtung von Menschenrechten durch die Regierung kam es 1968 beim Massaker von Tlatelolco, bei dem im Vorfeld der Olympischen Spiele in Mexiko-Stadt mehrere hundert Studenten und andere Protestierende von Sicherheitskräften erschossen wurden (vgl. etwa Poniatowska 1992). Auch infolge des Aufstands der indigenen Protestbewegung der Zapatisten, die im Jahr 1994 auf ihre vielfach unwürdigen Lebensverhältnisse aufmerksam machten, und das darauf folgende militärische Eingreifen der mexikanischen Regierung in den Aufstandsgebieten kam es immer wieder zu z. T. schweren Menschenrechtsverletzungen (vgl. z. B. verschiedene Jahresberichte Amnesty International; Kerkeling 2003; Subcomandante Insurgente Marcos 1996).

dustrialisierung zumindest einem Teil der Bevölkerung einen gewissen Wohlstand bescherte.

Seit den 1980er Jahren kam es aber unter anderem infolge einer schweren Wirtschaftskrise zu einer Instabilität des politischen Systems. Bedingt durch eine immense Außenverschuldung, die 1982 schließlich zur Zahlungsunfähigkeit Mexikos führte, leitete die PRI-Regierung bereits in den 1980er Jahren neoliberale Wirtschaftsreformen und die Abkehr vom entwicklungsstaatlichen Modell ein. Als Folge einer drastischen Öffnung der mexikanischen Wirtschaft nach außen konnten die Unternehmen nicht mehr in einem geschützten Markt agieren, sondern mussten sich verstärkt dem Wettbewerb mit international tätigen Unternehmen stellen. Parastaatliche Unternehmen wie etwa der Telefongigant *Teléfonos de México* (Telmex) wurden privatisiert und es bildete sich ein moderner und dynamischer exportorientierter Sektor heraus, der von großen, internationalen Unternehmen dominiert wurde. Vor allem nahe der US-amerikanischen Grenze im Norden des Landes siedelten sich verstärkt Maquila-Unternehmen[105] an, die unter niedrigen Arbeitsstandards für den Weltmarkt produzierten.

Die wirtschaftliche (Außen-) Öffnung wurde dabei durch eine gelenkte innenpolitische Öffnung begleitet. Nach einer umstrittenen Wahl im Jahr 1988, bei der die PRI den Sieg der oppositionellen Partei der Demokratischen Revolution (PRD) nur durch Manipulation des Wahlergebnisses verhindern konnte, kam es schließlich im Jahr 2000 zu dem historischen Wahlsieg der PAN (Partei der Nationalen Aktion) mit dem ehemaligen Coca-Cola-Manager Vicente Fox als Präsidentschaftskandidaten. Damit übernahm erstmals nach über 70 Jahren der Vorherrschaft durch die PRI der Kandidat einer anderen Partei das Präsidialamt.

Die Regierung Fox sowie die von 2006 bis 2012 amtierende Nachfolgeregierung unter Felipe Calderón (ebenfalls PAN) konnten allerdings wenig von dem umsetzen, was sie vor der Wahl angekündigt hatten, und bewirkten nur bedingt den erwarteten tiefgreifenden gesellschaftlichen Wandel. Die PAN-Regierungen haben sich in vielen Belangen als handlungsunfähig erwiesen, da sie im Parlament über keine ausreichenden Mehrheit verfügen und auf die wechselseitige Zustimmung der beiden anderen großen Par-

105 Als Maquila-Industrie werden diejenigen Unternehmen verstanden, die in bestimmten Wirtschaftszonen ausschließlich für den Export produzieren. In der Regel sind die Arbeitsbedingungen in den entsprechenden Unternehmen relativ schlecht und es kommt häufiger zu Verstößen gegen arbeitsrechtliche Bestimmungen als in anderen Unternehmen (vgl. etwa de la O Martínez 2006 und Arciniega 2007).

teien PRD und PRI angewiesen waren beziehungsweise sind.[106] Wichtige Reformen, wie zum Beispiel im Steuer-, Arbeits- oder Energiebereich, wurden deshalb nicht oder nur halbherzig angegangen.

In wirtschaftlicher und sozialer Hinsicht sind ebenfalls kaum Erfolge beziehungsweise zum Teil sogar Rückschritte zu verzeichnen. Der bereits unter der PRI-Regierung begonnene neoliberale Wirtschaftskurs wurde fortgesetzt und führte unter anderem zur Privatisierung ehemaliger Staatsunternehmen und einer Handelsliberalisierung. Die zunehmende Außenöffnung der mexikanischen Wirtschaft geht einher mit einer starken Ausrichtung auf den Export und hohen ausländischen Direktinvestitionen in Mexiko.[107] Mexiko löste zwischenzeitlich sogar Brasilien als wichtigsten Standort für ausländische Investoren in Lateinamerika ab. Die hohe Bedeutung von Direktinvestitionen für die mexikanische Wirtschaft, etwa durch internationale Konzerne, die durch Steuererleichterungen und günstige Produktionsbedingungen vor allem innerhalb der Maquila-Industrie angelockt werden sollen, und die Abwesenheit einer stabilen Binnenwirtschaft führen freilich zu einer starken Außenabhängigkeit und einer geringen langfristigen wirtschaftlichen Stabilität. Durch den Beitritt Mexikos 1994 zum *North American Free Trade Agreement* (NAFTA) hat sich Mexiko wirtschaftlich eng an die USA gebunden und ist besonders stark von der US-amerikanischen Wirtschaftsentwicklung abhängig. Allerdings bemüht sich Mexiko um eine Diversifizierung der Handelspartner und Exportprodukte.

Die auch in Mexiko spürbaren Auswirkungen der Weltwirtschaftskrise im ersten Jahrzehnts des neuen Jahrtausends, die vor allem aus der engen Bindung an die US-amerikanischen Volkswirtschaft und deren Schwäche resultierte (vgl. Blanke 2009; Maldonado Trujillo 2010), drücken sich nicht nur auf makroökonomischer Ebene aus, wie etwa in Form eines sinkenden

106 Bei den Wahlen zum Abgeordnetenhaus im Jahr 2009 konnte die PRI die absolute Mehrheit der Stimmen auf sich vereinigen. Auf regionaler Ebene verlor sie jedoch bei den Wahlen im Juli 2010 an Stimmen. So ist nicht damit zu rechnen, dass in naher Zukunft eine politische Partei eine hegemoniale Rolle auf nationaler Ebene einnehmen wird. Vielmehr sind die politischen Parteien aufgefordert, in den Dialog zu treten und Kompromisse zu schließen (vgl. Manz 2010).

107 Bis zum Jahr 2008 stiegen die Direktinvestitionen erheblich an (2000: 18,1 Milliarden US-Dollar; 2008: 23,7 Milliarden US-Dollar), während sie im Jahr 2009 wieder erheblich sanken (2009: 12,5 Milliarden US-Dollar; vgl. alles INEGI 2010a).

Bruttoinlandsproduktes,[108] sondern haben auch die sozialen Spannungen weiter verschärft. In der immerhin zweitgrößten Volkswirtschaft Lateinamerikas, die über ausgedehnte Primärenergievorkommen wie Kohle, Erdöl und Erdgas verfügt, leben beinahe 50 Prozent der Bevölkerung unterhalb der Armutsgrenze (Worldbank 2011). Dabei ist die wachsende Armut eng mit der Beschäftigungslage verknüpft: Die offizielle Arbeitslosigkeit beträgt zwar nur rund 5,5 Prozent,[109] aber gleichzeitig haben prekäre und unsichere Beschäftigungsverhältnisse zugenommen (vgl. ausführlich Bensusán 2006 und de la Garza 1998). So sind beinahe 30 Prozent der arbeitenden Bevölkerung im informellen Sektor tätig.[110] Der Bereich der Leiharbeit wurde ausgebaut (vgl. Fressmann 2005), und es werden verstärkt *trabajadores de confianza* (im Deutschen etwa: Vertrauensangestellte) beschäftigt, die von der gewerkschaftlichen Organisierung ausgenommen sind (vgl. Hessler 2005).[111] Gleichzeitig sind die Reallöhne in Mexiko kaum gestiegen und auch der gesetzliche Mindestlohn stagniert (vgl. INEGI 2010e und Blanke 2009). Forciert werden diese Veränderungen unter anderem durch die zunehmend unilaterale Festlegung von Arbeits-, Beschäftigungs- und Partizipationsbedingungen durch die Arbeitgeber. So haben die Gewerkschaften durch eine geschwächte Position den Unternehmen oft wenig entgegenzusetzen (vgl. ausführlich Kapitel 1.3.2, Teil II) und in zahlreichen Fällen werden mithilfe fingierter Kollektivverträge (sogenannte *contratos de protección*) die Rechte der Arbeitnehmer außer Kraft gesetzt und quasi unilateral die Bedingungen diktiert (vgl. ausführlich Kapitel 1.2.4, Teil II).

Auch was die Entwicklung der Menschenrechte und die Eindämmung von Gewalt betrifft, lassen sich bislang kaum substanzielle Verbesserungen

---

108 Das Bruttoinlandsprodukt sank von 1088,71 Milliarden US-Dollar Ende 2007 auf 963,4 Milliarden US-Dollar zu Beginn des Jahres 2010 (INEGI 2010b).

109 Zum Vergleich betrug die Arbeitslosigkeit in Deutschland im gleichen Zeitraum sieben Prozent (beides INEGI 2010c).

110 Im Februar 2010 arbeiteten nach Regierungsangaben 28,78 Prozent der Beschäftigten im informellen Sektor (INEGI 2010d).

111 Unter *trabajadores de confianza* werden in Mexiko Arbeitnehmer verstanden, die aufgrund ihrer Vertrautheit mit Geschäftsinterna qua Gesetz von der gewerkschaftlichen Organisierung ausgeschlossen sind. Von der Gesetzgebung ursprünglich als Ausnahme vorgesehen, wird diese Regelung inzwischen in vielen Betrieben bei zahlreichen Beschäftigungsgruppen, vor allem aber bei Angestellten angewandt, so dass in den Unternehmen oft nur die in der Produktion Beschäftigten gewerkschaftlich organisiert sind. Somit sind in vielen Fällen bis zu 50 Prozent der Belegschaft von der Organisierung ausgeschlossen (vgl. ausführlich Hessler 2005).

feststellen. Im Gegenteil ist die Gewalt in Folge des von der Regierung Calderón initiierten Kampfes gegen die Drogenkartelle explodiert. So sind seit Beginn des sogenannten Drogenkrieges im Jahr 1996 bis Ende 2011 nach offiziellen Angaben mehr als 47.000 Menschen im Zusammenhang mit den Auseinandersetzungen ums Leben gekommen (El Universal 2012); Schätzungen durch mexikanische Medien liegen sogar bei mehr als 60.000 Toten (Vogel u. a. 2012: 10). Auch kommt es immer wieder zu Menschenrechtsverletzungen und Gewaltanwendungen durch staatliche Organe. Die strukturelle Benachteiligung von indigenen Bevölkerungsgruppen und das repressive Vorgehen gegen die Protestbewegungen in den Bundesstaaten Chiapas und Oaxaca, die insbesondere politische und ökonomische Selbstbestimmungsrechte für die indigene Bevölkerung einfordern, sowie die immer noch nicht aufgeklärten Morde an Hunderten von Frauen in der nördlichen Grenzstadt Ciudad Juárez sind dabei nur einige Belege für ein in vielen Bereichen und Regionen herrschendes Klima von Gewalt und Einschüchterung.

1.2 Regulierungsarenen innerhalb des Systems der Erwerbsregulierung in Mexiko

Ebenso wie die politischen und ökonomischen Bedingungen unterliegt auch das System der Erwerbsregulierung in Mexiko einem tiefgreifenden Wandel. Dabei ist jedoch zu unterscheiden zwischen formaler rechtlicher Regulierung und praktischen Regulierungsmechanismen. Während Erstere seit ihrer Entstehung im Zuge der mexikanischen Revolution kaum Veränderungen erfahren hat, sind die Ausformungen in der Praxis durchaus einem erheblichen Wandel unterworfen. Im Folgenden sollen die Veränderungen innerhalb der Regulierungsarenen dargestellt werden. Dabei soll sich auf die Arenen nationale Gesetze und Rechtsnormen, internationale Vereinbarungen, diskursive Legitimation und Tarifverträge beschränkt werden.

1.2.1 Regulierungsarena nationale Gesetze und Rechtsnormen

Die wichtigsten Regulierungsarenen im mexikanischen System der Erwerbsregulierung stellen die mexikanische Verfassung aus dem Jahr 1917 sowie das mexikanische Arbeitsrecht, das *Ley Federal del Trabajo* (LFT), dar. Während der Artikel 123 der Verfassung die dem mexikanischen System der Erwerbsregulierung zugrunde liegenden Werte und Normen enthält, zeichnet sich das aus dem Jahr 1931 stammende LFT durch eine weitreichende und detaillierte Regulierung von Arbeits-, Beschäftigungs- und Partizipationsbedingungen aus. Es werden Bestimmungen bezüglich individueller und kollektiver Rechte getroffen und die einzelnen Rechte bis in technische Einzelheiten hinein erläutert (vgl. auch Dombois/Pries 1999: 70). So werden etwa das Senioritätsprinzip, das die Rekrutierung und Entlassung von Arbeitskräften regelt, sowie das *escalafón*-Prinzip, das die innerbetrieblichen Aufstiegsmöglichkeiten bestimmt, festgeschrieben. Darüber hinaus werden die Abschlussmodalitäten von Kollektivverträgen, die Rolle der Regierung bei deren Registrierung sowie der inhaltliche Rahmen der Verträge minutiös geregelt. Mindeststandards der Kollektivverträge unter anderem bezüglich Arbeitszeiten, Urlaubsansprüchen, Sonderentgeltzahlungen und Entlassungsregelungen werden benannt und auch das Streikrecht wird geregelt. Keine Beachtung hingegen finden Regelungen bezüglich der (womöglich demokratischen) Strukturen von Gewerkschaften oder auch Möglichkeiten der Mitbestimmung durch Gewerkschaften bei strategischen Unternehmensentscheidungen (vgl. Bensusán 2006: 332ff.).

Gleichzeitig ist festzustellen, dass die Arbeitsgesetzgebung den veränderten Bedingungen in der Arbeitswelt heute nicht mehr standhält und zahlreiche Bestimmungen des LFT in der Praxis keine Relevanz besitzen. Wie bereits aufgezeigt wurde, haben die neoliberale Wende in Mexiko und die damit zusammenhängende Flexibilisierung neue Problemfelder geschaffen, wie zunehmende Leiharbeit, verstärkte Beschäftigung von *trabajadores de confianza* und eine steigende Zahl von *contratos de protección*. Dabei werden bestehende gesetzliche Regelungen oft bis an den Rand der Legalität zu Gunsten der Arbeitgeber ausgelegt und ungenaue Formulierungen oder Lücken im Gesetz ausgenutzt. Förderlich sind dabei laut Bensusán fehlende Überwachungs- und Sanktionsmechanismen bei Verstößen gegen das LFT, die einerseits durch die Arbeitsgesetzgebung selbst, andererseits durch Korruption und einen geringen politischen Willen begründet sind (Bensusán 2006: 338ff.).

Spätestens seit dem Regierungswechsel im Jahr 2000 wird deshalb diskutiert, wie durch eine Reform des LFT auf diese aktuellen Entwicklungen reagiert werden könnte. Die an der Debatte beteiligten Akteure – Regierung, politische Parteien, Arbeitgeberverbände, Gewerkschaften und in geringerem Maße auch zivilgesellschaftliche Akteure – verfolgen jedoch zu unterschiedliche Interessen, als dass eine Einigung bisher möglich gewesen wäre.

Während sich die Arbeitgeberverbände von der Reform eine weitreichende Flexibilisierung der Arbeitsbeziehungen erhoffen, herrscht innerhalb der mexikanischen Gewerkschaften keine Einigung über die zu vertretenden Forderungen. Aufgrund ihrer überaus unterschiedlichen Einbindung in die Machtstrukturen und ihrer teils gegensätzlichen politischen Ausrichtung ist dies kaum verwunderlich. So fürchten die alten, korporatistischen Gewerkschaftsverbände (etwa CTM, CROC, CROM), in denen die einzelnen lokalen und Betriebsgewerkschaften organisiert sind, in erster Linie eine Reduzierung ihrer politischen Einflussmöglichkeiten, während neue, unabhängige Gewerkschaftsverbände, wie die *Unión Nacional de Trabajadores* (UNT) und die *Frente Auténtico del Trabajo* (FAT), eine Demokratisierung der gewerkschaftlichen Strukturen und damit eine Stärkung der Arbeitnehmerrechte fordern.

Aus den vielfältigen Reformvorschlägen, die seit Ende der 1980er Jahre diskutiert werden, ragten insbesondere der Vorschlag des Ministers für Arbeit und Sozialfürsorge, Carlos Abascal, sowie die gemeinsame Initiative von der sozialdemokratischen Partei *Partido Revolucionario Democrático* (PRD) und dem fortschrittlichen Gewerkschaftsverband UNT heraus (vgl. ausführlich Alcalde 2004). Die Gesetzesinitiative von PRD und UNT wollte vor allem durch die Stärkung der Rechtsstaatlichkeit und eine Abkehr von korporatistischen Strukturen sowohl die Wettbewerbsfähigkeit Mexikos als auch die Arbeitnehmerrechte fördern. Das Reformprojekt des Ministers Abascal sah hingegen in erster Linie eine Flexibilisierung der Arbeitsbeziehungen, eine Schwächung der Kollektivrechte und eine Verringerung der Arbeitgeberpflichten vor.

Auch der aktuell diskutierte Reformvorschlag, den die seit 2009 stärkste Fraktion im Parlament, die PRI, mit Unterstützung der PAN eingebracht hat, scheint keine Aussicht auf Erfolg zu haben. Zu groß ist der Widerstand seitens nationaler und internationaler zivilgesellschaftlicher Organisationen. So wird von diesen unter anderem kritisiert, dass die Gesetzesinitiative die Rechte der Arbeitnehmer stark beschneide und diejenigen der Arbeitgeber stärke, die Arbeitsplatzsicherheit gefährde, die Armut fördere und Arbeits- und Menschenrechte von Arbeitnehmern in Mexiko verletze (vgl. IMB 2011a).

Die Erwartungen, die an den Regierungsantritt des Präsidenten Vicente Fox (PAN) im Jahre 2000 geknüpft waren, haben sich also auch in Bezug auf die Reform des Arbeitsrechts nicht erfüllt. Das Thema erlangte weder höchste Priorität auf der politischen Agenda, noch wagten Fox oder sein Nachfolger Calderón eine Absage an die alten Machtstrukturen. Wie das Thema unter der im Juli 2012 gewählten neuen Regierung unter Enrique Peña Nieto (PRI) behandelt werden wird, bleibt abzuwarten.

1.2.2 Regulierungsarena internationale Vereinbarungen

Neben den genannten nationalen Rechtsnormen unterliegt das mexikanische System der Erwerbsregulierung auch internationalen Vereinbarungen. An erster Stelle sind hier die Normen der ILO zu nennen (vgl. Kapitel 2.3.1, Teil I). Zum einen umfassen diese die insgesamt 189 ILO-Konventionen, von denen Mexiko 78 (Stand: Juli 2012) unterzeichnet hat, zum anderen die bereits genannten ILO-Kernarbeitsnormen, die unabhängig von der Ratifizierung durch die einzelnen UN-Mitgliedsstaaten weltweit gültig sind. Neben den 70 ILO-Konventionen hat Mexiko sechs der insgesamt acht ILO-Kernarbeitsnormen unterzeichnet. Nicht ratifiziert wurden die Konventionen Nr. 98, die das Recht auf Vereinigung und Kollektivverhandlungen festschreibt, sowie Nr. 138, die das Mindestalter von Beschäftigten regelt. Während die ILO-Konvention 138 ein Mindestalter von 15 Jahren festsetzt und Ausnahmen nur in wenigen Fällen vorsieht, erlaubt das mexikanische LFT oft auch schon eine Beschäftigung mit 14 Jahren.[112] Allerdings bemüht sich die mexikanische Regierung um eine Veränderung der Situation, etwa indem die Schulpflicht im Jahr 1992 von sechs auf neun Jahre verlängert wurde und damit ein früherer Arbeitseinstieg verhindert werden soll (vgl. ICFTU 1997). Deutliche Differenzen sind auch zwischen der ILO-Konvention Nr. 98 und dem mexikanischen Arbeitsrecht festzustellen. Während die ILO-Konvention 98 die freie Wahl einer Gewerkschaft vorschreibt, enthält das mexikanische LFT die sogenannte *cláusula de exclusión*, die eine Möglichkeit vorsieht, Arbeitnehmer zu entlassen, die sich weigern, der im Betrieb eingeschriebenen Gewerkschaft beizutreten. Zwar

112 Voraussetzung dafür ist u. a., dass es sich nicht um eine gefährliche Arbeit handelt, die Arbeitszeit sechs Stunden pro Arbeitstag nicht überschreitet und an den Sonn- und Feiertagen nicht gearbeitet wird. Darüber hinaus untersteht die Arbeit von 14- bis 16-Jährigen der besonderen Aufsicht der Arbeitsinspektion und erfordert ein ärztliches Gutachten (LFT: art. 173–180).

wurde diese Klausel inzwischen auch durch die mexikanischen Gerichte als unvereinbar mit der mexikanischen Verfassung beurteilt, doch zu einer gesetzlichen Änderung ist es bislang (noch) nicht gekommen.

Die Unterzeichnung und Einhaltung der ILO-Konventionen beruht auf Freiwilligkeit. Wie an anderer Stelle dargestellt wurde (vgl. Kapitel 3.3.1), verfügt die ILO über keine wirksamen Sanktionsmechanismen, um die Umsetzung der Konventionen einzuklagen. So haben auch die bisher vorliegenden Beschwerden gegen Mexiko, die sich in der Regel auf Aspekte der Vereinigungsfreiheit beziehen, kaum Konsequenzen nach sich gezogen (vgl. ILO 2010).[113] Die aktuell anhängige Klage des IMB, die sich gegen die in Mexiko übliche Praxis der *contratos de protección* (vgl. Kapitel 1.2.4, Teil II) wendet und Mexiko auffordert, eine Möglichkeit zu schaffen, die ILO-Konvention Nr. 87 und damit das Recht auf freie gewerkschaftliche Vereinigung in der Praxis umzusetzen, weist ebenfalls auf die mangelnde Verbindlichkeit der ILO-Konventionen hin (vgl. IMB 2009). Bereits vor Abschluss des Verfahrens lässt der Verlauf aber vermuten, dass die Klage keine sofortigen nachhaltigen Änderungen bewirken wird, sondern vielmehr einen Diskurs in Gang setzen könnte. So hat das verantwortliche Komitee innerhalb der ILO keine ›harten‹ Empfehlungen ausgesprochen, sondern die klagenden Parteien – die mexikanische Regierung und die (nationalen und internationalen) Gewerkschaften – aufgefordert, den Dialog über die strittigen Punkte aufzunehmen (vgl. ILO 2011).

Darüber hinaus enthalten auch multilaterale Handelsabkommen Hinweise zur Beachtung von sozialen Normen. So haben Mexiko und die EU nicht nur eine Vertiefung der Handelsbeziehungen, sondern auch gleichzeitig die Beachtung von Menschenrechten und Demokratie vereinbart (vgl. Meyer 2005). Konkrete Handlungsanweisungen haben sich daraus jedoch noch nicht ergeben. Deutlich wichtiger ist hingegen das zwischen den USA, Mexiko und Kanada 1994 vereinbarte Abkommen *North American Agreement on Labor Cooperation* (NAALC), einem Nebenabkommen des zwischen den drei Ländern vereinbarten Freihandelsvertrags NAFTA. Bei dem NAALC handelt es sich um das erste multilaterale Abkommen, das ein regionales Freihandelsregime mit der Verpflichtung verknüpft, bestimmte Sozialstandards auf nationaler Ebene durchzusetzen. Obwohl

113 Damit wird erneut die grundsätzliche Schwäche der ILO deutlich, die aufgrund der geringen Sanktionsmöglichkeiten Verstöße – ob gegen die 185 Konventionen oder die acht universell gültigen Kernarbeitsnormen – kaum ahnden kann (vgl. Kapitel 2.3.1, Teil I).

die festgelegten Arbeitsnormen dabei weit über die ILO-Kernarbeitsnormen hinausgehen, sollen die Spezifika der nationalen Gesetzgebungen durchaus beachtet werden.

Durchgesetzt werden sollen die im NAALC festgelegten Standards zum einen durch die Kooperation der Regierungen, zum anderen mithilfe eines Beschwerde- und Monitoringverfahrens, in das auch gesellschaftliche Gruppen wie NGOs und Gewerkschaften einbezogen werden. Die Anzahl der Beschwerdeverfahren blieb aber bislang gering und deutlich hinter den Erwartungen zurück. In den Jahren 1994 bis 2008 waren insgesamt 37 Beschwerden eingereicht worden, von denen sich, wie erwartetet, die Mehrzahl (22) auf Mexiko bezog.[114] Dabei stand das Recht auf Vereinigungsfreiheit im Mittelpunkt. Direkte Auswirkungen auf die Arbeitsbeziehungen und -praktiken in den drei Ländern ergaben sich aus den Klagen jedoch bislang noch nicht. Die Mehrzahl wurde abgewiesen oder nach einer kurzen Bearbeitungszeit eingestellt. Die Gründe für diese Situation liegen nach Dombois u. a. (2004) vor allem in der divergierenden Interessenlage der Akteure. So würden sich die eingebundenen zivilgesellschaftlichen Akteure oft für die Meldung und Aufarbeitung von Verstößen einsetzen und zeigten damit deutlich andere Interessen als die Akteure auf Regierungsebene, die oft in erster Linie um eine Wahrung der Souveränität und damit um eine Abwendung von Beschwerden bemüht seien (Dombois u. a. 2004: 270ff.).

Weiterhin von Bedeutung für die Regulierung auf internationaler Ebene sind die bereits genannten OECD-*Guidelines* für internationale Unternehmen (vgl. Kapitel 2.3.1, Teil I). Allerdings bleibt auch hier die Anzahl der Beschwerden gering und nur wenige konnten bislang zu messbaren Konsequenzen führen. So wurden in den Jahren 2002 bis 2009 vier Fälle in Mexiko gemeldet, von denen mindestens zwei Veränderungen mit sich brachten.[115]

Somit wird deutlich, dass die Regulierungswirkung der internationalen Vereinbarungen insgesamt recht gering bleibt. Zwar ist Mexiko in zahl-

114 Siehe zum aktuellen Stand der Beschwerdeanzahl und -verfahren http://new.naalc.org/public_ communications.htm (letzter Zugriff 13.7.2012).

115 Eine systematische Erfassung der Beschwerden findet erst seit der Überarbeitung der *Guidelines* im Jahr 2000 statt (Orsatti/Sánchez 2009: 25). Die OECD war sowohl an der Beilegung des Konfliktes um das geschlossene Werk des deutschen Reifenherstellers Continental in Mexiko beteiligt als auch an der Verbesserung der Arbeitsbedingungen bei dem US-amerikanischen Textilunternehmen in Mexiko *Life Uniform* (vgl. ausführlich Orsatti/Sánchez 2009: 25ff. und 51ff.).

reiche internationale Arbeitsregimes eingebunden, aufgrund der nationalen Souveränität können diese für die einzelnen nationalen Systeme der Erwerbsregulierung aber kaum Wirkung entfalten.

1.2.3 Regulierungsarena diskursive Legitimation

Die Regulierungsarena der diskursiven Legitimation spielt nicht nur, wie aufgezeigt wurde, auf internationaler Ebene eine zunehmend wichtige Rolle, sondern gewinnt auch in Mexiko immer mehr an Bedeutung. Eine wachsende Anzahl von NGOs, Initiativen und Kampagnen setzt sich für eine Verbesserung der Arbeitsbedingungen in internationalen Unternehmen ein und geht in diesem Kontext internationale Allianzen ein. Exemplarisch sollen an dieser Stelle einige Beispiele genannt werden: Die christliche Organisation *Centro de Reflexión y Acción Laboral* (Cereal) beschäftigt sich mit Arbeitsrechtsverletzungen in der Elektronik-Industrie und veröffentlicht regelmäßig Berichte über die Situation in den Betrieben. Das *Centro de Apoyo al Trabajador* (CAT) setzt sich für eine Verbesserung der Arbeitsbedingungen ein, insbesondere bei Maquila-Unternehmen in der Region Puebla, und unterstützt die Arbeitnehmer bei der Gründung von Gewerkschaften in den Betrieben. Das *Comité Fronterizo de Obreras/os* (CFO) führt Kampagnen zur Verbesserung der Arbeitsbedingungen und für die Beachtung von Kollektivrechten bei Maquila-Betrieben in den Grenzgebieten durch. Allen genannten NGOs und Kampagnen ist eine intensive Nutzung der medialen Öffentlichkeit gemeinsam, insbesondere des Internets, sowie eine Suche nach internationalen Verbündeten vor allem auf US-amerikanischer Seite.[116] Dabei konnten bereits erste Erfolge verzeichnet werden, etwa durch die Gründung unabhängiger Gewerkschaften bei betroffenen Betrieben.[117]

116 So kommt es etwa zu engen Kooperationen in Bezug auf US-amerikanische Firmen zwischen mexikanischen NGOs und dem *Centro Americano para la Solidaridad Sindical Internacional* (CASSI), das dem US-Gewerkschaftsverband AFL-CIO nahesteht. Aber auch der Austausch zwischen mexikanischen Akteuren und der Vertretung der FES in Mexiko konnte in den vergangenen Jahren intensiviert werden.

117 In den für den Export in die USA produzierenden Maquila-Betrieben *Kukdong Internacional de México, Matamoros Garment S.A. de C.V.* und *Tarrant México* konnten mithilfe der mexikanischen NGO CAT Gewerkschaften etabliert werden (vgl. CAT 2010). Unterstützend wirkte dabei auch die Bezugnahme auf die Verhaltenskodizes der US-amerikanischen Markenhersteller, die von den mexikanischen Unternehmen beliefert werden (I 12: 2).

Auf internationaler Ebene ist die Kampagne verschiedener GUFs (IMB, ICEM, ITF, UNI und ITUC) zu nennen, die sich gegen die Missachtung von Gewerkschaftsrechten in Mexiko richtete. In einer Aktionswoche im Februar 2011 fanden in Mexiko an verschiedenen Orten zahlreiche Veranstaltungen statt, darunter Demonstrationen und Protestaktionen vor Botschaften. Inhaltlich standen vor allem die Kritik an der Aufarbeitung eines schweren Minenunglücks im Februar 2006,[118] an der Duldung der *contratos de protectión*, der Gewalt gegen Arbeitnehmer und der Verfolgung von kritischen Gewerkschaftern im Vordergrund (vgl. IMB 2011b).

Darüber hinaus integrieren Unternehmen in Mexiko die Themen CSR, Nachhaltigkeit und Umweltverträglichkeit verstärkt in ihre Arbeit und Außendarstellung und reagieren damit auf die Erwartungen der Öffentlichkeit im In- und Ausland:[119]

»Hier in Mexiko gewinnt das Thema der gesellschaftlichen Verantwortung von Unternehmen seit einigen Jahren stark an Bedeutung und ergänzt die Zertifikate wie ISO 9000 und andere. Für den Einkauf wird es durchaus ein Kriterium bezüglich der Zulieferer, in etwa ›Ich möchte, dass Du für diesen Prozess ISO 9000 zertifiziert bist, dass Deine Prozesse kontrolliert sind, dass Du ein gutes Abfallsystem hast, dass Du ein gesellschaftlich soziales Unternehmen bist, etc.‹ Diese Anerkennung hat es vielen mittleren und großen Unternehmen erleichtert, sich stärker um das Thema gesellschaftliche Verantwortung zu bemühen. Das einzige, was wir machen können, ist, die Zulieferer zu bitten, sich zertifizieren zu lassen.« (I 17: 31; eigene Übersetzung)

Mit den Möglichkeiten zur Wettbewerbssteigerung durch die Integration der Themen CSR, nachhaltige Entwicklung und Ökologie in die Konzernstrategie beschäftigen sich inzwischen auch private Institute, Arbeitgeberverbände und Regierungsorganisationen. So vergibt unter anderem das

118 Bei der Explosion in der Kohlenmine *Pasta de Concho* im Februar 2006 im nördlichen Bundesstaat Coahuila kamen 65 Bergarbeiter ums Leben. Im Anschluss an das Unglück wurden schwere Vorwürfen gegen den Betreiber *Grupo México* und das mexikanische Arbeitsministerium wegen mangelnder Sicherheitsvorkehrungen und einer unzureichenden Informationspolitik erhoben. Auch kam es zu Auseinandersetzungen um die gewerkschaftliche Autonomie, da im Rahmen des Konflikts der Gewerkschaftsvorsitzende Napoleón Gómez Urrutia durch das Arbeitsministerium abgesetzt wurde (vgl. ausführlich Alcalde Justiniani 2006: 48ff.)

119 Insbesondere die enge Verknüpfung mit dem US-amerikanischen Markt fördere diese Themen, so ein Vertreter der Deutsch-Mexikanischen Industrie- und Handelskammer im Interview mit der Autorin, da gesellschaftliche Verantwortung in US-amerikanischen Firmen traditionell eine größere Rolle spiele (vgl. I 36).

private Institut *Centro Mexicano para la Filantropia (Cemefi)* jährlich Auszeichnungen an Unternehmen, die sich um gesellschaftliche Verantwortung bemühen, und der mexikanische Arbeitgeberverband *Confederación Patronal de la República Mexicana (Coparmex)* veranstaltet Seminare zu dem Thema. Darüber hinaus vergibt das Arbeits- und Sozialministerium Preise für Unternehmen, die sich um das Thema CSR bemühen.

1.2.4 Regulierungsarena Tarifverträge

Bei Tarifverträgen handelt es sich in Mexiko in der Regel um betriebliche Tarifverträge. Sie werden nicht landes- oder branchenweit, sondern zwischen Unternehmen und Gewerkschaften für den entsprechenden Betrieb geschlossen. Rahmentarifverträge, die für eine gesamte Branche Geltung beanspruchen, gibt es hingegen kaum. Versuche seitens der Gewerkschaften, diese Situation zu ändern und damit der Zersplitterung der Tariflandschaft entgegenzuwirken, sind bislang gescheitert (Dombois/Pries 1999: 152). Am Abschluss von Tarifverträgen sind neben der gewerkschaftlichen Vertretung im Betrieb und dem Arbeitgeber auch die tripartistischen Schieds- und Schlichtungsstellen *(Juntas de Conciliación y Arbitraje,* JCA*)* beteiligt. Diese sind zu gleichen Teilen aus Arbeitgeber-, Arbeitnehmer- und Regierungsvertretern zusammengesetzt, wobei in der Regel aber die *traditionalistischen* Gewerkschaftsverbände dominieren. Erst durch die Registrierung der Tarifverträge durch die JCA erlangen diese ihre Rechtmäßigkeit.

In den Tarifverträgen werden neben Fragen der Arbeits- und Beschäftigungsbedingungen, wie Entgeltzahlungen, Arbeitszeiten und Arbeitsinhalten, auch Partizipationsbedingungen vereinbart. So haben die Gewerkschaften in der Regel ein Mitspracherecht bei der Einstellung von Arbeitnehmern und sie bilden gemeinsam mit Unternehmensvertretern die sogenannte *comisiones mixtas*, Kommissionen, in denen unter anderem Fragen des Gesundheitsschutzes und der Weiterbildung besprochen werden. Möglichkeiten für die Einflussnahme auf die Geschäftsführung in Form einer betrieblichen Mitbestimmung bestehen für die Arbeitnehmer jedoch nicht (vgl. Bensusán 2006: 334).

Allerdings werden auch in den Tarifverträgen zum Teil erhebliche Flexibilisierungstendenzen deutlich (vgl. Bouzas/de la Garza 1999). Insbesondere in den betrieblichen Tarifverträgen der großen Unternehmen zeigen sich die Veränderungen. So wird die interne Mobilität der Arbeitnehmer heute recht flexibel gestaltet, die Kriterien für Aufstiegsmöglichkeiten richten sich stärker nach Qualifikation und Leistung und weniger nach sozialen Aspekten (etwa Dauer der Betriebszugehörigkeit), die lange das Aufstiegssystem strukturierten. Darüber hinaus sind bezüglich der Arbeitszeitregelungen und Arbeitsmethoden Flexibilisierungstendenzen zu beobachten. Dennoch, so Bouzas und de la Garza (1999: 72ff.), ging die Flexibilisierung nicht so weit, wie von vielen Seiten erwartet. So wurden etwa die Bereiche Lohn und Dauer der Verträge von Flexibilisierungsmaßnahmen kaum berührt. Zwar versuchte bereits die Regierung Zedillo ab 1994, sogenannte *convenios de productividad*, also betriebsinterne Produktivitätsvereinbarungen, einzuführen, die den Arbeitnehmern Leistungsprämien versprachen, doch konnte sich dieses Entlohnungsmodell nicht durchsetzen.[120]

Darüber hinaus handelt es sich bei den Kollektivverträgen in Mexiko oft um die bereits erwähnten *contratos de protección*, die von Gewerkschaften und Unternehmen ohne Wissen der Arbeitnehmer und vor Gründung des Werkes, aber mit Genehmigung der staatlichen Stellen geschlossen werden (vgl. ausführlich etwa Xelhuantzi López 2000, Bouzas Ortíz 2006 sowie die Sammelbände Bouzas Ortíz 2007 und González Nicolás 2006).[121] Die Tarifverträge schreiben in der Regel Arbeitsbedingungen fest, die nicht über die im Arbeitsgesetz verankerten Bestimmungen hinausgehen und damit am unteren Rand der Legalität rangieren. Ziel dieser Verträge ist es, die Arbeitnehmer von der Aushandlung des Tarifvertrags auszuschließen und gleichzeitig eine Gewerkschaft als Tarifpartner zu etablieren, die gute Kontakte zum Arbeitgeber pflegt (Bensusán 2007: 13). Für die Arbeitnehmer führt diese Praxis zu einer eklatanten Missachtung ihrer Rechte. Sie können sich nicht in der Gewerkschaft ihrer Wahl organisieren und werden von den Kollektivverhandlungen ausgeschlossen.

Ermöglicht wird der Abschluss eines Schutzvertrages durch mehrere strukturelle Bedingungen des mexikanischen Systems der Erwerbsregulierung. So erlaubt das mexikanische Arbeitsgesetz nur die Zulassung jeweils *einer* Gewerkschaft in einem Betrieb. Die zuerst registrierte Gewerkschaft erhält die sogenannte *titularidad*, also den Alleinvertretungsanspruch,

---

120 Nach de la Garza wiesen im Jahr 2000 nur 7,8 Prozent aller Tarifverträge Prämien oder andere Anreize auf (de la Garza 2006: 310).

121 Auch wenn eine quantitative Einordnung der *contratos de protección* schwierig ist, da sie rein formal nicht von regulären Kollektivverträgen zu unterscheiden sind und ein Einblick in die bei staatlichen Organen hinterlegten Kollektivverträge nicht immer möglich ist, gehen Schätzungen davon aus, dass es sich bei bis zu 90 Prozent aller Kollektivverträge um *contratos de protección* handelt (etwa Bouzas Ortiz u. a. 2002).

der ihr das Recht auf die Organisierung der Arbeitnehmer im Betrieb sichert. Versucht eine andere Gewerkschaft, die *titularidad* zu erhalten, muss sie mehr Stimmen aufbringen als diejenige Gewerkschaft, die bereits im Besitz der *titularidad* ist. Durch zwei Mechanismen wird dieser Vorgang jedoch erheblich erschwert: Zum einen sind in der überwiegenden Mehrzahl der Betriebe keine demokratischen Spielregeln etabliert, etwa finden Wahlen per Handzeichen statt. Arbeitnehmer, die für eine neue Gewerkschaft stimmen, müssen mit massiven Bedrohungen rechnen oder auch durch die *cláusula de exclusión,* also der Kündigungsklausel im Falle des Ausschlusses aus der Gewerkschaft, mit einem Verlust des Arbeitsplatzes. Darüber hinaus wird die Registrierung neuer Gewerkschaften immer wieder durch die Arbeitsgerichtsbarkeit und die dabei oft herrschende bürokratische Willkür massiv behindert. Wie bereits erwähnt, sind die für die Registrierung von Tarifverträgen und Gewerkschaften verantwortlichen JCA zwar tripartistisch, also zu gleichen Teilen aus Arbeitgeber-, Arbeitnehmer- und Regierungsvertretern zusammengesetzt. In der Regel dominieren aber die *traditionalistischen* Gewerkschaftsverbände die JCA, die meist eng mit Politik und Arbeitgebern verbunden und deren Mitgliedsgewerkschaften oft verantwortlich für den Abschluss von *contratos de protección* sind.

Für den Arbeitgeber hingegen entstehen durch den Abschluss eines Schutzvertrages erhebliche Vorteile. Da er auf keine Gewerkschaft Rücksicht nehmen muss, genießt er weitestgehende Freiheiten bei der Festlegung von Arbeitszeiten, Art und Höhe der Entlohnung oder auch bei der Einstellung und Entlassung von Personal. Unterstützt werden die Arbeitgeber dabei von Gewerkschaften, die den traditionalistischen, korporatistischen Verbänden angeschlossen sind, aber auch den sogenannte *sindicatos blancos*, die nicht die Interessen der Arbeitnehmer, sondern vielmehr die der Arbeitgeber vertreten und zum Teil reine Briefkastenorganisationen darstellen.

Die Einflussnahme der Arbeitnehmer und ihrer Vertreter über betriebliche Vereinbarungen und Kollektivverträge ist also begrenzt. Sie bezieht sich in der Regel vor allem auf funktionale und weniger auf strategische Fragen. Darüber hinaus schränkt die weit verbreitete Praxis der *contratos de protección* die Kollektivrechte der Arbeitnehmer stark ein. Indem sie von der Aushandlung der Kollektivverträge und der Wahl einer Gewerkschaft ausgeschlossen sind, werden ihnen wichtige Arbeitnehmerrechte verwehrt, die sowohl die nationale als auch die internationale Gesetzgebung vorschreiben.

1.3 Die Akteure im System der Erwerbsregulierung in Mexiko

Wie bereits erwähnt, befinden sich das mexikanische System der Erwerbsregulierung und damit auch die Rolle der Akteure im Umbruch. Lange Zeit waren die Arbeitsbeziehungen gekennzeichnet durch korporatistische Strukturen, die auf der Einbeziehung von Staat, Wirtschaft und Gewerkschaften basierten und auf den Erhalt der sozialen Ordnung, einer reibungslosen Produktion und den Machterhalt der Regierungspartei PRI abzielten. Dabei hatten die Akteure jeweils spezifische Funktionen innerhalb des Systems inne. Dem Staat kam dabei die wichtigste Rolle zu, indem er durch eine staatlich regulierte Wirtschaft ein stetiges Wirtschaftswachstum und ökonomische Stabilität sowie durch Sozialleistungen eine soziale Sicherheit garantierte. Die Unternehmen hingegen waren für die betriebliche Entwicklung verantwortlich. Ihnen wurden freie Hand bei der Unternehmensführung, ein sicherer und geschützter Markt, eine Preisgarantie sowie eine kontrollierte Arbeitnehmerschaft zugesichert, während wirtschaftspolitische Richtungsentscheidungen von der Staatsführung getroffen wurden.

Die schwächste und dennoch bedeutende Position nahmen in dieser Akteurskonstellation die Gewerkschaften ein (vgl. Bouzas Ortiz u. a. 2002: 167f.). Sie waren für die Aufrechterhaltung der sozialen Ordnung durch die Kontrolle der Arbeitnehmerschaft zuständig und stärkten die Position der Regierungspartei PRI, indem sie dieser Mitglieder und Wähler zuführten. So war die Mitgliedschaft in einer der offiziellen Gewerkschaften automatisch an die Mitgliedschaft in der PRI gekoppelt.[122] Zwar unterstanden die Gewerkschaften einer erheblichen staatlichen Kontrolle – insbesondere durch das System einer staatlichen Registrierung von Gewerkschaften, Kollektivverträgen und Streiks –, aber sie erhielten freie Hand bei der Führung der Gewerkschaften und der internen Gestaltung der gewerkschaftlichen Organisation. Die Praxis der Vergabe politischer Posten an führende Gewerkschaftsmitglieder stellte ebenfalls ein wichtiges Instrument zur Integration der Gewerkschaften in den politischen Machtapparat dar.

---

122 Dies war bis 1996 der Fall. Gleichzeitig stellte die *cláusula de exclusión* sicher, dass die Arbeitnehmer eines Betriebes Gewerkschaftsmitglieder waren. So sicherte sich die Regierungspartei PRI einen stetigen Mitgliederzustrom und übte gleichzeitig Kontrolle über diese aus (Dombois/Pries 1999: 158).

Heute sind nun teilweise deutliche Veränderungen bezüglich der Rolle der Akteure zu beobachten. Insbesondere die Gewerkschaften sind hiervon betroffen, so dass auf diese vertiefend eingegangen werden soll. Im Folgenden sollen nun die veränderten Aufgabenbereiche und Funktionen der Akteure innerhalb des Systems der Erwerbsregulierung in Mexiko dargestellt werden. Insbesondere soll dabei auf die Rolle der Gewerkschaften und die Entwicklung neuer gewerkschaftlicher Strömungen eingegangen werden, da die Gewerkschaften den wohl stärksten Transformationsprozess durchlaufen haben.

1.3.1 Aufgabenbereiche und Funktionen von Staat und Unternehmen

Der Staat nimmt auch im Rahmen der neoliberalen Wende in Mexiko weiterhin die stärkste Rolle im System der Erwerbsregulierung ein. So erfolgte die Außenöffnung der mexikanischen Wirtschaft als Reaktion auf die Schuldenkrise und die damit verbundenen Forderungen der Gläubigerstaaten unter staatlicher Planung und Aufsicht, und die mexikanische Regierung förderte bewusst Privatisierungen der ehemaligen Staatsbetriebe. Darüber hinaus kann die nicht vollzogene Modifizierung des LFT als Ausdruck des politischen Willens gedeutet werden, da eher eine Modernisierung ›durch die Hintertür‹ als durch eine offene, konfrontative Modifikation des Systems der Erwerbsregulierung erfolgte (Bensusán 2006: 314). Auch heute noch stecken wirtschaftspolitische Entscheidungen den Rahmen für das unternehmerische und gewerkschaftliche Handeln ab.

Bemerkenswert jedoch ist die Rolle des Staates in Bezug auf die Registrierung von Gewerkschaften, Kollektivverträgen und Streiks. Wie bereits geschildert wurde, greift der Staat in Mexiko tief ein in die Autonomie der Gewerkschaften. So sind auf lokaler Ebene die JCA und auf Bundesebene das Arbeits- und Sozialministerium nicht nur für die Registrierung von Tarifverträgen, sondern auch für die Registrierung der Gewerkschaften, und die Vergabe der *titularidad*, also des Alleinvertretungsanspruchs einer Gewerkschaft im Betrieb, sowie die Zulassung von Streiks zuständig. Damit verfügt der Staat über die Möglichkeit, starken Einfluss auf die gewerkschaftliche Entwicklung zu nehmen. Dass dieser durchaus genutzt wird, zeigen unter anderem die sinkenden Zahlen von Streiks und die wachsende Anzahl von *contratos de protección* (vgl. Bensusán 2006: 334ff.). In beiden Fällen werden die rechtlichen Spielräume zugunsten der Arbeitgeber und im Sinne einer Regierungspolitik genutzt, die Flexibilisierung und Deregulierung als Maxime ihrer Wirtschaftspolitik betrachtet.

Die Rolle der Unternehmen besteht vor allem in der betrieblichen Entwicklung und der bestmöglichen Nutzung von Ressourcen zur wirtschaftlichen Entwicklung des Landes. Dabei setzen sie im Zuge der wirtschaftlichen Integration Mexikos in den Weltmarkt zunehmend auf Effizienz und Kostenreduzierung, um die Wettbewerbsfähigkeit zu erhalten. Während vor Beginn der Liberalisierung in den 1980er Jahren insbesondere die großen staatlichen Unternehmen Institutionen innerhalb der mexikanischen Gesellschaft darstellten, die ökonomische und soziale Stabilität versprachen, besteht ihre Aufgabe heute eher in dem Erhalt der internationalen Wettbewerbsfähigkeit der mexikanischen Wirtschaft. Die bereits dargestellten Entwicklungen innerhalb der Unternehmen, wie Flexibilisierung der Aufstiegsmöglichkeiten, die Einführung von Produktivitätsprämien, die Ausweitung von Leiharbeit sowie die Einführung von neuen Arbeitsmodellen, sind Ausdruck dieser neuen Entwicklung.

Die Rolle von Staat und Unternehmen innerhalb des Systems der Erwerbsregulierung erlaubt diesen also eine weitgehende Einflussnahme auf die Ausgestaltung der Arbeitsbeziehungen sowohl innerhalb des Betriebs als auch auf nationaler Ebene. So kann der Staat über seine Mitwirkung bei der Registrierung von Gewerkschaften, Kollektivverträgen und Streiks erheblichen Einfluss nehmen auf die Gewerkschaftslandschaft und diese nach seinen Vorstellungen gestalten. Gleichzeitig bestimmt er als Gesetzgeber und Entscheider auf Makroebene die nationale Wirtschaftspolitik. Die Unternehmen nutzen die sich ihnen öffnenden Möglichkeiten, um ihre Position auf dem Weltmarkt zu behaupten, und verlieren ihre korporatistische Funktion.

1.3.2 Aufgabenbereiche und Funktionen der Gewerkschaften und die Entwicklung neuer gewerkschaftlicher Strömungen

Wie bereits an anderer Stelle erwähnt, handelt es sich bei den mexikanischen Gewerkschaften in der Regel um Betriebsgewerkschaften, die wiederum in einem der großen Gewerkschaftsdachverbände organisiert sind. Die Domäne der einzelnen Gewerkschaften beschränkt sich dabei überwiegend auf den eigenen betrieblichen Bereich. Dabei konnten innerhalb dieses Einflussbereiches in den vergangenen Jahrzehnten erhebliche Wandlungsprozesse festgestellt werden. Verfügten die Gewerkschaften vor der

Wirtschaftskrise über eine weitgehende Gestaltungsfreiheit innerhalb der Betriebe, vor allem bezüglich der Einstellungs- und Aufstiegssysteme, mussten sie durch die staatlich geförderte Flexibilisierungs- und Deregulierungspolitik erheblich an Einfluss und Macht(-bereichen) einbüßen. Kriterien der Qualität und Produktivität wurden ausschlaggebend für die Personalpolitik, so dass diese Bereiche immer stärker unilateral durch das Unternehmen bestimmt wurden.

Nicht zuletzt aufgrund der seit einer Verständigung von CTM und *Coparmex* im Jahr 1996 propagierten neuen Arbeitskultur, der *nueva cultura laboral*, veränderten sich auch die ideologische Grundlage der Arbeitsbeziehungen und damit die anerkannte Rolle der Gewerkschaften. An Stelle von klassenkämpferischen Gedanken, die das noch auf revolutionären Ideen beruhende LFT prägen, betont die neue Arbeitskultur das gemeinsame Ziel von Kapital und Arbeit, nämlich das Bestehen im internationalen Wettbewerb (vgl. ausführlicher de la Garza/Bouzas 1999: 36 sowie de la Garza 2006: 315ff.). Die Arbeitnehmer und ihre Interessenvertreter sollen dabei eine partizipative Rolle einnehmen, die nicht durch die Einforderung von Rechten oder Vergünstigungen, sondern durch die Beteiligung an betrieblichen Prozessen zumindest auf der Mikro-Ebene – vor allem über Weiterbildungs- und Produktivitätskommissionen – geprägt ist (vgl. Bizberg 1997: 299f.). Für die Gewerkschaften hatten diese Veränderungen einen Bedeutungsverlust zur Folge, da die Unternehmen nun sehr viel stärker als vorher unilateral Charakter und Ausprägung der Arbeitsbeziehungen bestimmen können.

Als gewerkschaftliche Reaktion auf diese veränderten Rahmenbedingungen lassen sich insbesondere drei konkurrierende Strömungen benennen (vgl. Xelhuantzi López 2006: 32ff.). Zum einen die »Traditionalisten« (Bizberg 1997; Wannöffel 2005), wie vor allem Teile der CTM, CROC oder andere im *Congreso del Trabajo* zusammengeschlossene Gewerkschaften. Diese auch als korporatistische Gewerkschaften bezeichneten Organisationen (Xelhuantzi López 2006: 33) zeichnen sich durch eine enge Anbindung an die Regierung und politische Parteien sowie eine enge Kooperation mit den Arbeitgebern aus. Ihre Machtressourcen speisen sie aus dieser politischen Anbindung und der Quantität der abgeschlossenen betrieblichen Tarifverträge, während ihre Aktivitäten in den Betrieben eine geringere Rolle spielen. Aus dieser Situation erwächst vor allem eine starke Abhängigkeit von Politik, Parteien und Arbeitgebern, die sowohl den politischen Einfluss als auch die Vergabe der *titularidad*, also des Alleinvertretungsanspruches in den Betrieben garantieren sollen. Durch diese enge Bindung an Politik und Wirtschaft haben sich die Gewerkschaften zu einem *»gran negocio«* (Salazar Sáenz, nach La Jornada 2005), einem einträglichen Geschäft, entwickelt, das einigen wenigen Gewerkschaftsführern erhebliche Einkünfte und den Arbeitgebern eine fügsame Masse von Beschäftigten garantiert, wie sogar der frühere Arbeits- und Sozialminister Salazar Sáenz konstatierte. Weitere Charakteristika der traditionalistischen Gewerkschaften stellen der Mangel an innergewerkschaftlicher Demokratie und Transparenz sowie fehlende gewerkschaftliche Aktivitäten im Betrieb und ein Mitgliedszwang gegenüber den Arbeitnehmern dar (Xelhuantzi López 2006: 33). Den traditionalistischen Gewerkschaftsverbänden gehören in der Regel auch die sogenannten *sindicatos blancos*, also nicht-repräsentative[123] Gewerkschaften an, die für den Abschluss von *contratos de protección* verantwortlich sind.

Zum anderen sind die neuen, »neokorporatistischen« Organisationen (Bizberg 1997) zu nennen, wie etwa STRM, die Gewerkschaft des ehemals staatlichen Telefonunternehmen Telmex, Teile des übergeordnete Dachverbandes UNT oder die SME, die Arbeitnehmervertretung des gleichfalls privatisierten Energieunternehmens *Luz y Fuerza del Centro*. Während die traditionalistischen Gewerkschaften in der Regel in den alten Strukturen verhaftet und passiv bleiben und vor allem durch ihre Verbindung zum Staat, nicht aber über die Zustimmung der Arbeitnehmer legitimiert sind, versuchen die neokorporatistischen Gewerkschaften, sich in den Moder-nisierungsprozess einzubringen und diesen nach den eigenen Vorstellungen mitzugestalten (Bizberg 1997: 294ff.).[124]

123 Repräsentativität kann nach Müller-Jentsch (1997: 97ff.) als ein wesentliches Charakteristikum von Gewerkschaften betrachtet werden, indem sie Interessen vertreten und im Auftrag ihrer Mitglieder handeln. Bei den gelben Gewerkschaften kann somit nicht von repräsentativen Organisationen gesprochen werden, da sie nicht den Willen ihrer Mitglieder repräsentieren, sondern allein im Auftrag ihre hauptamtlichen Apparats sowie der Arbeitgeber handeln.

124 Bei der Etablierung der Gewerkschaften in den Betrieben handelte es sich nach Bizberg (1997) um eine Art Tauschgeschäft. Um sich die Weiterexistenz in den ehemals staatlichen Unternehmen und die Mitbestimmungsmöglichkeiten an der Neustrukturierung der Unternehmen zu sichern, mussten die Gewerkschaften wie bereits geschildert Beschneidungen bezüglich ihrer Kompetenzen hinnehmen. Gleichzeitig wurde die direkte Kommunikation zwischen Arbeitnehmern und Arbeitgeber gestärkt, indem Methoden der Qualitäts- und Produktionssteigerung in den Arbeitsablauf integriert und zwischen Arbeitnehmern und Arbeitgebern diskutiert wurden.

Darüber hinaus, so Xelhuantzi, sei als dritte Richtung der *sindicalismo autonomista* auszumachen, der sich vor allem die Autonomie der Gewerkschaften von Regierung, Arbeitgebern und Parteien sowie eine innergewerkschaftliche Demokratie zum Ziel gesetzt hat (Xelhuantzi López 2006: 35). Als wichtigster Vertreter dieser Strömung ist die *Frente Auténtico del Trabajao* (FAT) zu nennen, die jedoch nur über geringen Einfluss auf nationaler Ebene verfügt.

Keine dieser drei Strömungen hat die Arbeitsbeziehungen in Mexiko nachhaltig verändern und die Schwächung der Gewerkschaften überwinden können. Zwar hat die UNT nach dem historischen Regierungswechsel im Jahr 2000 zunächst versucht, mit der neuen Regierung unter Vicente Fox zu kooperieren und sich in den Modernisierungsprozess einzubringen. So beteiligte sie sich an der Gesetzgebungskommission, in der meist traditionalistische Gewerkschaften und Arbeitgebervertreter ein neues Arbeitsrecht ausarbeiten wollten, und versuchte, eine Abkehr vom Korporativismus und stattdessen eine Hinwendung zu produktivistischen Ideen zu erreichen. Bald zog sie sich jedoch aus dem Projekt zurück und erarbeitete gemeinsam mit der Oppositionspartei PRD einen eigenen Gesetzentwurf. Heute speist sich die Legitimation der UNT vor allem aus einer oppositionellen Haltung zur Regierungspolitik, die mit der Forderung nach einer neuen Gewerkschaftsbewegung sowie einer Ausrichtung auf Produktivität und Demokratie einhergeht. Dennoch konnte sie bisher keinen nachhaltigen Einfluss geltend machen.

Auch der traditionalistische Gewerkschaftsflügel um den *Congreso del Trabajo* erfuhr nach der Abwahl der PRI eine Schwächung. Neben dem allgemeinen Bedeutungsverlust der mexikanischen Gewerkschaften kam es zu Spannungen innerhalb der Gewerkschaftsbewegung. Mehrere einflussreiche Gewerkschaften zogen sich aus dem gemeinsamen Gremium zurück, nachdem es zu Konflikten um die Führungsposition gekommen war. Gleichzeitig kam es zu Spannungen zwischen der Regierung und den traditionalistischen Gewerkschaften, als die Regierung in einer Auseinandersetzung mit der Minengewerkschaft *(Sindicato Nacional de Trabajadores Mineros, Metalúrgicos y Similares de la República Mexicana)* Position gegen deren Vorsitzenden bezog und dadurch die gewerkschaftliche Autonomie verletzte (vgl. Alcalde Justiniani 2006: 48ff. und Fußnote 115).

Es sind also äußerst unterschiedliche gewerkschaftliche Reaktionen auf die veränderten strukturellen Bedingungen zu beobachten. Während die traditionalistischen Gewerkschaften sich durch eine Nähe zu Regierung und Arbeitgebern auszeichnen, die oft eine Interessenvertretung im Sinne der Arbeitnehmer verhindert, bringen sich die neokorporatistischen Gewerkschaften in den Modernisierungsprozess ein und versuchen, auf diesem Wege ihren Einfluss zu erweitern. Sie fordern also ein gewisses Mitspracherecht – auch im Sinne ihrer Mitglieder – und sind im Gegenzug zu Zugeständnissen bereit. Die autonomen Gewerkschaften hingegen stellen vor allem die innergewerkschaftliche Demokratie sowie die Autonomie der Gewerkschaften in den Mittelpunkt ihrer Arbeit. Den Bedeutungsverlust der mexikanischen Gewerkschaften konnte aber keine der drei Strömungen verhindern.

1.4 Internationale Rahmenvereinbarungen als Instrument der Erwerbsregulierung in Mexiko

IRV besitzen in Mexiko als Instrument einer internationalen Erwerbsregulierung bislang keine herausragende Bedeutung. Dies ist zum einen der geringen Verbreitung von IRV in Mexiko geschuldet. Von den weltweit insgesamt 94 IRV sind nur 27 von Unternehmen abgeschlossen worden, die über Standorte in Mexiko verfügen.[125] Zum anderen findet außerhalb dieser Unternehmen kaum eine Arbeit mit den IRV statt und die IRV konnten noch nicht Eingang in einen breiteren nationalen Diskurs der Erwerbsregulierung finden.

Die IRV spielen in der Arbeit nationaler Organisationen der Erwerbsregulierung in Mexiko in der Regel keine Rolle. Der Arbeitgeberverband Coparmex etwa hat keine Kenntnis von den IRV und arbeitet dementsprechend nicht mit ihnen (I 33 und I 34). Darüber hinaus haben die IRV auch kaum eine Bedeutung für die Arbeit von Regierungsorganisationen wie dem Arbeitsministerium oder den JCA (I 29 und I 20). Auch nationale NGOs, die sich für die Belange der Arbeitnehmer einsetzen, arbeiten in der Regel nicht mit IRV und haben keine oder nur geringe Kenntnisse über deren Existenz und Inhalte (I 12; I 30; I 35; I 37).

125 Zu den Unternehmen mit abgeschlossener IRV, die in Mexiko präsent sind, gehören: Skanska, Telefonica, Endesa, SKF, Rheinmetall, Prym, SCA, EDF, Rhodia, Lafarge Group, Arcelor, Securitas, Staedtler, Inditex, Vallourec, Norsk Hydro sowie die in der vorliegenden Arbeit untersuchten Unternehmen A, B, C und D (nach Orsatti 2007: 34ff. und eigener Erhebung).

Seitens der mexikanischen Gewerkschaften, auf die im Rahmen der Fallstudien noch näher eingegangen werden wird, sind sehr unterschiedliche Ansätze bezüglich der IRV festzustellen. Während die traditionalistischen Verbände in der Regel wenig Interesse an einer Arbeit mit den IRV zeigen (I 16 und I 23), sehen unabhängige Verbände wie die UNT erhebliches Potenzial in den IRV. Dabei beziehen sie sich vor allem auf die Möglichkeit einer internationalen Vernetzung auf Gewerkschaftsebene (I 10), wobei aber auch Probleme bei der Umsetzung und Überwachung gesehen werden (I 50). Insbesondere im Zusammenhang mit dem internationalen Gewerkschaftsdachverband UNI fanden vermehrt Diskussionen über die IRV statt. Gleichzeitig muss in Vorgriff auf die Fallstudien bereits an dieser Stelle darauf hingewiesen werden, dass internationale Aspekte in der Regel nur eine sehr geringe Rolle innerhalb der Arbeit der mexikanischen Gewerkschaften spielen.[126] So sind etwa in Mexiko derzeit nur fünf Gewerkschaftsverbände Mitglied im IMB (Stand: Juli 2012).[127]

Eine internationale Vernetzung von Arbeitnehmern streben hingegen die in Mexiko tätige Friedrich-Ebert-Stiftung (FES) und der eng mit ihr verbundene IMB an. Sie fördern die Verbreitung der IRV bei Gewerkschaften, Unternehmen und politischen Organisationen im Rahmen von Seminaren, Gesprächsrunden und anderen Veranstaltungen sowie durch den Dialog mit verantwortlichen Akteuren (I 6 und I 27). Darüber hinaus wird auf die IRV im Rahmen einer internationalen Kampagne gegen *contratos de protección*, die unter anderem von der FES und dem IMB unterstützt wird, Bezug genommen (vgl. Bouzas Ortíz 2007; I 22; I 27).[128] Trotz

---

126 Vgl. ausführlich zur internationalen Vernetzung der mexikanischen Gewerkschaften aus historischer Perspektive Xelhuantzi López 2002: 199–260.

127 Bei diesen handelt es sich um die Gewerkschaften: *Sindicato de Trabajadores de la Industria Metal-Mecánica, Automotriz y Conexos de la República Mexicana* (SITIMM); *Sindicato Nacional de Trabajadores de Teleindustrias y Sistemas Digitales de la República Mexicana; Sindicato Nacional de Trabajadores Mineros, Metalúrgicos y Similares de la República Mexicana* (SNTMMSRM); *Sindicato Progresista de Obreros y Empleados de la Industria de le Extracción, Fundición y Fabricación de Metales, del Hierro, Autopartes, sus Similares y Derivados de la República Mexicana* und *Sindicato de Trabajadores de la Industria Metalica, Acero, Hierro, Conexos y Similares* (STIMAHC). Wie noch zu sehen sein wird, handelt es sich bei nur einer der im Rahmen dieser Arbeit untersuchten Gewerkschaften in Mexiko um eine Mitgliedsorganisation des IMB. Aber auch diese trat nach Ende der Untersuchung aus dem IMB aus (vgl. Kapitel 2.5.2, Teil II).

128 Im Zusammenhang mit der geplanten und hier bereits in anderem Kontext angesprochenen Klage des IMB gegen Mexiko in Bezug auf die *contratos de protección* wurde eine Kampagne ins Leben gerufen, an der u. a. die FES in Mexiko, der IMB, die *Organi-*

dieser Aktivitäten sah sich der örtliche IMB-Vertreter nicht mit den notwendigen personellen und materiellen Ressourcen ausgestattet, um die IRV in Mexiko bekannt zu machen. Die begrenzten Ressourcen – der befragte IMB-Vertreter war zum Zeitpunkt der Untersuchung der einzige Vertreter des IMB in Mexiko und allein für Mexiko und die Region Zentralamerika zuständig[129] – schränkten seine Handlungsmöglichkeiten sowohl in Bezug auf die Bereitstellung von Informationen über die IRV als auch deren Überwachung stark ein (I 6: 17).

Darüber hinaus findet seitens internationaler oder ausländischer Organisationen kaum eine Arbeit mit den IRV in Mexiko statt. Während die Arbeit der ILO in Mexiko auf Regierungsebene verhaftet bleibt und die unternehmensbezogenen IRV in diesem Zusammenhang keine beziehungsweise eine sehr untergeordnete Rolle spielen (vgl. I 26), betrachtet der US-Gewerkschaftsverband AFL-CIO, der in Mexiko durch eine starke Präsenz vertreten ist, die IRV aufgrund ihrer Freiwilligkeit überaus skeptisch (vgl. Kapitel 2.4.1, Teil I).

1.5 Fazit: Das System der Erwerbsregulierung in Mexiko und die Rolle von Internationalen Rahmenvereinbarungen

Wie deutlich geworden ist, spielen die IRV innerhalb des mexikanischen Systems der Erwerbsregulierung keine bedeutende Rolle. Sie sind kaum verwurzelt im nationalen Diskurs und stoßen in der Regel auf wenig Interesse seitens der dominanten Akteure innerhalb des Systems. So verfügen in der Regel weder Regierungs- noch Nichtregierungsorganisationen über weitreichende Kenntnisse über die IRV und beziehen diese kaum in ihre Arbeit mit ein. Darüber hinaus zeigen die traditionalistischen mexikanischen Gewerkschaften wenig Interesse an einer Arbeit mit den IRV. Sie sehen in den IRV keine Handlungsressource. Hierfür können zwei Gründe verantwortlich gemacht werden: Zum einen sind diese Gewerkschaften in

zación Regional Interamericana de Trabajadores (ORIT) und mehrere mexikanische Gewerkschaften, darunter UNT und FAT, beteiligt waren.

129 Der zum Zeitpunkt der Untersuchung in Mexiko ansässige IMB-Vertreter wurde nach Ende der empirischen Untersuchung von seinen Aufgaben entbunden. Inzwischen vertritt das für Lateinamerika zuständige Regionalbüro in Montevideo, Uruguay, die mexikanischen IMB-Mitgliedsorganisationen.

besonderem Maße von Politik und Unternehmen abhängig und vertreten oft nicht in erster Linie die Interessen der Arbeitnehmer. Ihre Legitimation erfahren sie vielmehr über ihre Nähe zu politischen Parteien und zu Unternehmen. Zum anderen sind sie in der Regel kaum an einem internationalen Austausch interessiert. Bedeutung gewinnen die IRV innerhalb des nationalen Diskurses durch das Engagement der FES und des IMB in Mexiko. Beide Organisationen beziehen sich in ihrer Arbeit auf die IRV, verfügen jedoch nur über begrenzten Einfluss.

Darüber hinaus unterstützen weder die mexikanische Arbeitsgesetzgebung noch die Einbindung in internationale Regulierungsstrukturen die Arbeit mit den IRV in Mexiko. Die Regulierungskraft internationaler und nationaler Normen ist gering und setzt kaum Maßstäbe in Bezug auf die Einhaltung von Arbeitsstandards. Nicht zuletzt zeigt auch die fehlende Regulierungskraft der mexikanischen Gesetze selber, dass die Einhaltung rechtlicher Bestimmungen nur eingeschränkt vonnöten ist. Die Arena der diskursiven Legitimation gewinnt zwar an Bedeutung, doch spielen die IRV in diesem Kontext noch keine besondere Rolle. Es kann also davon ausgegangen werden, dass die in Mexiko untersuchten Unternehmen kaum unter dem Druck stehen, die IRV umzusetzen. Im Rahmen der folgenden Fallstudien soll diese Annahme überprüft werden.

2 Die Umsetzung der Internationalen Rahmenvereinbarung bei Unternehmen A in Mexiko

Im Folgenden soll die Umsetzung der IRV von Unternehmen A, die »Erklärung zu den sozialen Rechten und industriellen Beziehungen bei Unternehmen A«, in den Standorten des Unternehmens in Mexiko dargestellt werden. Zunächst sollen aber zum besseren Verständnis des Unternehmens und seiner Organisationsstruktur allgemeine Unternehmenskennzahlen wie Anzahl der Mitarbeiter, Umsatz und Niederlassungen aufgeführt werden. Auch soll auf den Verlauf der Internationalisierung des Konzerns und die Herausbildung von internationalen Arbeitnehmervertretungsstrukturen eingegangen werden, die bei Unternehmen A überaus stark ausdifferenziert sind und für das Selbstverständnis des Unternehmens eine große Rolle spielen. Darüber hinaus soll die IRV selbst analysiert werden: Welche Regelungsgegenstände beinhaltet sie? Welche Akteure sind am Abschluss beteiligt und welche Rolle nehmen sie laut Vereinbarungstext bei der Umsetzung und Überwachung der IRV ein?

Im Mittelpunkt des Kapitels steht aber die Auswertung der Interviews, die Aufschluss geben soll über die Umsetzung der IRV bei Unternehmen A in Mexiko. Die Interviews sollen zunächst im Hinblick auf die allgemeinen Maßnahmen zur Umsetzung der IRV ausgewertet werden. Des Weiteren werden die Bekanntmachung und Kontrolle der IRV im Unternehmen und den Zulieferbetrieben, die Existenz bisheriger Problemfälle und der Umgang mit diesen sowie die Darstellung der IRV nach außen beleuchtet. Bezüglich der Umsetzung in Mexiko wird genauer untersucht, welche Maßnahmen das Unternehmen und die Arbeitnehmervertreter zur Information der Mitarbeiter ergreifen und in welchen Bereichen die IRV wirken könnte, wo eventuell Probleme bestehen. Darüber hinaus wird dargestellt, in welcher Form deutsche und mexikanische Akteure dabei zusammenarbeiten und mit welchen anderen Organisationen eine Kooperation bezüglich der IRV besteht. So soll am Ende des Kapitels die Frage beantwortet werden, wie sich die Umsetzung und Kontrolle der IRV bei

Unternehmen A und seinen Zulieferern in Mexiko gestaltet und welche Faktoren dabei eine Rolle spielen.

2.1 Das Unternehmen

Der deutsche Automobilhersteller A ist ein Unternehmen mit Standorten weltweit und stellt Europas größten Produzenten von Automobilen dar.[130] Der Konzern gliedert sich in die Konzernbereiche Automobil (Pkw und Nutzfahrzeuge) und Finanzdienstleistungen. Mit Niederlassungen in Europa, Amerika (Mexiko, Argentinien, Brasilien, USA[131]), Asien (Indien und China) und in Südafrika, verfügt der Konzern über ein weltweit gespanntes Produktionsnetzwerk.

Seine Internationalisierung begann der Konzern in den 1950er Jahren, als Werke in Brasilien (1953), Südafrika (1956) und Mexiko (1964) entstanden. Ziel dieses »ersten Transnationalisierungsschubes« (Müller u. a. 2004: 181) war die Erschließung neuer Märkte unter gleichzeitiger Vermeidung von hohen Einfuhrzöllen. Die Werke waren regional ausgerichtet, das heißt sie produzierten für die jeweiligen regionalen Märkte. Durch diese Produktionsstruktur wurde eine Konkurrenzsituation zwischen den einzelnen außereuropäischen Niederlassungen vermieden, die darüber hinaus relativ autonom agierten (Widuckel 2001: 333).[132]

Diese Situation änderte sich grundsätzlich im Zuge der zweiten Transnationalisierungswelle des Konzerns zu Beginn der 1980er Jahre, als das Unternehmen seine Produktion in China (1982), Spanien (1986) und verstärkt in Mittel- und Osteuropa (seit Anfang der 1990er Jahre) aufnahm. Die Produktion war nun nicht mehr regional ausgerichtet, sondern es entstand ein »integriertes Netzwerk für die technische Entwicklung, die Produktion und den Absatz von Fahrzeugen« (Widuckel 2001: 335). Die sogenannte Verbundfertigung übertrug den einzelnen Standorten neue Kom-

130 Soweit nicht anders gekennzeichnet wurden alle Angaben Geschäftsberichten, Internetpräsentationen u. a. Veröffentlichungen von Unternehmen A entnommen.

131 Eine erste Produktionsstätte von Unternehmen A in den USA, in der ein Modell speziell für den US-amerikanischen Markt hergestellt wird, wurde am 24. Mai 2011 in Betrieb genommen.

132 Allerdings war die Organisationsstruktur durch ein klares Zentrum-Peripherie-Verhältnis gekennzeichnet. So wurden die Automodelle und Qualitätsstandards in Deutschland entwickelt und bestimmt (Pries 2000a: 674).

petenzen, indem Werke, die zuvor »passive Empfängerwerke von Teillieferungen« gewesen waren, zu »aktiven Zulieferern mit den entsprechenden spezifischen Kompetenzen« wurden, und eine »komplizierte Struktur von wechselseitigen Lieferverpflichtungen« entstand (Pries 1999: 24). Darüber hinaus wurde die Produktion durch die Einführung von produkt- und produktionstechnologischen Standards vereinheitlicht, und das traditionelle Modernitätsgefälle[133] zwischen den deutschen und ausländischen Standorten erodierte (vgl. Pries 1999: 26). Diese neue Produktionsstrategie zeigte sich unter anderem deutlich in der Verlagerung der Produktion eines neuen Modells nach Mexiko, durch die erstmals ein nicht-europäischer Standort die komplette Verantwortung für die exklusive Produktion und den Produktionsablauf eines neuen Modells trug (vgl. Pries 1999: 42).

Die nun verfolgte Plattformstrategie, die den verschiedenen Modellen gemeinsame Plattformen zugrunde legt, ermöglicht das *benchmarking* der Standorte und die rasche Verlagerung von Produktion zwischen den verschiedenen Standorten. Durch dieses sich entwickelnde weltumspannende Netzwerk von Entwicklung, Produktion und Absatz ergänzten sich die Niederlassungen aber nicht nur, sondern es entstand auch eine Konkurrenzsituation zwischen den einzelnen Niederlassungen, die um die Produktion der Automodelle konkurrierten. Dabei wird den einzelnen Werken immer größere Autonomie zugestanden.[134] Dennoch, so betont Widuckel, konzentrieren sich die »zentralen Steuerungsfunktionen wie Produktentwicklung, das Marketing, die Investitions-, Kapazitäts- und Vertriebssteuerung sowie die Steuerung der Beschaffung auf Deutschland« (Widuckel 2001: 183, vgl. auch Pries 1999: 44), wobei aber auch hier ein zunehmendes Mitspracherecht von Managern ausländischer Werke zu beobachten ist, die über jährliche Planungsrunden und regelmäßige Video-Konferenzen in Entscheidungsprozesse eingebunden sind (Hauser-Ditz u. a. 2010: 158).

133 Das Produktivitätsniveau der Standorte in Zentrum und Peripherie unterschied sich bis dahin ganz erheblich. Während in Deutschland die neuesten Modelle unter besten Bedingungen gebaut wurden, produzierten die Peripherie-Standorte ältere Modelle minderer Qualität (Pries 2000: 674).

134 Diese Veränderungen in der Unternehmenskultur zeigen sich auch in dem zunehmenden Einsatz lokaler Manager in wichtigen Positionen an den weltweiten Standorten (Hauser-Ditz u. a. 2010: 159).

2.2 Internationale Arbeitnehmervertretungsstrukturen

Entsprechend der Internationalisierung der Produktion bei Unternehmen A vollzog sich auch eine Internationalisierung der Arbeitnehmervertretungsstrukturen innerhalb des Konzerns. Heute ist Unternehmen A gekennzeichnet durch eine weltweit vernetzte Arbeitnehmervertretung. So sind die Arbeitnehmer auf europäischer Ebene durch einen EBR und auf internationaler Ebene durch einen WBR vertreten. Darüber hinaus bestehen regionale (gewerkschaftliche) Netzwerke, wie das deutsch-iberoamerikanische Netzwerk, ein basisorientiertes Netzwerk sowie ein gewerkschaftliches Betreuungsnetzwerk, das vom IMB koordiniert wird.

Ähnlich wie die Internationalisierung der Produktion verlief auch die Internationalisierung der Arbeitnehmervertretungsstrukturen in zwei Wellen (Müller u. a. 2004: 183f.). In einer ersten Welle in den 1970er Jahren bis Mitte der 1980er Jahre entstanden eher informelle Strukturen, innerhalb derer sich deutsche und ausländische Arbeitnehmervertreter austauschten. In diese Phase fällt unter anderem der Aufbau eines basisorientierten Arbeitskreises. Bei diesem Netzwerk handelt es sich um einen Zusammenschluss von Betriebsratsmitgliedern, Gewerkschaftern und Kirchenvertretern, die vor allem eine internationale Solidarität der Arbeitnehmervertreter und die Verteidigung gewerkschaftlicher Rechte zum Ziel hatten.

Während die erste Periode der Internationalisierung vor allem durch den Wunsch nach Austausch und (gegenseitiger) Information über die Situation in den Standorten gekennzeichnet war, war die zweite Welle Ende der 1980er Jahre deutlich stärker von der Notwendigkeit zum Austausch und der Herausbildung institutionalisierter Formen des Austauschs geprägt (Müller u. a. 2004: 187). Die zunehmende Vernetzung und Wettbewerbssituation zwischen den einzelnen Standorten zwangen die Arbeitnehmervertreter zu einer Neuausrichtung ihrer Politik und internationalen Vernetzung.[135] In diesem Zusammenhang wurde 1990, also noch vor der

135 Widuckel spricht von der Entwicklung einer »Vier-Säulen-Strategie« durch den GBR und die IG Metall, die bestand aus: Erstens einem Rentabilitäts- und Produktivitätspakt bei gleichzeitigen Maßnahmen zur Standort- und Beschäftigungssicherung; zweitens der Gründung eines EBR; drittens der Anerkennung der Notwendigkeit einer internationalen Expansion des Konzerns, um im internationalen Wettbewerb zu bestehen; viertens der qualitativen Erweiterung der zu beeinflussenden unternehmenspolitischen Entscheidungsfelder durch die Arbeitnehmer, die weg von einer »korrigierenden Mitbestimmung in sozialen Angelegenheiten« hin zu einer die Investitions-, Produkt- und Geschäftsstrategie des Unternehmens beeinflussenden Politik führte (Widuckel 2001: 338–339;

Verabschiedung der Europäischen Betriebsratsrichtlinie im Jahr 1994 (vgl. Kapitel 2.3.1 und 2.3.2, Teil I), ein EBR eingerichtet.[136] Im Jahr 1998 folgte die Einrichtung eines WBR, in dem insgesamt 27 Delegierte aus den Ländern mit Produktionsstandorten vertreten sind.[137]

Das Ziel von EBR und WBR ist ein europäischer beziehungsweise globaler sozialer Dialog, der zur gemeinsamen Bewältigung der wirtschaftlichen, sozialen und ökologischen Herausforderungen führen soll, mit denen sich Konzern und Arbeitnehmerschaft konfrontiert sehen (vgl. Uhl/Brüning 1999). Der Konzernvorstand ist ausdrücklich in den Austausch innerhalb der Gremien eingebunden und informiert in den mindestens einmal jährlich stattfindenden Sitzungen von EBR und WBR über Strategie, Finanzen und Entwicklung des Unternehmens.[138] Neben dem Austausch mit dem Vorstand stehen auf Seiten der Arbeitnehmerschaft im WBR der Austausch zwischen den verschiedenen Standorten sowie die Diskussion und Formulierung gemeinsamer Ziele im Vordergrund. Dabei bleibt das oberste Ziel die Solidarität zwischen den einzelnen Standorten und die Verhinderung eines strategischen Ausspielens der Niederlassungen gegeneinander durch das Unternehmen (Uhl/Brüning 1999: 61). Insbesondere für den EBR, dessen Einflussbereich auf Europa beschränkt bleibt, kann dabei ein geringer *output* an formalen Vereinbarungen konstatiert werden, während seine Effektivität in Bezug auf die kooperative Gestaltung der Arbeitsbeziehungen im Konzern in der Regel positiv beurteilt wird (Hauser-Ditz u. a. 2010: 161).

Ihren vorläufigen Höhepunkt erreichte die (Neu-) Gestaltung der Zusammenarbeit von Geschäftsleitungen und Arbeitnehmervertretern durch die Unterzeichnung der Charta der Arbeitsbeziehungen im Oktober 2009. In der Vereinbarung einigten sich EBR, WBR, IMB und Konzernvorstand auf die Eröffnung von weitreichenden Informations-, Konsultations- und

---

zur Entwicklung der Mitbestimmung bei Unternehmen A vgl. auch ausführlich den aufschlusseichen Artikel von Haipeter 2002).

136 Zu einer offiziellen Vertragsvereinbarung zwischen der Konzernleitung und dem EBR über dessen Grundsätze, Organisation, Informations- und Konsultationsprozesse sowie über die Kostenübernahme kam es erst 1992. Vgl. zu Entwicklung, Hintergründen und Perspektiven des EBR vor allem Hauser-Ditz u. a. 2010: 117ff.

137 Die Standorte in China und Indien sind jedoch (noch) nicht im WBR vertreten.

138 Davon profitieren zum einen die Arbeitnehmervertreter, zum anderen aber auch die teilnehmenden Personalleiter der jeweiligen Gesellschaften und Standorte, die auf diese Wiese Informationen direkt vom Konzernvorstand erhalten. Die Autorin dankt Magdalena Brüning für diesen Hinweis.

Mitbestimmungsmöglichkeiten für die lokalen Arbeitnehmervertretungen. Damit wurde ein Rahmen für die Gestaltung der Arbeitsbeziehungen im Konzern geschaffen[139] und das Prinzip der kooperativen Konfliktbewältigung etabliert sowie eine Politik, der sozialer Konsens und die Suche nach sach- und weniger konfliktorientierten Lösungen zugrunde liegt. Den einzelnen Standorten bleibt dabei jedoch ein großer Gestaltungsspielraum, indem die lokalen Arbeitnehmervertretungen und Geschäftsleitungen die Charta durch einen »Standortspezifischen Partizipationsvertrag« an das lokale *setting* anpassen können.

Insgesamt kann das Verhältnis von Arbeitnehmervertretung und Konzernleitung innerhalb von Unternehmen A zumindest in den zentralen Steuerungsorganen als ein sehr kooperatives charakterisiert werden. So steht die zentrale Konzernarbeitnehmervertretung hinter den langfristigen Zielen des Konzerns, vor allem einer Beschäftigungssicherung durch Internationalisierung und Wachstum. Gleichzeitig sieht auch die Arbeitgeberseite, die durch die mehrheitliche Beteiligung eines deutschen Bundeslandes am Unternehmen eine besondere gesellschaftliche Verpflichtung des Konzerns spürt, in den Arbeitnehmervertretern einen Partner, der dem Konzern Stabilität und Stärke verleiht (vgl. Widuckel 2001: 338). Dabei betrachtet sich die Arbeitnehmerseite nicht als »Steigbügelhalter und Mehrheitsbeschaffer für die Vorstellungen der Unternehmensleitung«, sondern als »aktiven Mitspieler« (Haipeter 2002: 333). Wichtig für den Einfluss der Arbeitnehmervertretung bei Unternehmen A ist auch die Stärke der gewerkschaftlichen Vertretung im Unternehmen. So ist der Organisationsgrad innerhalb des Konzerns weltweit hoch (etwa 80 Prozent, Uhl/Brüning 1999: 59), wobei sich die IG Metall bei Unternehmen A in Deutschland sogar auf eine Organisierung von 95 Prozent der Arbeitnehmer stützen kann.

Der Konzern zeichnet sich also durch eine starke Arbeitnehmervertretung mit internationalisierten Strukturen aus. Für die Entwicklung der internationalen Strukturen ist auch die Bereitschaft der Unternehmensleitung zu einem offenen, konstruktiven und partnerschaftlichen Austausch

139 Wie Pries anmerkt, orientiert sich die Ausgestaltung der Arbeitsbeziehungen dabei stark am in Deutschland entwickelten Modell des solidarischen Interessensausgleichs und der kooperativen Konfliktbewältigung (Pries 2010: 204f.). Diese Übertragung des Modells der Arbeitsbeziehungen verlaufe allerdings nicht immer unproblematisch. So standen bzw. stehen die Gewerkschaften in Brasilien und Mexiko der Einführung von Konzepten wie reduzierte Arbeitszeit und Arbeitszeitkonten sehr skeptisch gegenüber (s. u.).

von großer Bedeutung. So nimmt der Konzern in Bezug auf die Entwicklung von internationalen Arbeitnehmervertretungsstrukturen und Arbeitsbeziehungen eine Vorreiterrolle ein, was sich unter anderem in der Gründung eines EBR noch vor Verabschiedung der EU-Richtlinie zur Gründung von EBR oder auch in der Unterzeichnung der Charta der Arbeitsbeziehungen zeigt.

2.3 Die Internationale Rahmenvereinbarung

2.3.1 Hintergründe und Aushandlungsprozess

Die IRV des Unternehmens, die »Erklärung zu den sozialen Rechten und industriellen Beziehungen bei Unternehmen A«, wurde im Juni 2002 auf der jährlichen Sitzung des WBR durch den Konzernvorstand, den Präsidenten des IMB sowie die Mitglieder des WBR unterzeichnet. Damit stellt die IRV von Unternehmen A weltweit die erste IRV eines Automobilunternehmen dar, und die zweite Vereinbarung, die von einem Unternehmen der Metallindustrie unterzeichnet wurde.[140] Dadurch spielte die IRV eine wichtige Rolle als Beispiel für darauf folgende Vereinbarungen in der Automobil- und Metallindustrie.

Initiiert wurde die Vereinbarung durch die deutsche Betriebsratsspitze des Konzerns, die das Papier in Rücksprache mit dem IMB entwickelte und im Jahr 2000 der Konzernleitung einen ersten Entwurf vorlegte, der nach einer Überarbeitung durch die Unternehmensleitung unterzeichnet wurde. Die Aushandlung der IRV erfolgte »weitgehend konfliktfrei« (Müller u. a. 2004: 194), wobei der bereits bei Gründung von EBR und WBR sichtbar gewordene Geist einer kooperativen Konfliktbewältigung sowohl auf Arbeitnehmer- als auch auf Arbeitgeberseite prägend war. Auch mit dem IMB kam es zu einer konstruktiven und partnerschaftlichen Zusammenarbeit, insbesondere da der IMB bereits in die Arbeit des WBR und in den Aufbau eines gewerkschaftlichen Betreuungsnetzwerkes einbezogen war.[141]

140 Bis zu diesem Zeitpunkt war nur eine weitere IRV abgeschlossen worden, nämlich die IRV des italienischen Haushaltsgeräteherstellers Merloni.

141 Um EBR und WBR herum wurde ein gewerkschaftliches Betreuungsnetzwerk aufgebaut, das sich aus hauptamtlichen Gewerkschaftsvertretern der internationalen Stand-

Die deutsche Betriebsratsspitze erhoffte sich durch die IRV den Ausbau des im WBR initiierten Austausch- und Annäherungsprozesses zwischen den einzelnen Standorten und Regionen. Die in der IRV enthaltenen Werte und Normen sollten den WBR dabei unterstützen, eine gemeinsame Kultur der Arbeitsbeziehungen zu finden beziehungsweise die spezifische Kultur des Unternehmens umzusetzen und die WBR-Strukturen zu festigen (Müller u. a. 2004: 194). Der IMB wiederum konnte seine guten Kontakte zum Unternehmen und zur GBR-Spitze geltend machen und mit Unternehmen A einen Vertragspartner gewinnen, der aufgrund seiner Größe und seiner Bedeutung nicht nur für die deutsche Automobilbranche als Unternehmen mit Vorbildfunktion gelten kann (I 1: 127).

Auf Unternehmensseite spielte neben dem Wunsch nach dem Erhalt der guten Beziehungen zum Betriebsrat und zur Gewerkschaft und dem Ausbau internationaler Kommunikationsstrukturen auch der Wunsch nach einer positiven Außenwirkung eine Rolle. Das Unternehmen wird regelmäßig von Ratingagenturen nach seinen Maßnahmen zur Beachtung von Umwelt- und Sozialstandards befragt und müsse sich »strecken«, so eine Interviewpartnerin, dass es »in bestimmten Ratings auch drin« bleibe (I 1: 32). Darüber hinaus sei die IRV im Zusammenhang mit einem »gefächerten Feld« zu sehen (I 1: 32), das das Unternehmen im Bereich Beschäftigung anbiete. Neben der IRV sind hier zahlreiche andere Vereinbarungen und Selbstverpflichtungen zu nennen, die Arbeits-, Sozial- und Umweltstandards sowie die Arbeitsbeziehungen im Konzern regeln. So ist das Unternehmen A im Jahr 1999 dem *Global Compact* beigetreten, und im Jahr 2004 wurde eine Arbeitsschutzvereinbarung zwischen Unternehmen, WBR und IMB getroffen. Seit 2006 werden die Lieferantenbeziehungen durch die sogenannte »Lieferantenanforderungen zur Nachhaltigkeit« geregelt (vgl. Unternehmen A 2006a; auch Kapitel 2.3.2, Teil II), und der Konzern verpflichtet sich zur Einhaltung von Umweltstandards. Die IRV ist also eingebettet in ein ganzes Netz von Instrumenten, die auf die Regulierung von Arbeit im gesamten Konzern abzielen, und kann nicht isoliert betrachtet werden, sondern muss immer wieder – zumindest punktuell – mit den verschiedenen Instrumenten in Zusammenhang gebracht werden.

orte des Konzerns zusammensetzt. Ziel war und ist die Erweiterung der WBR-Strategien um gewerkschaftliche Positionen (Müller u. a. 2004: 193).

2.3.2 Inhalte

Die IRV von Unternehmen A benennt die »grundlegenden sozialen Rechte und Prinzipien«, die »Grundlage des Selbstverständnisses der Unternehmenspolitik von Unternehmen A« sind.[142] Ebenso wie in den Grundsätzen zu EBR und WBR beziehen sich Arbeitnehmer- und Unternehmensvertreter in der IRV auf die Idee der kooperativen Konfliktbewältigung und nennen die wirtschaftliche und technologische Wettbewerbsfähigkeit des Unternehmens sowie die Sicherung von Beschäftigung als übergeordnetes Ziel.

Bezüglich der Themen Arbeitszeit, Vergütung und Kinderarbeit werden keine einheitlichen Mindeststandards gesetzt, sondern es werden die jeweiligen nationalen Gesetzgebungen als Mindestgröße genannt. Kinderarbeit wird zwar grundsätzlich untersagt, aber zugleich heißt es: »Das Mindestalter für die Zulassung zur Beschäftigung nach Maßgabe der staatlichen Regelungen wird beachtet«. Wie bereits an anderer Stelle erwähnt (vgl. Kapitel 1.2.2, Teil I), kann etwa in Mexiko eine Arbeit von 14-Jährigen erlaubt sein, wenn bestimmte Anforderungen erfüllt sind. Damit ist also nicht gewährleistet, dass die ILO-Konvention Nr. 138, die eine Arbeit von Kindern unter 15 Jahren verbietet, eingehalten wird. Weiterhin orientiert sich die IRV in Bezug auf die Entlohnung an den nationalen und branchenüblichen Mindestlöhnen,[143] womit sie in zahlreichen Ländern kaum über die Sicherung des Grundbedarfs hinaus geht. Und auch in Bezug auf die Arbeitszeit orientiert sich die IRV an nationalen Gesetzen, so dass auch in diesem Punkt keine einheitliche Obergrenze vorgegeben wird: »Die Arbeitszeit entspricht mindestens den jeweiligen nationalen gesetzlichen Vorgaben beziehungsweise den Mindestnormen der jeweiligen nationalen Wirtschaftsbereiche.« Wie die Autoren der IRV auf Seite der Arbeitnehmervertretung betonen, spielte allerdings bei der Formulierung der Punkte Entlohnung und Arbeitszeit die Tarifhoheit der einzelnen Länder

142 Alle Zitate entstammen der IRV selbst, die im Anhang abgedruckt ist.

143 Der den Aspekt der Vergütung betreffende Artikel wurde inzwischen präzisiert. Es wurde vereinbart, dass sich Vergütungen an „branchenspezifischen, ortsüblichen tariflichen Vergütungen und Leistungen" orientieren sollen (s. IRV im Anhang). Auslöser für diese Veränderung war ein Konflikt im Jahr 2012 um die Lohnhöhe bei deutschen Logistikunternehmen, mit denen Unternehmen A zusammenarbeitet. Unternehmen A verpflichtete daraufhin die mit dem Konzern zusammenarbeitenden Speditionen, Tariflohn zu zahlen (http://www.hna.de/nachrichten/kreis-kassel/baunatal/kampf-gegen-niedrigloehne-wendet-sozialcharta-auch-logistikdienstleistern-797552.html, Zugriff 31.7.2012).

eine wichtige Rolle. Diese gelte es zu beachten und sie könne nicht durch die IRV umgangen werden (Steiert u. a. 2002: 712; vgl. auch Zimmer 2008: 175).

Darüber hinaus wird das Thema Zwangsarbeit in der IRV nur unzureichend behandelt. Wie Zimmer (2008: 168) zu Recht bemerkt, hat die Formulierung, dass Unternehmen A »jegliche wissentliche Nutzung von Zwangs- und Pflichtarbeit einschließlich Schuldknechtschaft oder unfreiwilliger Häftlingsarbeit ablehnt« einen rein »deklaratorischen« Charakter. Es handelt sich hierbei um eine Absichtserklärung und nicht um eine Verpflichtung.

Eine der wichtigsten Einschränkungen betrifft den Aspekt der Gewerkschaftsrechte. So wird zwar auf das Recht der Arbeitnehmer hingewiesen, Gewerkschaften und andere Arbeitnehmervertretungen bilden zu können, das Recht auf Kollektivverhandlungen wird jedoch nicht erwähnt. Insgesamt fehlt bei all diesen Aspekten der direkte Bezug auf die ILO-Kernarbeitsnormen. Diese werden zwar als Orientierungshilfe genannt, ein klarer Bezug beziehungsweise eine wörtliche Wiedergabe findet sich jedoch nicht.

Allerdings geht die IRV von Unternehmen A an anderer Stelle auch über die ILO-Konventionen hinaus, indem bei dem Verbot von Diskriminierung ergänzend die sexuelle Orientierung als Kriterium genannt wird, die in der ILO-Konvention keine Rolle spielt. Bezüglich des Arbeits- und Gesundheitsschutzes orientiert sich die IRV an den jeweiligen nationalen Gesetzen. Es soll jedoch darauf hingewiesen werden, dass die im Jahr 2004 verabschiedete »Erklärung zur Arbeitsschutzpolitik des Konzerns« deutlich darüber hinaus weisende Schritte zur Verbesserung der Arbeitsschutzpolitik in den weltweiten Niederlassungen festschreibt und die IRV dadurch ergänzt.

Eine Besonderheit der IRV von Unternehmen A stellt die Begrenzung ihrer Gültigkeit auf die im WBR vertretenen Länder dar. Damit sind die Niederlassungen in China und Indien, die nicht über einen Sitz im WBR verfügen, offiziell von der Gültigkeit der IRV ausgenommen.[144] Darüber hinaus bindet die IRV die Zulieferer nicht explizit mit ein. Zwar heißt es, dass Unternehmen A die Geschäftspartner »[ausdrücklich] unterstützt und ermutigt, diese Erklärung in ihrer jeweils eigenen Unternehmenspolitik zu berücksichtigen«. Auch sieht Unternehmen A »hierin eine vorteilhafte Basis für die gegenseitigen Beziehungen«. Doch eine klare Verpflichtung

144 Aktivitäten zur Einbindung der entsprechenden Arbeitnehmervertreter in den WBR finden aber dennoch statt.

entspringt aus dieser Formulierung nicht, sie hat vielmehr den Charakter einer Absichtserklärung. Wie von Seiten der an der Entwicklung der IRV beteiligten Arbeitnehmervertreter angemerkt wird, ist diese Begrenzung der Reichweite praktischen, juristischen und ökonomischen Faktoren geschuldet. Aus laufenden Verträgen könne nicht mehr ausgestiegen werden und für das Unternehmen sei es darüber hinaus aus Gründen der Wirtschaftlichkeit nicht möglich, »während des Lebenszyklus eines Produktes beziehungsweise der Lebensdauer eines Modells« die Zusammenarbeit mit einzelnen Zulieferern zu beenden (Steiert u. a. 2002: 713). Ohnehin, so die Meinung der beteiligten Arbeitnehmervertreter, müsse das Unternehmen auf seine Wettbewerbsfähigkeit achten und könne nicht allein für die Sozialverträglichkeit von Produkten verantwortlich gemacht werden. So seien auch die Kunden in der Pflicht, auf die soziale Verantwortung von Unternehmen bei der Herstellung ihrer Produkte zu achten (Steiert u. a. 2002: 713).

Bezüglich der Anwendung der IRV in den Zulieferbetrieben ist jedoch auch auf die bereits erwähnten »Lieferantenanforderungen zur Nachhaltigkeit« hinzuweisen. In diesem Dokument formuliert das Unternehmen die Erwartungen, die es an die Zulieferer stellt. Neben Umweltstandards sind hier auch grundlegende Arbeitnehmerrechte genannt, die in der IRV aufgeführt sind (vgl. Unternehmen A 2006a). Allerdings muss die Einschränkung gemacht werden, dass insbesondere die gewerkschaftlichen Rechte nur zum Teil den ILO-Kernarbeitsnormen entsprechen. So wird, ebenso wie in der IRV, das Recht auf Kollektivverhandlungen nicht genannt, und das Recht auf gewerkschaftliche Vereinigung wird nur im Rahmen der nationalen gesetzlichen Möglichkeiten gewährt.[145] Darüber hinaus wird nicht erläutert, wie die Einhaltung der Grundsätze sichergestellt werden soll. Sanktionen sind nicht vorgesehen.[146]

---

145 »Das Grundrecht aller Mitarbeiter, Gewerkschaften und Arbeitnehmervertretungen zu bilden und ihnen beizutreten, wird anerkannt. Wo dieses Recht durch lokale Gesetze beschränkt ist, sollen alternative, gesetzeskonforme Möglichkeiten der Arbeitnehmervertretung gefördert werden.« (s. IRV im Anhang)

146 Bei der Entwicklung der Lieferantenrichtlinie stand deren Machbarkeit im Vordergrund. So sollten keine die Standorte evtl. überfordernden speziellen Politiken von Unternehmen A enthalten sein, wie etwa das Prinzip der kooperativen Konfliktbewältigung, und keine Sanktionen eingeführt werden, die den Produktionsablauf etwa durch das plötzliche Ausscheiden von Lieferanten behindern könnten (I 1: 46). In Best-practice-Vergleichen mit anderen Unternehmen, die eine IRV abgeschlossen haben, wurde nach einer praktikablen Lösung gesucht, die in der Lieferantenrichtlinie gefunden wurde.

Den Akteuren schreibt die IRV kaum konkrete Funktionen zu. So wie auch die Umsetzungsbestimmungen allgemein sehr kurz gehalten sind, werden nur wenige Funktionen und Verantwortlichkeiten bezüglich der Umsetzung und Überwachung der Grundsätze benannt. Allerdings wird deutlich, dass die Umsetzung der IRV als gemeinsame Aufgabe von Unternehmens- und Arbeitnehmervertretung gesehen wird. So ist vorgesehen, dass beide Seiten die Möglichkeit erhalten, die Beschäftigten über die Vereinbarung zu informieren:

»Die Beschäftigten von [Unternehmen A] werden über alle Bestimmungen dieser Erklärung unterrichtet. Im Rahmen der jeweiligen betrieblichen Gepflogenheiten wird gewerkschaftlichen Organisationen oder den vorhandenen gewählten Arbeitnehmervertretungen die Möglichkeit gegeben, diese Unterrichtung gemeinsam mit Vertretern des Managements durchzuführen.« (s. IVR im Anhang)

Darüber hinaus stellt die jährlich stattfindende WBR-Sitzung das zentrale Gremium für die Diskussion und Beratung der IRV dar. Hier haben Geschäftsleitung und Arbeitnehmervertreter die Möglichkeit, sich über Fortgang und Probleme der Umsetzung zu informieren und zu beraten. Der IMB wird dabei nicht explizit als Akteur genannt, ist aber als regelmäßiger Teilnehmer an den WBR-Sitzungen an der Diskussion der IRV beteiligt (Müller u. a. 2004: 193).

Die IRV von Unternehmen A will somit eine Orientierungshilfe sein, die Raum für lokale Ausgestaltung lässt (I 1: 98). Dennoch fällt vor allem die zögerliche Einbeziehung der Zulieferer, die Beschränkung der IRV auf die WBR-Mitglieder, sowie die Nichterwähnung des Rechts auf Kollektivverhandlungen auf. Auch wenn einige dieser Mängel durch die im Jahre 2006 verabschiedete Lieferantenbestimmung ergänzt beziehungsweise durch die im Jahr 2009 vereinbarte Charta der Arbeitsbeziehungen behoben wurden, bleiben sie doch für die Bewertung der IRV selbst von Bedeutung.

2.4 Die Arbeit mit der Internationalen Rahmenvereinbarung bei Unternehmen A

Im Folgenden wird auf die Maßnahmen eingegangen, die seitens der zentralen Akteure zur Umsetzung der IRV ergriffen werden.

2.4.1 Information der Beschäftigten und Zulieferer

Die Information der Mitarbeiter in den Niederlassungen bleibt laut IRV den einzelnen Standorten überlassen und wird nicht durch zentrale Vorgaben geregelt. Trotz dieser Offenheit findet eine Information der Mitarbeiter über die IRV laut Unternehmen und GBR in der Praxis statt. So habe eine unternehmensinterne Evaluation ergeben, dass die Informationspolitik an den Standorten positiv zu beurteilen sei (I 1: 12–13). Die Information der Mitarbeiter erfolge in der Regel über Mitarbeiterzeitungen, in denen die IRV veröffentlich wird (I 1: 12–13). In Deutschland wurde die Vereinbarung der IRV etwa in einer Ausgabe der Mitarbeiterzeitschrift des GBR nach ihrer Unterzeichnung im Jahr 2002 bekanntgegeben.

Eine gezielte Information der Zulieferer über die Existenz der IRV ist aber nicht vorgesehen. In der Praxis versuchen Unternehmen und GBR dennoch, einen Austausch mit den Zulieferern zumindest in der ersten Zulieferkette über Sozial- und Umweltstandards zu etablieren. Dabei erfolgt die Einbindung der Zulieferer nicht über die IRV selbst, sondern über die bereits erwähnten Lieferantenanforderungen (vgl. Kapitel 2.3.2, Teil II). Über eine Online-Plattform, die in einem mehrere Jahre dauernden Prozess unter Mitarbeit verschiedener Abteilungen entwickelt wurde, können sich potenzielle Zulieferer anmelden und um eine Zusammenarbeit mit Unternehmen A bewerben. Voraussetzungen für eine Zusammenarbeit sind dabei unter anderem die Kenntnisnahme der Anforderungen im Umwelt- und Sozialbereich und die Weitergabe der Standards an die einzelnen Standorte des Unternehmens.

Insofern ist festzustellen, dass die offenen Vorgaben der IRV in der Praxis konstruktiv genutzt werden. Nicht nur ergreifen die einzelnen Standorte selbständig Maßnahmen zur Information, sondern auch die Konzernzentrale entwickelt Maßnahmen zur Information der Zulieferer.

2.4.2 Kontrolle

Wie bereits erwähnt wurde, sieht die IRV selbst keine Überwachung ihrer Umsetzung vor. Einzig eine regelmäßige Beratung im Rahmen der jährlichen WBR-Sitzungen über den Fortgang ihrer Umsetzung ist geplant. Dennoch hat das Unternehmen bereits Maßnahmen zur Kontrolle entwickelt. Seit dem Jahr 2003 wird im Zweijahresrhythmus eine interne Umfrage durchgeführt, in deren Rahmen sowohl Unternehmens- als auch

Arbeitnehmervertreter zur bisherigen Umsetzung der IRV und zu eventuell auftretenden Konflikten an den Standorten befragt werden. In Zusammenarbeit mit den internationalen Betriebsratsorganen in der deutschen Konzernzentrale wird ein Fragenkatalog entwickelt, der sowohl den Personalleitern als auch den Betriebsräten beziehungsweise Gewerkschaftern der verschiedenen internationalen Standorte vorgelegt und von diesen beziehungsweise den Mitgliedern im WBR beantwortet werden muss. Bei abweichenden Antworten kann so gezielt nachgefragt werden (I 40: 100).

Darüber hinaus ist insbesondere im Zusammenhang mit der Entwicklung der Lieferantenanforderungen ein System zur Überprüfung der Lieferanten entwickelt worden. Die Einhaltung der Auflagen soll dabei durch regelmäßige Kontrollen in den Betrieben überprüft werden. Dabei spielen insbesondere die Mitarbeiter der Qualitätssicherung eine wichtige Rolle. Da sie regelmäßig vor Ort sind und Materialgüte und Liefertreue überprüfen, können sie die Situation vor Ort besonders gut einschätzen, während dies aus der Konzernzentrale nicht möglich sei (I 1: 34). Deshalb führt die Qualitätssicherung Lieferantenbewertungen durch, in deren Rahmen auch Fragen zu den Themen Umwelt und Nachhaltigkeit sowie zur Kenntnis der Lieferantenanforderungen gestellt werden. Darüber hinaus sollen die Mitarbeiter der Qualitätssicherung auch durch persönliche Begutachtung die Einhaltung der Lieferantenanforderungen überprüfen:

»Sie gehen aber auch durch den Betrieb, […] was wir dazu besprochen haben ist, dass ihr Blick geschärft werden soll für Arbeitsbedingungen, die vielleicht grenzwertig sind und dass die so was auch mit vermerken, und dass wir von denen vielleicht auch mal einen Verdachtsmoment geliefert bekommen.« (I 1: 82).

Dabei wurde aber rasch deutlich, dass die Lieferantenbewertung an ihre Grenzen stößt. Zum einen ist die Masse der Zulieferer unüberschaubar, zum anderen können Missstände durch eine oberflächliche Überprüfung kaum aufgedeckt werden (I 1: 42). Hinzu kommt oft die Angst der Mitarbeiter der Zulieferer, bei Beschwerden Repressalien zu spüren zu bekommen:

»Eins würde ich jetzt mal vermuten, dass das Thema, sich nicht gewerkschaftlich organisieren zu dürfen, dass, wenn das irgendwo auftritt, dass dann so viel Angst im Spiel ist, so viel Druck, Angst vor Entlassungen, dass so was dann auch niemand erfährt außerhalb des Betriebs, das sind Sachen, das passiert sogar in Deutschland.« (I 1: 75)

Darüber hinaus ist bei den Zulieferern nur die Überwachung der ersten Zulieferkette möglich:

»Gut, eine Sache ist uns auch klar, wenn in irgendeinem Land, ganz weit weg, das ganz arm ist, irgendein Zulieferer Schrauben einkauft oder irgendwas zusammenschrauben lässt, das ist ne Sache, da haben wir gar keinen Überblick drüber, wie das Produkt zustande kommt. [...] Und deswegen haben wir ja jetzt auch erst mal gesagt, wir konzentrieren uns bei diesem Nachhaltigkeitsthema in der Lieferantenkette auf die *first tier supplier*.« (I 1: 29–30)

Ergänzend zur Überprüfung durch die Qualitätssicherung wurde ein Adhoc-Expertenteam eingerichtet, das sich aus Mitarbeitern der Fachbereiche Umweltschutz, Personalwesen, Arbeits- und Gesundheitsschutz, Beschaffung und Qualitätssicherung zusammensetzt. Das Team wird bei akuten Problemen zurate gezogen und je nach Bedarf zusammengestellt. Es dürfe, laut Auskunft eines Interviewpartners, allerdings keine zusätzlichen Kapazitäten binden, sondern müsse flexibel eingebunden werden (I 1: 64). Neben diesen Überwachungsmaßnahmen können die Zulieferer aber auch ein Beratungsangebot nutzen, indem eine Kontaktstelle für Nachhaltigkeit Seminare und andere Hilfsangebote bei der Umsetzung der Anforderungen macht.

Wenn in Unternehmen A bislang Verstöße gegen die IRV bekannt geworden sind, geschah dies meist über informelle Wege. Häufig waren nicht nur Gewerkschaften, sondern auch Medienvertreter oder kirchliche Organisationen beteiligt. Wichtig sei es aber vor allem, so die Arbeitnehmervertreter, dass die IRV an den einzelnen Standorten verankert sei und sich jeder Mitarbeiter für die Übermittlung von eventuell vorhandenen Missständen verantwortlich fühle:

»Diese Sozialcharta[147] muss an allen Standorten gelebt werden. Da muss sich jeder einzelne drum kümmern. Und wenn er auf einen Verstoß stößt, das dann auch entsprechend weitergeben.« (I 1: 74)

Anhand der geschilderten Maßnahmen wird deutlich, dass sich das Unternehmen um eine Etablierung von Kontrollmechanismen bemüht. Dabei ist sich das Unternehmen der Schwierigkeit einer Überwachung insbesondere bei den Zulieferbetrieben bewusst und sucht diese durch fördernde Maßnahmen in ihrer Einhaltung der Standards zu unterstützen.

147 Die IRV von Unternehmen A wird intern oft als Sozialcharta bezeichnet.

2.4.3 Nutzung bei Problemfällen

Bei Unternehmen A beobachten die Vertreter des Unternehmens und des GBR in der Branche der Automobilhersteller und Automobilzulieferer insgesamt recht wenige Verstöße gegen fundamentale Arbeitsstandards. Die hohen technologischen Anforderungen, die an die Produkte gestellt werden, erlaubten keine grundlegende Missachtung von Arbeitnehmerrechten:

»Ich denke, es liegt auch schon an unserer Branche. Wenn Sie natürlich Nike angucken oder die Bekleidungsindustrie, da – ok. Aber unsere Zulieferer sind doch schon von der Technologie relativ hoch angesiedelt. Die können sich das teilweise auch bei ihren Sublieferanten nicht leisten, dass die irgendwo in Timbuktu sitzen.« (I 1: 69)

Auch bei Unternehmen A gebe es in der Regel keine Verstöße gegen fundamentale Sozial- und Arbeitsstandards. Im Gegenteil würden die Bedingungen bei Unternehmen A die IRV übertreffen, wie die Evaluation der IRV ergeben habe:

»Die grundsätzliche Erkenntnis der Auswertung war, dass in allen Konzernstandortländern, die wir da erfasst haben, die nationalen Gesetzgebungen und beziehungsweise die Regelungen, die auf Unternehmensebene getroffen worden waren, in den Ländern bei [Unternehmen A] höher lagen als die Maßgabe der Sozialcharta. Die basiert ja auf den Kernarbeitsnormen der IAO. […] Kinderarbeit, Zwangsarbeit und so weiter haben wir einfach nicht im Konzern. Dementsprechend war's auch nicht schwer zu vermuten, dass in unseren Standorten keine nennenswerten Probleme auftreten.« (I 1: 12)

Ein Problem sei jedoch, dass die Informationen oft nicht ausreichend recherchiert seien und dem Betriebsrat damit keine Handlungsfähigkeit gewährt werde. Oft verliefen Beschwerden im Sande oder würden durch Nachfragen nicht bestätigt (I 1: 66). Wenn es zu Problemen komme, handele es sich in der Regel um Verstöße gegen das Recht auf gewerkschaftliche Vereinigung bei Zulieferern:

»[…] ja, das ist einfach der Kern der Kritik gewesen, wenn es irgendwo mal Probleme gab mit diesen Standards, dann eben bei Zulieferern. […] das zieht sich eigentlich durch alle Standorte, wenn mal irgendwo was auftritt, dann ist es am ehesten das. Das ist jetzt nicht so, dass wir irgendwo die Andeutung von Kinderarbeit haben zum Beispiel.« (I 1: 14)

Die IRV stellte bereits bei einigen Fällen innerhalb und außerhalb Deutschlands einen wichtigen Bezugspunkt bei auftretenden Problemen dar.[148] Während ursprünglich davon ausgegangen worden war, dass die IRV vor allem außerhalb Deutschlands Anwendung finden würde, musste nun festgestellt werden, dass es auch in Deutschland selbst Umsetzungsbedarf gibt:

»[…] gerade in Deutschland denkt man ja eigentlich, wir haben hier das Betriebsverfassungsgesetz und was weiß ich nicht alles, aber es gibt nun mal auch in der Umgebung von [Unternehmen A] schwarze Schafe, die versuchen dann, das zu umgehen, und das war dann noch mal ein Argument mehr, wo man sagen konnte, wir haben hier einfach diese Regel, damals in der Sozialcharta steht, Zulieferer sollen in Zukunft auch in diese Regelung einbezogen werden […]« (I 1: 16)

In der Regel, so der GBR, könnten die Probleme durch den Verweis auf die IRV rasch gelöst werden. Die Angst vor einer Auseinandersetzung oder sogar einem Verlust der Lieferbeziehungen zu Unternehmen A führte meist zu einem raschen Einlenken der Betriebe:

»[…] das geht dann ganz nach oben meistens, zum Vorstand, zur Beschaffung meistens, und der ist auch soweit, der kümmert sich dann um so was, der schreibt einen Brief und dann ist das meistens, also wir haben eigentlich keine Fälle, wo sich jemand dauerhaft widersetzt hat, weil [Unternehmen A] einfach so ein großer Abnehmer ist für jeden Zulieferer.« (I 1: 18)

Auch wirke die IRV zum Teil sogar präventiv:

»Also was ich ganz beachtlich fand bei der ersten Umfrage, war, dass uns verschiedene Kollegen in den Gesprächen gesagt haben, wenn es irgendwo Probleme gibt, hilft es ganz oft, die Sozialcharta einmal hoch zu halten, also es kommt gar nicht so oft zu so ganz konkreten Sachen halt.« (I 1: 26).

So lässt sich festhalten, dass die IRV bereits weltweit bei Verstößen gegen grundlegende Arbeitnehmerrechte erfolgreich eingesetzt werden konnte. Bei den bekannt gewordenen Problemfällen handelte es sich meist um eine

148 So kam es in Deutschland bei einem Zulieferer zu einem Problem bei der Einrichtung eines Betriebsrats und in einem anderen Fall zu höheren Lohnforderungen von Mitarbeitern von Logstikunternehmen (vgl. Kapitel 2.3.2, Teil II). Aufgrund des Einschreitens von Unternehmen A konnten die Konflikte gelöst werden. In Tschechien gab es mehrere Probleme, bei denen der Bezug auf die IRV zur Lösung beigetragen hat. Dabei war es von besonderer Bedeutung, dass die Beschäftigten über die Existenz der IRV informiert worden waren (I 1: 14). Konfliktstoff waren auch hier in der Regel Verstöße gegen Gewerkschaftsrechte in den Zulieferbetrieben. In der Türkei hingegen konnte der Verdacht nicht erhärtet werden, dass ein Zulieferer Beschäftigte aufgrund ihrer gewerkschaftlichen Organisierung entlassen habe. Wie Recherchen ergaben, handelte es sich bei dem betreffenden Unternehmen nicht um einen Zulieferer von Unternehmen A.

Behinderung der gewerkschaftlichen Organisierung der Beschäftigten in Zulieferbetrieben. Durch das Eingreifen von Unternehmen A konnten die Probleme jedoch in der Regel rasch gelöst werden.

2.4.4 Außendarstellung

Wie bereits erwähnt, war ein Grund für den Abschluss der IRV seitens des Unternehmens der Wunsch nach einer positiven Bewertung durch Ratingagenturen. Insofern nutzt das Unternehmen die IRV – ebenso wie die Lieferantenbewertung und andere Dokumente – bewusst zum Aufbau einer »transparenten Organisationsstruktur« (I 1: 31) und zur positiven Außendarstellung:

> »Es hilft uns einfach, dass wir das aufgeschrieben haben; wir können halt immer auch nach außen zeigen, wenn Ratingagenturen fragen, wir haben hier was in Schrift gegossen, in Papier gegossen, es ist von allen unterschrieben und das ist auch für uns aus Unternehmenssicht wichtig.« (I 1: 24)

Die Bedeutung der IRV für die Außendarstellung und die Bewertung durch die Ratingagenturen zeigt sich auch in den Nachhaltigkeitsberichten, die Unternehmen A seit 2005 im Zweijahresrhythmus veröffentlicht. In diesen Berichten werden ausführlich Themen der Nachhaltigkeit wie Umwelt, Transparenz, Sicherheit und Gesundheit, Globalisierung und Standortsicherung im Unternehmen behandelt. Auch die IRV findet hier Erwähnung (Unternehmen A 2005: 23). Darüber hinaus hat Unternehmen A einen CSR-Bericht veröffentlicht, in dem das Engagement des Unternehmens im Bereich der gesellschaftlichen Verantwortung dargestellt und die IRV ausführlich vorgestellt wird (Unternehmen A 2006c: 24).

Auch auf der Homepage des Unternehmens informiert ein ausführliches Portal über die Nachhaltigkeitspolitik von Unternehmen A und die in diesem Zusammenhang entwickelten Instrumente. Aktuelle und frühere Nachhaltigkeitsberichte, eine CSR-Broschüre sowie die IRV und andere Vereinbarungen zu Umwelt-, Arbeits- und Sozialstandards, wie etwa die Bestimmungen zur Nachhaltigkeit in den Lieferantenbeziehungen, stehen auf der Seite zum Download bereit.

Die Möglichkeit zur Außenwirkung nutzt auch der GBR, indem er in einschlägigen Publikationen (vgl. etwa Steiert u. a. 2002) und der Zeitschrift des GBR Stellung bezieht. Die gewerkschaftliche Arbeitnehmervertretung hingegen kritisiert im Gespräch, dass der Wunsch nach einer positiven Außenwirkung zum Teil stärker gewesen sei als der Wunsch nach substanzieller Veränderung:

»Hier war es ja so, wir hatten eine tolle Presseerklärung und [der Arbeitsdirektor] und [der Vorsitzende von GBR, EBR und WBR] haben sich hingestellt und gesagt, wir sind jetzt hier Unternehmen soundso, ganz klasse, und das war zu der Zeit, als [Unternehmen B] fusioniert ist, und [Unternehmen A] hat dann auch ne schöne Schlagzeile gehabt, nicht nur [Unternehmen B] stand drin. Auf jeden Fall kam dann diese Pressemitteilung mit dem Thema ›wir haben jetzt auch eine Sozialcharta‹ und dann war das Thema durch. Nachdem die Presse verpufft war, hatten wir so ein Ding.« (I 5: 71)

Für das Unternehmen stellt die IRV also auch ein Instrument dar, das für eine positive Außenwirkung genutzt werden kann. Dabei richtet sich die Kommunikation der Vereinbarung sowohl an Ratingagenturen als auch an die breite Öffentlichkeit.

2.5 Die Umsetzung der Internationalen Rahmenvereinbarung bei Unternehmen A in Mexiko

Im Folgenden soll untersucht werden, welche Maßnahmen zur Umsetzung der IRV bei Unternehmen A in Mexiko ergriffen werden.

2.5.1 Unternehmen A in Mexiko

Der Konzern verfügt bislang über einen Produktionsstandort in Mexiko; ein weiterer befindet sich im Aufbau. Das Werk in der zentralmexikanischen Stadt E[149] hat sowohl in Mexiko als auch innerhalb des Konzernverbunds traditionell eine große Bedeutung. Nach seiner Gründung im Jahr 1965 produzierte das Unternehmen in Mexiko zunächst vor allem für den mexikanischen Markt. So war ein in Mexiko produziertes Pkw-Modell über Jahrzehnte Marktführer im Pkw-Segment.[150] Gleichzeitig stellte die mexi-

149 Um eine Anonymisierung zu gewährleisten, werden die Namen der Standorte der untersuchten Unternehmen im Folgenden nicht genannt, sondern dem Alphabet nach gekennzeichnet.

150 Im Jahr 1974 war ein Drittel aller in Mexiko verkauften Autos ein von Unternehmen A produziertes Modell (Karig 2004: 268).

kanische Niederlassung lange Zeit den einzigen Standort des Unternehmens in Nordamerika dar und war aufgrund dieser räumlichen Nähe zum US-amerikanischen und kanadischen Markt stets von großer strategischer Bedeutung für den Konzern. Die für 2013 geplante Eröffnung eines Motorenwerkes in Zentralmexiko sowie die bereits erwähnte Inbetriebnahme eines neuen Werkes in den USA im Jahr 2011 (vgl. Kapitel 2.1, Teil II) unterstreichen die anhaltende Bedeutung der amerikanischen Produktionsstätten und Absatzmärkte im Konzernverbund, auch wenn inzwischen die Erschließung neuer Märkte in den sogenannten BRIC-Staaten (Brasilien, Russland, Indien und China) im Zentrum der Konzernstrategie steht.

Zu Beginn des neuen Jahrhunderts war zunächst ein Absinken der Produktionszahlen in Mexiko zu beobachten, was zum einen mit der recht gering ausfallenden Nachfrage bezüglich des neuen Modells, zum anderen mit dem wachsenden Konkurrenzkampf mit anderen Automobilherstellern, vor allem auf dem US-amerikanischen Markt, zusammenhängt. Inzwischen stellt Mexiko jedoch einen der Hauptabsatzmärkte des Konzerns dar und verzeichnet enorme Produktionszuwächse. Bezüglich der Beschäftigtenzahlen im Werk lässt sich ein leichter Rückgang beobachten. Während im Jahr 1999 noch 15.958 Arbeitnehmer bei Unternehmen A in Mexiko beschäftigt waren (Bonifaz Moreno/Bueno Rodríguez 2003: 34), unter denen sich allerdings auch zahlreiche Arbeitnehmer mit Kurzzeitverträgen befanden, waren es Ende 2006 nur noch 13.500.[151] Im Herbst 2006 beschäftigte das Unternehmen nach Angabe der Gewerkschaft noch 12.700 Arbeitnehmer, von denen circa 9.700 Gewerkschaftsmitglieder und rund 3.000 *trabajadores de confianza* und damit nicht gewerkschaftlich organisiert waren (vgl. Kapitel 1.1, Teil I). Im Jahr 2012 sind nach Angaben des Konzerns 13.937 Mitarbeiter bei Unternehmen A am Standort E beschäftigt. Zahlreiche ehemalige Arbeitnehmer von Unternehmen A in Mexiko fanden (in der Regel deutlich schlechter bezahlte) neue Arbeitsplätze in den Zulieferparks, die vom Know-how der oft gut ausgebildeten Arbeitnehmer profitierten (Montiel 2004: 4).

Die Zunahme der Beschäftigten in den Zulieferparks hängt stark mit der Veränderung der Produktionsstruktur bei Unternehmen A in Mexiko

151 Soweit nicht anders vermerkt, stammen die folgenden Informationen und Daten zu Unternehmen A in Mexiko aus Geschäftsberichten, Internetpräsentationen u. a. Veröffentlichungen des Konzerns selbst.

zusammen, die seit Beginn der 1980er Jahre durchgesetzt wurde.[152] Inzwischen arbeitet das Unternehmen in Mexiko eng mit zahlreichen Zulieferfirmen zusammen, die zum Teil in einem der drei in unmittelbarer Nähe von Unternehmen A sich befindenden Zulieferparks angesiedelt sind und nach dem *Just-in-time*-Modell für Unternehmen A in Mexiko produzieren. Insgesamt sind rund 260 Zulieferfirmen meist in der Stadt E und der Umgebung mit der Produktion von Autoteilen für Unternehmen A befasst (Bonifaz Moreno/Bueno Rodríguez 2003: 8). Aufgrund dieser Produktionsstruktur ist nicht nur das Werk in Mexiko, sondern die gesamte Automobilbranche samt Zulieferern äußerst wichtig für die gesamte Region.[153]

2.5.2 Gewerkschaft des Unternehmens A in Mexiko

Bei der Gewerkschaft von Unternehmen A in Mexiko (im Folgenden: Gewerkschaft A), die zur Zeit der vorliegenden Untersuchung die Interessen der Arbeitnehmer im Werk vertrat, handelt es sich um eine von den traditionellen korporatistischen Verbänden unabhängige Betriebsgewerkschaft. Diese ist Mitglied der UNT, einem einflussreichen Verband unabhängiger mexikanischer Gewerkschaften (vgl. Kapitel 1.3.2, Teil II), und blickt auf eine bewegte Geschichte zurück. Zunächst etablierte sich im Werk am Standort E eine Gewerkschaft, die dem mächtigen, korporatistischen Gewerkschaftsverband CTM[154] angehörte. Für die CTM stellte die Gewerkschaft A eine wichtige Größe dar, was sich unter anderem darin ausdrückte, dass der erste Tarifvertrag direkt zwischen dem in Mexiko legendären Gewerkschaftsführer Fidel Velázquez und der deutschen Konzernzentrale ausgehandelt wurde (vgl. Pries 1985: 56). Die Gewerkschaft A verließ jedoch 1971 die CTM und schloss sich der *Unidad Obrera Indepen-*

152 Montiel analysiert für die 1980er Jahre sechs wesentliche Veränderungen in der Produktions- und Beschäftigungsstruktur bei Unternehmen A in Mexiko: geringere Beschäftigung; Anwachsen der Produktivität; veränderte Ausbildungsanforderungen an die Beschäftigten; neue Arbeitssituationen und Risiken; Veränderungen in der Unternehmens- und Gewerkschaftsorganisation (Montiel 1987: 82).

153 So schuf das Werk im Jahr 2002 rund 80.000 indirekte Arbeitsplätze (El Universal, 20.3.2002, nach Montiel 2004: 3) und erwirtschaftete im gleichen Jahr gemeinsam mit den wichtigsten 20 Zulieferern 40 Prozent des BIP der Region E (Bonifaz Moreno/ Bueno Rodríguez 2003: 5).

154 Vgl. ausführlich zur CTM Kapitel 1.3.2, Teil I.

diente (UOI) an, aus der sie 1981 wiederum austrat.[155] Anschließend agierte sie zunächst unabhängig, bis sie sich in den 1990er Jahren der *Federación de Sindicatos de Empresas de Bienes y Servicios* (FESEBS) und später der Sammelbewegung unabhängiger Gewerkschaftender UNT anschloss. Als Betriebsgewerkschaft bleibt ihre Domäne auf Unternehmen A in Mexiko selbst begrenzt; in den Zulieferbetrieben hingegen sind vor allem CTM-Mitgliedsgewerkschaften aktiv.

Anders als viele mexikanische Gewerkschaften, die dem traditionellen Lager zuzuordnen sind oder als sogenannte Schutzgewerkschaften gelten können, bemüht sich Gewerkschaft A um die Einhaltung demokratischer Regeln. So finden in regelmäßigen Abständen Vollversammlungen statt (ein- bis dreimal jährlich), der Generalsekretär und das Exekutivkomitee werden gemäß der Gewerkschaftsstatuten alle vier Jahre in geheimer Wahl von den Mitgliedern bestimmt und bei bedeutenden Entscheidungen ist es üblich, die Mitglieder zu befragen, wobei die jeweiligen Beschlüsse der Vollversammlung bindend sind.[156] Nachdem Mitte der 1990er Jahre die Möglichkeit der Wiederwahl des Generalsekretärs in den Statuten verankert worden war, wurden im Jahr 2004 erstmals der Generalsekretär und Teile des Exekutivkomitees wiedergewählt. Dies ließ eine stärkere Kontinuität und Langfristigkeit der Gewerkschaftsarbeit zu, als dies unter der vorherigen Regelung der Fall war. Da es üblich war, dass die gesamte Gewerkschaftsspitze nach Ende der Amtszeit auch aus dem Betrieb ausschied, wurde oft nicht an die Gesamt-, sondern sehr viel stärker an die eigenen Interessen gedacht. Korruption und die Veruntreuung von Gewerkschaftsgeldern waren dabei recht übliche Praktiken (Dombois/Pries 1999: 109). Bei Wahlen im Jahr 2008 wurde das Komitee durch ein neues abgelöst.

Die Gewerkschaft A kann – zumindest im Gegensatz zu vielen der hier dargestellten Arbeitnehmervertretungen in Mexiko – durchaus als konfliktorientiert charakterisiert werden. Dies wurde vor allem 1992 deutlich, als die Arbeitnehmer aufgrund der von der Geschäftsleitung geplanten Einführung von Gruppenarbeit und eines neuen Entlohnungssystems zwei

155 Vgl. ausführlich zur Entwicklung der Gewerkschaft von einer CTM-Mitgliedsgewerkschaft hin zu einer unabhängigen und dem Typ des »*nuevo sindicalismo*« zuzuordnenden Gewerkschaft Pries (1985) und Herrera Lima (1988).

156 So wurde die von der Gewerkschaftsführung vorgeschlagene Einführung der Vier-Tage-Woche im ersten Anlauf von der Arbeitnehmerschaft abgelehnt und erst später eingeführt.

Monate die Arbeit niederlegten und das Werk sogar zeitweilig (im Juli und August 1992) geschlossen wurde (vgl. ausführlich Pries 1993).[157] Spätestens seit dem Austritt aus der CTM begleiteten Streikdrohungen regelmäßig die in zwei-jährigem Abstand stattfindenden Tarifverhandlungen. So kam es zwischen 1974 und 1984 zu insgesamt 85 Streiktagen (vgl. Herrera Lima 1988: 86f.) und in den Jahren 2000 bis 2004 zu drei Streiks (vgl. Juárez Nuñez 2006: 17ff.). Dementsprechend beschrieb der zum Zeitpunkt der Untersuchung amtierende Generalsekretär sein Verhältnis zur Geschäftsleitung als ein eher konfliktreiches denn ein kooperatives (I 13: 59).

Dennoch kann das Verhältnis zwischen Gewerkschaft und Unternehmensleitung inzwischen nicht mehr nur als konfliktreich dargestellt werden. Vielmehr bildete sich in Folge des Arbeitskonflikts im Jahre 1992 ein »produktivistischer Grundkonsens« (Dombois/Pries 1999: 117) heraus, der das vorherige Gegeneinander zumindest teilweise durch ein Miteinander ersetzte. So wird die Gewerkschaftsführung seitdem regelmäßig über die Betriebsstrategien informiert, und es wurden institutionalisierte Austauschmöglichkeiten eingerichtet. In der *grupo central*, der zentralen Gruppe, in der Manager und Gewerkschaftsvertreter zusammenkommen, sowie in den Workshops, an denen sich Vorstandsmitglieder, Direktoren, Manager und alle Mitglieder des gewerkschaftlichen Exekutivkomitees beteiligen, können sich Geschäftsführung und Gewerkschaft regelmäßig austauschen (vgl. Dombois/Pries 1999: 118).

Ein Beispiel für die engere Zusammenarbeit der beiden Parteien ist die zeitweise Einführung der Vier-Tage-Woche im Sommer 2003. Aufgrund der bereits geschilderten Absatzprobleme vor allem in den USA, der damit zusammenhängenden geringeren Produktion bei Unternehmen A in Mexiko und dem drohenden Arbeitsplatzabbau beschlossen Unternehmensleitung und Gewerkschaft die Reduzierung der wöchentlichen Arbeitszeit auf vier Tage, wobei sich an dem bei Unternehmen A in Deutschland zum Teil entwickelten und eingesetzten Modell der Vier-Tage-Woche orientiert wurde. Gleichzeitig wurden Lohnkürzungen von 20 Prozent vereinbart, die allerdings durch Zuschüsse aus öffentlichen Kassen abgemildert werden

157 Dennoch setzte das Unternehmen zahlreiche der angekündigten Maßnahmen um. Gleichzeitig kam es auch in der Gewerkschaftsstruktur zu erheblichen Veränderungen, u. a. indem die Anzahl der sogenannten Selektionsdelegierten, die als Bindeglied zwischen der Gewerkschaftsführung und den Beschäftigten fungierten, erheblich reduziert wurde. So erhielt das Exekutivkomitee eine deutlich stärkere Machtposition. Vgl. zu einer ausführlichen Darstellung der strukturellen Vorbedingungen des Streiks sowie der Handlungsoptionen der Akteure, der Ergebnisse und ihrer Bedeutung Pries (1993).

konnten, so dass die Arbeitnehmer 90 Prozent ihres vorherigen Lohnes weiter erhielten. Mit diesen nicht unumstrittenen Maßnahmen konnte die Entlassung von 1.200 Arbeitnehmern – vorwiegend Arbeitnehmer mit Kurzzeitverträgen, aber auch Festangestellte – verhindert werden (Montiel 2007: 44; vgl. auch ausführlicher Montiel 2004).[158]

Darüber hinaus ist Gewerkschaft A auch in nationale und internationale Netzwerke eingebunden. Auf nationaler Ebene wurde versucht, ein Netzwerk der mexikanischen Automobilgewerkschaften aufzubauen,[159] und auf internationaler Ebene bestehen zahlreiche Verbindungen innerhalb der Konzernstrukturen.[160] So verfügt die Gewerkschaft über einen Sitz sowohl im WBR als auch in dessen Präsidium und steht damit in Kontakt zu Arbeitnehmervertretungen und Geschäftsführungen anderer Standorte.[161] Weitere Möglichkeiten zum Austausch bieten zum Zeitpunkt der Untersuchung erstens das deutsch-iberoamerikanische Gewerkschaftsnetzwerk, in dessen Rahmen sich die nationalen Gewerkschaftsvertreter der Niederlassungen in Deutschland, Spanien, Portugal, Mexiko, Brasilien und Argentinien regelmäßig austauschen, und zweitens der bereits erwähnte Basis-Arbeitskreis Mexiko, in dem sich Mitarbeiter von Unternehmen A und Gewerkschaftsvertreter mit den Verhältnissen in den verschiedenen Standorten von Unternehmen A befassen und sich für einen internationalen Austausch einsetzen, sowie drittens die IMB-Mitgliedschaft.[162] Die verschiedenen Instrumente der internationalen Zusammenarbeit wurden

158 Die vom Unternehmen und auch vom deutschen GBR geforderte Einführung von Arbeitszeitkonten, die bereits in zahlreichen anderen Werken von Unternehmen A eingeführt worden sind, scheiterte in Mexiko jedoch an der konsequenten Verweigerung des Gewerkschaftskomitees (vgl. Hahn 2007: 74ff.).

159 Die *National Conference of Auto Unions* (CONSTA) wurde 2004 von UNT und CTM ins Leben gerufen. Nachdem sie aber von mehreren US-Automobilunternehmen attackiert sowie von zahlreichen CTM-Mitgliedsgewerkschaften boykottiert worden war, verlor sie rasch wieder an Bedeutung (vgl. Juárez Nuñez 2006: 25–26).

160 Der Austausch zwischen den mexikanischen und deutschen Arbeitnehmervertretern intensivierte sich vor allem in Folge des Arbeitskampfes im Rahmen der Tarifverhandlungen im Jahr 1987, als sich der deutsche GBR und die IG Metall solidarisch mit den streikenden mexikanischen Arbeitnehmern erklärten (vgl. Mertens 1989: 137).

161 Da in Mexiko anders als etwa in Deutschland die Betriebsgewerkschaft die betriebliche Arbeitnehmervertretung darstellt, vertritt sie die Arbeitnehmer im WBR. Die Vertretung der Gewerkschaft übernimmt der Generalsekretär der Gewerkschaft.

162 Allerdings folgte der Abwahl der früheren gewerkschaftlichen Vertretung im Jahr 2008 der Ausschluss von Gewerkschaft A aus dem IMB aufgrund nicht geleisteter Mitgliedsbeiträge.

zum Zeitpunkt der Untersuchung vom Gewerkschaftsvorsitzenden intensiv als Strategieinstrument genutzt (I 5: 13).

Somit kann Gewerkschaft A zum Untersuchungszeitraum als eine Gewerkschaft charakterisiert werden, die sich auf der einen Seite konfliktorientiert zeigt, indem sie für ihre Forderungen einsteht und auf Forderungen seitens der Geschäftsleitung – wie etwa im Fall der Arbeitszeitkonten – nur zum Teil eingeht. Auf der anderen Seite arbeitet Gewerkschaft A mit dem Management im Geiste eines produktivistischen Grundkonsens' zusammen und zeigt sich zu Zugeständnissen bereit. So konnte die Vier-Tage-Woche nach anfänglichem Protest auch bei Unternehmen A in Mexiko für einen befristeten Zeitraum eingeführt werden. Darüber hinaus ist die Gewerkschaft A sehr intensiv in die internationale Zusammenarbeit eingebunden.

In dem neu entstehenden Motorenwerk in Mexiko konnte sich Gewerkschaft A jedoch nicht als Vertretung der Arbeitnehmer etablieren. Nachdem das Unternehmen zunächst Verhandlungen mit einer CTM-Gewerkschaft, also einer dem traditionalistischen Lager zuzuordnenden Arbeitnehmervertretung, aufgenommen hatte, intervenierten die Gewerkschaft A und der deutsche GBR und forderten Verhandlungen auch mit der bereits in Werk E vertretenen Gewerkschaft A. Dennoch wurde schließlich ein Tarifvertrag mit der CTM-Gewerkschaft geschlossen und deren Alleinvertretungsanspruch im Werk festgelegt. Somit konnte sich das Modell einer unabhängigen und durchaus konfliktorientierten Gewerkschaft, wie es bei Unternehmen A am Standort E gelebt wird, auf nationaler Ebene nicht durchsetzen.[163]

2.5.3 Tarifvertraglich festgelegte Arbeitsbedingungen

Trotz der genannten ökonomischen Probleme können die tarifvertraglich festgelegten Arbeitsbedingungen bei Unternehmen A am Standort E in Mexiko im nationalen Vergleich zu den Besten der Branche gezählt wer-

163 Unabhängige Beobachter bewerten den neu geschlossenen Tarifvertrag zum Teil als Schutzvertrag. Unter anderem kritisieren sie, dass die Vertragsverhandlungen und der Vertragsabschluss stattgefunden hätten, ohne dass Arbeiter im Werk beschäftigt gewesen seien, da die Produktion noch nicht aufgenommen worden war. Auch wird bemängelt, dass die Gewerkschaft A über die Verhandlungen mit der CTM-Gewerkschaft zunächst nicht informiert und anschließend kaum Zeit für eine eigene Wahlkampagne gehabt habe (vgl. Boletín CCPP 2012).

den. Laut Tarifvertrag erhalten die Arbeitnehmer recht hohe Gehälter[164] sowie gute Sonderleistungen, die sich etwa in einem hohen dreizehnten Monatsentgelt, deutlich mehr Urlaubstagen als gesetzlich vorgesehen,[165] Lebensmittelwertgutscheinen und dem Abschluss einer Lebensversicherung ausdrücken. Weiterhin werden Anreize zur Produktivitätssteigerung durch die Gewährung einer Pünktlichkeits- und Anwesenheitsprämie gesetzt.

Einschränkend ist jedoch darauf hinzuweisen, dass diese im Tarifvertrag festgeschriebenen Regelungen nur für fest angestellte und gewerkschaftlich organisierte Mitarbeiter gelten. Die große Zahl der *eventuales* – also Beschäftigte mit Zeitverträgen – und *trabajadores de confianza* profitiert von diesen Verhandlungsergebnissen hingegen nicht.[166] Auch muss kritisch angemerkt werden, dass die nach wie vor im nationalen Vergleich guten Arbeitsbedingungen bei Unternehmen A in Mexiko immer wieder unter anderem durch die Entlassung zahlreicher Arbeitnehmer, vor allem sogenannter *eventuales*, ausgeglichen worden sind. So werden sinkende Absatzzahlen bei Unternehmen A in Mexiko traditionell durch Personalabbau und erst seit Einführung der Vier-Tage-Woche im Jahr 2003 partiell auch durch Arbeitszeitverkürzung aufgefangen. Viele der ehemaligen Arbeitnehmer von Unternehmen A in Mexiko mussten sich dabei nach ihrer Entlassung mit deutlich schlechteren Konditionen in einem der Zulieferbetriebe abfinden.

Somit können die Arbeitsbedingungen bei Unternehmen A in Mexiko zwar im nationalen Vergleich als gut beurteilt werden. Gleichzeitig haben aber auch die Arbeitnehmer von Unternehmen A in Mexiko die für sie

164 Während der gesetzliche Mindestlohn im Jahr 2006 45,81 Peso betrug, lag der Tageslohn des in den Jahren 2006 bis 2008 ausgehandelten Tarifvertrags bei Unternehmen A in Mexiko zwischen 146,45 Peso für einfaches technisches Personal und 503,90 Peso für Facharbeiter (Unternehmen A de México 2006: 56ff.).

165 Die Mindestanzahl von Urlaubstagen bei Unternehmen A in Mexiko lag im Untersuchungszeitraum bei 14 Tagen bei einer Betriebszugehörigkeit von ein bis zwei Jahren und steigerte sich auf bis zu 20 Tage bei einer mindestens 18-jährigen Betriebszugehörigkeit. Anschließend wurde die Anzahl der Urlaubstage alle fünf Jahre um weitere drei Tage erhöht (Unternehmen A de México 2006: cláusula 43). Dieser betrieblichen Vereinbarung steht eine gesetzliche Regelung entgegen, die eine Mindestanzahl von sechs Urlaubstagen vorsieht, die sich im Rhythmus von zwei und später von fünf Jahren um je zwei Tage erhöht (LFT: art. 76).

166 Anzumerken ist jedoch, dass *trabajadores de confianza* aufgrund ihres Angestelltenstatus und ihrer z. T. höher qualifizierten Tätigkeiten in der Regel mehr verdienen als die gewerkschaftlich organisierten Arbeitnehmer.

negativen Auswirkungen der Internationalisierung der Produktion, den Ausbau der Zusammenarbeit mit Zulieferern in Form der *Just-in-Time*-Produktion und die immer wieder rückläufigen Absatzzahlen zu spüren bekommen.

2.5.4 Mögliche Wirkungsbereiche

Sowohl das Management als auch die Gewerkschaft beurteilen die Arbeitsbedingungen der tarifvertraglich abgesicherten Arbeitnehmer bei Unternehmen A in Mexiko insgesamt als gut und der IRV entsprechend. Die im Kollektivvertrag vereinbarten Arbeitsbedingungen liegen über den Standards der IRV und auch die direkten Beziehungen zwischen Geschäftsführung und Arbeitnehmern sind in der Regel gut. Dennoch gibt es vereinzelt Probleme, etwa durch Diskriminierung von Beschäftigten aufgrund von Alter oder Geschlecht oder durch die Beschäftigung von *trabajadores de confianza* und deren bereits angesprochenen Ausschluss aus der gewerkschaftlichen Organisierung (I 13: 29).

Im Fall von Unternehmen A in Mexiko sind rund 23 Prozent der Arbeitnehmer als *trabajadores de confianza* eingestuft und somit nicht gewerkschaftlich organisiert.[167] Diese Praxis wird vor allem von der deutschen Gewerkschaftsseite aus kritisiert, während sie in Mexiko fest institutionalisiert ist. Das mexikanische Management sieht deshalb keinen Handlungsbedarf in Bezug auf die Beschäftigung von *trabajadores de confianza.* Sie entspreche den gesetzlichen Vorgaben in Mexiko und stehe damit nicht im Widerspruch zur IRV, die eine Respektierung der nationalen Gesetze und der nationalen Arbeitskultur vorsehe (I 11: 61). Selbst die lokale Gewerkschaft sah in der zahlreichen Beschäftigung von *trabajadores de confianza* lange Zeit kein Problem und wurde erst durch Gespräche mit der IG Metall am zentralen Standort in Deutschland und dem Basisnetzwerk für das Thema sensibilisiert (I 5: 5).

Die feste Verankerung der *trabajadores de confianza* und ihres faktischen Ausschlusses aus der gewerkschaftlichen Organisierung in der mexikanischen Arbeitskultur erschwert eine konstruktive Zusammenarbeit zwischen den deutschen und den mexikanischen Akteuren. So bleibt das Thema »das

167 Nach Einschätzung der Gewerkschaft A sind mindestens 80 Prozent der im Untersuchungszeitraum beschäftigten *trabajadores de confianza* nur aufgrund einer inkorrekten Auslegung des LFT als solche eingestuft und könnten sich eigentlich gewerkschaftlich organisieren.

große Fragezeichen« (I 1: 12), das zum Zeitpunkt der Untersuchung keine nennenswerten Veränderungen erwarten ließ. Dennoch wird der Aspekt der *trabajadores de confianza* regelmäßig auf den WBR-Sitzungen behandelt, wobei insbesondere der IMB eine Diskussion forciert.[168]

Die größten Probleme hinsichtlich der Arbeitsbedingungen und der Einhaltung der IRV sehen sowohl die Gewerkschaft A als auch Experten bei den Zulieferern. Hier seien die Arbeitsbedingungen weitaus schlechter als bei Unternehmen A in Mexiko selbst (vgl. Montiel 2004: 4–5; I 12: 7). So seien die Gehälter niedriger, es komme zu Diskriminierung aufgrund von Geschlecht und Alter und *contratos de protección* seien weit verbreitet. Die jeweiligen Gewerkschaften in den Zulieferbetrieben – sofern sie überhaupt vorhanden sind – stellten keine authentische Interessenvertretung der Arbeitnehmer dar, sondern stünden als sogenannte Schutzgewerkschaften dem Arbeitgeber nahe. Folglich sind diese Gewerkschaften nicht an einer Verbesserung der Arbeitsbedingungen und einer Umsetzung der IRV in den Zulieferbetrieben interessiert. Deshalb, so der Vorwurf der Gewerkschaft A, könne von einer erfolgreichen Umsetzung der IRV in den Zulieferbetrieben keine Rede sein:

»Tatsächlich glaube ich, dass dies der schwächste Teil der Sozialcharta ist. Wir glauen, dass Mexiko in diesem Punkt versagt. Wir sehen, dass [Unternehmen A] Arbeitsbeziehungen zu Unternehmen unterhält, in denen mehrheitlich Gewerkschaften aktiv sind, die Mitglieder der großen Gewerkschaftsverbände sind und zum Teil *contratos de protección* abgeschlossen haben. Insofern wird unserer Meinung nach in der Zusammenarbeit mit diesen Unternehmen die Sozialcharta nicht eingehalten.« (I 13: 13, eigene Übersetzung)

Und auch der regionale IMB-Vertreter sieht den größten Handlungsbedarf bei den Zulieferern von Unternehmen A am Standort E in Mexiko, in denen es Fälle von *contratos de protección* gebe (I 6: 21). Allerdings, so kritisiert die lokale Gewerkschaftsführung, unternehme der IMB zu wenig, um die Probleme in den Zulieferbetrieben zu beseitigen. Obwohl die Probleme bekannt seien, zögere der IMB, diese anzugehen:

»Es ist eine Tatsache, dass dem IMB die Verstöße gegen die Sozialcharta bekannt sind. Sie fragen uns ständig nach aussagekräftigen Daten, aber wir können auch nichts machen. Wir fordern eine intensive Forschung in den Zulieferbetrieben, die die wirklichen Verstöße dokumentiert. Denn ja, es existieren kleine und große Verstöße.« (I 13: 21, eigene Übersetzung)

168 Der IMB hat u. a. eine Forschung zum Thema der *trabajadores de confianza* in Mexiko in Auftrag gegeben (vgl. Hessler 2005).

Das Unternehmen A selbst jedoch beobachtet keine Probleme bei den Zulieferbetrieben. Die Arbeitsbedingungen würden in der Regel über dem nationalen Standard liegen und auch ein Problem mit der Gewerkschaftsfreiheit gebe es nicht. Bei den Gewerkschaften in den Betrieben handele es sich um Mitglieder der großen Gewerkschaftszentralen, meist der CTM, die keine Probleme verursachten. Im Gegenteil stelle eher die konfliktorientierte Gewerkschaft A ein Problem für das Unternehmen A dar:

»Die Gewerkschaften, die in Mexiko Probleme bereiten, sind die unabhängigen Gewerkschaften wie unsere und die linken Gewerkschaften.« (I 14: 77, eigene Übersetzung)

Unabhängig von der unterschiedlichen Einschätzung der Problemlage kam es in der Niederlassung bereits zur konkreten Anwendung der IRV. So schildert die Gewerkschaft, dass sie die Vereinbarung erfolgreich eingesetzt habe, um für die Mitarbeiter, die etwa im Kantinen- oder Reinigungsbereich tätig und über externe Dienstleister angestellt sind, sowohl die Nutzung der Kantine als auch der Beförderung zu gewährleisten.[169] Als das Unternehmen versucht habe, den Mitarbeitern die Wahrnehmung dieser Leistungen zu entziehen, habe die Gewerkschaft dies mit einem Verweis auf den diskriminierenden Charakter dieser Maßnahme und durch Bezugnahme auf die IRV verhindern können. Darüber hinaus nennt der Vertreter des Personalwesens Fälle von sexueller Belästigung, denen mittels der IRV sofort nachgegangen worden sei.

Somit wird deutlich, dass sowohl innerhalb als auch außerhalb von Unternehmen A am Standort E in Mexiko ein Bedarf zur Anwendung der IRV besteht. Uneinigkeit herrscht jedoch bezüglich der Themen. Während die Gewerkschaft A, das Basisnetzwerk und die Verwaltungsstelle der IG Metall am zentralen Standort in Deutschland das Thema der *trabajadores de confianza* in den Vordergrund rücken, wird dieses vom GBR sowie von deutschen und mexikanischen Unternehmensvertretern nicht als Problem gesehen. Uneinigkeit herrscht auch bezüglich der Situation in den Zulieferbetrieben. Während die mexikanische Personalleitung keine Verstöße gegen die IRV beobachtet, beklagen Gewerkschaft A, NGOs und IMB vor allem die ihrer Meinung nach häufige Existenz von *contratos de protección.*

---

169 Der Tarifvertrag von Unternehmen A sieht die kostenlose Nutzung der vom Unternehmen zur Verfügung gestellten Beförderungsmittel und die kostenpflichtige Nutzung der Kantine für Mitarbeiter vor. Angestellte von Drittfirmen finden in den entsprechenden Artikeln keine explizite Erwähnung (vgl. Unternehmen A de México 2006: cláusula 76 und 77).

2.5.5 Information der Beschäftigten und Zulieferer

Weder die Gewerkschaft noch die Personalabteilung vor Ort waren in die Ausarbeitung der IRV involviert. Beide Parteien wurden im Rahmen einer WBR-Sitzung im Jahr 2002 über die Unterzeichnung der IRV informiert und bemühten sich anschließend um eine rasche Bekanntmachung der IRV im Werk. Während die Personalleitung vor allem die nicht gewerkschaftlich organisierten Mitarbeiter der Niederlassung informierte, machte die Gewerkschaft die IRV bei ihren Mitgliedern bekannt. Über Aushänge an Schwarzen Brettern und die Veröffentlichung der IRV in der Mitarbeiterzeitung ›*Justicia Laboral*‹ sollte eine Information der Beschäftigten von Unternehmen A in Mexiko gewährleistet werden. Die Mitgliederzeitschrift, die in einer Auflage von 15.000 Exemplaren gedruckt wird und alle ein bis zwei Monate erscheint, richtete sich dabei nicht nur an die direkt bei Unternehmen A in Mexiko Beschäftigten, sondern auch an die allerdings recht geringe Anzahl der Angestellten von Drittfirmen, die im Werk präsent sind. Somit war laut Gewerkschaft eine umfassende Information der Beschäftigten von Unternehmen A in Mexiko gewährleistet (I 13: 7).

Ein Problem stellte zum Zeitpunkt der Untersuchung die Aufklärung der Zulieferbetriebe dar. Eine systematische Informationspolitik bezüglich der IRV konnte nicht erkannt werden. Zwar wurden die Zulieferbetriebe laut der Einkaufsabteilung des Unternehmens über einen in Mexiko entwickelten Ethikkodex und die Nachhaltigkeitspolitik des Unternehmens unterrichtet[170] und zu dessen Einhaltung angehalten, die IRV spielte aber zumindest zum Zeitpunkt der Untersuchung in ihrer Kommunikation mit den Zulieferern keine Rolle (I 14). Dennoch fand ein Austausch auf informellem Wege statt, wie ein Mitarbeiter der Personalabteilung angab. Da er sich regelmäßig mit zahlreichen Personalleitern von Zulieferern ausausche, sei die IRV in diesem Rahmen bereits Thema gewesen (I 11: 27).

Auch wenn die Geschäftsführungen der Zulieferer zum Teil über die IRV unterrichtet sind, bestehen dennoch Zweifel, ob die Beschäftigten Kenntnis von der IRV haben. Die Vertreterin einer NGO, die sich im

170 So hat Unternehmen A in Mexiko selbständig einen Ethikkodex bzw. ein *documento aspiracional* entwickelt, das die Zusammenarbeit mit den Arbeitnehmern und den Zulieferern auf gemeinsame Werte und gründen soll. Ausschlaggebend waren dabei eine Evaluation der Organisation des Unternehmens und ein Vergleich mit anderen Unternehmen, die ein Defizit ergeben hatten (I 13: 91). Diese Werte und die allgemeine Nachhaltigkeitspolitik des Unternehmens werden den Geschäftspartnern und Zulieferern mündlich in Versammlungen sowie schriftlich mitgeteilt (I 14: 2–12).

Bereich der Zulieferer engagiert, äußert erhebliche Bedenken. Die Arbeiter der Zulieferbetriebe würden die IRV nicht kennen und sie somit auch nicht für die Verteidigung ihrer Interessen nutzen können (I 12: 11). Diese Einschätzung teilte die Gewerkschaft A, die im Untersuchungszeitraum bis auf wenige Ausnahmen keinen direkten Kontakt zu den Zulieferbetrieben und Dienstleistern hatte und dort weder eine Bekanntmachung noch einen Anwendung der IRV beobachten konnte (I 13: 13).[171] Die dortigen Gewerkschaften, bei denen es sich in der Regel um traditionalistische oder auch um Schutzgewerkschaften handelt, hätten kein Interesse an einer Zusammenarbeit.

Somit kann festgehalten werden, dass sowohl das Unternehmen A als auch die Gewerkschaft A eigenständig Strategien zur Veröffentlichung der IRV im Werk entwickelt und umgesetzt haben. Eine systematische Information der Zulieferbetriebe konnte jedoch noch nicht erreicht werden.

2.5.6 Nationale und internationale Kooperationen zur Umsetzung der Internationalen Rahmenvereinbarung

Die weltweite Organisationsstruktur von Unternehmen A erlaubt einen intensiven Austausch zwischen den einzelnen Standorten. Vor allem EBR und WBR bieten die Möglichkeit zum Austausch und zur Information der lokalen Arbeitnehmer- und Unternehmensvertretungen. Auf Arbeitgeberseite werden diese Strukturen durch regelmäßigen Personalaustausch ergänzt.

Sowohl Management als auch Arbeitnehmervertretung nutzen die ihnen zur Verfügung stehenden Möglichkeiten intensiv. So tauschen sich das deutsche und das mexikanische Personalmanagement regelmäßig aus und auch der Kontakt zwischen der mexikanischen Personalleitung und dem deutschen GBR ist gut. Dadurch ergänzt der intensive Austausch die ansonsten recht autonome Organisationsstruktur, die den einzelnen Niederlassungen erheblichen Gestaltungsspielraum lässt:

»[...] die Personalaustausche sind ungemein wichtig, nicht nur auf der obersten Führungsebene, sondern auch darunter, damit einfach ein Verständnis für das Konzerndenken, oder für unser Zentraldenken hier vorhanden ist, damit die über-

171 Kontakte bestehen laut Gewerkschaft A ausschließlich zu drei Firmen, die in Folge von Arbeitskämpfen unabhängige Gewerkschaften etablieren konnten (I 13: 13; vgl. auch Juárez Nuñez: 16f.).

haupt wissen, was wir denn von ihnen möchten. Insofern ist dieser Personalaustausch absolut wichtig, um so einen Konzern zusammenzuhalten.« (I 1: 103)

Die Intensität und der Erfolg des Austauschs hängen aber immer sehr stark vom Interesse und von den Qualifikationen der einzelnen Mitarbeiter ab:

»Aber es ist wie immer und überall, es ist natürlich auch sehr sprachengetrieben, wenn man die Sprache spricht, dann ist die Kommunikation einfach leichter, das hilft dann an der Stelle. [...] Aber wir können ja auch die Kollegen schlecht zwingen, also das ist immer schwierig, das ist immer ein Geben und Nehmen, aber wenn wir als Zentrale da nun wöchentlich anrufen, dann muss sich das nicht unbedingt zum Positiven auswirken, das kann dann eher in die andere Richtung gehen, dass man dann sagt, okay, stopp, jetzt lasst mich in Ruhe.« (I 1: 92–94)

Die IRV, so das mexikanische Personalmanagement des Unternehmens A, spiele bei diesem Austausch auf Konzernebene im Alltag allerdings eine untergeordnete Rolle. Die Standards seien derart klar und in die Unternehmensabläufe integriert, dass sie keiner weiteren Diskussion bedürften.

Auch auf Gewerkschaftsebene sind persönliche Interessen und Eigenschaften von großer Bedeutung für die erfolgreiche internationale Zusammenarbeit. Sogar noch stärker als auf Seiten des Managements spielt das persönliche Engagement der dominanten Akteure eine wichtige Rolle, da zwar Strukturen des Austauschs durch den WBR institutionalisiert sind, aber es anders als auf der Unternehmensebene keine bindenden Strukturen des Austauschs gibt. Der zur Zeit der Untersuchung amtierende Generalsekretär der Gewerkschaft A füllte diese Rolle mit großem Engagement aus, indem er Kontakte sowohl zum GBR als auch zu IG Metall und zum Basisnetzwerk pflegte (I 5: 24). Als Präsidiumsmitglied des WBR saß er am »Schaltpunkt der Macht«. Diese Situation wusste er zu nutzen, um »seine Macht in Mexiko auszubauen oder zu verfestigen« (I 5: 13). Die Bedeutung der individuellen Akteure für die Arbeit mit der IRV zeigt auch die Tatsache, dass der ihm im Jahr 2008 nachfolgende Generalsekretär zwei Jahre nach seiner Amtsübernahme noch keine Kenntnis von der IRV hatte beziehungsweise ihm diese nicht vorlag. Sie wurde ihm erst durch die FES in Mexiko übermittelt (I 50).

Auch der Kontakt zu den deutschen Gewerkschaften spielt eine wichtige Rolle. So haben das Basisnetzwerk und die IG Metall am Heimatstandort intensive Kontakte zur mexikanischen Gewerkschaft aufbauen können:

»[...] haben wir dazu beigetragen, dass die Arbeit zwischen Mexiko und Deutschland überhaupt zustande gekommen ist. Wir haben dem [vorherigen] Komitee

[...], das überhaupt keine Kontakte mit dem WBR gehabt hat, soweit, dass sie gar nicht mehr dran teilgenommen haben, weil er dieses lokale Denken gehabt hat, wir sind in [Stadt E], wir sind in Mexiko, wir denken an unser Werk, was die in Deutschland machen, interessiert uns nicht. Das Globale hat die überhaupt nicht interessiert. [...] Wir haben damals ein paar Tage gebraucht, um ihnen das klar zu machen, bis dann das Denken gekommen ist, okay, jetzt ist es doch vielleicht notwendig, miteinander zu arbeiten, zu kommunizieren.« (I 5: 11)

In Bezug auf die Umsetzung der IRV spielt insbesondere der Kontakt zwischen der Gewerkschaft A in Mexiko und den gewerkschaftlichen Arbeitnehmervertretern in Deutschland beziehungsweise am zentralen deutschen Standort eine wichtige Rolle. So setzen sich, wie bereits erwähnt, vor allem das Basisnetzwerk und die IG Metall in Deutschland für eine Verbesserung der Arbeitsbedingungen und die Durchsetzung der Vereinigungsfreit in den Zulieferbetrieben sowie eine gewerkschaftliche Organisierung der *trabajadores de confianza* ein:

»Ja, das ist auf jeden Fall eines der Themen, das immer wieder auf der Tagesordnung steht. Immer, wenn wir dort sind oder wir hier Besuch von Kollegen von [Gewerkschaft A] haben, ist eine der ersten Fragen, wie sieht es aus mit den Angestellten. Und wieweit ist es vorangetrieben worden, dass sie sich organisieren? Das steht für uns jedes Mal zur Debatte.« (I 5: 7)

Im Falle eines Betriebes in einem der Zulieferparks übernahm der Basisarbeitskreis die Funktion eines »Türöffners«, indem der Besuch des Arbeitskreises es erstmals der Gewerkschaft von Unternehmen A ermöglichte, den Zulieferpark zu besichtigen:

»Also wir haben 1999 bei unserem Besuch die Möglichkeit gehabt, [den Zulieferpark], also den Park direkt neben [Unternehmen A] besuchen zu können. Wir waren damit der Türöffner für das damalige Gewerkschaftskomitee. Die hatten den bis dahin noch nie von innen gesehen. Es waren drei oder vier Betriebe, in die wir reingehen konnten. Das waren auch Betriebe, die wir vorgeschlagen hatten. [...] Die da zum Teil aber auch einen anderen Namen haben, damit das nicht so auffällt. Und die Gewerkschaft hat schon in den vergangenen Jahren versucht, sich darum zu kümmern, auch Arbeitnehmer aus dem [Zulieferpark] zu vertreten. Es ist ihnen aber abgesprochen worden oder sie konnten sich mit dem Ansinnen nicht durchsetzen.« (I 5: 39)

So wird deutlich, dass enge Kontakte zwischen Mexiko und Deutschland sowohl auf Arbeitgeber- als auch Arbeitnehmerseite bereits vor Abschluss der IRV bestanden. Dabei werden zum einen formalisierte Strukturen wie der Personalaustausch und die WBR-Sitzungen genutzt, zum anderen informelle Strukturen, wie persönliche Kontakte zum Basis-Arbeitskreis oder zur IG Metall am zentralen deutschen Standort. Die IRV hat die Zusammenarbeit zwischen den deutschen und den mexikanischen Akteuren zwar nicht intensiviert, aber sie stellt einen zusätzlichen Referenzpunkt bei Problemen dar, wie etwa im Falle der *trabajadores de confianza*.

2.5.7 Zusammenarbeit mit anderen Organisationen zur Umsetzung der Internationalen Rahmenvereinbarung

Die Umsetzung der IRV findet bei Unternehmen A in erster Linie innerhalb des Unternehmens statt. So sind das Management in Deutschland und Mexiko, der deutsche GBR und der WBR, die IG-Metall am zentralen deutschen Standort, das Basisnetzwerk und auf mexikanischer Arbeitnehmerseite die Gewerkschaft A in die Umsetzung der IRV involviert.

Darüber hinaus sucht vor allem die mexikanische Gewerkschaft den Austausch mit anderen nationalen und internationalen Organisationen, um ihre Ziele zu erreichen. So steht sie etwa in engem Kontakt zur FES in Mexiko-Stadt, zur mexikanischen Vertretung des US-Gewerkschaftsdachverbandes AFL-CIO, zur UNT, zu einzelnen NGOs (insbesondere dem *Centro de Apoyo al Trabajador*, CAT) und Wissenschaftlern, die sich mit Unternehmen A in Mexiko befassen. Die IRV ist dabei mitunter von Bedeutung, steht aber in der Regel nicht im Mittelpunkt des Interesses.[172]

Eine Rolle spielt die IRV auch im Rahmen eines Kooperationsprojekts von Unternehmen A, der Deutschen Gesellschaft für Technische Zusammenarbeit (GTZ)[173] und der ILO,[174] das die Verbesserung von Arbeitsschutz und -sicherheit in den Zulieferbetrieben von Unternehmen A in Mexiko, Brasilien und Südafrika zum Ziel hat. Auch wenn die IRV im Rahmen des Projektes nicht von zentraler Bedeutung ist, stellt sie doch einen Referenzpunkt dar (I 26: 49). In Mexiko kommt es im Zusammenhang mit

172 So findet sie etwa keine Anwendung in der Zusammenarbeit mit der Organisation CAT, die bereits in der Bekämpfung von *contratos de protección* und in der Etablierung von Gewerkschaften in mehreren Zulieferbetrieben in der Region E Erfolge erzielen konnte (I 12: 23–24).

173 Seit dem Zusammenschluss mit anderen staatlichen Organisationen der Entwicklungszusammenarbeit im Januar 2011 firmiert die Organisation unter dem Namen Deutsche Gesellschaft für Internationale Zusammenarbeit (GIZ).

174 Über die ILO sind auch der Internationale Arbeitgeberverband (IOE) und der IMB in das Projekt eingebunden, die als Stakeholder der ILO mitverantwortlich für deren Politik sind.

dem Projekt zu einer Kooperation von verschiedenen Akteuren. Neben ILO, GTZ und Unternehmen A sind auch mexikanische Partner in das Projekt eingebunden. Die Gewerkschaft A, der mexikanische Arbeitgeberverband *Confederación de Cámaras Industriales* (CONCAMIN) und das Arbeitsministerium STPS unterstützen die Umsetzung des Projekts und sind jeweils Mitglied im Aufsichtsrat. In den ausgewählten Zulieferbetrieben kommt es zu einer Zusammenarbeit mit den jeweiligen Betriebsgewerkschaften, die in der Regel den traditionalistischen Dachverbänden CTM oder CROC angehören.[175]

2.5.8 Zusammenfassung: Die Umsetzung der Internationalen Rahmenvereinbarung bei Unternehmen A in Mexiko

Aufgrund der geschilderten Ergebnisse lässt sich festhalten, dass bei Unternehmen A in Mexiko im Untersuchungszeitraum aktiv mit der IRV gearbeitet wird. Es werden Maßnahmen bezüglich der Information der Beschäftigten durchgeführt, es kommt zu einem Austausch über die IRV mit internen und externen Partnern, und die IRV werden bei konkreten Problemfällen erfolgreich eingesetzt.

Es kann also festgestellt werden, dass das Potenzial der IRV zumindest teilweise genutzt wird. Die Vielschichtigkeit der IRV wird durch die Zusammenarbeit mit den verschiedenen internen und externen Akteuren aktiv genutzt. Allerdings schöpfen die Beteiligten das Potenzial der IRV noch nicht aus, indem die Zusammenarbeit mit externen Partnern stark begrenzt bleibt und kaum ein direkter Bezug auf internationale Regeln oder Organisationen im Land hergestellt wird. Der Austausch bleibt im Wesentlichen auf die betrieblichen Strukturen beschränkt. Die Prozesshaftigkeit der IRV wird genutzt, indem Unternehmen A mit den Lieferantenbestimmungen und der Charta der Arbeitsbeziehungen wichtige Folgevereinbarungen abschlossen hat und es in Mexiko zu einer selektiven, dem lokalen *setting* angepassten Anwendung *(adaptation)* der IRV kommt. Dabei spielen die lokalen Akteure insofern eine wichtige Rolle, als dass sie die IRV für ihre Interessen nutzbar machen und in der Diskussion mit internationalen Akteuren über Erfolgsaussichten und mögliche Anwendungsgebiete der

175 Obwohl CTM oder CROC Anspruch auf einen Sitz im Aufsichtsrat haben, konnte dieser aufgrund von Unstimmigkeiten der Gewerkschaftsverbände zum Zeitpunkt der Untersuchung nicht besetzt werden (I 26: 57).

IRV beraten. Insbesondere die mexikanische Gewerkschaft nutzt dabei ihre Möglichkeiten und setzte die IRV für ihre Interessen ein. Problematisch ist dabei die Begrenzung ihres Einflussbereichs auf Unternehmen A. In den Zulieferbetrieben sind andere Gewerkschaften aktiv, zu denen kein Kontakt besteht. Auf Seite der Unternehmensvertreter bleibt das Interesse an der IRV gering. Ein Wille zur Umsetzung und eine entsprechende Umsetzungsstrategie lassen sich trotz einer grundsätzlichen Zustimmung zu den Inhalten der IRV nicht erkennen. Vielmehr entwickelt das lokale Management eigene Konzepte etwa in Form eines Ethikkodex.

Es muss also darauf hingewiesen werden, dass die Umsetzung der IRV bei Unternehmen A in Mexiko vor allem auf dem Engagement der mexikanischen und deutschen Arbeitnehmervertreter beruht. Aber auch dieses Engagement konnte noch keine Veränderungen bezüglich der vermutlich größten Problemfälle bei Unternehmen A in Mexiko bewirken, nämlich in Bezug auf die Arbeitsbedingungen in den Zulieferbetrieben, insbesondere den *contratos de protección*. Hier muss sich die Wirksamkeit der IRV erst noch zeigen.

2.6 Faktoren für die Umsetzung der Internationalen Rahmenvereinbarung bei Unternehmen A in Mexiko

Wie aufgezeigt wurde, arbeiten sowohl die Konzernzentrale als auch die Geschäftsführung von Unternehmen A in Mexiko mit der IRV. Entsprechend den eingangs erarbeiteten Thesen wird in dieser Arbeit davon ausgegangen, dass für die Entwicklung und Umsetzung der IRV nicht die Suche nach Effizienz, sondern die Suche nach Legitimation durch die im organisationalen Feld vertretenen Anspruchsgruppen ausschlaggebend ist. Es wird angenommen, dass Unternehmen A in Mexiko versucht, mit der IRV den Erwartungen des organisationalen Feldes zu entsprechen und sich dadurch zu legitimieren. Im Folgenden sollen deshalb die institutionellen Grundlagen der IRV und ihrer Umsetzung anhand des Drei-Säulen-Modells von Scott (vgl. Kapitel 3.2, Teil I) herausgearbeitet werden. Beruht die Arbeit mit der IRV eher auf der regulativen, der normativen oder der kulturell-kognitiven Säule? Welche dieser Säulen spielt die entscheidende Rolle für die Übernahme und Umsetzung der IRV?

2.6.1 Die regulative Säule

Als Indikatoren der regulativen Säule nennt Scott Gesetze, Regeln und Sanktionen (vgl. Tabelle 5). Ist der Abschluss der IRV bei Unternehmen A also auf einklagbare Gesetze oder Regeln zurückzuführen? Und welchen Regeln unterliegt die Umsetzung?

Bei der IRV handelt es sich um eine freiwillige Vereinbarung. Die beteiligten Parteien sind mit ihrer Unterzeichnung also keiner rechtlichen Verpflichtung nachgekommen, sondern haben sich aus freien Stücken für eine Unterzeichnung entschieden. Weder das nationale, noch das internationale System der Erwerbsregulierung sieht die Vereinbarung entsprechender Abkommen vor. Somit sind auch die Inhalte der IRV auf internationaler Ebene nicht einklagbar. Wie dargestellt wurde, können die ILO-Kernarbeitsnormen zwar als Bestandteil des universellen Völkergewohnheitsrechts gelten und entfalten damit für alle Staaten sowie Arbeitgeber und Beschäftigten der Weltgemeinschaft Bindungswirkung. Auf der zwischenstaatlichen Ebene fehlen jedoch wirkungsvolle Sanktionsmechanismen, welche die Einhaltung der ILO-Normen gewährleisten würden (vgl. Kapitel 2.3.1, Teil I). Auch auf nationaler Ebene ist im Falle eines Verstoßes gegen die IRV keine Sanktionierung zu erwarten. Wie dargestellt wurde, bietet das nationale Rechtssystem keine ausreichende Rechtssicherheit, um die internationalen und nationalen Arbeitsstandards umzusetzen.

Darüber hinaus bleibt auch die IRV selbst in Hinblick auf ihren Inhalt rechtlich unverbindlich. Ihr kann ein eher deklaratorischer denn bindender Charakter zugeschrieben werden. Bereits die Bezeichnung der IRV als »Erklärung« und nicht etwa als Vereinbarung oder Abkommen deutet an, dass zumindest die Arbeitgeberseite keine rechtliche Verbindlichkeit anstrebt.

Gleichzeitig entfaltet die IRV Wirkungsmächtigkeit, wenn die mexikanische Gewerkschaft A im Falle der Diskriminierungsvorwürfe erfolgreich auf die IRV Bezug nimmt. Dennoch kann bezweifelt werden, dass die regulative Säule der IRV bei Unternehmen A allein einen hinreichenden Grund für die Umsetzung der IRV in Mexiko darstellt.

2.6.2 Die normative Säule

Als zweite Säule nennt Scott die normative Säule. Dabei stellen Werte Ziele und Idealvorstellungen dar, während Normen festlegen, wie diese zu erreichen sind (vgl. Kapitel 3.2, Teil I). Normen wirken gleichermaßen handlungsermächtigend und -einschränkend, indem sie einerseits Funktionen, Aufgaben und Verantwortungsbereiche festlegen, andererseits aber auch Pflichten vorgeben. Auf welchen Normen und Werten beruht nun also die Umsetzung der IRV bei Unternehmen A in Mexiko?

Es konnte festgestellt werden, dass sich in der Praxis Normen herausbilden, die eine Umsetzung lenken. So wurden auf internationaler Ebene Lieferantenanforderungen entwickelt, die die Einhaltung der Prinzipien der IRV in den Zulieferbetrieben durch Information, Überwachung und Qualifizierung ermöglichen sollen und die IRV um konkrete Umsetzungsnormen erweitern. Die Gründung einer Kontaktstelle für Nachhaltigkeit durch die Konzernzentrale sowie eines Ad-hoc-Teams im Falle von Konfliktfällen weisen in diese Richtung. Auch die regelmäßig stattfindende Evaluation der IRV und die Veröffentlichung von Nachhaltigkeits- und CSR-Berichten zeigen, dass sich in der Praxis Normen zur Umsetzung der IRV herausgebildet haben. Ebenso hat sich eine Norm der Konfliktbearbeitung entwickelt. So werden Verstöße gegen die IRV in der Regel an den GBR gemeldet und anschließend an die Beschaffung und den Vor-stand weitergegeben.

Auch in Bezug auf die Zusammenarbeit zur Umsetzung der IRV haben sich Normen entwickelt. In Unternehmen A existiert eine langjährige Kultur des Austauschs in Form von Personalaustauschen sowie weltweiten Arbeitnehmervertretern- und Managementtreffen. In diesem Rahmen konnte sich die IRV zumindest teilweise als Thema etablieren. In Bezug auf Mexiko ist im Untersuchungszeitraum insbesondere der Austausch zwischen Gewerkschaft A und den deutschen betrieblichen und gewerkschaftlichen Arbeitnehmervertretern zu nennen. Normen zu einer Zusammenarbeit mit anderen Organisationen haben sich jedoch bislang kaum entwickelt. So ist das gemeinsame Projekt von GTZ, ILO und Unternehmen A zu Arbeitssicherheit und Arbeitsschutz in Zulieferbetrieben nur kurzfristiger Natur und kann nicht als Merkmal institutionalisierter Normen gelten.

Als Indikator einer starken Ausprägung der normativen Säule in den Erwartungen der Umwelt können nach Scott auch Zertifizierungen gelten (vgl. Tabelle 5). Wie aufgezeigt wurde, spielen diese Zertifizierungen in Deutschland vor allem in Form von Bewertungen durch Ratingagenturen eine Rolle. Diese fordern zwar nicht explizit den Abschluss von IRV, bewerten aber deren Abschluss als Initiative der Unternehmen zur Übernahme gesellschaftlicher Verantwortung positiv. In Mexiko hingegen spielen Ratings oder ähnliche Zertifizierungen keine Rolle (vgl. auch Kapitel 1.2.3, Teil II). Weder die IRV noch das Thema CSR sind einer breiten Öffentlichkeit bekannt und werden von der Öffentlichkeit oder von Wirtschaftsinstituten oder anderen Einrichtungen nicht abgefragt.

Als weitere Indikatoren der normativen Säule nennt Scott Anerkennung und moralische Verpflichtung (vgl. Tabelle 5). Ist Unternehmen A in Mexiko dem Druck ausgesetzt, sich über die Umsetzung der IRV Anerkennung und moralische Integrität verschaffen und sich dadurch legitimieren zu müssen? Bei Unternehmen A in Deutschland ist dieser Druck durchaus zu spüren. Das Unternehmen nutzt die IRV intensiv, um sich in der Öffentlichkeit als soziales und engagiertes Unternehmen zu präsentieren. Auch gegenüber den Ansprüchen der Arbeitnehmervertreter versucht sich das Unternehmen durch den Abschluss der IRV zu legitimieren. In Mexiko hingegen sind entsprechende Erwartungen gering. Unternehmen A in Mexiko sieht sich kaum normativ begründeten Erwartungen ausgesetzt, die aus der mexikanischen Umwelt an die Organisation herangetragen werden. Als bedeutender mexikanischer Akteur ist die Gewerkschaft A zu nennen, die bei bestimmten Fragestellungen Druck auf das Management ausübt, die Prinzipien der IRV in die Praxis umzusetzen. Aber auch die Arbeit von nationalen und internationalen Experten und Organisationen (unter anderem FES und CAT) ist hier zu nennen, die die Präsenz von Unter-nehmen A in Mexiko untersuchen und bewerten.

Stärker muss sich Unternehmen A in Mexiko jedoch den in Deutschland formulierten normativ begründeten Erwartungen stellen. Sowohl die IRV selbst als auch ihre Nachfolgevereinbarungen, vor allem die Vereinbarung über die Anforderungen zur Nachhaltigkeit in den Lieferantenbeziehungen, sind in Deutschland entwickelt worden. Über institutionalisierte Kommunikationsstrukturen werden die Normen nach Mexiko kommuniziert, wodurch versucht wird, ihre Beachtung sicherzustellen. Auch über das Kooperationsprojekt zu Arbeitsschutz und -sicherheit in Zulieferbetrieben werden normativ begründete Erwartungen an Unternehmen A in Mexiko herangetragen. Indem das Projekt aber in Deutschland entwickelt und organisiert wurde, spiegeln diese Erwartungen der Projektmitglieder mehr die Erwartungen der deutschen Konzernzentrale und Kooperationsmitglieder wider als die ihrer mexikanischen Partner.

Es kann also festgehalten werden, dass die normative Säule der IRV in Mexiko nur bedingt gefestigt ist. Dennoch sind normative Element insofern von Bedeutung, da sich innerhalb des Konzerns – vor allem in Deutschland – verschiedene Normen der Umsetzung herausgebildet haben, die auch in Mexiko Anwendung finden. So konnten Normen der Kontrolle, der Evaluation, der Konfliktregulierung und des Austauschs institutionalisiert werden.

2.6.3 Die kulturell-kognitive Säule

Als Indikatoren für die Betonung der kulturell-kognitiven Säule nennt Scott das Vorhandensein eines gemeinsamen Glaubens und einer gemeinsamen Handlungslogik (vgl. Tabelle 5). Bezüglich der IRV ist dabei zu unterscheiden zwischen dem Glauben an die IRV selbst und dem Glauben an ihre Inhalte. So kann zwar ein ungeteilter Glaube an die Inhalte der IRV festgestellt werden, der Nutzen der IRV wird jedoch im organisationalen Feld nicht ganz so ungeteilt gesehen. Während die interviewten Vertreter von Unternehmen A in Mexiko den Nutzen der IRV als recht gering bewerteten, da diese kaum Veränderungen brächte, messen deutsche Unternehmensvertreter sowie die mexikanischen und deutschen Arbeitnehmervertreter der IRV zum Zeitpunkt der Untersuchung eine hohe Bedeutung bei. Kritiker aus dem Umfeld des Unternehmens bezweifeln den konkreten Nutzen der IRV und bemängeln den Versuch des Unternehmens, auf seine gesellschaftliche Verantwortung hinzuweisen.

Dennoch bleibt festzuhalten, dass im Selbstverständnis des Unternehmens in Deutschland und der zentralen Akteure in der deutschen Konzernzentrale der Glaube an den Sinn der IRV verankert ist. Dies liegt auch in der langjährigen Kultur der kooperativen Konfliktbewältigung und in der diesbezüglichen Entwicklung zahlreicher Instrumente begründet, wie etwa des EBR und des WBR. In Mexiko hingegen ist die Nutzung eines Instruments wie die IRV weniger etabliert. Hier blicken Management und Gewerkschaft auf eine weniger ausgeprägte Tradition der Kooperation zurück, und ihr Verhältnis ist gleichermaßen durch Kooperation und durch Konfrontation geprägt. So wird die IRV dort seitens des Unternehmens zwar begrüßt, zur Beseitigung von Problemen – die vor allem in den Zulieferbetrieben bestehen – wird sie jedoch nicht genutzt. In dem Selbstverständnis der Gewerkschaft und ihrem Vorsitzenden ist die Bedeutung von internationalen Instrumenten und Kontakten fest verankert, so dass sie die IRV recht intensiv nutzt.

Auch der Glaube an die Inhalte der IRV scheint zunächst ungeteilt zu sein. Alle interviewten Akteure gaben an, dass sie die Inhalte der IRV unterstützen. Doch auch wenn die zentralen Inhalte der IRV bei allen interviewten Akteuren im organisationalen Feld auf Zustimmung stoßen, ergibt sich daraus noch keine gemeinsame Handlungslogik. Während das Management in Mexiko alle Inhalte der IRV erfüllt sieht, beobachten Arbeitnehmervertreter vor Ort erhebliche Missstände. Vor allem die Diskussion in Mexiko um die *trabajadores de confianza* und die *contratos de protección* zeigt, dass mit einer generellen Unterstützung der IRV noch keine gemeinsamen Vorstellungen bezüglich ihrer konkreten Bedeutung und Umsetzung verbunden sind. So zeigt sich, dass die IRV bei Unternehmen A in Mexiko seitens des Unternehmens und der Gewerkschaft zwar begrüßt wird, in ihrer konkreten Ausgestaltung und Nutzung aber noch Unsicherheiten bestehen. Eine stabile kulturell-kognitive Verankerung der IRV und ihrer Inhalte konnte in ihrem organisationalen Feld also noch nicht nachgewiesen werden.

Insgesamt hat sich das Drei-Säulen-Modell für die Bearbeitung der aufgeworfenen Fragen als hilfreich herausgestellt. Es konnte herausgearbeitet werden, dass zwar keine der drei Säulen besonders stark ausgeprägt ist, dass die IRV bei Unternehmen A in Mexiko aber dennoch auf einer normativen und kulturell-kognitiven Säule ruht. Die mittels der normativen und kulturell-kognitiven Säule erzeugte Legitimität gilt nach Scott als besonders tief greifend (vgl. Kapitel 3.2, Teil I), so dass die IRV als relativ gefestigtes institutionalisiertes Strukturelement in ihrem organisationalen Feld bei Unternehmen A in Mexiko gelten können.

2.6.4 Die Internationale Rahmenvereinbarung als institutionalisiertes Element in einem transnationalen organisationalen Feld

Wie dargestellt wurde, ist die Arbeit mit der IRV von Unternehmen A in Mexiko in ein weit gefächertes organisationales Feld eingebettet, in dem die Erwartungshaltungen der Anspruchsgruppen und die Akteure über nationalstaatliche Grenzen hinweg verknüpft sind. Dabei sind sowohl Organisationen in Deutschland und Mexiko als auch internationale Organisationen beteiligt (vgl. Abbildung 3).

Das organisationale Feld kann als ein *transnationales* charakterisiert werden. Dieses ist nach Pries dadurch gekennzeichnet, dass sich »dauerhafte und dichte pluri-lokale Beziehungen« von »sozialen Praktiken, Symbolsys-

temen und Artefakten über nationalstaatliche Grenzen hinweg« entwickelt haben (vgl. Pries 2008: 44; siehe auch Kapitel 2.2, Teil I). Wie die empirische Arbeit gezeigt hat, sind im Falle der IRV die einzelnen Organisationen durch enge Kommunikationsstrukturen über nationalstaatliche Grenzen hinweg verknüpft und die IRV spielt in diesen Verbindungen eine – wenn auch unterschiedlich intensive – Rolle. Die Kommunikationsstrukturen und Erwartungshaltungen richten sich nicht nur an den nationalen Partnern, sondern an den transnationalen Verflechtungen aus. So entspricht Unternehmen A in Mexiko durch die Bekanntmachung und Einlösung der IRV nicht nur den Erwartungen der deutschen Konzernzentrale und Arbeitnehmervertreter, von GBR und Basisnetzwerk, sondern es reagiert auch auf die Erwartungen der lokalen mexikanischen Arbeitnehmervertretung. Diese wiederum steht in engem Austausch mit den deutschen Arbeitnehmervertretern und sichert sich deren Unterstützung für die Forderung nach Umsetzung der IRV. Es kommt zu einem *Bumerang-Effekt*, da lokale Interessen durch den Rückgriff auf internationale Akteure und Ressourcen durchgesetzt werden. Durch die Internationalisierung der Konflikte vor allem um *trabajadores de confianza* und *contratos de protección* werden zusätzliche Ressourcen für den Einsatz gegen Menschenrechtsverletzungen generiert und der Druck auf die Geschäftsführung vor Ort erhöht.[176]
Bei der Umsetzung der IRV greift Gewerkschaft A dabei zum einen die Anregungen von deutscher Seite auf – etwa nach einer gemeinsamen gewerkschaftlichen Organisierung von *trabajadores de confianza* und anderen Arbeitnehmern –, zum anderen setzt die mexikanische Gewerkschaft eigene Schwerpunkte und nutzt die IRV ohne Absprache mit deutschen Organisationen, wie im Falle der Sicherung der Kantinen- und Transportnutzung durch Angestellte von Dienstleistern bei Unternehmen A in Mexiko. Damit lässt sich auch die von Shareen Hertel (2006) erforschte Strategie der *backdoor moves* beobachten. Die Gewerkschaft A nutzt die IRV bei Aspekten, die nicht im Fokus der internationalen Aufmerksamkeit stehen, für ihre eigenen Interessen. Die von den internationalen Akteuren inten-

176 Das in der Politikwissenschaft entwickelte Bumerang-Modell untersucht die Handlungs- und Wirkungsbedingungen inter- bzw. transnationaler Netzwerke vor allem von Akteuren aus dem zivilgesellschaftlichen Bereich. Für die Untersuchung von IRV kann das Bumerang-Modell hilfreich sein. Voraussetzung ist jedoch die Nutzung der IRV durch die lokalen Akteure, um einen Bumerang-Effekt auszulösen. Vgl. ausführlich zum Bumerang-Modell Risse/Sikkink 1999: 18ff.; vgl. zur Internationalisierung zivilgesellschaftlicher Netzwerke, zu ihren Wirkungsweisen und Handlungsmodellen etwa auch Tarrow 2005; Risse-Kappen 1995; Keck/Sikkink 1998.

dierten Veränderungen werden also weiterverfolgt, während gleichzeitig weitgehend unbeobachtet von internationalen Akteuren sogenannte *backdoor moves* unternommen werden, die andere Schwerpunkte setzen als die offiziellen Strategien.[177]
Somit kann nicht mehr von einem Zentrum-Peripherie-Verhältnis beziehungsweise einer Diaspora-Internationalisierung gesprochen werden, in denen allein die deutsche Konzernzentrale die Art der Umsetzung und Nutzung der IRV vorgibt und gestaltet. Vielmehr haben zahlreiche nationale und internationale Akteure Einfluss auf die Arbeit mit der IRV und gestalten diese nach ihren eigenen Vorstellungen mit. Durch ihre Nutzung durch lokale Akteure und eine Verankerung innerhalb eines transnationalen, breit gestreuten Beziehungsgeflechts wird die IRV dabei zu einem vielfältig nutzbaren und ›gelebten‹ Instrument. Dadurch, so die hier aufgegriffene These von Pries (2008: 344f.), wird eine substanzielle und nachhaltige Arbeit mit der IRV begünstigt.

2.6.5 Die Rolle der Akteure

Wie aufgezeigt wurde, spielen die Akteure eine wichtige Rolle bei der Umsetzung der IRV in Mexiko. Zum einen ist die Bedeutung des mexikanischen Managements zu sehen, das die IRV vor Ort bekannt macht. Weitere Aktivitäten gehen von dem lokalen Management jedoch nicht aus. Sehr viel stärker hingegen bemüht sich Gewerkschaft A im Untersuchungszeitraum um eine effektive Nutzung der IRV. Die Gewerkschaft macht die IRV innerhalb der Arbeitnehmerschaft bekannt, sie verhandelt mit den deutschen und internationalen Akteuren im Rahmen des WBR, mit dem GBR, den deutschen Unternehmensvertretern, der IG Metall in Deutschland, dem Basisnetzwerk und dem IMB über die Umsetzung der IRV. Das Gewerkschaftskomitee ist also bemüht, seine (Netzwerk-) Möglichkeiten zu nutzen, um die Arbeitsbedingungen vor Ort zu verbessern.

Entsprechend der eingangs geschilderten Bewertung von Akteurshandeln in der neoinstitutionalistischen Theorie soll dieses Engagement der

177 Bei dem Ansatz von Shareen Hertel (2006) handelt es sich um eine Weiterentwicklung des Bumerang-Modells. Hertel hatte in Forschungen in Bangladesch und Mexiko festgestellt, dass internationale Menschenrechtskampagnen vor Ort oft deutlich anders genutzt werden, als dies intendiert war. Sie identifiziert zwei Strategien, *blocking* und *backdoor moves*, die beide zum Ziel haben, die internationalen Kampagnen sowie deren Ressourcen vor Ort bestmöglich nutzbar zu machen und dabei eigene Schwerpunkte zu setzen.

Gewerkschaft durch ihre Einbettung in institutionelle Erwartungen erklärt werden. Die Führung von Gewerkschaft A handelt zum einen im Rahmen einer Agentschaft des Selbst, indem sie ihre Ressourcen der internationalen Vernetzung nutzt, um sie für ihren Machterhalt einzusetzen. Darüber hinaus übernimmt sie eine Agentschaft für Andere. Sie setzt sich für ihre Mitglieder und über ihre Domäne hinausgehend auch für die Arbeitnehmer in den Zulieferbetrieben ein. Schließlich übernimmt Gewerkschaft A auch eine Agentschaft für Prinzipien, indem sie sich für die Anwendung von Arbeits- und Sozialstandards generell einsetzt. Somit kann die IRV als Ressource und strategisches Instrument der lokalen Gewerkschaft bewertet werden, mit dessen Hilfe diese ihre Interessen umzusetzen versucht. Die besondere Bedeutung der Akteure für den Umsetzungsprozess der IRV wird darüber hinaus auch daran deutlich, dass der nachfolgende Generalsekretär der Gewerkschaft A keine Kenntnis der IRV von Unternehmen A hatte und sich auch in geringerem Maße als sein Vorgänger für einen internationalen Austausch einsetzt.

Abbildung 3: Das organisationale Feld von Unternehmen A und seiner IRV in Mexiko

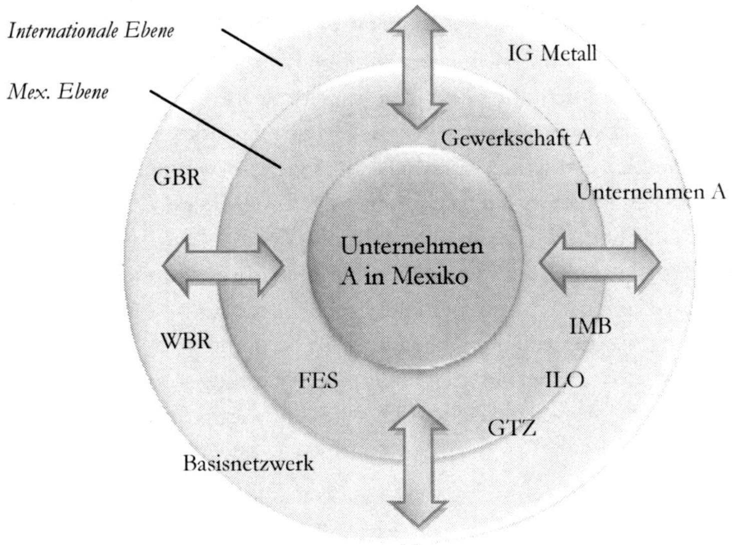

Quelle: eigene Zusammenstellung

2.6.6 Fazit: Faktoren für eine Umsetzung der Internationalen Rahmenvereinbarung bei Unternehmen A in Mexiko

Wie deutlich geworden ist, zeigt Unternehmen A in Mexiko von sich aus wenig Initiative zur substanziellen Umsetzung der IRV. Die Bemühungen zur Arbeit mit der IRV seitens des mexikanischen Managements begrenzen sich auf ihre Bekanntmachung. Ein darüber hinaus gehender Handlungsbedarf wird nicht gesehen. Konkrete Projekte, die in direktem Zusammenhang mit der IRV stehen, wie das Kooperationsprojekt zur Arbeitssicherheit in den Zulieferbetrieben, wurden in Deutschland entwickelt. Die mexikanische Niederlassung ist nur in die Umsetzung involviert. Eine nachhaltige Implementierung in den Zulieferbetrieben ist aus Sicht des mexikanischen Managements ebenso wenig notwendig wie eine Bearbeitung des Themas der *trabajadores de confianza*.

Die Tatsache, dass in Unternehmen A in Mexiko dennoch mit der IRV gearbeitet wird und sie immer wieder eine Rolle spielt, ist dem Umstand geschuldet, dass das Unternehmen A in Mexiko die Erwartungen seiner Umwelt zu erfüllen versucht und sich gegenüber seinen Anspruchsgruppen legitimieren möchte. Dabei spielen unter anderem Erwartungen eine Rolle, die von der deutschen Konzernzentrale an Unternehmen A in Mexiko gestellt werden. So entspricht Unternehmen A in Mexiko durch die Umsetzung der IRV den Bestimmungen, die in der deutschen Konzernzentrale entwickelt wurden. Die Erwartungen werden in Form von Vereinbarungen, Richtlinien oder Werten formuliert, die über den Personalaustausch und andere Formen des zum Teil sehr intensiven Austauschs kommuniziert werden. Unternehmen A in Mexiko versucht, diesen Werten und Erwartungen zu entsprechen. Die kulturell-kognitive Säule hingegen ist eher schwach ausgeprägt. Das Instrument IRV ist im nationalen organisationalen Feld von Unternehmen A in Mexiko kaum bekannt und der Sinn der IRV wird teilweise angezweifelt. Bezüglich der Inhalte der IRV besteht zwar vermeintlich Übereinstimmung, bei näherer Betrachtung zeigen sich aber große Unsicherheiten, wie etwa im Falle der *trabajadores de confianza*.

Ausschlaggebend für die Arbeit mit der IRV scheinen letztlich zwei Elemente zu sein: Zum einen das Interesse der mexikanischen Gewerkschaft an der IRV und ihr Einsatz für die Umsetzung und Nutzung der IRV, zum anderen die Entwicklung eines *transnationalen organisationalen Feldes* und damit die transnationale Verflechtung von Erwartungen, Akteuren und Anspruchsgruppen. So zeigt Gewerkschaft A als unabhängige Organisation ein hohes Interesse an der Arbeit mit der IRV. Da sie sich nicht wie etwa die traditionalistischen Gewerkschaften in Mexiko über ihre Nähe zu Politik und Unternehmen legitimiert, muss sie ihre Macht auf andere Säulen stützen. Dabei bietet die IRV die Möglichkeit, sich für die Interessen der Arbeitnehmer einzusetzen und dadurch die eigene Legitimität zu erhöhen.

Gleichzeitig sieht Gewerkschaft A in der Unterstützung durch die deutschen Arbeitnehmervertreter eine wichtige Stütze ihrer Machtposition. So konnte sich ein transnationales organisationales Feld herausbilden, in dem die Akteure nicht mehr nur den Erwartungen der Anspruchsgruppen im nationalen Feld entsprechen, sondern auch bemüht sind, den Erwartungen der Akteure im transnationalen Feld zu entsprechen. Dadurch ist das Unternehmen vielfältigen Erwartungen ausgesetzt und es entstehen über nationale Grenzen hinweg Allianzen, die Macht verschaffen und Regeln erst Durchsetzungskraft verleihen. So könnte die Gewerkschaft A ohne die Unterstützung der deutschen Arbeitnehmervertreter kaum ihre Interessen so erfolgreich vertreten wie sie es teilweise praktiziert, und erst der Verweis auf die Infragestellung etwa der *trabajadores de confianza* durch internationale Akteure verleiht ihren Anliegen Gehör. Das Thema der *trabajadores de confianza* wurde von den deutschen Arbeitnehmervertretern an Gewerkschaft A herangetragen und von dieser aufgegriffen. Auch bei der Wahl der gewerkschaftlichen Vertretung im entstehenden Motorenwerl wurde der deutsche GBR aktiv. Gewerkschaft A nutzt nun wiederum die Unterstützung der deutschen Arbeitnehmer für die Bearbeitung des Themas. So ist ein Geflecht verschiedener Akteure, Erwartungen und Anspruchsgruppen entstanden, das nicht mehr in erster Linie nach nationalen Gesichtspunkten unterschieden werden kann und das durch die zahlreichen engen Verbindungen recht stabil zu sein scheint.

3 Die Umsetzung der Internationalen Rahmenvereinbarung bei Unternehmen B in Mexiko

Im Folgenden soll die Umsetzung der IRV von Unternehmen B in Mexiko, der »Grundsätze zur sozialen Verantwortung bei Unternehmen B«, dargestellt werden. Die Vorgehensweise gleicht dabei derjenigen des Fallbeispiels A (vgl. Kapitel 2, Teil II). Unternehmen A stellt aber eine Sonderform dar, da es sich bei dem Konzern um einen Zusammenschluss zweier Automobilkonzerne handelt, der jedoch nach Abschluss der empirischen Erhebung wieder gelöst wurde. Die dargestellten Ergebnisse beziehen sich vor allem auf die Zeit der Fusion. Alle Daten, die nach Auflösung des Zusammenschlusses erhoben wurden, beziehen sich auf den deutschen Unternehmensteil.

3.1 Das Unternehmen

Zum Zeitpunkt der Untersuchung handelte es sich bei Unternehmen B um einen Konzern, der im Mai 1998 aus der Fusion eines deutschen Autoproduzenten und eines US-Autobauers hervorgegangen war und in der damaligen Form bis zur Rücknahme der Fusion im Jahr 2007 bestand. Entsprechend der Herkunft der beiden Unternehmensteile verfügte das Unternehmen sowohl in Deutschland als auch in den USA über eine Zentrale. Der Konzern gehörte zu den größten Automobilherstellern weltweit und produzierte im Untersuchungszeitraum Pkw, Geländewagen und Nutzfahrzeuge in Produktionsstätten in Deutschland, Frankreich, der Türkei, USA, Kanada, Brasilien, Mexiko, Südafrika, Indien, China, Malaysia, Vietnam, Thailand, Indonesien und Japan. Der größte Umsatz wurde im Untersuchungszeitraum im NAFTA-Raum erwirtschaftet (75 Milliarden Euro), wovon wiederum 64 Milliarden Euro allein auf die USA entfielen. In Westeuropa wurden im Jahr 2006 immerhin 50 Milliarden Euro an

Umsatz erwirtschaftet.[178] Die Mitarbeiterzahlen sanken von 382.724 im Jahr 2005 um sechs Prozent auf 360.385 im Jahr 2006.[179] Auch nach der Trennung der deutschen und US-amerikanischen Konzernteile gehören beide Unternehmen zu den größten Automobilherstellern weltweit.

Bezüglich der Internationalisierung des deutschen Konzernteils muss unterschieden werden zwischen dem Pkw- und dem Nutzfahrzeugbereich. Während die Produktion von Nutzfahrzeugen bereits in den 1950er und 1960er Jahren durch den Aufbau von Produktionsstätten in Argentinien, Brasilien und Indien und 1981 durch die Übernahme einer US-amerikanischen Lkw-Marke internationalisiert worden war, konzentrierte sich die Produktion von Pkw vor allem auf Deutschland. Der Konzern war also im Vergleich zu anderen großen Automobilherstellern in geringem Maße internationalisiert (vgl. Hauser-Ditz u. a. 2010. 84). Dabei folgte das Management der Philosophie und zentralen Strategie des Konzerns, die die Produktion hochwertiger und teurer Autos für eine kleine wohlhabende und internationale Käuferschicht ohne preisliche Einschränkungen vorsahen (Pries 1999: 46).

Seit Mitte der 1990er Jahre fanden erste intensive Internationalisierungsversuche auch in der Pkw-Produktion statt, die einhergingen mit einer grundlegenden Neuorientierung des Konzerns. So wurde nicht nur die Produktpalette um Pkws niedrigerer Preissegmente erweitert, sondern es wurde auch grundlegende Produktionsabläufe verändert. In Anlehnung an japanische Produktionsprinzipien wurde eine engere Kooperation mit Zulieferern und eine Reduzierung der Fertigungstiefe angestrebt,[180] das *benchmarking* zwischen den Werken und damit der konzerninterne Wettbewerb gesteigert[181] und neue Arbeitsmodelle eingeführt.[182] Gleichzeitig

178 Soweit nicht anders angegeben, stammen alle Angaben aus Geschäftsberichten, Internetpräsentationen und anderen Veröffentlichungen des Unternehmen B.

179 Aktuelle Zahlen sind aufgrund der Trennung der beiden Konzernteile im Mai 2007 nicht verfügbar.

180 Der Anteil der von Unternehmen B selbst gefertigten Produkte sank in den neuen Werken in Frankreich und den USA auf 15 Prozent (Pries 1999: 48).

181 Durch das sog. *center*-Prinzip erhalten auch kleinere Produktionseinheiten größere Produktionsverantwortung und Produktionsautonomie und damit die Möglichkeit, sich im Konzernverbund zu positionieren und erfolgreich um Aufträge zu konkurrieren.

182 Anders als vorher lag dem neuen Modell nicht mehr das Leitbild eines »souveränen, hochqualifizierten und Partizipation suchenden Facharbeiters« zugrunde (Pries 1999: 52), sondern das neue Produktionsmodell gründete sich auf die Maxime einer kollektiven Produktionsverantwortung, in deren Zentrum die Arbeitsabläufe innerhalb des

wurde eine »Globalisierungsoffensive« (Pries 1999: 50) gestartet, die eine Internationalisierung der Produktionsstrukturen ermöglichen sollte. Vor allem der Aufbau von *all new plants* 1994 in den USA, Frankreich und Brasilien kann als Versuch gewertet werden, die Produktion nachhaltig zu internationalisieren und zu modernisieren. So wurden in den Werken neue Produkte und neue Produktionsmodelle eingeführt und erprobt.[183] Darüber hinaus fand eine vermehrte Montage von Modellen in den *emerging markets* Vietnam, Mexiko, Indonesien, Indien und Südafrika statt.

Durch die 1998 erfolgte Fusion des deutschen und des US-amerikanischen Autobauers, die trotz anderslautender Erklärungen doch der deutsche Unternehmensteil dominierte (Hauser-Ditz u. a. 2010: 85), wurden die beschriebenen Schritte zur Internationalisierung des Konzerns nochmals intensiviert. Die mit dem Zusammenschluss verbundenen Ziele waren auf beiden Seiten zahlreich und bestanden unter anderem in der Erschließung neuer Märkte und einer Erweiterung der Produktpalette.[184] Darüber hinaus wurden ein Wissenstransfer, die Reduzierung von Kosten und das Erzielen von Synergieeffekten angestrebt. Nach nur neun Jahren ökonomisch weitgehend erfolgloser Partnerschaft trennten sich die beiden Konzerne im Rahmen der Krise auf dem US-Automobilmarkt im Mai 2007 wieder und das US-amerikanische Unternehmen wurde an einen internationalen Finanzinvestor verkauft.

Teams stehen. Damit verliert das Individuum mit seinen Qualifikationen und Ideen an Bedeutung innerhalb des Produktionsablaufs.

183 An den Methoden, die in den neuen Produktionsstätten verfolgt werden, regt sich zahlreiche Kritik. So wird bemängelt, dass mit dem Aufbau der Fertigungsstätte in den USA das Unternehmen bewusst einen Standort auswählte, der sich in räumlicher und kultureller Distanz zu den traditionellen industriellen Hochburgen der USA befand. Der Standort galt als gewerkschaftsfreie Zone und diente u. a. deshalb als Erprobungsraum für neue Produktionsprozesse. Dabei spielten vor allem *Lean-Production*-Methoden eine Rolle (Eckardt u. a. 1999: 181; Köhler 2003: 77). Bei diesen handelt es sich um Produktionsmodelle, die eine »Verschlankung« der Produktion durch verschiedene Maßnahmen, wie etwa der Vermeidung von Über- und Fehlproduktion, zum Ziel haben. Entwickelt und zuerst angewandt wurde das Modell von japanischen Autobauern (vgl. ausführlich Boyer/Freyssenet 2003).

184 Die deutsche Linie wollte vor allem in das untere Preissegment vorstoßen, während die US-amerikanische Seite in das Luxussegment aufsteigen wollte (vgl. ausführlich zu der Fusion, ihren Hintergründen, ihrem Verlauf und den Interessen der Beteiligten Köhler 2003: 80ff.).

3.2 Internationale Arbeitnehmervertretungsstrukturen

Inoffizielle internationale Arbeitnehmervertretungsstrukturen hatten sich innerhalb des Konzerns bereits in den 1980er Jahren entwickelt (vgl. ausführlich Müller u. a. 2004: 164ff.). Auf Initiative des evangelischen Industriepastorats an dem deutschen Produktionsstandort F wurde innerhalb des Betriebsrats des Werkes am Standort F ein Arbeitskreis eingerichtet, der seine Arbeit zunächst auf die Situation innerhalb des Werks in Südafrika konzentrierte. Hier stand der Kampf gegen die Apartheid in Südafrika und die Unterstützung der lokalen Gewerkschaft im Mittelpunkt der Arbeit. Da sich der Arbeitskreis zunehmend politisch links positionierte und das Verhalten des Unternehmens in Südafrika deutlich kritisierte, kam es zu Konflikten zwischen dem Betriebsrat am Standort F und den Basisaktivisten rund um das evangelische Industriepastorat, in dessen Folge der Betriebsrat dem Arbeitskreis seine Unterstützung entzog. Der Arbeitskreis muss deshalb heute ohne Einbindung in offizielle Strukturen arbeiten.

Neben den Kontakten zu den südafrikanischen Werken und ihren Arbeitnehmervertretern entwickelten sich enge Verbindungen nach Brasilien, wobei ebenfalls das evangelische Industriepastorat eine wichtige Rolle spielte. Über kirchliche Kontakte wurde ein Projekt ins Leben gerufen, das den Austausch zwischen brasilianischen und deutschen Arbeitnehmern fördern sollte und an dem die (Gesamt-) Betriebsräte verschiedener anderer deutscher Automobilkonzerne beteiligt waren. Aber auch aus diesem Projekt zog sich die Betriebsratsspitze zurück, während sich die informellen Strukturen und Kontakte weiterentwickelten.

So intensivierte sich in den folgenden Jahren der Kontakt zu den südafrikanischen und brasilianischen Standorten, und es konnten Verbindungen in die USA und nach Kanada, in die Türkei, nach Frankreich und Spanien aufgebaut werden, während eine Zusammenarbeit mit der deutschen Betriebsratsspitze oder der IG Metall nicht mehr stattfand. Heute sieht sich das Netzwerk rund um den Arbeitskreis nicht als Konkurrenz, sondern als Ergänzung der offiziellen Strukturen. Der Aktionsradius des Netzwerkes ist auf gemeinsame Aktivitäten mit der Basis begrenzt und es verfügt kaum über direkten Zugang zur Konzernleitung und zu Entscheidungsprozessen innerhalb des Konzerns. Ziele des Netzwerkes sind ein Informations- und Erfahrungsaustausch zwischen den Beschäftigten, der Aufbau von persönlichen Beziehungen und eine gelebte Solidarität.

Auf offizieller Seite entwickelte sich lange Zeit keine internationale Vernetzung der Arbeitnehmervertreter, da die Produktion weitgehend auf Deutschland beschränkt blieb. Dennoch wurde 1996 ein EBR eingerichtet, der jedoch vor allem als »mutterdominierter dienstleistender« EBR charakterisiert werden kann (Müller u. a. 2004: 169). Er konnte sich nicht zu einem strategisch wichtigen Gremium mit Mitbestimmungscharakter entwickeln, sondern diente vor allem dem Informationsaustausch zwischen den europäischen Arbeitnehmervertretungen und der Einbindung der nicht-deutschen Mitglieder. Das Machtzentrum innerhalb des EBR lag eindeutig bei der deutschen Betriebsratsspitze, die ihren Einfluss auf die Konzernleitung jedoch auch außerhalb des EBR geltend machen kann (Müller u. a. 2004: 169, vgl. auch Hauser-Ditz 2010: 93ff.).[185]

Erst durch die Fusion der deutschen und der US-amerikanischen Unternehmensteile 1998 entstand auf offizieller Seite ein Bedarf zur Internationalisierung der Arbeitsbeziehungen, da die nordamerikanischen Arbeitnehmervertreter in die bisherigen Strukturen der Arbeitnehmervertretung und Unternehmensmitbestimmung integriert werden mussten. Dabei erfolgte die Einbindung der Arbeitnehmervertreter auf vielfältige Weise: Zum einen trat die IG Metall einen Sitz im Aufsichtsrat des fusionierten Unternehmens an die *United Automobile, Aerospace and Agricultural Implement Workers of America* (UAW) ab, so dass auch die US-amerikanischen Gewerkschaften im Aufsichtsrat vertreten waren. Zum anderen wurde ein *Labor Committee* gegründet, das sich aus den Arbeitnehmervertretern im Aufsichtsrat und weiteren UAW-Vertretern sowie Delegierten der kanadischen Gewerkschaft *Canadian Automobile Worker* (CAW) zusammensetzte und sich vier- bis sechsmal jährlich traf und über strategische und andere aktuelle Fragen beriet.[186]

Auch wurde auf Initiative der deutschen Betriebsratsspitze ein WBR eingerichtet. Im WBR waren jedoch nur die im Konzernverbund wich-

185 Für eine ausführliche Darstellung der Struktur, Aufgaben und Entwicklung des EBR im verbleibenden deutschen Konzernteil nach der Trennung vgl. Hauser-Ditz u. a. (2010: 93ff.). Sie sprechen dem EBR eine insgesamt geringe Bedeutung für die Interessenregulierung im Konzern zu, sehen aber gleichzeitig die Stärke des EBR u. a. in den Informations- und Kommunikationsmöglichkeiten auf europäischer Ebene und in dem Potenzial, »im Bedarfsfall als europäische Plattform der Interessenregulierung« fungieren zu können (Hauser-Ditz u. a. 2010: 116).

186 Dieses Gremium war als Gegengewicht zum neu eingerichteten *Shareholder Committee* auf Arbeitgeberseite gedacht, in dessen Rahmen sich regelmäßig deutsche und US-amerikanische Vertreter der Arbeitgeberseite im Vorfeld der Aufsichtsratssitzungen trafen.

tigsten Standorte vertreten: Deutschland, USA, Kanada, Brasilien, Südafrika und Spanien. Bei der Begrenzung auf wenige Länder spielte sowohl der Wunsch nach Kostenreduzierung seitens der Unternehmensführung als auch die Konzentration auf die wichtigsten und mächtigsten Standorte seitens des GBR eine Rolle (Müller u. a. 2004: 172). Darüber hinaus sollten diejenigen Länder ausgeschlossen werden, deren Gewerkschaftsstrukturen aus Sicht des GBR aufgrund von Intransparenz keine nachhaltige Arbeit zuließen (I 2: 4). Als gewerkschaftliche Vertreter nahmen der IMB und die IG Metall an den WBR-Sitzungen von Unternehmen B teil.[187]

Die Funktion des WBR lag vor allem im Austausch sowohl zwischen den Arbeitnehmervertretern untereinander als auch mit dem Konzernmanagement, sowie in der Vernetzung und gegenseitigen Information. Eine strategische Mitbestimmung, wie sie bei Unternehmen A angestrebt ist, wurde bei Unternehmen B hingegen nicht verfolgt. Auch einer transnationalen Konfliktregelung wurde weniger Bedeutung beigemessen, da die Standortkonkurrenz deutlich geringer ausgeprägt war als etwa bei Unternehmen A. Für die deutsche Betriebsratsspitze bot der WBR stattdessen die Möglichkeit, die anderen Arbeitnehmervertreter in die deutsche Mitbestimmungslogik zu integrieren und dadurch die eigene Machtposition auszubauen.

Das Machtzentrum innerhalb der Arbeitnehmervertretungsstrukturen des Konzerns lag stets bei der deutschen Betriebsratsspitze. Ausgestattet mit erheblichen Machtressourcen wie dem direkten Zugang zur Konzernleitung, einem hohen Organisations- und Mobilisierungsgrad der deutschen Beschäftigten und dem deutschen Mitbestimmungsmodell im Hintergrund, steuerte sie die Internationalisierung der Arbeitnehmervertretungsstrukturen, die durch die Fusion der zwei Unternehmen und der damit verbundenen Internationalisierung der Produktion notwendig geworden war. Anders als etwa bei Unternehmen A war der Austausch zwischen offiziellen Arbeitnehmervertretungen und dem Basisnetzwerk gering. Das Basisnetzwerk wurde nicht in die offizielle Arbeit eingebunden und erfuhr keine Förderung durch die IG Metall oder die deutsche Betriebsratsspitze.

187 Der IMB wurde dabei als Gast eingeladen, während die IG Metall durch ihre Vertreter im Aufsichtsrat des Unternehmens eingebunden war (I 2: 18).

3.3 Die Internationale Rahmenvereinbarung

3.3.1 Hintergründe und Aushandlungsprozess

Die IRV von Unternehmen B, die »Grundsätze zur sozialen Verantwortung bei Unternehmen B«, wurde im September 2002 – drei Monate nach Abschluss der IRV bei Unternehmen A – von dem Konzernvorstand, dem GBR- und WBR-Vorsitzenden und dem Präsidenten der UAW unterzeichnet. Ein Vertreter des IMB war nicht direkt am Abschluss beteiligt, aber der IMB wurde als mitunterzeichnende Organisation genannt (s. IRV im Anhang). Damit stellte die Vereinbarung die zweite IRV eines Automobilunternehmens weltweit dar. Initiiert hatte sie die deutsche Betriebsratsspitze, die mit der Ausarbeitung der IRV auf die Entwicklung einer konzernweiten Personalmanagementstrategie für Führungskräfte seitens des Unternehmens reagierte (Müller u. a. 2004: 174). Nach dem Willen des GBR sollten nicht nur für die Führungskräfte, sondern auch für die Beschäftigten und Arbeitnehmervertretungen einheitliche Grundsätze gelten.

Innerhalb des WBR war der deutsche Vorschlag jedoch umstritten. So befürworteten die südamerikanischen Kollegen den Abschluss einer IRV, während die nordamerikanischen Arbeitnehmervertreter diesen ablehnten. Sie befürchteten vor allem die Aufweichung des in den USA zum Teil üblichen *closed-shop*-Prinzips, also die zwanghafte Mitgliedschaft in der Gewerkschaft eines Betriebes für alle Arbeitnehmer (Müller u. a. 2004: 174f.).[188] Dieses Prinzip kann durch die in den IRV in der Regel enthaltene Koalitionsfreiheit in Frage gestellt werden. Nach Überwindung dieser Differenzen wurde eine Arbeitsgruppe mit je einem Vertreter aus Brasilien, Deutschland und den USA gebildet, die neun Monate mit der Konzernleitung verhandelte. Dabei wurde der Aushandlungsprozess durch die Tatsache beschleunigt, dass das Konkurrenzunternehmen A im Juni 2002 eine eigene IRV abgeschlossen hatte (Müller u. a. 2004: 174).

Ebenso wie bei Unternehmen A muss auch die IRV von Unternehmen B eingebettet werden in den Kontext anderer Vereinbarungen und Selbstverpflichtungen, die der Konzern in Bezug auf Arbeits-, Sozial- und Um-

188 Das *closed-shop*-Prinzip wurde in den USA in der Praxis weitgehend abgelöst durch das *union-shop*-Prinzip, das dem Arbeitgeber das Recht gibt, auch Nicht-Gewerkschaftsmitglieder einzustellen. Allerdings müssen auch diese Arbeitnehmer innerhalb einer bestimmten Frist der Gewerkschaft beitreten. Damit sollen Trittbrettfahrer, die von den Errungenschaften der Gewerkschaft profitieren, ausgeschlossen werden (vgl. Lösche 2004: 388).

weltstandards zum Teil vorher unterzeichnet hat. So ist das Unternehmen Mitunterzeichner des *Global Compact* und hat im Jahr 1999 eine eigene Verhaltensrichtlinie entwickelt, die im Jahr 2003 um die IRV erweitert worden ist (vgl. zur gesellschaftlichen Verantwortung des Konzerns ausführlich Unternehmen B 2005: 20ff.). Im Jahr 2003 wurde ein Ethikkodex für Führungskräfte *(Code of Ethics for Senior Financial Officers)* unterzeichnet, der Fehlverhalten vermeiden und die Berichterstattung im Unternehmen verbessern sollte. Darüber hinaus hat das Unternehmen Umweltleitlinien verabschiedet sowie eine Datenschutzregelung zum Schutz von Mitarbeitern, Kunden und Zulieferern entwickelt und ist im Jahr 2002 der Antikorruptionsorganisation *Transparency International* beigetreten. In den Nachhaltigkeitsberichten bekannte sich der Konzern weiterhin zu den Prinzipien der OECD-Richtlinie für Multinationale Unternehmen, zur allgemeinen Menschenrechtserklärung der UNO und zu den ILO-Kernarbeitsnormen. Damit nahm das Unternehmen Bezug auf die wichtigsten internationalen Vereinbarungen und entwickelte zahlreiche eigene Initiativen, die ein Bekenntnis zur gesellschaftlichen Verantwortung darstellen sollten.

Dominante Akteure bei der Aushandlung der IRV waren also die Unternehmensleitung und die betrieblichen Arbeitnehmervertreter auf deutscher Seite. Eine zentrale Rolle spielte der GBR, aber auch lokale Arbeitnehmervertretungen wurden in den Aushandlungsprozess einbezogen. Kaum eine Rolle spielte hingegen der IMB. Im Folgenden sollen nun die Inhalte der IRV analysiert werden.

3.3.2 Inhalte

Die »Grundsätze zur sozialen Verantwortung bei Unternehmen B« benennen als übergeordneten Bezugspunkt die Prinzipien des *Global Compact*, den der Konzern zuvor unterzeichnet hatte und dessen Inhalte es umzusetzen gelte. Weiterhin werden grundlegende Ziele benannt, wie etwa soziale Verantwortung, eine Globalisierung mit »menschlichem Gesicht«, weltweiter Friede und Wohlstand.[189] Zum Erreichen dieser Ziele seien sowohl die Wettbewerbsfähigkeit des Unternehmens als auch die »Wahrnehmung sozialer Verantwortung« von elementarer Bedeutung.

189 Alle Zitate wurden den »Grundsätzen zur sozialen Verantwortung bei Unternehmen B« entnommen, deren Wortlaut im Anhang des vorliegenden Buches abgedruckt ist.

In Bezug auf das Verhältnis der Arbeitgeberseite zu Beschäftigten und Arbeitnehmervertretungen wird auf den Geist der Zusammenarbeit von Unternehmen, Mitarbeitern, Arbeitnehmervertretern und Gewerkschaften eingegangen. So wird die Bedeutung einer »konstruktiven« und »tragfähigen« Zusammenarbeit betont und ein respektvoller und fairer Umgang mit den einzelnen Mitarbeitern gefordert.

Die »Grundsätze zur sozialen Verantwortung bei Unternehmen B« beziehen sich auf die ILO-Konventionen, allerdings ohne die Konventionen wörtlich wiederzugeben oder die entsprechenden Konventionen direkt zu nennen. Auch die Ausformulierung der Inhalte ist wenig präzise. So heißt es, das Unternehmen »ächtet jegliche Form von Zwangsarbeit« und setze sich für die »effektive Abschaffung von ausbeuterischer Kinderarbeit« ein. Ebenso wie bei der IRV von Unternehmen A bleiben diese Formulierungen deklaratorisch und stellen kaum verbindliche Regelungen dar (vgl. Zimmer 2008: 168). Darüber hinaus »verpflichtet sich« das Unternehmen zur Wahrung von Chancengleichheit und zur Unterlassung von Diskriminierung – sofern nationales Recht nicht ausdrücklich eine Auswahl nach bestimmten Kriterien vorsieht.

Die Berücksichtigung nationaler Besonderheiten und Bestimmungen spielte auch bei der Ausarbeitung der Klauseln zum Recht auf Organisationsfreiheit und Kollektivverhandlungen eine Rolle. Während die IRV dem Recht auf Organisationsfreiheit grundsätzlich universelle Gültigkeit zuschreibt, sollen bei der konkreten Ausgestaltung vor Ort nationale gesetzliche Regelungen und bestehende Vereinbarungen beachtet werden. Dabei sei aber das Recht auf Koalitionsfreiheit »selbst in den Staaten gewährleistet [...], in denen die Koalitionsfreiheit nicht geschützt ist.«

Nationale Standards dienen als Richtwert in Bezug auf die konkreten Arbeitsbedingungen. Ebenso wie die IRV von Unternehmen A setzt die IRV von Unternehmen B bei Arbeits- und Gesundheitsschutz, Entlohnung, Arbeitszeit und Vergütung die nationalen Bestimmungen als Untergrenze fest und versäumt dadurch, einheitliche Mindeststandards festzulegen.

Sehr ausführlich und im Vergleich zu anderen Vereinbarungen relativ konkret werden die Umsetzungsmaßnahmen behandelt. So wurde festgelegt, dass die Grundsätze allen Beschäftigten bekanntgemacht werden sollen, wobei die Art der Bekanntmachung mit den Arbeitnehmervertretungen abgestimmt werden soll. Verantwortlich für die Umsetzung und Einhaltung der IRV in den Standorten sind die »Geschäftsleitungen der jeweiligen Einheiten«. Sie benennen auch Ansprechpartner für eventuelle Fragen oder Beschwerden, wobei sich aus einer Eingabe »keine nachteiligen Folgen« für denjenigen ergeben sollen, der sie vorbringt. Ein konkretes Monitoringverfahren wurde nicht vereinbart. Aber es wurde festgelegt, dass die Konzernrevision die Grundsätze in ihre Prüfkriterien aufzunehmen habe und die Einhaltung der IRV im Rahmen ihrer Arbeit überprüfen soll. Darüber hinaus soll eine zentrale Hotline eingerichtet werden, die für diejenigen Fälle zuständig ist, die dezentral nicht gelöst werden können. Im Falle einer Beschwerde soll die Konzernrevision aktiv werden und entsprechende Maßnahmen entwickeln und einleiten. Die Durchführung von regelmäßigen Evaluationen wurde nicht festgelegt, aber es wurde vereinbart, dass Konzernleitung und Arbeitnehmervertretung regelmäßig über die Umsetzung der IRV beraten sollten.

Der Geltungsbereich der »Grundsätze zur sozialen Verantwortung bei Unternehmen B« erstreckt sich auf den Konzern weltweit. Dabei werden keine Einschränkungen gemacht. Problematisch ist jedoch, wie bereits angedeutet wurde, die fehlende Einbeziehung der Zulieferer. Denn es erfolgt keine verbindliche Einbeziehung der Zulieferer, sondern diese werden »unterstützt und ermutigt«, ähnliche Grundsätze zu vereinbaren. In der Einhaltung der IRV sieht das Unternehmen »eine sehr gute Grundlage für dauerhafte Geschäftsbeziehungen«. Eine Sicherstellung der Information der Zulieferer und ein Monitoring der IRV in den Zulieferbetrieben sind also nicht vorgesehen. Allerdings ist anzumerken, dass das Unternehmen im Juni 2008 eine »Richtlinie zur Nachhaltigkeit für Lieferanten« verabschiedete. Diese Richtlinie nimmt unter anderem Bezug auf die IRV und fordert die Lieferanten auf, deren Inhalte umzusetzen. Konkrete Umsetzungs- oder Monitoringmaßnahmen sieht die Richtlinie aber nicht vor.

Bei der Entwicklung der Zulieferklausel spielten vor allem Bedenken eine Rolle, dass ein Konzern der Größenordnung von Unternehmen B »eigentlich nicht ernsthaft den Anspruch haben« könne, »die dritte, vierte, fünfte Zulieferschicht zu kontrollieren.« (I 2: 4). Darüber hinaus fürchtete die US-amerikanische Geschäftsführung hinsichtlich der Auswahl von Lieferanten einen Konflikt mit dem US-amerikanischem Recht (I 3: 7).[190] Zudem, so die Argumentation des Konzerns, wäre ein Verstoß gegen die IRV kaum zu erwarten, da es im Gegensatz zu etwa Unternehmen der

---

190 Die US-amerikanische Rechtsabteilung befürchtete, eine Auswahl der Zulieferer nach Kriterien der gewerkschaftlichen Organisierung ihrer Arbeitnehmer könne US-Gesetzen widersprechen.

Bekleidungsindustrie bei der Automobilindustrie aufgrund der hohen technologischen Anforderungen in der Produktion weniger arbeitsrechtliche Verstöße gäbe (I 3: 48).

Somit kann resümiert werden, dass die »Grundsätze zur sozialen Verantwortung bei Unternehmen B« die wesentlichen Aspekte einer IRV beinhalten, aber einige Besonderheiten aufweisen. So nehmen sie keinen direkten Bezug auf die ILO-Kernarbeitsnormen und bleiben in vielen Formulierungen recht vage. Ihre Verbindlichkeit bleibt deshalb gering. Bezüglich der Vereinbarungen zu Arbeitsbedingungen und Gesundheitsschutz werden kaum einheitliche Standards gesetzt. Vielmehr orientieren sich die Bestimmungen an den nationalen Vorgaben. Dies ist problematisch, da die nationalen Vorgaben nicht immer den internationalen Anforderungen und Standards entsprechen. So haben, wie dargestellt wurde (vgl. Kapitel 2.3.1, Teil I), zahlreiche Staaten nicht alle ILO- (Kern-) Arbeitsnormen unterzeichnet. Bezüglich der Umsetzungsmaßnahmen kann die IRV von Unternehmen B im Vergleich jedoch positiv bewertet werden. Sie nennt konkrete Umsetzungsmaßnahmen wie die Aufnahme der Grundsätze in die Prüfkriterien der Konzernrevision und sieht die Schaffung von lokalen und zentralen Anlaufstellen für Beschwerden vor. Damit werden erste konkrete Schritte hin zu einer Umsetzung der IRV unternommen. Die Verantwortung für die Umsetzung liegt bei verschiedenen Abteilungen des Unternehmens sowie in geringerem Maße bei den Arbeitnehmervertretungen. Dem IMB wird in den vereinbarten Umsetzungsmechanismen hingegen keine konkrete Rolle im Umsetzungsprozess zugewiesen.

3.4 Die Arbeit mit der Internationalen Rahmenvereinbarung bei Unternehmen B

Im Folgenden soll dargestellt werden, welche Maßnahmen Unternehmen B zur Umsetzung der IRV im Konzern ergriffen hat.

3.4.1 Information der Beschäftigten und Zulieferer

Die Information der Niederlassungen und Beschäftigten erfolgt über die Konzernzentrale. Dabei werden zum einen die lokalen Führungskräfte über die unternehmensinterne Verhaltensrichtlinie informiert, in die die

IRV integriert ist und die von den Führungskräften gegengezeichnet werden muss. So soll sichergestellt werden, dass alle Führungskräfte Kenntnis von der IRV haben und diese »nachhaltig in der Kommunikation« bleibt (I 2: 12).

Zum anderen werden verschiedene Wege genutzt, um die IRV im Unternehmen bekannt zu machen. So erhalten die lokalen Führungskräfte ein Anschreiben, das über den Abschluss der IRV informiert, es werden Broschüren gedruckt und auch im Intra- und Internet wird die IRV regelmäßig kommuniziert (I 2: 10). Dabei wird allerdings insbesondere auf die Eigenverantwortung der lokalen Einheiten gesetzt, die angehalten sind, die Grundsätze in dem jeweiligen Kontext bekannt zu machen (I 3: 30).

Neben dem Management wird aber auch die Arbeitnehmervertretung in die Pflicht genommen, die IRV zu kommunizieren. Die Kommunikation der IRV, so ein Interviewpartner, stelle ein »Dauerproblem« und eine »Daueraufgabe« (I 2: 40) dar und könne nicht kurzfristig gelöst werden. Vielmehr seien, so ein Vertreter des GBR, das zentrale Management und der GBR auf die nachhaltige Mitarbeit der Standorte angewiesen, wobei auch die Arbeitnehmervertreter vor Ort eine wichtige Rolle spielen:

»Die Vereinbarung sieht vor, dass die Kommunikation der Prinzipien nach innen mit den jeweiligen Interessenvertretern vor Ort abgestimmt werden soll. Die Zentrale hat dafür gesorgt, dass die Vereinbarungen übersetzt und im Internet und Intranet verfügbar sind, ansonsten müssen die Arbeitnehmervertretungen vor Ort sich um die weitere Kommunikation kümmern. Auch hier wieder: Wir müssen auf Strukturen vor Ort setzen!« (I2: 10)

Eine umfassende Zusammenarbeit mit den Zulieferern in Bezug auf die Umsetzung der IRV fand zum Zeitpunkt der Untersuchung nicht statt. Zwar wurden die im zentralen Lieferantenmanagement erfassten Zulieferer durch den zentralen Einkaufsvorstand über die Entwicklung der Verhaltensrichtlinie und in diesem Zusammenhang auch über die darin enthaltenen »Grundsätze zur sozialen Verantwortung bei Unternehmen B« schriftlich informiert, eine weitere Zusammenarbeit bezüglich der IRV gab es aber nicht (I 3: 50).

Somit kann zusammenfassend festgestellt werden, dass sich das Unternehmen um eine Bekanntmachung der IRV bei den Beschäftigten und Zulieferern bemüht. Allerdings hat das Unternehmen dabei nicht den Anspruch, die IRV auf allen Ebenen bekannt zu machen, sondern beschränkt sich auf die Information der Führungskräfte. Die konkrete Ausgestaltung der Kommunikation vor Ort bleibt dabei Hauptaufgabe der lokalen Einheiten.

3.4.2 Kontrolle

Die Einhaltung der vereinbarten Standards ist für Unternehmen B vor allem aus zwei Gründen von großer Bedeutung: Zum einen kann die IRV durch die Integration in die Verhaltensrichtlinie zumindest in den deutschen Standorten als verbindliche Betriebsvereinbarung gelten und ist damit für die einzelnen Mitarbeiter in Deutschland rechtlich bindend (I 3: 14). Zum anderen möchte sich das Unternehmen an der sich selbst »auferlegten Latte messen lassen«, wobei es den von innen und außen geäußerten Erwartungen gerecht werden möchte und eine schlechte Darstellungen in der Presse fürchtet (I 3: 30).

Die in der IRV vorgesehene Aufnahme der Grundsätze in die Prüfkriterien der Konzernrevision kann laut Einschätzung des Managements keine systematische Kontrolle der IRV in den einzelnen Standorten und deren Zulieferbetrieben leisten. Dies wird einerseits mit der Einschätzung begründet, dass sich in der Regel im Unternehmen keine ernst zu nehmenden Verstöße ereigneten (I 3: 68), andererseits mit der bereits erwähnten dezentralen Organisationsstruktur des Konzerns, die keine engmaschige Kontrolle zulässt.[191] Die Zentrale verfügt weder über die Möglichkeiten noch den Willen, die einzelnen Geschäftsleitungen zu kontrollieren:

> »[…] das ist bei uns einfach nicht so die Tradition, dass man so stark controlled. Es ist halt so, dass man sich in der Kommunikation natürlich Mühe gegeben hat, klar, das ist das Kleinste, aber es wird eine Broschüre gedruckt, es gibt dann eben ein Führungskräfteanschreiben, man wendet sich an die örtlichen Geschäftsleitungen, auch mit der Bitte, die Themen auch in der Landessprache jeweils in die örtlichen Medien einzustellen. Und im weiteren Verlauf wartet man dann einfach, was dann für Rückmeldungen kommen.« (I 3: 30)

Gleichzeitig sind Konzernleitung und Arbeitnehmervertreter aufgrund der Defizite bei der Kontrolle der IRV darauf angewiesen, dass »interne und externe Stakeholder« (I 3: 30) auf etwaige Verstöße aufmerksam machen. Diesen dezentralen Gedanken verfolgt auch der GBR. Er sieht weder das Unternehmen noch den Betriebsrat als »Polizei«, eine Funktion, für die

191 Allerdings, so die Geschäftsleitung, befinde sich die Firmenphilosophie im Wandel. So gewinne ein zentralisiertes Konzernmanagement immer mehr an Bedeutung (I 3: 26).

Mittel und Kapazitäten fehlten (I 2: 7–8). Die Umsetzung der IRV müsse, so der GBR-Vertreter, vielmehr durch die Akteure vor Ort erfolgen. Der GBR sei allerdings »Gewehr bei Fuß«, wenn es vor Ort zu Problemen komme und seine Unterstützung seitens der lokalen Kräfte gefordert würde (I 2: 6). Bei der Kontrolle der Umsetzung der IRV vor Ort sollen nach Möglichkeit auch externe Partner eingebunden werden. Nicht nur der IMB (»unser Auge und Ohr in der Welt«, I 2: 14), sondern auch NGOs müssten in die Umsetzung und Kontrolle der IRV eingebunden werden. Voraussetzung für eine erfolgreiche Einbindung externer Partner sei dabei eine breite Bekanntmachung und Kommunikation der IRV (I 2: 6).

Probleme, die vor Ort auftreten und nicht lokal gelöst werden können, werden in der Regel über den IMB oder die IG Metall an den GBR herangetragen (I 2: 14; I 40: 58), der dann die zentrale und/oder lokale Geschäftsführung einschaltet. Gleichzeitig gibt es die Möglichkeit, sich an eine Hotline zu wenden (I 2: 10–11). So hatte das Unternehmen in den beiden Hauptsitzen des Unternehmens in Deutschland und den USA jeweils eine zentrale Telefonnummer eingerichtet, an die sich Arbeitnehmer mit Fragen und Beschwerden wenden konnten. Diese Stelle war an das *Business Best Practice Office* angegliedert und zuständig für Beschwerden bezüglich aller internen Vereinbarungen des Unternehmens.

Eine systematische Kontrolle der Zulieferbetriebe durch das Unternehmen findet nicht statt. Wie bereits ausgeführt wurde, erachten sowohl die Unternehmensführung als auch die Arbeitnehmervertreter eine Kontrolle der IRV in der gesamten Zulieferkette als nicht zu leisten, so dass bereits bei der Ausarbeitung der IRV auf eine recht unverbindliche Zulieferklausel geachtet wurde.

So lässt sich zusammenfassen, dass eine systematische Kontrolle weder seitens des Unternehmen B noch seitens des GBR durchgeführt oder gefordert wird. Vielmehr wird die Verantwortung für die erfolgreiche Implementierung der Standards den lokalen Einheiten zugeschrieben. Damit wird zum einen deutlich, dass die Umsetzung der IRV nicht als kurzfristiger Lösungsansatz für Probleme gesehen wird, sondern als Prozess, der langfristige Veränderungen zum Ziel hat. Zum anderen verliert das europäische Machtzentrum mit Implementierung der IRV an Bedeutung, indem Verantwortungen an die dezentralen Einheiten abgegeben werden. Darüber hinaus wird das Potential der Vielschichtigkeit der IRV erkannt, indem externe Akteure in den Umsetzungsprozess einbezogen werden sollen.

3.4.3 Nutzung bei Problemfällen

Unternehmen und GBR zeigten sich im Gespräch zufrieden mit dem Bearbeitung von Konflikten, in denen die IRV eine Rolle spielten. Anders als von den Initiatoren der IRV erwartet, traten Konflikte nicht nur außerhalb, sondern auch innerhalb Deutschlands auf (I 2: 14). Außerhalb Deutschlands gab es zum Zeitpunkt der Untersuchung vor allem Probleme in nicht-europäischen Ländern.[192] Inhaltlich ging es bei den bis zum Zeitpunkt der Untersuchung bekannt gewordenen Fällen vor allem um Probleme bezüglich der Beachtung der Kollektivrechte und der Rechte von Arbeitnehmervertretungen, wobei aber ausnahmslos Geschäftspartner des Unternehmens betroffen seien (I 2: 14; I 3: 42).[193] Probleme im Unternehmen selbst waren noch nicht angezeigt worden.

In der Regel wird im Unternehmen B versucht, die Konflikte zunächst auf lokaler Ebene zu lösen, wobei sich »typischerweise die Unternehmensleitung eines Zulieferers davon erst mal nicht so beeindrucken lässt« (I 2: 25). Erst die Einmischung von IMB und/oder IG Metall, die die Fälle in der Regel an den GBR beziehungsweise WBR weiterleiten (I 2: 14), eröffnet Lösungsmöglichkeiten. Wenn der WBR die zentrale Geschäftsleitung einschalte, so ein Vertreter des GBR, fühlten sich die Zulieferer meist unter Druck gesetzt und es werde nach Konfliktlösungen gesucht (I 2: 25). Allerdings sei der Einfluss des Unternehmens auf die Zulieferer nicht immer so groß, dass diese ihre Praktiken änderten. Die Beschwerdehotline hingegen spielt in Bezug auf die Meldung von Verstößen gegen die IRV nur eine untergeordnete Rolle. Sie werde sehr unterschiedlich und vor allem in denjenigen Ländern genutzt, in denen *whistleblowing*, also die Weitergabe eines im Unternehmen begangenen Verstoßes an Stellen inner- und außerhalb des Unternehmens, verbreitet sei (I 2: 16).[194]

Die Zusammenarbeit zwischen Konzernleitung und Arbeitnehmervertretern zur Lösung von Konflikten bewerten die Akteure dabei in der Regel sehr positiv. Das Unternehmen beweise eine hohe »Vertragstreue« (I 2:

192 Das Auftreten von Konflikten außerhalb Deutschlands in außereuropäischen Ländern ist nach Meinung des GBR auf die Struktur des Konzerns zurückzuführen, der in Europa außerhalb Deutschlands kaum mit Produktionsstätten, sondern lediglich mit Vertriebsstrukturen präsent ist (I 2: 14).

193 Detaillierte Angaben dazu wurden seitens des Unternehmens nicht zur Verfügung gestellt.

194 Genaue Angaben zu Anzahl und Inhalten der eingegangenen Beschwerden konnten nicht gemacht werden.

29) und bemühe sich, die Probleme beizulegen. Insgesamt zeigten die Fälle, dass die IRV mit Leben gefüllt sei und angenommen werde:

»Der entscheidende Maßstab ist nicht das Papier, sondern die Fälle, die damit bearbeitet werden können. Jetzt haben wir zwölf Fälle. Wir glauben, dass das nicht schlecht ist, also dass wir überhaupt Fälle haben. Seit drei, vier Jahren fast kriegen wir Fälle rein. Das heißt schon mal, das Ding lebt.« (I 2: 40)

Die IRV hat also bereits in den ersten Jahren ihres Bestehens zu mehreren Konflikten geführt. Da diese vor allem die gewerkschaftlichen Rechte in den Zulieferbetrieben betrafen, erfüllten sie das Ziel des GBR, der hofft, »dass die Grundsätze sozialer Verantwortung dazu führen, dass die Leute sich organisieren. Die sollen vor Ort ihr Glück in die Hand nehmen können und dann können sie auch was bewegen.« (I 2: 27)

Es kann also geschlussfolgert werden, dass die Arbeit mit den IRV vor Ort stattfindet. Verstöße werden gemeldet und an die Unternehmenszentrale weitergeleitet. Die kooperative Zusammenarbeit von Unternehmen und Arbeitnehmervertretung fördert dabei die Lösung der entstandenen Konflikte und stärkt das Vertrauen in deren Umsetzung. Allerdings musste auch festgestellt werden, dass der Druck auf die Zulieferer nicht immer ausreicht, um diese zum Einlenken zu bewegen.

3.4.4 Außendarstellung

Das Unternehmen legt auch im Rahmen einer positiven Außendarstellung Wert auf die Einbeziehung der IRV. So war bereits der Abschluss der IRV zumindest zum Teil begründet in dem Wunsch, dem »Generalverdacht« der Ausbeutung, dem sich das Unternehmen durch die Internationalisierung der Produktion ausgesetzt sehe (I 3: 3), entgegenzuwirken. Ganz bewusst soll die IRV den Kunden ein positives Bild vom Unternehmen und dessen gesellschaftlicher Verantwortung vermitteln:

»Es ist natürlich auch ein Imagethema. Die Leute sollen auch ein gutes Gefühl haben, wenn sie sich in eins unserer überwiegend doch teuren Produkte setzen, und sollen das Gefühl haben, dass es ein verantwortungsbewusstes Unternehmen ist und um Ausgleich der verschiedenen Stakeholderinteressen bemüht, und deswegen denke ich, aus dem Grund schon, muss man sich auch dem Thema stellen.« (I 3: 70)

So wird die IRV der interessierten Öffentlichkeit auf der Webseite des Unternehmens und in den dort einsehbaren interaktiven Nachhaltigkeitsberichten präsentiert. Im Rahmen der Internetpräsenz des Unternehmens wird auf die IRV unter der Rubrik Nachhaltigkeit hingewiesen. Ein Download der Vereinbarung beziehungsweise der Verhaltensrichtline, in die die IRV integriert ist, steht im Downloadcenter zur Verfügung.

Auch die gedruckten und im Downloadcenter verfügbaren Nachhaltigkeitsberichte, die jährlich erscheinen, enthalten Angaben zu der IRV des Unternehmens. Es werden ihre Inhalte und Ziele, aber auch die Maßnahmen zu ihrer Umsetzung geschildert (Unternehmen B 2005: 21). So wird dargestellt, dass das Unternehmen regelmäßige Audits bei den Zulieferern durchführt, in deren Rahmen die Arbeitsbedingungen untersucht werden. Auch von einer erfolgreichen Information aller Mitarbeiter über die IRV und der regelmäßigen Überprüfung und Kommunikation der IRV im Konzern wird berichtet. Darüber hinaus liegen IRV und Verhaltensrichtlinie in gedruckter Form als Broschüren vor, die beim Unternehmen bestellt werden können.

Es wird also deutlich, dass die IRV auch für die Außendarstellung des Konzerns B von großer Bedeutung ist. Die IRV wird bewusst eingesetzt, um dem Unternehmen das Image eines verantwortungsbewussten Konzerns zu geben und damit die Erwartungen der Umwelt zu erfüllen.

3.4.5 Zusammenarbeit mit externen Partnern

Die Zusammenarbeit mit externen Partnern zwecks Umsetzung der IRV ist bei Unternehmen B begrenzt. Allerdings hat sich der GBR anfangs intensiv um eine Einbindung externer Partner bemüht. So veranstaltete der GBR kurz nach Abschluss der IRV eine Tagung, zu der Vertreter zahlreicher NGOs, wie etwa Attac, Amnesty International, Südwind, die FES oder auch Greenpeace eingeladen wurden (Müller u. a. 2004: 175; I 2: 41; I 3: 34). Dabei wurde ein Austausch über die IRV sowie deren Bekanntmachung über die Unternehmensgrenzen hinaus angestrebt, wodurch wiederum eine Einbindung externer Partner in die Umsetzung der IRV erreicht werden sollte (I 2: 6). Allerdings konnten sich aus dieser ersten Kontaktaufnahme keine langfristigen Kooperationen entwickeln. Als Gründe hierfür nennen GBR und Management ein mangelndes Interesse der NGOs, die das Thema Arbeitnehmerrechte kaum auf ihrer Agenda hätten und die vor allem den weichen Charakter der IRV kritisiert hätten (I 2: 41; I 3: 34).

Auch das Management ist nur bedingt an einem Austausch mit NGOs zum Thema Arbeitnehmerrechte interessiert. So gebe es bislang kaum

Erfahrungen in der Zusammenarbeit mit NGOs, ihrer Arbeitsweise und ihren Zielsetzungen. Der Austausch mit den traditionellen Arbeitnehmervertretungen hingegen sei, so eine Unternehmensvertreterin, bereits erprobt und institutionalisiert und damit besser einschätzbar:

»Ich müsste ja als Unternehmen bald eine eigene NGO-Abteilung aufbauen, die sich nur damit beschäftigt, herauszufinden, welche NGOs gibt's überhaupt, was haben die für eine Zielsetzung, wieso soll ich mich für die interessieren. Das ist ja schon relativ schwierig. Und deswegen denke ich, ist es einigermaßen verständlich, wenn man eben als traditioneller Automobilist sagt, ok, meine IG Metall, an der stört mich zwar viel, aber da kenne ich mich aus, da kann ich einordnen, was die von mir wollen.« (I 3: 34)

So findet der Austausch über die IRV vor allem zwischen Management und Arbeitnehmervertretern statt. Der Kontakt zu externen Organisationen hingegen konnte nicht in der Form etabliert werden, wie es sich insbesondere der GBR erhofft hatte.

3.5 Die Umsetzung der Internationalen Rahmenvereinbarung bei Unternehmen B in Mexiko

Im Folgenden soll dargestellt werden, welche Maßnahmen das Unternehmen B zur Umsetzung der IRV an ausgewählten Standorten in Mexiko ergriffen hat.

3.5.1 Unternehmen B in Mexiko

In Mexiko war der Einfluss des US-Unternehmensteils größer als der des deutschen Konzernteils. Sechs der insgesamt acht Werke in Mexiko gehörten ursprünglich zur US-amerikanischen Linie des Unternehmens, während die deutsche Seite nur zwei Produktionsstandorte in die Fusion eingebracht hatte. Die enge Anbindung an die USA zeigt sich auch in der Struktur des Reporting-Systems, das eine Berichterstattung der mexikanischen Zentrale an das zentrale Management in den USA vorsah.

Durch die zeitweise Fusion des deutschen mit dem US-amerikanischen Konzern wies das Unternehmen zum Untersuchungszeitpunkt eine starke Präsenz in Mexiko auf. So verfügte der Konzern in Mexiko über acht Produktionsstätten an fünf Orten, einen Vertriebsstandort, eine Werkstatt und einen Finanzservice. In der Hauptverwaltung in Stadt G befand sich zum Untersuchungszeitpunkt die zentrale Geschäftsführung. Produziert wurden in Mexiko Nutzfahrzeuge, Motoren und Pkw. Dabei produzierten die zwei ehemals US-amerikanischen Werke Geländewagen, ein Pkw-Modell sowie Motoren. Die ehemals deutschen Werke, die 1991 beziehungsweise 1994 die Produktion aufgenommen hatten, stellen Fahrgestelle für Busse, Komplettbusse sowie Schwerlaster her. Produziert wurde hauptsächlich für den Export. Insgesamt waren bei Unternehmen B im Untersuchungszeitraum in Mexiko mindestens 6.487 Mitarbeiter beschäftigt (I 17).[195] Hinzu kamen rund 100.000 indirekte Arbeitsplätze in ca. 1.000 Zulieferbetrieben (I 17).

Im Rahmen der vorliegenden Untersuchung wurden Interviews in der Hauptverwaltung sowie in den Produktionsstätten H in der Nähe von Mexiko-Stadt und J, ebenfalls in der Umgebung von Mexiko-Stadt angesiedelt, geführt. Die ehemals der US-amerikanischen Linie angehörende Produktionsstätte in Stadt H, die 1968 gegründet worden war, stellte zum Zeitpunkt der Untersuchung Pkws her und beschäftigte 2.370 Mitarbeiter, von denen 2.123 gewerkschaftlich organisiert und 247 als *trabajadores de confianza* beschäftigt waren (Angabe der Geschäftsführung). In dem ursprünglich deutschen Werk in Stadt J, das 1991 den Betrieb aufnahm, werden Busse produziert. Hier waren zum Zeitpunkt der Untersuchung 2.300 gewerkschaftlich organisierte Mitarbeiter beschäftigt (I 32: 2).

3.5.2 Gewerkschaften und tarifvertraglich festgelegte Arbeitsbedingungen

Die Beschäftigten der zwei untersuchten Werke des Unternehmens in Mexiko werden von zwei verschiedenen CTM-Mitgliedsgewerkschaften vertreten. In der Produktionsstätte H vertritt die Sektion einer nationalen Gewerkschaft, im Folgenden Gewerkschaft B1 genannt, die Arbeitneh-

195 Von den 6.487 Mitarbeitern im Jahr 2006 waren nach Angabe des Unternehmens 5.037 Mitarbeiter gewerkschaftlich organisiert, während 1.450 als sog. *trabajadores de confianza* beschäftigt waren (I 17). Damit hatte sich die Anzahl der Beschäftigten von 11.500 im Jahr 2000 zu Beginn des neuen Jahrhunderts deutlich verringert. Schuld an dieser Entwicklung waren vor allem Absatzschwierigkeiten auf dem US-Markt (Bonifaz Moreno/Bueno Rodriguez 2003: 10f.). Alle Angaben stammen, soweit nicht anders angegeben, aus Geschäftsberichten, Internetpräsentationen und anderen Veröffentlichungen des Unternehmens.

merinteressen. Sie verfügt auch in zwei weiteren Produktionsstätten von Unternehmen B über den Alleinvertretungsanspruch. In dem Werk am Standort H, in dem die Gewerkschaft B1 von einem fünfköpfigen Exekutivkomitee geführt wird, verfügt sie seit Bestehen des Werkes über den alleinigen Vertretungsanspruch (I 31: 2). Charakterisiert werden kann die Arbeitnehmervertretung im Werk H als traditionalistisch. So ist die Gewerkschaft verwurzelt in den regionalen politischen Machtstrukturen und geprägt durch eine enge Anbindung an die PRI (I 31: 8). Darüber hinaus verfügt sie über gute Beziehungen zur lokalen Geschäftsführung und zeigt sich ihr gegenüber dialogbereit und kaum konfrontativ. Seit Bestehen des Werkes kam es zu keinem Streik in der Produktionsstätte (I 31: 2). Gleichzeitig ist die innergewerkschaftliche Demokratie nur schwach ausgeprägt. Bei dem Wahlverfahren handelt es sich nicht um ein geheimes, sondern um ein offenes, indem die Arbeitnehmer per Handzeichen ihre Zustimmung zu einem Kandidaten oder dessen Ablehnung signalisieren. Auch ist die Anzahl der Amtsperioden von Generalsekretär und Exekutivkomitee nicht beschränkt. So hatte der amtierende Generalsekretär zum Zeitpunkt der Untersuchung bereits seit mindestens 16 Jahren das Amt inne und auch das amitierende Exekutivkomitee, das alle sechs Jahre von der Generalversammlung gewählt wird (I 31: 12), hatte bereits mehrere Amtsperioden überdauert (I 16).

Dass sich die Gewerkschaft dennoch als Vertretung der Arbeitnehmer versteht, verdeutlicht nicht nur ihre Präsenz im Werk, die über zwei regelmäßig besetzte Büros gewährleistet wird,[196] sondern auch die ausgehandelten Arbeitsbedingungen, die zwar schlechter als bei Unternehmen A sind, aber doch deutlich besser als die im mexikanischen Arbeitsgesetz vorgesehenen Leistungen. Auch gehören die Arbeitsbedingungen im Vergleich zu den anderen Werken von Unternehmen B in Mexiko zu den besten (vgl. Hessler u. a. 2007: 28ff.) So liegen die Löhne über dem nationalen Mindestlohn[197] und es wurden zahlreiche Sonderleistungen vereinbart. Dazu

196 Von dem regen Publikumsverkehr im Gewerkschaftsbüro konnte sich die Autorin bei zwei Besuchen zu unterschiedlichen Zeiten persönlich ein Bild machen. Darüber hinaus konnte sie sich im Rahmen einer Werksführung durch ein Mitglied des gewerkschaftlichen Exekutivkomitees davon überzeugen, dass die Gewerkschafter bei den Arbeitnehmern bekannt waren.

197 So wurde laut Tarifvertrag in den Jahren 2001 bis 2003 ein Mindesttageslohn von 124,10 Peso und ein Höchstlohn von 348,90 Peso gezahlt (Unternehmen B de México, 2001), während der gesetzliche Mindestlohn in der Region zur gleichen Zeit bei 40,35 Peso pro Tag lag (Servicio de Administración Tributaria 2009).

zählen etwa ein dreizehntes Monatsentgelt, die finanzielle Unterstützung bei Heirat, Geburt oder Todesfällen in der Familie und die finanzielle Unterstützung des Schulbesuchs der Kinder. Darüber hinaus verfügt das Unternehmen über einen Fitness- und einen Gesundheitsbereich auf dem Werksgelände. Gleichzeitig geht die im Tarifvertrag vereinbarte Zahl der Urlaubstage kaum über die im LFT verankerte Zahl hinaus[198] und die Arbeitszeiten sind vergleichsweise lang.[199]

Bei der Gewerkschaft im Werk J handelt es sich ebenfalls um die Sektion einer Mitgliedsgewerkschaft der CTM, die in der Region H sehr stark vertreten ist, im Folgenden Gewerkschaft B2 genannt. Die Gewerkschaft mit Sitz in der Stadt H verfügt in der Region über eine lange Tradition und großen Einfluss und ist in mehr als 80 Betrieben präsent, darunter auch zahlreiche Zulieferer von Unternehmen B.[200] Sie hat ihre Hauptverwaltung in der Stadt H, wo sie Seminare und andere Veranstaltungen durchführt und Ansprechpartner für die Arbeitnehmer ist. Gleichzeitig fehlt es aber auch hier an Transparenz und demokratischen innergewerkschaftlichen Strukturen. Die Geschicke der Gewerkschaft werden in der zweiten Generation von einer Familie geleitet, der Vorsitz der einzelnen Betriebsgewerkschaften wird ›vererbt‹[201] und es bestehen enge Verbindungen zur PRI (vgl. Hessler u. a. 2007: 38f.). So arbeitet die Anwältin der lokalen CTM-Vertretung in Stadt H, die gleichzeitig die Tochter des lokalen Gewerkschaftsvorsitzenden ist, auch als Beraterin der PRI. Damit weist die Gewerkschaft die typischen Merkmale einer traditionalistischen Gewerkschaft in Mexiko auf.

Diese Charakterisierung trifft auch auf die Sektion zu, die im Werk J die Gewerkschaft vertritt. Die Sektion wird von einem fünfköpfigen Exekutivkomitee geführt, das in einem dreijährigen Rhythmus gewählt wird (I 32:

198 So liegt die Mindestanzahl von Urlaubstagen im Werk H bei einer Betriebszugehörigkeit von einem Jahr bei sieben Tagen und steigert sich auf 26 Tage bei einer Betriebszugehörigkeit von 39 Jahren (Unternehmen B de México, 2001: cap. IV, art. 38). Damit geht die Vereinbarung kaum über die gesetzliche Regelung hinaus, die eine Mindestanzahl von sechs Urlaubstagen vorsieht, bei einer Betriebszugehörigkeit von 39 Jahren aber ebenfalls 26 Urlaubstage erreicht (LFT: art. 76).

199 Die wöchentliche Arbeitszeit beträgt 48 Stunden in der ersten Schicht, 45 Stunden in der zweiten Schicht und 42 Stunden in der dritten Schicht. Damit liegt sie deutlich über der Arbeitszeit von Unternehmen A (44 bzw. 42 und 40 Stunden, vgl. Kapitel 2.5.3, Teil II).

200 Im Jahr 2007 hatte die Gewerkschaft 9.598 Mitglieder (STPS 2007).

201 So ›erbte‹ der derzeitige Vorsitzende der Gewerkschaft B2 den Vorsitz von seinem Vater, während sein Bruder den Vorsitz der Betriebsgewerkschaften der Region im Bereich Handel und Bau übernahm.

2). Das zum Zeitpunkt der Untersuchung aktive Komitee war bereits seit 15 Jahren im Amt und bestritt die fünfte Amtsperiode (I 32: 2). Ebenso wie im Werk H kann auch das Verhältnis von Gewerkschaft und Geschäftsführung im Werk J als überaus kooperativ bezeichnet werden. So war es auch in dieser Produktionsstätte seit Bestehen des Werkes noch nicht zu einem Streik gekommen (I 32: 2). Die Gewerkschaft ist darüber hinaus im Werk mit einem regelmäßig besetzten Büro präsent und steht als Ansprechpartner für die Arbeitnehmer zur Verfügung.[202] Auch die Arbeitsbedingungen im Werk J übertreffen die Vorgaben, die das LFT macht, und die der meisten anderen Werke von Unternehmen B in Mexiko (vgl. Hessler u. a. 2007: 28ff.). So erhalten die Arbeitnehmer geringfügig mehr Urlaubstage und ein höheres dreizehnten Monatsentgelt[203] als im LFT vorgesehen. Zusätzlich steht ihnen unter anderem die Zahlung von Pünktlichkeits- und Anwesenheitsprämien zu sowie die finanzielle Unterstützung bei Heirat, Geburt und einem Todesfall in der Familie. Die Gehälter gehen deutlich über die im LFT vereinbarten Mindestlöhne hinaus.[204]

Sowohl die lokale Gewerkschaft im Werk H als auch die Arbeitnehmervertretung am Standort J können also als traditionalistische Gewerkschaften charakterisiert werden, die sich nur zum Teil über die ausgehandelten Arbeitsbedingungen legitimieren. Sie stützen ihre Macht auf ihre Verankerung in der regionalen Politik sowie auf gute Beziehungen zu den lokalen Geschäftsführungen. Dennoch sind gleichzeitig eine starke Verwurzelung der Gewerkschaft im Betrieb und ein Austausch zwischen Arbeitnehmern und Gewerkschaft in den untersuchten Betrieben zu beobachten.

202 Während des im Rahmen dieser Arbeit geführten Interviews betraten mehrmals Arbeitnehmerinnen den Raum bzw. warteten auf eine Möglichkeit zum Gespräch mit dem Generalsekretär.

203 Auch hier liegt die Mindestanzahl der Urlaubstage bei sieben (Unternehmen B Vehículos Comerciales México, S.A. de C.V., 2005: cap. IV, art. 39). Der Höchstsatz des 13. Monatsentgelts liegt bei 34 Tagesgehältern (Unternehmen B Vehículos Comerciales México, S.A. de C.V., 2005: cap V, art. 46), während das LFT einen Mindestsatz von fünf Tagesgehältern vorsieht (LFT: art. 87).

204 Es wurden ein Mindesttageslohn von 162,10 Peso und ein Höchstlohn von 463,30 Peso vereinbart. Der gesetzliche Mindestlohn lag für den gleichen Zeitraum bei 46,80 Peso (Servicio de Administración Tributaria 2009).

3.5.3 Mögliche Wirkungsbereiche

Im Rahmen der Untersuchung ließen sich bei Unternehmen B keine Verstöße gegen die IRV feststellen. Weder die befragten mexikanischen Arbeitnehmer- noch die Arbeitgebervertreter sehen Probleme, bei denen die IRV wirkungsvoll eingesetzt werden könnte (I 16; I 17: 65; I 31: 35, 43; I 32: 4, 18). Beide Seiten betonen die Tradition des Unternehmens, Arbeitnehmerrechte zu achten und den Ausgleich mit den Arbeitnehmervertretungen zu suchen. Dementsprechend habe es in Mexiko bis zum Zeitpunkt der Untersuchung diesbezüglich keine Konflikte gegeben.

Allerdings muss die Existenz der in Mexiko weit verbreiteten Phänomene Leiharbeit, *trabajadores de confianza* und *contratos de protección* (vgl. Kapitel 1, Teil II) auch für die untersuchten Produktionsstätten von Unternehmen B beziehungsweise deren Zulieferer angenommen werden. So kritisiert die Gewerkschaft von Unternehmen B am Standort J schlechte Arbeitsbedingungen etwa bei den über externe Dienstleister angestellten Reinigungskräften und versucht, die Zahl der beschäftigten *trabajadores de confianza* zu verringern (I 32: 8 und 38–40). Darüber hinaus gibt es Hinweise auf eine Missachtung des Antidiskriminierungsgebots. Nach Aussagen von Gewerkschaftsvertretern beider Werke würden Frauen generell nicht beziehungsweise nur für bestimmte, als typisch weiblich klassifizierte Tätigkeiten in der Produktion eingesetzt. Tradition und organisatorische Probleme, wie etwa die Notwendigkeit der Schaffung von gesonderten Sanitärbereichen, sprechen aus Sicht der Gewerkschaft gegen eine Beschäftigung von weiblichem Personal in der Produktion (I 16; I 32: 62; I 37). Eine vom IMB in Auftrag gegebene Studie hat ergeben, dass in mindestens zwei Werken von Unternehmen B in Mexiko der Verdacht auf die Existenz eines Schutzvertrages besteht (Hessler u. a. 2007: 28ff.).[205]

Grundlegende Probleme beobachtet auch der deutsche GBR von Unternehmen B. So charakterisiert er Mexiko im Interview als »schwieriges Land« (I 2: 29). Die mangelnde gewerkschaftliche Autonomie und das Fehlen von freien Gewerkschaften seien problematisch. Die mangelnde Transparenz der Gewerkschaften habe auch dazu geführt, dass Mexiko keinen Sitz im WBR erhalten hat, obwohl das Land aufgrund seiner Mitarbeiterstärke durchaus Anrecht auf eine Vertretung gehabt hätte. Mexiko, so der

205 Die Studie, auf die hier Bezug genommen wird, ist nicht Teil der vorliegenden Forschung, wurde aber im Rahmen der Forschungsaufenthalte in Mexiko erstellt. Aufgrund der inhaltlichen Überschneidungen fließen einige Ergebnisse in die vorliegende Studie ein.

GBR-Vertreter, stelle ebenso wie China eine »Bewährungsprobe« für das Unternehmen und die IRV dar (I 2: 29).

3.5.4 Information der Beschäftigten und Zulieferer

Die Zentrale von Unternehmen B in Mexiko kommt der Verpflichtung zur Information der Führungskräfte über die IRV in Mexiko nach. So informierte das mexikanische Personalmanagement, das über den zentralen Personalvorstand in Deutschland schriftlich über die Unterzeichnung der IRV unterrichtet worden war (I 17: 8), die lokalen Führungskräfte über E-Mail sowie über ein unternehmenseigenes Informationsblatt und Aushänge in der Zentrale über die IRV (I 17: 52). Darüber hinaus wird durch die Verpflichtung aller Angestellten zur Unterzeichnung der Verhaltensrichtlinie, in die die IRV integriert ist, sichergestellt, dass die lokalen Führungskräfte informiert sind (I 17: 50). Stärker ins Bewusstsein der Mitarbeiter in der Personalabteilung gelangte die IRV jedoch erst durch Aktivitäten der FES in Mexiko, die verantwortliche Vertreter von Unternehmen und Gewerkschaft zu Seminaren einlud (I 17: 8). Hier wurde über Inhalt und Bedeutung der IRV diskutiert und ein offener Austausch angeregt. Auch die Gewerkschaften an den Standorten H und J wurden durch die FES über die Existenz der IRV informiert, während das Unternehmen die Arbeitnehmervertreter nur zum Teil über deren Abschluss in Kenntnis setzte (I 32: 4).[206]

Auch die Gewerkschaften in den untersuchten Werken führen keine umfassende Information der Arbeitnehmer vor Ort durch, da sie dazu keine Notwendigkeit sehen. Sie messen der IRV keine Bedeutung für die lokale Arbeit oder eine Verbesserung der Arbeitsstandards bei, so dass sie ihre Bekanntmachung nicht fördern. Das Unternehmen erfülle bereits alle Standards, welche die IRV vorgebe, so ein befragter Arbeitnehmervertreter (I 32: 18). Es ist deshalb davon auszugehen, dass zumindest ein Großteil der Arbeitnehmer in den untersuchten Werken keine Kenntnis über die Existenz der IRV hat. So ist der Gewerkschaftsvertreter der Produktionsstätte J der Meinung, dass nur die Mitglieder des Gewerkschaftskomitees im Betrieb über die IRV informiert sind (I 32: 18).

206 So gab der Vertreter des Standortes J an, nicht vom Unternehmen, sondern ausschließlich im Rahmen von Seminaren der FES über die IRV informiert worden zu sein (I 32: 21–22).

Bezüglich der Information der Zulieferer existierte zum Zeitpunkt der Untersuchung kein umfassendes Programm in Mexiko. Zwar werden die Zulieferer im Rahmen der Lieferantenbewertungen über die Erwartungen und die Kultur des Unternehmens in Kenntnis gesetzt, eine systematische Information findet jedoch nicht statt (I 17: 26).

Es ist also festzuhalten, dass das Unternehmen B seiner Pflicht zur Veröffentlichung der IRV zumindest in den untersuchten Standorten in Mexiko nachkommt. Allerdings beschränkt sich die Bekanntmachung auf die Veröffentlichung der IRV, eine Vertiefung und Diskussion der Inhalte findet nur im externen Kontext, zum Beispiel in Seminaren der FES statt. Die Gewerkschaften wurden ebenfalls durch die FES informiert, nur teilweise erhielten sie Informationen über die Unternehmen. Allerdings zeigten die Gewerkschaften auch kaum Interesse an einer weiteren Bekanntmachung der IRV bei den Arbeitnehmern. Eine systematische Information der Arbeitnehmer und Diskussion der IRV fand nicht statt.

3.5.5 Monitoring

Ein systematisches Monitoring- oder Auditingverfahren wurde bei Unternehmen B in Mexiko nicht eingeführt. Ein Bedarf wird aufgrund des Mangels an Verstößen auch nicht gesehen (I 17: 61). So spielt die IRV auch in der Berichterstattung der mexikanischen Geschäftsführung an die US-Konzernzentrale keine Rolle (I 17: 55–57).

Dennoch fand eine Überwachung der Zulieferer in Bezug auf die Einhaltung von Arbeits- und Sozialstandards statt. So wurden allgemeine Audits durch die Einkaufsabteilung durchgeführt, in denen auch die Inhalte der IRV abgefragt wurden (I 17: 25–33). Dabei sind die Grundsätze jedoch nicht alleiniger Inhalt, sondern Teil einer umfassenden Kooperation in Bezug auf grundsätzliche Fragen zum »Arbeitsklima« in den Betrieben (I 17: 30). Die Geschäftsführung misst der Zusammenarbeit mit den Zulieferern und einer Übereinstimmung in grundlegenden Fragen der Arbeitsbeziehungen eine große Bedeutung bei. So sei die Zertifizierung der Lieferanten nicht nur wichtig für die eigene Legitimation gegenüber Kunden (I 17: 31), sondern die Zuverlässigkeit und Integrität der Lieferanten sei auch ein wesentlicher Aspekt des Risikomanagements:

> »Wenn wir zum Beispiel feststellen, dass einer unserer Zulieferer Kinder beschäftigt, wenn wir einen Auftrag für die Lieferung von Autoteilen für sechs Monate vergeben und aufgrund der Beschäftigung von Kindern das Unternehmen

nach zwei Monaten schließen muss, dann ist das für uns ein Risiko. Durch die Grundsätze haben wir die Sicherheit, dass die Kriterien der gesellschaftlichen Verantwortung präsent sind, damit unser Geschäft nicht geschädigt wird.« (I 17: 31; eigene Übersetzung)

Für das Unternehmen steht allerdings generell nicht die Überprüfung, sondern vielmehr die Auswahl der Lieferanten nach den entsprechenden Kriterien im Mittelpunkt (I 17: 38).

So lässt sich zusammenfassen, dass die Einhaltung von Arbeits- und Sozialstandards bei den Zulieferbetrieben für Unternehmen B in Mexiko zum Zeitpunkt der Untersuchung durchaus von Bedeutung ist. Dabei spielte vor allem der Wunsch nach der Vermeidung von Risiken eine Rolle, die durch die Nichtbeachtung von Standards durch den Zulieferer entstehen könnten, sowie die Legitimation gegenüber den Kunden und anderen Organisationen. Für die Entwicklung der Audits spielte die IRV jedoch keine zentrale Rolle, da Auditierungen bereits vor Abschluss der IRV durchgeführt wurden.

3.5.6 Nationale und internationale Kooperationen zur Umsetzung der Internationalen Rahmenvereinbarung

Zu einer Zusammenarbeit zwischen den Produktionsstätten in Mexiko, Deutschland und den USA bezüglich der IRV kommt es bei Unternehmen B im Untersuchungszeitraum kaum. Seitens der deutschen Zentrale besteht wenig Kontakt zur mexikanischen Unternehmensführung und zu den mexikanischen Produktionsstandorten, da die mexikanischen Werke aufgrund ihrer vormaligen Zugehörigkeit zu dem US-amerikanischen Konzern enger an die US-Linie angebunden sind. So berichtet die zentrale mexikanische Geschäftsführung im Rahmen des *Reporting*-Systems an die US-Zentrale des Konzerns (I 17: 54). Einen Kontakt zu der deutschen Firmenzentrale gibt es nicht. Allerdings spielt die Umsetzung der IRV auch in dem Austausch zwischen den USA und Mexiko kaum eine Rolle (I 17: 54–57). Darüber hinaus ist der Kontakt der deutschen Firmenzentrale zu den mexikanischen Produktionsstätten insgesamt gering. So gibt es keine direkten Verbindungen zwischen dem deutschen zentralen Personalmanagement und den mexikanischen Niederlassungen und dementsprechend auch keinen Austausch über die IRV (I 3: 56).

Auch auf Seiten der Gewerkschaften ist der Austausch bei Unternehmen B begrenzt. Weder die Gewerkschaft des ehemaligen US-amerikanischen Werkes H noch die Gewerkschaft des vormals zum deutschen Konzernteil gehörenden Standortes J haben engere Kontakte zu deutschen oder US-amerikanischen betrieblichen Arbeitnehmervertretungen. Auch die Besuche von Vertretern der IG Metall begründen keinen langfristigen Austausch. Dieser sei zwar grundsätzlich interessant, als Referenzpunkt für die eigene Arbeit aber kaum von Bedeutung. Vielmehr seien die Bedingungen in den einzelnen Länder derart verschieden, dass die Gewerkschaften ihre eigenen Strategien entwickeln müssten, so die Meinung der deutschen und mexikanischen Arbeitnehmervertreter (I 2: 31; I 32: 35–36).

Auch auf deutscher Arbeitnehmerseite bestehen kaum Verbindungen nach Mexiko. Weder der deutsche GBR noch die eingangs geschilderten basisorientierten Arbeitnehmernetzwerke verfügen über direkte Kontakte nach Mexiko. Zum einen sei das Land traditionell das »Gebiet der USA und Kanada« (I 2: 31), so ein Vertreter des deutschen GBR, da die deutsche Linie des Konzerns kaum über Produktionsstätten in Mexiko verfügt. Zum anderen hat Mexiko keinen Sitz im WBR, so dass sich in diesem Rahmen keine Austauschlinien entwickeln können.

Die IRV konnte also zum Zeitpunkt der Untersuchung nicht dazu beitragen, die geringen Kontakte zwischen den deutschen, den mexikanischen und den internationalen Arbeitnehmervertretungen zu intensivieren. Diesbezüglich erscheint der Konzern als ein noch unzureichend koordiniertes Unternehmen, in dessen Rahmen auch die IRV weder wirken noch einen Transmissionsriemen zur Intensivierung des internationalen Austausches darstellen kann. Das Potential, das die IRV hier bietet, wurde zum Zeitpunkt der Untersuchung nicht genutzt.

3.5.7 Zusammenarbeit mit externen Organisationen zur Umsetzung der Internationalen Rahmenvereinbarung

Sowohl die Geschäftsführung als auch die befragten Arbeitnehmervertreter von Unternehmen B in Mexiko beziehen in die Umsetzung der IRV kaum externe Partner mit ein. Als einziger Partner wird seitens der Geschäftsführung die FES genannt (I 17: 52). Dabei ging die Initiative von der FES aus, die das Unternehmen zu gemeinsamen Seminaren mit anderen Unternehmens- und Gewerkschaftsvertretern einlud. Ein ernsthaftes Interesse an einem Austausch besteht aber weder seitens der Geschäftsführung noch seitens der Gewerkschaft:

»Ja, wir werden immer wieder von der Friedrich-Ebert-Stiftung eingeladen – auch als Vortragende. Wir haben aber kein großes Interesse, im Rahmen dieser Foren, an denen zum Teil Gewerkschaften anderer Branchen teilnehmen, unsere Arbeitsweise darzustellen. Häufig geht es vor allem um politische Fragen und nicht um Effektivität. Weder die Gewerkschaft noch die Geschäftsführung sind besonders an einem Austausch interessiert.« (I 17: 10; eigene Übersetzung)

Dennoch nehmen die Gewerkschaftsvertreter immer wieder an Seminaren teil, die von der FES und dem IMB in Mexiko und im Ausland organisiert werden und in denen es vorrangig um die IRV geht (I 32: 4 und 30–32). Dadurch bleibt das Thema präsent und der Kontakt zu anderen Unternehmen und deren Arbeitnehmervertretungen wird intensiviert. Ein Austausch über die IRV zwischen den Gewerkschaften der einzelnen Produktionsstätten des Unternehmens besteht aber nicht. Die Differenzen zwischen den Problemen und Kontexten der einzelnen Gewerkschaften seien zu groß, so ein lokaler Gewerkschaftsvertreter, um eine gemeinsame Linie zu entwickeln (I 32: 49–52).

Somit kann zusammenfassend festgehalten werden, dass die Bemühungen zur Umsetzung der IRV in Mexiko bei Unternehmen B weitgehend auf betriebliche Strukturen begrenzt bleiben. Ein Austausch mit außerbetrieblichen Akteuren wird weder seitens des Unternehmens noch seitens der Gewerkschaften gesucht oder gefördert. Auch die durch die IRV gebotene Möglichkeit der Bezugnahme auf andere Organisationen und Akteure wird also nicht genutzt.

3.5.8 Zusammenfassung: Die Umsetzung der Internationalen Rahmenvereinbarung bei Unternehmen B in Mexiko

Insgesamt konnten bezüglich der IRV wenige Aktivitäten bei Unternehmen B in Mexiko ausgemacht werden. Das Unternehmen kommt zwar – soweit dies im Rahmen der vorliegenden Untersuchung überprüft werden konnte – seiner Verpflichtung nach, die IRV zumindest bei den Angestellten bekannt zu machen. Die Information der in der Produktion tätigen Arbeitnehmer ist hingegen nicht gewährleistet und auch die Bekanntmachung der IRV bei den Zulieferern erfolgt allenfalls unsystematisch. Auch eine über die Information der Arbeitnehmer hinausgehende Arbeit mit der IRV findet nicht statt. Weder Unternehmen noch Gewerkschaften zeigen Interesse, die IRV in den Unternehmensalltag zu integrieren und mögliche Wirkungsbereiche zu analysieren. Probleme, bei deren Lösung die IRV wirksam sein könnte, werden weder von Unternehmen noch von Gewerkschaften gesehen.

Anders als bei Unternehmen A konnte sich zwischen der mexikanischen Zentrale von Unternehmen B und dem zentralen Konzernmanagement sowie den Arbeitnehmervertretern keine nachhaltige Zusammenarbeit in Bezug auf die IRV entwickeln. In den Berichten an die US-Firmenzentrale spielt die IRV keine Rolle. Kontakte nach Deutschland bestehen in den ehemals deutschen Werken, wobei auch diese wenig intensiv sind. Auf Arbeitnehmerseite bestehen Verbindungen zwischen Deutschland und Mexiko ebenfalls nur sehr begrenzt. Die IRV spielt aber auch hier keine Rolle.

Darüber hinaus zeigen Unternehmen und Gewerkschaften in Mexiko wenig Bereitschaft zum Austausch mit anderen Organisationen. Die von IMB und FES organisierten Veranstaltungen, die über die IRV informieren sollen, werden von Gewerkschaften und vom Unternehmen nur zum Teil wahrgenommen und kaum als wichtig erachtet. Eine langfristige Zusammenarbeit ergibt sich daraus nicht. Insofern spielt die IRV bei Unternehmen B in Mexiko keine große Rolle. Sie ist zwar bei Unternehmensleitung und Gewerkschaften weitestgehend bekannt, eine weiterführende Handlungsaufforderung ergibt sich aus dem Wissen um die Existenz der IRV aber weder für die Gewerkschaften noch für die Unternehmensleitung.

Es ist also deutlich geworden, dass, anders als bei Unternehmen A in Mexiko, die Potenziale der IRV in den untersuchten Standorten von Unternehmen B in Mexiko kaum genutzt werden. Weder wird die Vielschichtigkeit genutzt, die durch eine Zusammenarbeit mit externen Partnern hergestellt werden könnte, noch werden die lokalen Partner ausreichend in die Umsetzung der IRV einbezogen. Zwar wird ihnen aufgrund der dezentralen Organisationsstruktur des Unternehmens eine hohe Eigenverantwortlichkeit zugestanden, diese hat jedoch keine Aktivitäten zur Umsetzung der IRV zur Folge. Darüber hinaus wird die Prozesshaftigkeit der IRV nicht in einem produktiven Sinne genutzt. Somit kann auch nicht von einer erfolgreichen *adaptation*, also einer an die spezifische mexikanische Situation angepasste Umsetzung der IRV gesprochen werden. Gleichzeitig wird ihre Umsetzung seitens der deutschen Unternehmenszentrale positiv dargestellt. Es kann also von einer *Entkopplung* gesprochen werden, also einer Differenz zwischen der vor Ort erfolgenden Umsetzung und ihrer Außendarstellung.

3.6 Faktoren für die Umsetzung der Internationalen Rahmenvereinbarung bei Unternehmen B in Mexiko

3.6.1 Die regulative Säule

Ebenso wie die IRV von Unternehmen A wurde auch die IRV von Unternehmen B nicht unter Zwang, sondern aus freien Stücken von Unternehmensleitung und Arbeitnehmervertretern unterzeichnet. Auch ein Zwang zur Umsetzung besteht nicht. So sind weder auf internationaler, noch auf nationaler Ebene die Inhalte der IRV einklagbar, wie bereits dargestellt wurde (vgl. Kapitel 2.3.1, Teil I).

Darüber hinaus bleibt auch die IRV selbst rechtlich unverbindlich. Sie nimmt weder direkt Bezug auf die ILO-Kernarbeitsnormen, noch sieht sie Sanktionen im Falle eines Verstoßes vor. Somit hat die IRV von Unternehmen B eher deklaratorischen Charakter und ist nicht geeignet, harte rechtliche Standards zu setzen. Ihre regulative Säule ist also schwach ausgeprägt und kann nicht als hinreichender Grund für eine Umsetzung der IRV in Mexiko betrachtet werden.

3.6.2 Die normative Säule

Auch die normative Säule der IRV von Unternehmen B in Mexiko ist kaum ausgeprägt. Die Normen, die sich auf internationaler und nationaler Ebene beim Konzern herausgebildet haben und die Umsetzung der IRV leiten, bleiben in der Regel auf die Ebene der Kommunikation beschränkt. So wurde die IRV in die Verhaltensrichtlinie des Konzerns integriert, die von allen Führungskräften zur Kenntnis genommen und gegengezeichnet werden muss. Auch verschiedene Formen der Information wie etwa E-Mail, Broschüren oder Aushänge wurden institutionalisiert. Bezüglich eines Monitoring oder einer Evaluation der IRV wurden zum Zeitpunkt der Untersuchung jedoch noch keine Maßnahmen umgesetzt, und die Aufnahme der IRV in die Prüfkriterien der Konzernrevision beurteilt selbst das Management als wenig erfolgversprechend.

Positiv kann hingegen beurteilt werden, dass sich sowohl auf formellem als auch auf informellem Wege Normen der Konfliktbearbeitung entwickelt haben. Beschwerden, die mit der IRV in Zusammenhang stehen, werden in der Regel über den IMB oder die IG Metall an die Konzernzentrale beziehungsweise den GBR gemeldet, und in den Konzernzentralen in Deutschland und den USA wurde eine Beschwerdehotline eingerichtet.

Bezüglich der Entwicklung von Austauschstrukturen konnten hingegen wenige Fortschritte festgestellt werden. Weder auf internationaler noch auf nationaler Ebene fand ein institutionalisierter Austausch über die IRV statt. Versuche seitens des deutschen GBR, eine Zusammenarbeit mit externen Partnern zu institutionalisieren, schlugen fehl. Zwar fanden erste Treffen statt, eine langfristige Zusammenarbeit konnte sich jedoch nicht entwickeln.

Ebenso wie bei Unternehmen A spielen bei der Umsetzung der IRV bei Unternehmen B in Mexiko auch Zertifizierungen und moralische Verpflichtungen kaum eine Rolle. Weder spürt das Unternehmen in Mexiko moralischen Druck, die IRV tatsächlich umzusetzen, noch kann es bei einer erfolgreichen Umsetzung auf besondere Anerkennung seitens Dritter oder eine Zertifizierung hoffen. Somit ist auch die normative Säule der IRV bei Unternehmen B in Mexiko schwach ausgeprägt. Die informellen und formellen Normen, die sich zu ihrer Umsetzung herausgebildet haben und die Akteure zum Handeln ermächtigen und verpflichten, beschränken sich im Wesentlichen auf die Bekanntmachung der IRV im Unternehmen.

3.6.3 Die kulturell-kognitive Säule

Wie an anderer Stelle bereits dargestellt, kann die kulturell-kognitive Säule durch das Vorhandensein eines gemeinsamen Glaubens an die IRV selbst und an ihre Inhalte nachgewiesen werden. Der Glaube an die IRV ist im Unternehmen B unterschiedlich stark ausgeprägt. Das deutsche Management und vor allem die deutschen Arbeitnehmervertreter messen der IRV durchaus eine hohe Bedeutung bei. Dies ist auch der Tradition der gesellschaftlichen Verantwortung und der guten Arbeitsbeziehungen im Konzern geschuldet, die sich unter anderem in der Gründung des WBR und der Unterzeichnung und Verabschiedung zahlreicher Selbstverpflichtungen ausdrücken. Auf US-amerikanischer Seite des Konzerns kann sich die Umsetzung der IRV jedoch auf keine vergleichbare Tradition oder Überzeugung stützen. So sind zwar auch hier die Arbeitsbeziehungen traditionell gut und die Gewerkschaft ist stark, aber das Thema gesellschaftliche Verantwortung spielt nur eine untergeordnete Rolle. So vereinbarte der US-amerikanische Autohersteller nach Trennung der beiden Konzernteile zum

Beispiel keine eigene IRV und unterzeichnete auch nicht den *Global Compact*.

In Mexiko kann in beiden untersuchten Werken auf eine Tradition des Dialogs zurückgeblickt werden. Beide Gewerkschaften betonen die gute Zusammenarbeit mit der Unternehmensführung. Gleichzeitig stellen sie den Nutzen der IRV in Frage, da diese angeblich keine Verbesserung bringen könne, da diese, was die Arbeitsbedingungen betrifft, generell nicht notwendig sei.

Bezüglich der Inhalte der IRV lassen sich auf allen Seiten deutliche Unsicherheiten beziehungsweise Unstimmigkeiten feststellen. Während die mexikanischen Akteure bezüglich der Umsetzung der IRV keinen Handlungsbedarf sehen, bleiben doch bei den deutschen Arbeitnehmervertretern Unsicherheiten. Insbesondere der GBR sieht die Themen Vereinigungsfreiheit und Kollektivrechte bei den mexikanischen Produktionsstätten als problematisch an. Im Rahmen der vorliegenden Untersuchung konnten darüber hinaus Auffassungen seitens der Arbeitnehmervertreter festgestellt werden, die im Widerspruch zu der IRV stehen. So ist der systematische Ausschluss von Frauen aus der Produktion in beiden Werken eindeutig eine diskriminierende Praxis.

Abschließend kann die kulturell-kognitive Säule der IRV bei Unternehmen B in Mexiko also als zum Teil ausgeprägt bezeichnet werden. Die IRV wird als Instrument akzeptiert, eine gemeinsame Handlungslogik folgt daraus jedoch nicht.

3.6.4 Die Internationale Rahmenvereinbarung als institutionalisiertes Element in einem transnationalen organisationalen Feld

Die Transnationalisierung des organisationalen Feldes, in dem sich die IRV von Unternehmen B bewegt, ist deutlich weniger ausgeprägt als bei Unternehmen A. Zwar bestehen bezüglich der IRV Kontakte zwischen der US-amerikanischen und der deutschen Konzernzentrale sowie der mexikanischen Vertretung und den Werken selbst, doch ergibt sich daraus (noch) kein transnationales Feld. Vielmehr bleiben der Austausch und damit die Bedeutung der IRV sehr begrenzt. Es entstehen keine institutionalisierten Kommunikations- oder Umsetzungsstrukturen oder komplexe Erwartungsstrukturen, die ein transnationales organisationales Feld auszeichnen. Die mexikanischen Akteure entsprechen durch die Kommunikation der IRV den Erwartungen der deutschen und US-amerikanischen Konzernzentrale, weitergehender Legitimationsdruck entsteht jedoch nicht. So agieren die Akteure in Mexiko mit einem starken Bezug auf ihr nationales Umfeld. Die Gewerkschaften beziehen sich auf ihre nationalen Mitglieder und deren Interessen, legitimieren sich also im nationalen organisationalen Feld. Auch das lokale Management der Produktionsstätten sowie die mexikanische Zentrale beziehen sich in ihrer Arbeit kaum auf internationale Standards oder Erwartungen. Eine dezentrale Organisationsstruktur fördert dabei diese Begrenzung auf die nationale Ebene.

Abbildung 4: Das organisationale Feld von Unternehmen B und seiner IRV in Mexiko

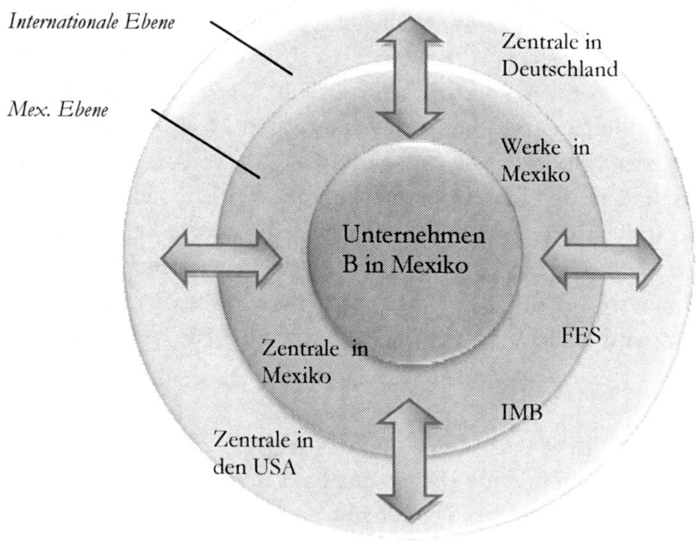

Quelle: eigene Zusammenstellung

So bleibt das organisationale Feld der IRV von Unternehmen B in Mexiko vor allem auf den nationalen Rahmen beschränkt, wobei internationale Bezüge durchaus sichtbar sind. Eine rissfeste Netzwerktextur, die eine Umsetzung der IRV fördern könnte, ist aber (noch) nicht zu erkennen.

3.6.5 Die Rolle der Akteure

Begünstigt wird die Begrenzung auf das nationale Feld durch die Rolle und den Legitimationsdruck der Akteure. Wie dargestellt wurde, zeigen weder das Management noch die lokalen Gewerkschaften in Mexiko großes Interesse an einer Arbeit mit der IRV. Aktivitätsangebote etwa der FES werden nur in geringem Maße aufgegriffen. Dafür ist auf Unternehmensseite der fehlende Legitimationsdruck im organisationalen Feld ursächlich. Aber auch auf Arbeitnehmerseite sind die Erwartungshaltungen, denen sie ausgesetzt ist, und der damit verbundene Legitimationsdruck entscheidend für ihr Handeln. Bei beiden Gewerkschaften in Mexiko handelt es sich, wie dargestellt, um traditionalistische Organisationen, die sich vor allem über die Nähe zu politischen Parteien und zur Konzernleitung legitimieren. Indem der Machterhalt des Gewerkschaftskomitees im Mittelpunkt steht, übernehmen sie weniger eine Agentschaft für die Arbeitnehmer oder eine Agentschaft für Prinzipien, sondern vielmehr eine Agentschaft des Selbst. Der eigene Machterhalt soll über die Nähe zu den Machtressourcen gewährleistet werden. Die IRV, die eine Verbesserung der Arbeitsbedingungen im Werk und in den Zulieferbetrieben zum Ziel hat, stellt in diesem Kontext kein strategisches Instrument oder eine zusätzliche Ressource dar, mithilfe derer die Ziele der Gewerkschaften erreicht werden könnten. So bleibt das Interesse an der IRV seitens der Gewerkschaften in Mexiko gering, und es wird kein Druck auf das Unternehmen zur Umsetzung der IRV aufgebaut.

3.6.6 Fazit: Faktoren für eine Umsetzung der Internationalen Rahmenvereinbarung bei Unternehmen B in Mexiko

Es lässt sich also zusammenfassen, dass eine Umsetzung der IRV bei Unternehmen B – zumindest in den untersuchten Werken – kaum stattfindet. Während die IRV in der deutschen Konzernzentrale und der zentralen Arbeitnehmervertretung sowohl normativ als auch kulturell-kognitiv verankert ist, spielt sie bei Unternehmen B in Mexiko nur eine untergeordnete Rolle. Zwar wird die IRV auf der Führungsebene bekannt gemacht, eine nachhaltige Arbeit mit ihr findet aber nicht statt. Als Begründung dafür kann der fehlende Legitimationsdruck innerhalb des organisationalen Feldes genannt werden. So spielt die IRV allein in der Legitimation gegenüber der deutschen Konzernzentrale eine Rolle, die eine Kenntnisnahme der

IRV und ihre Bekanntmachung in den mexikanischen Niederlassungen einfordert. Innerhalb des nationalen organisationalen Feldes hat die IRV aber keine Bedeutung. So ist eine regulative Verankerung im organisationalen Feld nicht vorhanden, eine normative Verankerung lässt sich nur bedingt feststellen und auch die kulturell-kognitive Säule ist schwach ausgeprägt. Vor allem die enge Bindung an die USA spielt dabei eine Rolle, da die IRV in dem US-amerikanischen Kontext kaum Bedeutung haben.

Gleichzeitig verhindern mangelnde Kontakte zu deutschen oder internationalen Organisationen die Entwicklung eines transnationalen organisationalen Feldes, in dem die IRV eine Rolle spielen könnten. Vielmehr bleibt das organisationale Feld auf Mexiko und die USA beschränkt, in dessen Rahmen die IRV nicht institutionell verankert ist. Eine dezentrale Organisationsstruktur des Unternehmens, die auf eine Eigenverantwortung der Standorte setzt, fördert dabei die Begrenzung des organisationalen Feldes. Seitens der mexikanischen Akteure besteht aufgrund der relativen Bedeutungslosigkeit der IRV im organisationalen Umfeld keine Notwendigkeit ihrer Umsetzung. Insbesondere die lokalen Gewerkschaften, die als traditionalistisch gelten können, haben kein Interesse an der Umsetzung der IRV, da ihre Legitimität nicht auf einer Verbesserung der Arbeitssituation in den Werken und Zulieferbetrieben beruht, sondern auf der Nähe zu politischen Parteien und dem Arbeitgeber. So kann von einer erfolgreichen Umsetzung der IRV bei Unternehmen B nicht gesprochen werden. Darüber hinaus ist die Bedeutung der zeitlichen Dimension deutlich geworden. Die unterschiedliche Umsetzung und Verankerung der IRV in den beiden Unternehmensteilen zeigte sich bereits vor, vor allem aber nach Beendigung der Unternehmensfusion, da der US-amerikanische Autohersteller nach der Trennung keine eigene IRV abschloss.

4 Die Umsetzung der Internationalen Rahmenvereinbarung bei Unternehmen C in Mexiko

Im Folgenden soll die Umsetzung der IRV von Unternehmen C an ausgewählten Standorten des Konzerns in Mexiko dargestellt werden.

4.1 Das Unternehmen

Bei Unternehmen C handelt es sich um ein deutsches Traditionsunternehmen mit Sitz in Nürnberg, dessen Wurzeln in das Jahr 1596 zurück reichen, als der Franzose und Hugenotte Anthoni Fournier in Süddeutschland eine Werkstatt zur Herstellung von Gold- und Silberdrähten für Stickereien eröffnete. Heute zählt das Unternehmen zu den weltweit größten Herstellern von Drähten und optischen Fasern, Kabeln und Kabelsystemen. Dabei beliefert das Unternehmen Kunden aus der Automobil-, Hausgeräte- und Kommunikationsindustrie sowie der Investitionsgüterindustrie. Hauptabnehmer ist die Automobilindustrie, für die das Unternehmen verschiedene Produkte von einadrigen Fahrzeugleitungen bis hin zu komplexen Bordnetzsystemen mit integrierter Elektronik herstellt. Das Unternehmen verfügt über zahlreiche Standorte in Deutschland und ist mit über 100 Niederlassungen in 33 Ländern vertreten, darunter Standorte in Europa, Amerika, Asien und Afrika (Unternehmen C 2010).

Die Internationalisierung der Produktionsstruktur setzte zaghaft bereits in den 1970er Jahren ein, als das Unternehmen eine Produktionsstätte in Tunesien eröffnete. Dennoch blieb die Produktion zunächst weitgehend auf Deutschland beschränkt. In den 1990er Jahren hingegen wurde die Internationalisierung des Unternehmens forciert, und der Konzern gründete zahlreiche neue Produktionsstätten in Europa (Portugal, Ungarn, Slowakei und Polen) sowie außerhalb Europas (USA, Singapur, China, USA, Mexiko und Südafrika).

Im vergangenen Jahrzehnt konnte das Unternehmen eine starke Umsatzsteigerung verzeichnen.[207] Dabei spielten vor allem die Absatzmärkte in den BRIC-Staaten und den USA eine wichtige Rolle. Dem starken Wachstum des Unternehmens gemäß wuchs auch die Anzahl der Mitarbeiter. So beschäftigte der Konzern 2005 noch 32.638 Personen weltweit, während es 2006 bereits 35.129, im Jahr 2009 knapp 50.000 und im Jahr 2011 über 60.000 Mitarbeiter waren (Unternehmen C 2010 und Unternehmen C 2012). Die Mehrzahl der Mitarbeiter ist dabei im Ausland beschäftigt.[208]

4.2 Internationale Arbeitnehmervertretungsstrukturen

Als weltweit operierendes Unternehmen verfügt Unternehmen C über Arbeitnehmervertretungsstrukturen, die über den deutschen Rahmen hinausreichen. So wurde entsprechend den EBR-Richtlinien von 1994 (vgl. Kapitel 2.3.2, Teil I) ein EBR eingerichtet, der zunächst Mitglieder aus Deutschland, Großbritannien, Portugal, Belgien, Frankreich, Irland und Italien umfasste. Im Zuge der EU-Osterweiterung kamen 2004 mit Ungarn, Rumänien und der Slowakei mehrere neue Mitglieder hinzu. Trotz der Begrenzung seines Mandats auf den europäischen Raum übernimmt der EBR zum Teil auch Funktionen einer weltweiten Arbeitnehmervertretung – etwa durch den Abschluss der sich auf die weltweiten Niederlassungen von Unternehmen C erstreckenden IRV –, da außereuropäische Strukturen zum Zeitpunkt der Untersuchung fehlten beziehungsweise erst im Aufbau begriffen waren (I 39: 7).

Um die internationale Vernetzung der Arbeitnehmervertreter zu stärken, wurde auf Initiative des EBR und des IMB im Oktober 2005 ein Welttreffen der Arbeitnehmervertreter durchgeführt, das von der IG Metall und der FES unterstützt wurde. Das Treffen, an dem Vertreter aus Deutschland, Ungarn, Großbritannien, der Slowakei, Rumänien und Tunesien teilnahmen, diente in erster Linie einer Kontaktaufnahme und einem

207 Im Jahr 2005 betrug der Umsatz 1,5 Milliarden Euro, im Jahr 2006 bereits 2,1 Milliarden Euro und im Jahr 2011 sogar 3,7 Milliarden Euro (Angaben Unternehmen C 2008 für das Jahr 2006 und Unternehmen C 2012 für das Jahr 2011).

208 Im Jahr 2006 waren 89 Prozent der Mitarbeiter im Ausland beschäftigt; im Jahr 2009 waren es 92 Prozent (Unternehmen C 2010).

ersten Austausch der Arbeitnehmervertreter. In der nachfolgenden Zeit fanden mehrere Treffen mit Arbeitnehmervertretern aus Ländern statt, die nicht in der EU vertreten sind, so etwa mit Arbeitnehmervertretern aus Tunesien, Marokko, der Ukraine oder Brasilien. Tunesische und marokkanische Arbeitnehmervertreter nehmen inzwischen auch als Gast an den EBR-Sitzungen teil.

Das Unternehmen selbst fördert die Vernetzung der Arbeitnehmer auf internationaler Ebene durch die Organisation eines Fußballturniers, das im Abstand von zwei Jahren durchgeführt wird (I 44: 35) und an dem Arbeitnehmer aus den Standorten weltweit teilnehmen.[209]

4.3 Die Internationale Rahmenvereinbarung

4.3.1 Hintergründe und Aushandlungsprozess

Die »Erklärung zu den sozialen Rechten und den industriellen Beziehungen bei Unternehmen C« wurde im April 2003 als vierte IRV der Metallbranche vereinbart. Ihr Abschluss erfolgte damit kurz nach den Vereinbarungen von Unternehmen A und B, die auch einen deutlichen Einfluss auf Inhalt und Ausgestaltung der IRV von Unternehmen C hatten.

Die »Erklärung zu den sozialen Rechten und den industriellen Beziehungen bei Unternehmen C« wurde von der Konzernleitung, der GBR- und EBR-Vorsitzenden und dem Generalsekretär des IMB unterzeichnet. Offiziell eingeleitet wurde der Abschluss durch den EBR, der aufgrund des Fehlens von weltweiten betrieblichen Arbeitnehmervertretungsstrukturen, wie bereits erwähnt, für die internationale Vertretung der Arbeitnehmerinteressen auf betrieblicher Ebene verantwortlich ist. Für die inhaltliche Ausgestaltung zeichnet aber vor allem das Unternehmen selbst verantwortlich, das den Text der IRV unter starker Anlehnung an die IRV von Unternehmen A und B ausgearbeitet hat. Der EBR wurde zwar von Beginn an informiert, überließ die Ausgestaltung der IRV aber weitgehend der Konzernleitung. Verhandlungen zwischen Vorstand und EBR fanden nicht statt (vgl. Voss 2008: 4). Der IMB war ebenfalls über den Abschluss

209 Auch mexikanische Herren- und Damenmannschaften nehmen regelmäßig an dem Turnier teil.

der IRV informiert und brachte sich in den Prozess des Vertragsabschlusses ein (I 39: 5). Eine Einbindung der lokalen Einheiten fand nicht statt.

Laut Einschätzung des IMB war der Verabschiedungsprozess der »Erklärung zu den sozialen Rechten und den industriellen Beziehungen bei Unternehmen C« zu kurz, um grundlegende Fragen bezüglich ihrer Zielsetzung, der Rolle der Akteure sowie Art und Verlauf des Implementierungsprozesses ausreichend klären zu können (I 39: 7). Auch aus diesem Grund wurden nach Abschluss der IRV erhebliche Differenzen sichtbar. Während IMB und IG Metall etwa von einer Beteiligung des IMB an der Umsetzung der IRV ausgehen, betrachtet die Konzernleitung diese als alleinige Aufgabe des Unternehmens (I 38: 50). Die Unterschriften von EBR und IMB stellten aus Sicht des Unternehmens »just another signatory« dar, so eine Vertreterin des IMB (I 39: 7). Damit wird deutlich, dass Unternehmen und Arbeitnehmervertreter von vornherein unterschiedliche Erwartungen an das Instrument hatten. Insgesamt zeigen sich bei der Aushandlung der IRV damit eine geringe Einbindung der Arbeitnehmervertretung und eine deutliche Machtkonzentration bei der deutschen Konzernzentrale.

4.3.2 Inhalte

Die »Erklärung zu den sozialen Rechten und den industriellen Beziehungen bei Unternehmen C« dokumentiert »das Selbstverständnis der Unternehmenspolitik«[210] bezüglich der sozialen Prinzipien und Rechte innerhalb des Unternehmens. Der einleitende Text stellt die Bedeutung der sozialen Verantwortung für eine erfolgreiche Geschäftsführung sowie für die Geschäftspartner, Kunden, Aktionäre und Beschäftigten heraus und nennt weltweiten Frieden und Wohlstand, aber auch Beschäftigungssicherung als grundsätzliche Ziele des Unternehmens. Dabei könne die für die Entwicklung und Wettbewerbsfähigkeit des Konzerns notwendige Internationalisierung nur über eine »wertorientierte Unternehmensführung« und eine enge Zusammenarbeit von Arbeitnehmern und Arbeitgebern erreicht werden.

Neben diesen allgemeinen Einschätzungen bezieht sich die »Erklärung zu den sozialen Rechten und den industriellen Beziehungen bei Unter-

210 Alle folgenden Zitate sind der »Erklärung zu den sozialen Rechten und den industriellen Beziehungen bei Unternehmen C« entnommen, die im Anhang der vorliegenden Arbeit abgedruckt ist.

nehmen C« auf die »einschlägigen Konventionen« der ILO. Es werden das Recht auf Vereinigungsfreiheit und Kollektivverhandlungen sowie das Verbot von Diskriminierung, Kinder- und Zwangsarbeit aufgeführt. Ein direkter Bezug unter Nennung der ILO-Konventionsnummer wird allerdings nur zu den Konventionen 87 und 98 hergestellt. Dies ist insofern problematisch, als die Inhalte der IRV von Unternehmen C teilweise stark von den ILO-Konventionen abweichen. So orientiert sich die »Erklärung zu den sozialen Rechten und den industriellen Beziehungen bei Unternehmen C« bezüglich des Mindestalters der Beschäftigten an den nationalen Regelungen. Diese weichen zum Teil jedoch von den Bestimmungen der ILO-Konvention 138 ab, die ein generelles Mindestalter von 15 Jahren festschreibt.[211] Neben den an die ILO-Kernarbeitsnormen angelehnten Inhalten enthält die Erklärung Angaben zu Vergütung, Arbeitszeiten, Arbeits- und Gesundheitsschutz sowie zur Qualifizierung der Mitarbeiter. Dabei werden in der Regel die jeweiligen nationalen Bestimmungen als Richtwerte genannt; einzig Qualifizierung wird unabhängig von nationalen Bestimmungen als wichtiger Wert von Unternehmen C betont.

Bezüglich ihrer Umsetzung wird die »Erklärung zu den sozialen Rechten und den industriellen Beziehungen bei Unternehmen C« nur zum Teil konkret. So wird vereinbart, dass alle Beschäftigten und Arbeitnehmervertreter weltweit in geeigneter Form über den Abschluss der IRV informiert werden sollen. Auf welche Art und Weise diese Information erfolgen soll, wird jedoch nicht konkretisiert.

Darüber hinaus sollen die Geschäftspartner des Unternehmens zur Respektierung der vereinbarten Bestimmungen angehalten werden. Die Information der Zulieferer oder anderer Geschäftspartner oder eine Kontrolle der Beachtung der Inhalte vor Ort sieht das Dokument allerdings nicht vor. Innerhalb des Unternehmens soll die Kontrolle der IRV durch die Konzernrevision gewährleistet werden, indem die Grundsätze in die Prüfkriterien aufgenommen werden. Eine gewisse Kontrollfunktion übernimmt auch der EBR, da auf den jährlichen EBR-Sitzungen über Umsetzung und Einhaltung der Grundsätze Bericht erstattet und über die weitere Entwicklung der IRV beraten werden soll.

Mit den genannten Regelungsgegenständen weist die »Erklärung zu den sozialen Rechten und den industriellen Beziehungen bei Unternehmen C«

211 Wie an anderer Stelle bereits geschildert (vgl. Kapitel 1.2.2, Teil I), hat zum Beispiel Mexiko die entsprechende Konvention nicht unterzeichnet, da die nationale Gesetzgebung unter gewissen Umständen bereits eine Beschäftigung im Alter von 14 Jahren erlaubt.

also die wesentlichen Merkmale einer IRV auf. Allerdings bleibt ihre rechtliche Verbindlichkeit zum Teil gering, da nicht auf alle ILO-Kernarbeitsnormen direkt Bezug genommen wird und bei zahlreichen Regelungsgegenständen die nationalen Bestimmungen als Richtwert gelten. Neue Standards werden somit kaum etabliert. Ebenso wie die meisten anderen IRV enthält die IRV von Unternehmen C prozedurale Normen, die viel Spielraum für die Ausgestaltung ihrer Umsetzung bieten. Im Folgenden soll geprüft werden, wie dieser Spielraum genutzt wird.

4.4 Die Arbeit mit der Internationalen Rahmenvereinbarung bei Unternehmen C

4.4.1 Information der Beschäftigten und Zulieferer

Entsprechend der IRV übernimmt das Unternehmen die Information der Niederlassungen, Arbeitnehmervertretungen, Beschäftigten und Zulieferer über die Unterzeichnung der »Erklärung zu den sozialen Rechten und den industriellen Beziehungen bei Unternehmen C«. Dabei wird durch ein internes Berichts- und Unterschriftensystem sichergestellt, dass die Führungskräfte informiert sind. Diese sind wiederum in Eigenregie für die Veröffentlichung der Grundsatzerklärung in den einzelnen Niederlassungen verantwortlich, wobei die lokalen Gegebenheiten und technischen Möglichkeiten berücksichtigt werden sollen:

»Jede neue Führungskraft wird ja schriftlich darauf hingewiesen, dass es die soziale Erklärung zur Kenntnis nimmt. Dadurch ist es zumindest in den Führungskreisen da und das Unternehmen hat uns noch einmal schriftlich nachgewiesen, in welcher Art und Weise es den Beschäftigten zugänglich gemacht wird, entweder am Schwarzen Brett oder in irgendwelchen Versammlungen.« (I 44: 37)

Bezüglich der Bekanntmachung der IRV zeigt sich dementsprechend eine große Varianz. Während die Veröffentlichung in einigen Niederlassungen nach Aussage des Unternehmens über das Intranet erfolgt, wird die Erklärung in anderen Fällen an Informationstafeln bekannt gegeben, den einzelnen Mitarbeitern als gedruckte Ausgabe zur Verfügung gestellt oder die Mitarbeiter werden in Betriebsversammlungen über die Vereinbarung informiert.

Der EBR hingegen übernimmt keine Aufgaben bei der Veröffentlichung der IRV im Unternehmen, spielt aber gemeinsam mit IG Metall und IMB eine wichtige Rolle bei der Überwachung ihrer Bekanntmachung. So forderte der EBR bei der Geschäftsführung bereits eine Auflistung der lokalen Veröffentlichungsarten an, die zumindest im europäischen Raum auch überprüft werden konnte. In einigen Fällen konnte dabei auf Defizite aufmerksam gemacht werden, die anschließend durch das Unternehmen beseitigt wurden:

»Also zum damaligen Zeitpunkt gab es in ein oder zwei Ländern eine entgegengesetzte Aussage, wo der Vorstand das aufgenommen und gesagt hat, okay, dann wird das noch mal nachgeholt mit der Veröffentlichung. Aber im Großen und Ganzen wird es den Beschäftigten schon praktisch veröffentlicht.« (I 44: 41)

Auch bei der Information der Zulieferer über die Existenz der »Erklärung zu den sozialen Rechten und den industriellen Beziehungen bei Unternehmen C« spielen die Arbeitnehmervertretungen eine wichtige Rolle. Da die IRV selbst nicht regelt, wie die Bekanntmachung der IRV bei den Zulieferern erfolgen soll, kam es laut EBR im weiteren Verlauf zu mündlichen Absprachen:

»Das war Bestandteil eines Gespräches oder eines Besuches vom IMF [IMB] hier bei unserer Geschäftsleitung, da sind verschiedene Fragen im letzten Jahr noch einmal aufgelegt worden und da war unter anderem auch das Thema Zulieferer dabei. Da hat unser Vorstand zugesagt, dass die Einkaufsverantwortlichen noch mal in Kenntnis gesetzt werden über die Sozialcharta[212] und bei Aufnahme der Zulieferer das Thema mit angehen und bei der Auswahl der Zulieferer dann sagen, wir wechseln den Lieferanten, wenn das nicht passiert. Aber da auch sehr viele Zulieferer im Ausland sitzen, ist es schwierig, das hier von Deutschland aus auf die Einkaufsabteilungen im Ausland zu übertragen.« (I 4: 21)

Es kann also davon ausgegangen werden, dass die IRV in den Niederlassungen zumindest europaweit sowohl den Arbeitnehmervertretern als auch den Beschäftigten im Unternehmen selbst bekannt gemacht wird. Die Information der Zulieferer und vor allem der dort Beschäftigten hingegen ist weniger gesichert, da das Unternehmen diese zwar zugesagt hat, eine weltweite Umsetzung nach Meinung des EBR aber schwierig ist.

212 Wie bei Unternehmen A wird die IRV auch bei Unternehmen C oft als Sozialcharta bezeichnet.

4.4.2 Kontrolle

Entsprechend der »Erklärung zu den sozialen Rechten und den industriellen Beziehungen bei Unternehmen C« obliegt die Überprüfung ihrer Einhaltung und Umsetzung dem Unternehmen. Dieses kommt dieser Verpflichtung nach, indem einmal jährlich interne Audits durchgeführt werden. In diesem Zusammenhang werden Fragebögen an die lokalen Geschäftsleitungen verschickt, in denen die Einhaltung sozialer Standards abgefragt wird. Die Arbeitnehmerseite kritisiert jedoch, dass sich das Schreiben nur an die Geschäftsführungen und nicht an die Arbeitnehmervertretungen richtet und darüber hinaus aus ihrer Sicht entscheidende Punkte fehlen:

> »Die machen so interne Audits. Wo sie so Fragebögen rumschicken, die wir dann mal in die Finger bekamen, die wir uns angeguckt haben und gesagt haben, zwei entscheidende Punkte auf dem Fragebogen fehlen, obwohl sie in der Vereinbarung drin sind, das sind Vereinigungsfreiheit und Tarifvertragsfreiheit. Das sind die beiden entscheidenden, die werden gar nicht abgefragt.« (I 38: 50)

Darüber hinaus, so eine IG-Metall-Vertreterin, sollte die IG Metall in die Entwicklung der Fragebögen einbezogen werden:

> »Diese Befragungen müssen uns rechtzeitig in diversen Sprachen zugänglich gemacht werden, damit wir das gegenchecken können, ob das, was da drin steht, tatsächlich zutrifft oder ob vielleicht andere eine andere Meinung dazu haben. Und dass man dann halt entsprechend damit umgehen kann. Das wurde vereinbart, werden wir mal schauen, ob sie sich dran halten.« (I 38: 50)

Der EBR erhält einen schriftlichen Bericht über die Ergebnisse der Audits. In der Regel werden daraus jedoch keine Probleme an den Standorten ersichtlich. Einzig für eine Produktionsstätte in China wurde angemerkt, dass Brandschutzeinrichtungen nachgerüstet werden müssen (Informationen des GBR).

Die Arbeitnehmervertreter selbst haben bislang keine Formen einer institutionalisierten Kontrolle oder Evaluation der IRV umsetzen können. So führen IMB-Vertreter zwar immer wieder Besuche in den Niederlassungen durch und die lokalen EBR-Vertreter erstatten dem EBR Bericht, doch kann hier nicht von gefestigten Überprüfungsstrukturen gesprochen werden. Eine stärkere Kontrolle durch die Arbeitnehmervertreter wird von diesen selbst befürwortet. In der Praxis ist allerdings zu bezweifeln, dass ausreichende Ressourcen und Zugangsmöglichkeiten vorhanden sind, um eine nachhaltige Kontrolle zu gewährleisten (I 6: 5).

Es kann also nur bedingt davon gesprochen werden, dass die Einhaltung der Grundsätze in den Niederlassungen durch eine umfassende Kontrolle gewährleistet ist. Weder das Unternehmen C noch die Arbeitnehmervertreter verfügen über ausreichende Konzepte, um die Umsetzung der IRV weltweit zu kontrollieren, wobei der Arbeitnehmerseite auch die entsprechenden Ressourcen fehlen.

4.4.3 Nutzung bei Problemfällen

Außerhalb von Mexiko gab es bei Unternehmen C bereits mehrere Konflikte, in deren Zusammenhang auf die IRV Bezug genommen wurde. Dabei standen Probleme gewerkschaftlicher Organisierung im Vordergrund. Insbesondere in Rumänien kam es zu Konflikten um die Etablierung gewerkschaftlicher Vertretungen im Unternehmen. So wurde die Gewerkschaft laut IG Metall in zwei Werken durch das Unternehmen kontrolliert und die Organisierungsbemühungen einer zweiten, aktiven Mitgliedsgewerkschaft des IMB behindert. Der IMB wandte sich an das zentrale Management in Deutschland, um auf die Probleme hinzuweisen. Erst auf Druck seitens der deutschen Konzernzentrale und unter Bezugnahme auf die IRV erklärte sich das lokale Management in Rumänien dazu bereit, die konkurrierende Gewerkschaft zuzulassen (I 39: 5; I 38: 48). Konkrete Anwendung fand die IRV auch in Brasilien, wo einer Mitarbeiterin untersagt worden war, das Band zu verlassen, um die Toilette aufzusuchen. Auf Nachfrage von IMB, IG Metall und EBR und nach dem Verweis auf die IRV trennte sich das Unternehmen von dem entsprechenden Mitarbeiter, der dieses Vorgehen zu verantworten hatte (I 44: 18–19).

Bereits die wenigen Problemfälle, auf die im Rahmen dieser Untersuchung Bezug genommen wurde, lassen erkennen, dass innerhalb des Konzerns weltweit mit der »Erklärung zu den sozialen Rechten und den industriellen Beziehungen bei Unternehmen C« gearbeitet und sie bei Konflikten erfolgreich als Instrument zur Umsetzung von Arbeits- und Sozialstandards eingesetzt wird.

4.4.4 Außendarstellung

Das Unternehmen misst dem Aspekt der gesellschaftlichen Verantwortung eine hohe Bedeutung für die Außendarstellung bei. So findet sich auf der

Internetseite des Konzerns an zentraler Stelle die Rubrik *Corporate Responsibility*, unter der auf verschiedene Aspekte der unternehmerischen Verantwortung, insbesondere auch der gesellschaftlichen Verantwortung von Unternehmen C hingewiesen wird. So erhält der Leser einen Überblick über die Aspekte Qualität, Umwelt, Unternehmensethik und *Corporate Governance* innerhalb des Konzerns.

Auch die »Erklärung zu den sozialen Rechten und industriellen Beziehungen bei Unternehmen C« ist der Rubrik der *Corporate Responsibility* zugeordnet. Sie ist im Wortlaut einsehbar, wobei in der einleitenden Darstellung sowohl der recht frühe Zeitpunkt des Abschlusses als auch die Mitunterzeichnung durch IMB und EBR betont werden (vgl. Unternehmen C 2010). Damit schafft es das Unternehmen, den Abschluss der Vereinbarung für die Außendarstellung positiv zu nutzen und darüber hinaus zwei scheinbar widersprüchliche Punkte zu verbinden. Wird nämlich einerseits von einer »Sozialcharta« gesprochen, die das Unternehmen »verfasst« habe (Unternehmen C 2010), weist der Text doch explizit auf die Mitunterzeichnung durch IMB und EBR hin. Durch die Einbeziehung dieser Akteure generiert der Konzern zusätzliche Legitimation, ohne jedoch den unilateralen Charakter aufgeben zu müssen, der durch den Hinweis auf die (implizierte alleinige) Abfassung der IRV durch das Unternehmen untermauert wird.

Es wird also deutlich, dass das Unternehmen C die IRV für die positive Außendarstellung nutzt und insbesondere die Einbeziehung von IMB und EBR legitimierend und ergänzend zur ansonsten mehrheitlich vom Unternehmen gestalteten CSR-Politik wirkt.

4.4.5 Rolle der Akteure

In Folge der in der IRV nicht ausreichend definierten Rollen von Unternehmen, EBR und IMB kommt es immer wieder zu Konflikten bezüglich der Einbindung von Arbeitnehmervertretern in ihre Umsetzung.[213] Die Arbeitnehmerseite betrachtet ihre Einbindung jedoch als unbedingt notwendig. Das Unternehmen bleibe zu passiv und sei zu wenig an einer

213 So schildert etwa eine befragte IMB-Vertreterin, dass Unternehmen C die Gewerkschaft nicht mit den angeforderten Zuliefererlisten versorge (I 39: 5), und in Gesprächen zwischen IMB, IG Metall, EBR und Unternehmen habe die Konzernleitung bezüglich einer Einbindung des IMB klar seine Ablehnung geäußert (vgl. I 38: 50).

ernsthaften Umsetzung interessiert, da es die IRV lediglich zu »Marketingzwecken« abgeschlossen habe (I 38: 50).

Die verschiedenen Organisationen der Arbeitnehmervertretungen nehmen bei der Umsetzung in der Praxis sehr unterschiedliche Rollen ein. So kommt dem EBR als Repräsentant der europäischen Mitarbeitervertretungen eine hohe Bedeutung innerhalb des Unternehmens zu, da der Konzern nicht über weltweite Arbeitnehmervertretungsstrukturen verfügt (I 39: 7). Der EBR ist bei Unternehmen C das zentrale Organ der internationalen Arbeitnehmervertretung. Ein Problem des EBR zeigt sich jedoch in dem zum Teil geringen gewerkschaftlichen Organisationsgrad der im EBR vertretenen Niederlassungen und dem daraus resultierenden mangelnden Verständnis für gewerkschaftliche Arbeit:

»Also da wäre die Organisierungsanstrengung erst mal das Erste, was man betreiben muss, dass man da überhaupt mal Gewerkschaften oder wirklich gewählte Arbeitnehmervertreter in irgendeiner Form drin hätte, mit denen man auch was machen kann. Im EBR sitzen oft Leute, da hat man den Eindruck, die sind vom Management da hingesetzt worden. Slowakei zum Beispiel, das erste Mal, als ich da war, hab ich die einfach mal gefragt, ob sie organisiert sind. Das war fast keiner. Das ist echt das größte Problem bei [Unternehmen C].« (I 38: 50)

Aus diesem Grund, so die interviewte Vertreterin der IG Metall weiter, mangele es an Unterstützung bei der Umsetzung der IRV durch lokale Akteure:

»[…] die Arbeit vor Ort muss schon selbst gemacht werden letztendlich. Das ist bei [Unternehmen C] der Hauptknackpunkt, man kann dort die IFA [IRV], nicht wirklich umsetzen, weil dann oft die Leute in den Standorten fehlen, die danach ein bisschen gucken können.« (I 38: 50)

Aber auch bei einem hohen gewerkschaftlichen Organisationsgrad wird die Umsetzung der IRV auf lokaler Ebene von Unternehmen C nicht immer unterstützt. So gibt es seitens der lokalen Gewerkschaften zum Teil wenig Interesse an einer Zusammenarbeit und einer Umsetzung der IRV:

»When people aren't ready in willing to participate, there is absolutely nothing we can do. We can only make the environment possible, but unless people step forward and show an interest, there is very little we can do. We can't be driving it at the international level if there is nothing happening at the local level. So we are a bit stuck at the moment. But the agreement stands so things may change in the future, which point is going to be worth again making an effort. But at this point it's frustrating.« (I 39: 11)

Eine starke Unterstützung in der Arbeit mit der IRV erfährt der EBR allenfalls durch IMB und IG Metall, die eine koordinierende und unterstützende Rolle einnehmen. Sie stehen nicht nur bei Konflikten, sondern schon im Vorfeld im Austausch mit EBR und Unternehmen, nehmen Beschwerden entgegen und leiten sie an das Unternehmen weiter. So beobachten EBR, IG Metall und IMB die Bekanntmachung der IRV bei Unternehmen C weltweit und tauschen sich mit der Konzernleitung über den Fortgang der Umsetzung aus.

Insbesondere dem IMB kommt hierbei eine wichtige Rolle zu, da er den EBR, dessen Mandat auf die europäischen Standorte begrenzt ist, als außereuropäische Arbeitnehmervertretung ergänzt. In dieser Situation stellt der IMB die entscheidende Klammer dar, um die Beschäftigten weltweit einzubinden. In der Organisation von sogenannten Welttreffen, zu denen Arbeitnehmervertreter der Standorte weltweit eingeladen werden, zeigt sich das Bemühen des IMB, dieser Rolle gerecht zu werden und den nicht vorhandenen WBR zu ersetzen.

Es lässt sich also abschließend festhalten, dass IMB und IG Metall ihre Beteiligung an der Umsetzung der IRV bei Unternehmen C für notwendig erachten. Der EBR sei allein nicht in der Lage, so ihre Argumentation, die Umsetzung der IRV durch das Unternehmen zu überwachen.

4.5 Die Umsetzung der Internationalen Rahmenvereinbarung bei Unternehmen C in Mexiko

4.5.1 Unternehmen C in Mexiko

Das Unternehmen C ist in Mexiko an drei Standorten präsent. Am Standort K in Nordmexiko werden in insgesamt vier Werken Kabel und Kabelsätze für Autos produziert, während an den beiden anderen Standorten, die sich ebenfalls in Nordmexiko befinden, Kabel für die anschließende Endproduktion am Standort K und Kabelsätze für Nutzfahrzeughersteller in den USA hergestellt werden.

Die vorliegende Untersuchung wurde in einer Niederlassung des Unternehmens am Standort K durchgeführt.[214] Alle Angaben beziehen sich, sofern nicht anders benannt, auf die entsprechende Niederlassung und die dortige mexikanische Gewerkschaft, im Folgenden als Gewerkschaft C bezeichnet. Das Werk am Standort K besteht bereits seit 33 Jahren, wobei es zunächst unter anderen Namen operierte und erst 1997 von Unternehmen C übernommen wurde. Die Produkte, die am Standort K hergestellt werden, gehen ausnahmslos ins Ausland. Da es sich um ein Werk der Maquila-Industrie handelt, darf das Unternehmen nicht für den mexikanischen Markt produzieren. Abnehmer der Kabelsysteme sind laut Geschäftsführung und Gewerkschaft vor allem Hersteller von Automobilen und Landwirtschaftmaschinen sowie Hersteller von Wirk- und Strickmaschinen. Dabei befindet sich unter den Kunden zwar keines der in der vorliegenden Arbeit untersuchten Unternehmen, jedoch ein anderer Automobilhersteller, der bereits eine IRV abgeschlossen hat.

4.5.2 Gewerkschaft und tarifvertraglich festgelegte Arbeitsbedingungen

Bei der Gewerkschaft der untersuchten Niederlassung von Unternehmen C am Standort K handelt es sich um eine lokale Gewerkschaft. Diese vertritt neben den Arbeitnehmern von Unternehmen C auch die Belegschaften mindestens dreier weiterer Unternehmen in der Region. So ist die Gewerkschaft in zwei Textilunternehmen und einem Cateringunternehmen aktiv. Bei Unternehmen C ist die Gewerkschaft C seit 1989 präsent,[215] wobei das zum Zeitpunkt der Untersuchung amtierende sechsköpfige Exekutivkomitee 1998 gewählt worden war.

Die Gewerkschaft C kann als traditionalistische Gewerkschaft bezeichnet werden. Sie ist Mitglied des mächtigen Gewerkschaftsdachverbandes CTM, in dem auch die im Rahmen dieser Arbeit untersuchten Gewerkschaften von Unternehmen B sowie von Unternehmen D am Standort H

214 Einige Angaben zu Unternehmen C am Standort K beruhen auf einem Interview (gekennzeichnet als I 47), das Laurence Pantin mit der Gewerkschaft im Jahr 2005 geführt hat und freundlicherweise für die vorliegende Arbeit zur Verfügung gestellt hat.

215 Die Gewerkschaft C löste 1989 eine bis dahin im Werk präsente, noch arbeitgeberfreundlichere Gewerkschaft ab (nach I 47). Nach Aussage der aktuellen Gewerkschaftsführung verlief die Ablösung dieser »Schutzgewerkschaft« (zitiert nach I 47) nicht ohne Konflikte. Vielmehr wurden etliche Arbeiterinnen entlassen, die zur Organisierung aufgerufen hatten.

organisiert sind, und steht in Austausch mit dem regionalen Verband der CTM. Auch bestehen enge Verbindungen zur PRI, da die Gewerkschaftsvorsitzende mit Unterstützung der PRI für die Dauer von drei Jahren zur Gemeinderätin der Stadt K gewählt wurde.[216] Sie selbst bezeichnet sich zwar als parteiunabhängig, bestätigt aber die engen Verbindungen der örtlichen CTM zur PRI. Gleichzeitig legt die Gewerkschaft großen Wert auf ein gutes Verhältnis zum Unternehmen C. Sie steht in engem Kontakt zur Geschäftsführung und versucht, Konflikte mit dieser zu vermeiden (I 25). Dennoch kam es bei der Neuverhandlung des Tarifvertrags im Jahr 2001 zu einem achttägigen Streik, in dessen Folge die Geschäftsleitung der untersuchten Niederlassung am Standort K durch das zentrale Management in Deutschland entlassen wurde (nach I 47).[217]

Die Gewerkschaft ist Ansprechpartner für die Beschäftigten bei Unternehmen C am Standort K. Sie ist im Werk mit einem Büro vertreten, das sich direkt in der Werkshalle befindet und zumindest zeitweise durch einen Ansprechpartner besetzt ist.[218] Die Arbeitnehmer können sich bei Fragen oder Problemen also unkompliziert an die Gewerkschaft wenden. Ferner besteht im Rahmen der dreimonatlich stattfindenden Generalversammlungen die Möglichkeit zum Austausch zwischen Gewerkschaftsführung und -mitgliedern. Alle vier Jahre wird das Exekutivkomitee neu gewählt.

Die Arbeitsbedingungen bei Unternehmen C am Standort K sind durch niedrige Gehälter, lange Arbeitszeiten, aber gleichzeitig auch durch zahlreiche Zusatzleistungen gekennzeichnet. So erhalten die Arbeitnehmer unter anderem ein höheres dreizehntes Monatsentgelt und mehr Urlaubstage als im mexikanischen Arbeitsrecht vorgesehen. Des Weiteren sind zusätzliche monatliche Zahlungen zur Deckung des Grundbedarfs an Lebensmitteln und anderen Produkten vorgesehen sowie Unterstützung im Falle von Todesfällen in der Familie und eine Lebensversicherung.[219] Be-

216 In dieser Funktion steht sie der Direktion für öffentliche Gesundheit vor, an die sich Arbeitnehmer aus dem Bezirk bei Fragen und Problemen wenden können.

217 Das deutsche Management war in den Streik nicht involviert, hat aber nach Beendigung des Streiks die lokale Geschäftsführung entlassen. Auslöser war nach Einschätzung der lokalen Gewerkschaft ein erklärender Brief des Gewerkschaftskomitees, der die Situation aus Sicht der Arbeitnehmer schilderte (nach I 47).

218 Im Rahmen von den Interviews und einer Werksführung konnte sich die Autorin ein Bild von den Räumlichkeiten machen. Das Büro war bei beiden Terminen besetzt, jedoch nicht durch die Vorsitzende selbst.

219 Während das LFT ein dreizehntes Monatsentgelt entsprechend mindestens 15 Tageslöhnen vorsieht (LFT: Art. 87), setzt der Kollektivvertrag von Unternehmen C am Standort K 24 Tageslöhne als Untergrenze fest (Unternehmen C, S.A. de C.V. 2007: Art.

merkenswert ist darüber hinaus die Gewährung einer Produktivitätsprämie. Insofern liegt bei Unternehmen C am Standort K ein aktiv verhandelter Tarifvertrag vor, der insgesamt zwar recht niedrige, aber über den gesetzlich vorgeschriebenen Mindestanforderungen liegende Arbeitsbedingungen aufweist. Nach Angabe der Gewerkschaft sind die Arbeitnehmer über ihre Rechte informiert, da sie bei ihrer Einstellung sowohl eine Kopie des Tarifvertrags als auch eine Kopie des *Reglamento Interior de Trabajo*[220] erhalten.

Weitaus weniger aktiv als bei Unternehmen C ist die Gewerkschaft in den drei weiteren Unternehmen, in denen sie ebenfalls die betriebliche Arbeitnehmervertretung darstellt. Bei diesen Unternehmen bestehen seitens der Geschäftsführungen deutlich stärkere Vorbehalte gegenüber einer gewerkschaftlichen Aktivität, so dass der Handlungsspielraum der Gewerkschaft C dort stark eingeschränkt ist. Die Gewerkschaftsvertreterin bezeichnet die Kollektivverträge mit zwei dieser Unternehmen als »halbe *contratos de protección*«, da die Unternehmen keine substanzielle gewerkschaftliche Arbeit zuließen (zitiert nach I 47).[221]

Die Gewerkschaft in der untersuchten Niederlassung von Unternehmen C kann also als traditionalistisch bezeichnet werden, da sie sich durch eine Nähe zur Politik und zur Arbeitgeberseite auszeichnet. Gleichzeitig ist sie im Werk präsent und stellt einen Ansprechpartner für die Arbeitnehmer dar. In anderen Werken unterhält sie hingegen *contratos de protección*.

15). Bezüglich der Urlaubstage werden im Kollektivvertrag jeweils zwei Tage mehr vereinbart als im LFT festgeschrieben (Unternehmen C, S.A. de C.V. 2007: Art. 16).

220 Bei dem *Reglamento Interior de Trabajo* handelt es sich um eine in Mexiko übliche Ergänzung zum Tarifvertrag. Hierin sind hausinterne Regeln, wie etwa die Pflichten der Arbeitnehmer, evtl. zu ergreifende Disziplinarmaßnahmen bei Verstößen gegen diese, Angaben zur medizinischen Versorgung, zu Arbeitszeiten und zum Verhalten am Arbeitsplatz, aufgeführt.

221 So werde nicht erlaubt, dass die Gewerkschaft Mitarbeiterversammlungen durchführe. Dennoch habe die Gewerkschaft in beiden Unternehmen bereits Treffen abgehalten und den Arbeitnehmern erklärt, dass es eine Gewerkschaft gebe und sie mit ihr arbeiten könnten, wenn sie dies wünschten. Es sei aber kein Bedarf angemeldet worden, so dass sie in keinem der Unternehmen besonders aktiv sei. Allerdings sei sie bereits bei Problemen eingeschritten, etwa als ein Unternehmen die rechtlich vorgesehenen Zuschüsse für die Arbeitnehmer zum Wohnungsbau nicht leistete.

4.5.3 Mögliche Wirkungsbereiche

Im Gegensatz zu den bereits erwähnten Konflikten in Rumänien und Brasilien ließen sich bei Unternehmen C in Mexiko im Rahmen dieser Untersuchung keine expliziten Verstöße gegen die IRV feststellen.[222] Dennoch ist davon auszugehen, dass die generell in Mexiko bestehenden Probleme, wie etwa die übermäßige Beschäftigung von *trabajadores de confianza* und *eventuales* sowie der Abschluss von *contratos de protección,* auch bei Unternehmen C in Mexiko und insbesondere in seinen Zulieferbetrieben existent sind. So waren zum Zeitpunkt der Untersuchung nach Angaben der Geschäftsführung rund ein Drittel der Mitarbeiter als *trabajadores de confianza* beschäftigt (I 24).

Trotzdem sehen weder die lokale Gewerkschaft noch die Geschäftsführung vor Ort Probleme bei den Niederlassungen am Standort K. Und auch der IMB-Vertreter beurteilt die Situation in den Werken des Konzerns C in Mexiko als unproblematisch (I 6: 35). Bereits der Kollektivvertrag garantiere die Einhaltung wichtiger Arbeitnehmerrechte, indem er die Vorgaben des LFT berücksichtige und zum Teil über diese hinausgehe (I 6: 7).

Anzumerken ist allerdings, dass sich der Kollektivvertrag nicht auf die vor allem in der Kantine und im Putzdienst des Unternehmens tätigen *eventuales* erstreckt. Diese verfügen als kurzfristig Beschäftigte in der Regel über individuelle Verträge und sind nicht Mitglied der Gewerkschaft. Auf Bitten der *eventuales*, sie in das Unternehmen und damit auch in die Gewerkschaft und den geltenden Kollektivvertrag aufzunehmen, reagierten die Arbeitnehmervertreter jedoch ablehnend. Sie fürchteten Konflikte mit dem Unternehmen, das eine »Rekrutierungspolitik« der Gewerkschaft als problematisch empfinden könnte (I 25: 25). Über die Arbeitsbedingungen bei den Zulieferern kann im Rahmen der vorliegenden Arbeit keine Aussage getroffen werden. Weder der IMB noch die lokale Gewerkschaft von Unternehmen C am Standort K verfügen über entsprechende Kontakte oder Informationen.

222 In einem Interview, das Laurence Pantin im Rahmen einer anderen Untersuchung geführt hat, gab die Gewerkschaftsvorsitzende an, dass in der Niederlassung von Unternehmen C am Standort K Schwangerschaftstest bei der Einstellung stattfinden. Obwohl ihr bewusst war, dass es sich dabei um eine illegale Praxis handelt, hat sie keine Schritte dagegen unternommen (I 47). Dass *pregnancy screenings* in Mexiko trotz nationaler und internationaler Proteste nicht nur in Maquila-Betrieben verbreitet sind, berichtet Shareen Hertel in ihrer interessanten Untersuchung über die Effekte einer internationalen Kampagne gegen diese Vorgehensweise in Mexiko (vgl. Hertel 2006).

Aufgrund der äußerst positiven Einschätzung der Arbeitsbedingungen bei Unternehmen C am Standort K durch die lokale Gewerkschaft und das Management sehen beide keinen Bedarf zur Anwendung der IRV. Da es im Unternehmen nicht zu Verstößen gegen die Grundsätze komme, sei ein Handeln nicht notwendig. Die traditionalistische Gewerkschaft zeigt darüber hinaus sogar eine ablehnende Haltung in Bezug auf die Arbeit mit der IRV. Mehrere Gründe spielen hierfür eine Rolle. Zunächst ist die Haltung der lokalen Gewerkschaft in Bezug auf die Erklärung geprägt durch Unwissen- und Unsicherheit. So wurde im Gespräch mit der Gewerkschaftsvorsitzenden mehrmals deutlich, dass der Gewerkschaft die inhaltliche Kompetenz und Erfahrung zur Einordnung und zum Verständnis der IRV fehlt. Immer wieder kam es zur Verwechslung mit anderen Dokumenten des Unternehmens und die Inhalte wurden nicht klar voneinander abgegrenzt. Insbesondere bestand die (unbegründete) Angst, dass die IRV die Etablierung einer zweiten Gewerkschaft fordere (I 25: 25). Diese Sorge führte auch zu einer Vermeidung des Themas IRV im Gespräch mit den Arbeitnehmern (I 25: 25). Gleichzeitig verfügt die Gewerkschaft über kein Wissen bezüglich der Anwendung und Verbindlichkeit der IRV. So wurde etwa die Interviewerin gefragt, ob die IRV auch ohne Unterschrift der lokalen Gewerkschaft in der Niederlassung Gültigkeit besitze:

»[...] hier wird gesagt, dass es mehrere Gewerkschaften geben kann. Die Politik in Mexiko ist so aber nicht. Meine Frage ist, können die uns das aufzwingen, auch wenn wir den Vertrag gar nicht unterschrieben haben?« (I 25: 29; eigene Übersetzung)

Als weitere Gründe für das geringe Interesse an der IRV führte die Gewerkschaft ihr gutes Verhältnis zu der lokalen Geschäftsführung an, das sie nicht gefährden wolle (I 25: 44). Darüber hinaus spielen internationale Normen insgesamt kaum eine Rolle in der alltäglichen Arbeit vor Ort. Die von außen an das Unternehmen und die Gewerkschaft gestellten Erwartungen werden erfüllt, wobei jedoch stärker eine Pflichterfüllung denn eine eigene Überzeugung den Ausschlag gibt. Vielmehr orientierten sich die Arbeitsbedingungen am Standort K von Unternehmen C an nationalen und betrieblichen Bestimmungen:

»Warum veröffentlichst Du das?, hab ich [den lokalen Personalmanager] gefragt. Weil ich das muss, sagt er mir. Also hab ich verstanden, dass er das machen muss, aber wahrscheinlich haben wir das nicht gut mit den Leuten kommuniziert. Wie ich Dir schon gesagt habe, hier haben wir eine andere Politik, das, was von außen kommt, berührt uns nicht.« (I 25: 39; eigene Übersetzung)

Damit wird deutlich, dass die Referenzgröße für die Einhaltung von Arbeitnehmerrechten bei Unternehmen C am Standort K weniger die IRV als der Kollektivvertrag ist. So muss für den Geltungsbereich des Kollektivvertrags die Respektierung der grundlegenden Arbeitnehmerrechte angenommen werden, während dies für Zulieferbetriebe und *eventuales* nicht garantiert werden kann. Eine konsequente Anwendung der IRV müsste allerdings auch die Einhaltung grundlegender Arbeitnehmerrechte bei *eventuales* und Zulieferern gewährleisten. Hier wäre also eine entsprechende Informationspolitik und Kontaktaufnahme seitens des Unternehmens und der Gewerkschaft notwendig, um die Umsetzung und Einhaltung der IRV gewährleisten zu können.

4.5.4 Information der Beschäftigten und Zulieferer

In der untersuchten Niederlassung von Unternehmen C haben sowohl die lokale Geschäftsführung als auch die Gewerkschaft Kenntnis von der »Erklärung zu den sozialen Rechten und industriellen Beziehungen bei Unternehmen C«. Nachdem das lokale Management zunächst durch die Gewerkschaft von der Existenz der Erklärung erfahren hatte, wurde sie anschließend von der deutschen Unternehmenszentrale über die IRV informiert (I 24) und beauftragt, diese im Werk zu veröffentlichen. Wie im Rahmen der vorliegenden Untersuchung überprüft werden konnte, wurde die IRV im Unternehmen an gut sichtbaren Stellen, wie etwa in der Kantine, den Waschräumen oder im Eingangsbereich, platziert.

Die Gewerkschaft wurde durch den regionalen Vertreter des IMB über den Abschluss der IRV in Kenntnis gesetzt. Zu einem Austausch zwischen Gewerkschaft und Beschäftigten über die Grundsätze und deren inhaltliche Bedeutung kam es jedoch erst auf Nachfragen durch die Arbeitnehmerschaft, die durch die Aushänge im Werk auf die Vereinbarung aufmerksam geworden war:

> »Wir führen alle drei Monate eine Generalversammlung durch. Aber darüber haben wir nicht gesprochen. Als die Grundsätze aber veröffentlicht worden waren, begannen die Leute zu fragen, und wir sagten ihnen, um was es sich handelt und dass wir die Hilfe des IMB erhalten werden.« (I 25: 35; eigene Übersetzung)

Zu einer gezielten Information der Zulieferer kam es zum Zeitpunkt der Untersuchung noch nicht.

4.5.5 Nationale und internationale Kooperationen zur Umsetzung der Internationalen Rahmenvereinbarung

Das mexikanische Personalmanagement in der untersuchten Niederlassung steht bezüglich der »Erklärung zu den sozialen Rechten und industriellen Beziehungen bei Unternehmen C« vor allem in Verbindung mit der deutschen Unternehmenszentrale, von der es auch den Auftrag zur Veröffentlichung und Integration der Grundsätze in den Unternehmensalltag erhalten hat. Allerdings, so der interviewte Personalmanager in Mexiko, seien die Kontakte wenig intensiv. Darüber hinaus hat das Unternehmen in Mexiko zum Teil enge Verbindungen zu den lokalen Arbeitnehmervertretern. Wie im Rahmen der Untersuchung beobachtet werden konnte, besteht zu der im Betrieb vertretenen Gewerkschaft ein vertrauensvolles Verhältnis. Die Büros von Geschäftsführung und Personalmanagement befinden sich in räumlicher Nähe auf dem Werksgelände, so dass ein unkomplizierter Austausch möglich ist. In diesem Rahmen kommt es auch zu einem Austausch über die Grundsätze und deren Bekanntmachung am Standort. Mit dem IMB hingegen ist die Zusammenarbeit seitens des Unternehmens deutlich weniger intensiv. Wie bereits erwähnt, gibt es einen lockeren Austausch zwischen Unternehmen und IMB, in dem auch die »Erklärung zu den sozialen Rechten und industriellen Beziehungen bei Unternehmen C« eine Rolle spielt. Institutionalisierte Kommunikationsstrukturen existieren jedoch nicht.

Die lokale Gewerkschaft zeigt kaum Interesse an einer Zusammenarbeit mit nationalen oder internationalen Organisationen. So besteht auch zwischen Gewerkschaft und IMB nur ein recht lockerer Austausch, der sich jedoch durch die Unterzeichnung der IRV deutlich intensiviert hat. Der IMB sucht den Kontakt zu der lokalen Gewerkschaft, indem er sie über die Vereinbarung informiert, zu internationalen oder nationalen Seminaren und Konferenzen einlädt und gemeinsame Gespräche mit Geschäftsführung und Gewerkschaft organisiert. In Folge dieser Kontaktanbahnung nahm die Gewerkschaft an einer vom IMB organisierten internationalen Konferenz in Brasilien teil. Für die lokale Gewerkschaft, die weder intensive Kontakte zu nationalen noch zu internationalen Gewerkschaften hat (I 25: 3–5), stellte diese Reise eine neue Erfahrung und eine als positiv empfundene Erweiterung ihrer Perspektiven dar:

»Eines Tages haben sie mich von der Stiftung [gemeint ist der IMB] angerufen und gesagt, dass wir nach Brasilien eingeladen sind. […] Wir konnten es kaum glauben, zum einen nach Brasilien zu fliegen, zum anderen, dass wir einen Vortrag vorbereiten sollten, um ihn dort zu halten. Für uns war es sehr überraschend, ein anderes Land und eine andere Kultur kennenzulernen und zu sehen, wie sie dort arbeiten. Ich glaube, das ist gut.« (I 25: 3)

Trotz dieser positiven Erfahrung wurde der internationale Austausch seitens der Gewerkschaft C nicht intensiviert. Eine Einladung nach Deutschland zur Teilnahme an dem im Oktober 2005 durchgeführten Welttreffen des Unternehmens nahm die Gewerkschaft nicht wahr und auch der Kontakt zu deutschen und schweizerischen Vertretern der ILO, die bereits das Werk am Standort K besucht haben (I 25: 5), wurde nicht aufrecht erhalten. Der Grund für dieses geringe Interesse an einem internationalen Austausch scheint vor allem in der Angst vor einer Einflussnahme internationaler Akteure zu bestehen.[223]

Kontakte zu deutschen oder europäischen Arbeitnehmervertretern bestehen zum Zeitpunkt der Untersuchung kaum. So verfügten weder der EBR noch die IG Metall über direkte Kontakte zu dem Unternehmen am Standort K oder über Informationen über die dortigen Niederlassungen des Unternehmens und die Arbeitnehmervertretungen. Interessanterweise hatte aber auch die IMB-Zentrale in Genf keinen direkten Kontakt zu den Arbeitnehmervertretern von Unternehmen C in Mexiko. Zwar hatte sie sich um eine Kontaktaufnahme bemüht, konnte aber zu keinem Ergebnis kommen. Der bisherige Austausch fand ausschließlich über den regionalen IMB-Vertreter in Mexiko statt, der aber inzwischen von seinen Ämtern entbunden worden ist. So konnten sich noch keine eigenständigen Kontakte entwickeln. Stattdessen versuchte der EBR, informelle Wege zu nutzen, um einen Kontakt nach Mexiko herzustellen. Etwa war geplant, Arbeitnehmer anzusprechen, die sich im Rahmen eines internationalen Austauschs bei Unternehmen C in Deutschland aufhielten (I 4: 17).

Zusammenfassend lässt sich feststellen, dass die Formen der Zusammenarbeit bezüglich der Umsetzung der IRV bei Unternehmen C am Standort K zum Zeitpunkt der Untersuchung schwach entwickelt sind. Dennoch konnte eine gewisse Intensivierung bezüglich des Austausches durch die IRV festgestellt werden. Insbesondere der mexikanische IMB-Vertreter spielte hierbei als Bindeglied zwischen Unternehmen, lokaler Gewerkschaft und internationalen Arbeitnehmervertretungsstrukturen eine

223 Die Absage der Teilnahme an dem vom IMB organisierten Welttreffen erfolgte ohne Angabe besonderer Gründe. So gaben die befragten Vertreterinnen von EBR und IMB sowie die Gewerkschaftsvorsitzende an, dass die Gewerkschaftsvertreter nicht hätten kommen können (vgl. I 4: 9; I 25: 5; I 39: 11).

zentrale Rolle. Nach seinem Weggang konnten IMB, EBR und IG Metall jedoch nicht auf seinen Kontakten aufbauen. Deutlich wurde auch die Unsicherheit der lokalen Gewerkschaft bezüglich einer möglichen Intensivierung der internationalen Kontakte. Die Angst vor einem Machtverlust hemmt hier eine Entwicklung hin zu mehr Austausch. So kann zum Zeitpunkt der Untersuchung nur eine begrenzte nationale und internationale Kooperation bezüglich der Umsetzung der IRV beobachtet werden.

4.5.6 Zusammenfassung: Die Umsetzung der Internationalen Rahmenvereinbarung bei Unternehmen C in Mexiko

Die Umsetzung der »Erklärung zu den sozialen Rechten und industriellen Beziehungen bei Unternehmen C« am Standort K kann zum Zeitpunkt der Untersuchung als nur zum Teil erfolgreich bewertet werden. Umgesetzt wurde die IRV vor allem im Bereich der Information. So sind das lokale Management, die Arbeitnehmerschaft und die Gewerkschaft über den Abschluss der IRV informiert, wobei die inhaltlichen Kenntnisse dazu und ihre Bedeutung für die Arbeit vor Ort insbesondere bei der lokalen Gewerkschaft überaus lückenhaft sind. Über die Information der Arbeitnehmer im Werk hinaus finden keine durch die IRV motivierten Aktivitäten durch das Unternehmen statt. Weder wurden die Zulieferer über die IRV informiert noch auf eventuell auftretende Missstände hin überprüft. Auch ein systematisches Monitoring der IRV durch die deutsche Unternehmenszentrale oder eine Zusammenarbeit mit nationalen oder internationalen Organisationen zur Umsetzung der IRV fanden im Untersuchungszeitraum nicht statt.

Die lokale Gewerkschaft wurde ebenfalls kaum in Bezug auf die IRV aktiv. Sie ist nicht an einer Umsetzung der IRV interessiert und fürchtet durch diese sogar Nachteile für die eigene Organisation. Eine Diskussion über die IRV mit den Arbeitnehmern fand erst auf deren Anregung hin statt. Einen internationalen Austausch bezüglich der IRV gab es kaum. Entsprechende Versuche durch den IMB wurden zwar teilweise angenommen, längerfristige Kooperationen konnten sich daraus jedoch nicht entwickeln.

Somit lässt sich festhalten, dass das vielschichtige Potenzial der IRV in der Niederlassung des Unternehmen C am Standort K im Untersuchungszeitraum kaum genutzt wird. Weder vom Unternehmen noch von der lokalen Gewerkschaft werden Kontakte zu anderen Organisationen gesucht.

Dennoch ist ein – wenn auch nur schwach ausgeprägter – Lerneffekt festzustellen, der die Prozesshaftigkeit der IRV unterstreicht. So konnte auf Grundlage der IRV zumindest eine erste Form der internationalen Zusammenarbeit entwickelt werden. Die Reise der lokalen Gewerkschaftsführung zu einem internationalen Arbeitnehmertreffen kann dabei als positiver Anfang gewertet werden, auch wenn daraus bis zum Ende der Untersuchung noch keine kontinuierliche Kooperation entstanden waren. Darüber hinaus zeigen sich die negativen Folgen der geringen Einbindung der lokalen Kräfte in den Aushandlungsprozess der IRV. So wird deutlich, dass sich die lokalen Kräfte kaum für ihre Umsetzung engagieren beziehungsweise dieser teilweise sogar skeptisch gegenüber stehen. Es kann also davon gesprochen werden, dass bei Unternehmen C am Standort K zum Zeitpunkt der Untersuchung eine Entkopplung stattfand. Die Umsetzung der IRV wurde auf Konzernebene nach außen hin positiv dargestellt und somit für die Unternehmenspräsentation genutzt, während sie am untersuchten Standort in Mexiko tatsächlich kaum erfolgte.

4.6 Faktoren für die Umsetzung der Internationalen Rahmenvereinbarung bei Unternehmen C in Mexiko

4.6.1 Die regulative Säule

Bei Unternehmen C in Mexiko besteht kaum ein regulativer Druck, die IRV umzusetzen. Wie dargestellt wurde, weist die IRV einen deklaratorischen Charakter auf, indem sie zwar zum Teil auf die ILO-Kernarbeitsnormen Bezug nimmt, aber keine rechtlich bindenden Umsetzungsmechanismen etabliert. Die Einhaltung der nationalen und internationalen Standards, auf die die IRV Bezug nimmt, kann daher weder auf nationaler noch auf internationaler Ebene garantiert werden, da die Möglichkeit einer nachhaltigen Überwachung und ggf. Sanktionierung fehlt. Eine Rechtssicherheit ist weder in der nationalen noch der internationalen Umwelt gegeben. Auf betrieblicher Ebene muss zwar die Geschäftsführung gegenüber der Zentrale Rechenschaft über die Veröffentlichung der IRV ablegen, doch darüber hinaus wird ihre Arbeit bezüglich der IRV nicht kontrolliert. Die eigentlichen Problembereiche – nämlich die Zulieferbetriebe – werden aus der Arbeit mit der IRV bei Unternehmen C ausgeklammert. Somit kann eine regulative Verankerung der IRV weder im organisationalen Feld noch im Unternehmen selbst festgestellt werden.

4.6.2 Die normative Säule

Auch die normative Säule des institutionellen Elements IRV ist bei Unternehmen C in Mexiko kaum ausgeprägt. So haben sich weder auf internationaler noch auf nationaler Ebene weitreichende formelle oder informelle Normen einer Zusammenarbeit bezüglich der Umsetzung der IRV entwickelt, die handlungsleitend für die beteiligten Akteure sein könnten. Auf internationaler Ebene ist ein Berichts- und Unterschriftensystem entwickelt worden, das die Information der Führungskräfte sicherstellen soll. Darüber hinaus werden interne Audits durchgeführt, in deren Rahmen auch einige Inhalte der IRV abgefragt werden. In der untersuchten Niederlassung des Unternehmens am Standort K haben sich also allein Normen zur Information der Arbeitnehmerschaft im Betrieb herausgebildet, während weitere Aktivitäten nicht folgen. Die IRV spielt weder in der Zusammenarbeit zwischen lokaler Geschäftsführung und Gewerkschaft noch zwischen anderen Akteuren eine besondere Rolle. Einzig der IMB versucht, zwecks Umsetzung der IRV Normen einer Zusammenarbeit zu etablieren, die sich jedoch nur zögerlich entwickeln.

Mit Normen in Form von moralischen Erwartungen, Anerkennung oder Zertifikaten sieht sich Unternehmen C in Mexiko kaum konfrontiert. Zwar haben sich, wie aufgezeigt wurde, in Mexiko erste Ansätze einer Förderung nachhaltiger und gesellschaftlich verantwortungsvoller Unternehmensführung entwickelt, doch spielen diese immer noch eine geringe Rolle in der mexikanischen Öffentlichkeit und im Unternehmensalltag. Für die Umsetzung der IRV in der untersuchten Niederlassung des Unternehmens haben sie sich bislang als unwirksam erwiesen. Die normative Säule der IRV bei Unternehmen C in Mexiko ist also kaum ausgeprägt.

4.6.3 Die kulturell-kognitive Säule

Die Inhalte der IRV sind auf Konzernebene durchaus verwurzelt, insbesondere in Deutschland. So betont das Unternehmen seine gesellschaftliche Verantwortung und unterstreicht diese Haltung durch verschiedene Maßnahmen, wie etwa die Verabschiedung eines Verhaltenskodizes oder auch durch die Teilnahme an Ratings bezüglich Umwelt- und Sozialstandards. Auch die Gründung eines EBR und die Durchführung von Welttreffen – unterstützt durch die FES und den IMB – weisen auf das Interesse an guten Beziehungen zu den Arbeitnehmern hin. Die Lösung von Konflikten in anderen Ländern und der Einsatz der IRV verdeutlicht dabei, dass das Unternehmen die IRV generell als Instrument akzeptiert und anwendet. Allerdings gab es in der Praxis, wie aufgezeigt wurde, stets Konflikte in Bezug auf die Einbindung der Partner auf Arbeitnehmerseite. So wurden IMB und EBR seitens des Unternehmens nicht immer als gleichberechtigt betrachtet. Auf Seite der betrieblichen Arbeitnehmervertretungsstrukturen in Mexiko genießt die IRV keine Priorität. Zwar ist sie als Instrument anerkannt, doch konnte kein besonderes Engagement zu ihrer Umsetzung ausgemacht werden.

In der untersuchten Niederlassung des Unternehmens in Mexiko muss eine Verankerung sowohl der IRV als Instrument als auch seiner Inhalte angezweifelt werden. So sieht das lokale Personalmanagement keinen Nutzen in der IRV und führte selbst ihre Veröffentlichung nicht aus Überzeugung, sondern aufgrund von äußerem Zwang aus. Die Gewerkschaft hingegen steht einer Umsetzung der IRV sogar ablehnend gegenüber. Darüber hinaus weist der Abschluss von *contratos de protección* durch dieselbe Gewerkschaft in anderen Betrieben darauf hin, dass auch die Inhalte der IRV bezüglich der Kollektivrechte hier nicht unumstritten sind. Somit muss eine Verankerung der IRV im organisationalen Feld bei Unternehmen C am Standort K in Mexiko angezweifelt werden.

4.6.4 Die Internationale Rahmenvereinbarung als institutionalisiertes Element in einem transnationalen organisationalen Feld

Bezüglich der Umsetzung der IRV bei Unternehmen C ist deutlich geworden, dass die Arbeit mit diesem Instrument in Mexiko lokal begrenzt bleibt. Zwar gibt es einen Austausch der mexikanischen Geschäftsführung mit der deutschen Konzernzentrale von Unternehmen C, die eine Bekanntmachung der IRV vor Ort einfordert, doch ist dieser Kontakt begrenzt. Auch auf Arbeitnehmerseite bestehen wenige internationale Kontakte. Dennoch konnte auf Grundlage der IRV zumindest eine erste Form der internationalen Zusammenarbeit entwickelt werden. Die Reise der lokalen Gewerkschaftsführung zu internationalen Arbeitnehmertreffen kann als positiver Anfang gewertet werden, auch wenn daraus bis zum

Ende der Untersuchung noch keine kontinuierliche Kooperation entstehen konnte.

Auf nationaler Ebene bleiben die Kontakte, die sich aus der IRV entwickeln, ebenfalls sehr beschränkt. Seitens des Personalmanagements besteht kein Austausch über die IRV mit anderen nationalen Organisationen und auch auf Seiten der Arbeitnehmervertretung spielt die IRV keine Rolle. So hat die IRV keine Bedeutung für den Austausch mit dem Gewerkschaftsdachverband CTM oder der PRI auf lokaler, regionaler oder nationaler Ebene.

Es konnte also weder auf nationaler noch auf transnationaler Ebene ein organisationales Feld entstehen, in dem die IRV einen entscheidenden Faktor dargestellt hätten. Ihre Umsetzung bleibt auf die betriebliche Ebene beschränkt.

Abbildung 5: Das organisationale Feld von Unternehmen C und seiner IRV in Mexiko

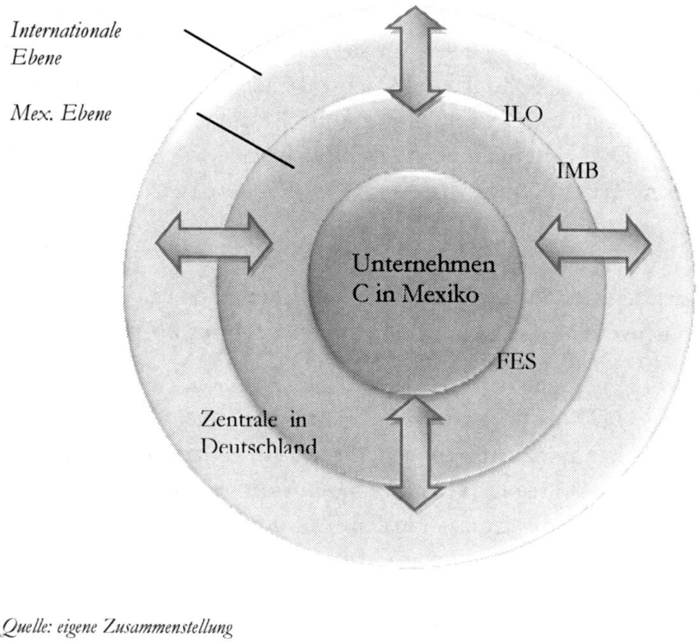

Quelle: eigene Zusammenstellung

4.6.5 Die Rolle der Akteure

Die räumliche Beschränkung des organisationalen Feldes bei Unternehmen C ist auch Folge der Interessen und Legitimierungsbestrebungen der Akteure. So wurde aufgezeigt, dass das Unternehmen in Mexiko innerhalb des organisationalen Feldes keinem Legitimationsdruck ausgesetzt ist und die IRV aus diesem Grund nur zögerlich umsetzt. Insbesondere die Gewerkschaft, die sowohl einen wichtigen Partner als auch eine Anspruchsgruppe bei der Umsetzung der IRV darstellt, lässt kein Interesse an der IRV erkennen. Ausschlaggebend hierfür ist wiederum der fehlende Legitimationsdruck der Gewerkschaft über die Durchsetzung der Arbeitnehmerinteressen. Die dem traditionalistischen Gewerkschaftsflügel zuzurechnende Gewerkschaft definiert sich zwar über ein Eintreten für die im Betrieb beschäftigten Arbeitnehmer (Agentschaft für Andere), stützt sich dabei jedoch auf ihren nationalen Bezugsrahmen. Internationale Normen spielen für ihre Arbeit keine Rolle und werden sogar als Einmischung in ihre inneren Angelegenheiten abgelehnt. Darüber hinaus gründet die lokale Gewerkschaft ihre Macht als Mitglied in dem mitgliederstarken und fest verwurzelten Gewerkschaftsdachverband CTM nicht nur auf die Durchsetzung der Arbeitnehmerinteressen im Betrieb, sondern auf die eigenen politischen Verbindungen und die des Dachverbandes. Somit stellt die IRV für die lokale Gewerkschaft keine strategische Ressource zum Erreichen ihrer Ziele dar. Das Unternehmen C sieht sich also seitens der lokalen Gewerkschaft nicht dem Druck ausgesetzt, die IRV umzusetzen.

4.6.6 Fazit: Faktoren für die Umsetzung der Internationalen Rahmenvereinbarung bei Unternehmen C in Mexiko

Es ist deutlich geworden, dass die IRV von Unternehmen C in dessen organisationalen Feld in Mexiko kaum eine Rolle spielt und dass das Unternehmen sich nur einem geringen Druck ausgesetzt sieht, die IRV umzusetzen. Weder die regulative, noch die normative oder die kulturell-kognitive Säule ist in dem organisationalen Feld der IRV in der untersuchten Niederlassung von Unternehmen C in Mexiko fest verankert. Einzig normative Erwartungen aus der deutschen Konzernzentrale führen zu einer Veröffentlichung der IRV im Werk. Darüber hinaus äußerte der regionale IMB-Vertreter wiederholt seine Erwartungen und wies auf die Verantwortung des Unternehmens und der Gewerkschaft hin. Aufgrund einer fehlenden Vernetzung der Arbeitnehmervertreter auf internationaler Ebene beziehungsweise ihrer mangelnden Bereitschaft, sich in entstehende Netzwerke zu integrieren, sowie aufgrund einer dezentralen Organisationsstruktur des Unternehmens konnte auf Arbeitnehmerseite jedoch kein transnationales organisationales Feld entstehen, in dem die IRV eine Rolle spielten.

Darüber hinaus mangelt es an Unterstützung der Gewerkschaft für eine Umsetzung der IRV. Die IRV stellt für die lokale Gewerkschaft keine strategische Ressource zur Erreichung ihrer Ziele dar, da diese sich vor allem über die Nähe zur PRI und zum Arbeitgeber legitimiert. Aufgrund dieser Situation fehlt der lokale Partner, der die IRV vor Ort nutzen kann und will, und die Arbeit mit der IRV fand nur in sehr begrenztem Umfang statt. Die geringen Vorgaben durch die Konzernzentrale, die kaum vorhandene Entwicklung von Umsetzungsnormen in der Praxis und die geringen Kontakte zwischen Unternehmen und Arbeitnehmervertretern in Deutschland und am Standort K führen zu einer Situation der Bedeutungslosigkeit der IRV in der untersuchten Niederlassung von Unternehmen C in Mexiko. Die IRV von Unternehmen C kann zum Zeitpunkt der Untersuchung am Standort K also nicht als institutionell fest verankertes Strukturelement bezeichnet werden, sondern spielt nur sehr punktuell eine Rolle, nämlich bei der Legitimation gegenüber der deutschen Konzernzentrale.

5 Die Umsetzung der Internationalen Rahmenvereinbarung bei Unternehmen D in Mexiko

Im Folgenden soll die Umsetzung der IRV von Unternehmen D in Mexiko, der »Grundsätze sozialer Verantwortung bei Unternehmen D«, dargestellt werden. Die Vorgehensweise gleicht dabei derjenigen der Fallbeispiele A, B und C.

5.1 Das Unternehmen

Bei dem Unternehmen D handelt es sich um einen der weltweit größten Zulieferer von Automobilherstellern und Produzenten von Elektrowerkzeugen und Haushaltsgeräten. Das Unternehmen mit Hauptsitz in Deutschland verfügt über eine stark internationalisierte Produktionsstruktur. Bereits im Jahr 1889 gründete Unternehmen D eine Vertretung in London; eine Vertriebsniederlassung in New York folgte 1906, und eine erste Produktionsstätte in den USA wurde 1912 eingerichtet. Im Jahr 1913 wurden bereits 88 Prozent des Umsatzes außerhalb Deutschlands erzielt (alle Angaben Unternehmen D 2006). Im Untersuchungszeitraum war das Unternehmen mit rund 280 Niederlassungen in mehr als 50 Ländern in Europa, Nordamerika, Südamerika, Afrika, Australien und Asien präsent. Hinzu kamen ca. 12.000 Servicecenter in über 140 Ländern. Dennoch blieb Europa stets das geografische und strategische Zentrum des Unternehmens.

Seit 1964 ist das Unternehmen mehrheitlich (92 Prozent) im Besitz einer gemeinnützigen Stiftung. Diese erhält zwar anteilig ihre Dividende, die sie gemeinnützig einsetzt, verfügt aber nicht über ein Stimmrecht. Die größte Bedeutung in Bezug auf die Entscheidungsfindung im Unternehmen liegt bei einer Industrietreuhand, die 93 Prozent der Stimmrechte innehat, gleichzeitig aber nicht an den Gewinnen beteiligt wird. Eine wichtige Rolle innerhalb des Unternehmens spielt darüber hinaus die ursprüngliche Eigentümerfamilie, die acht Prozent des Stammkapitals besitzt und sieben Prozent der Stimmrechte hält.

Für den Beginn des neuen Jahrtausends lässt sich ein Wachstum des Unternehmens, der Verkaufszahlen und seiner Gewinne beobachten.[224] Dabei verteilte sich das Wachstum allerdings nicht gleichmäßig auf alle Geschäftsbereiche. Während die Gewinne in den Bereichen Industrietechnik, Konsumgüter und Werkzeuge besonders stark gestiegen sind, konnten die Erträge im Automobilsektor nicht gleichermaßen gesteigert werden. Vor allem die Krise auf dem US-amerikanischen Markt führte zu einer gesunkenen Nachfrage und damit zu Absatzproblemen des Unternehmens. Bezüglich der Mitarbeiterzahlen ist zu Beginn des 21. Jahrhunderts ein Wachstum zu verzeichnen. Dabei wurden vor allem in den wachsenden Märkten in Asien neue Arbeitsplätze geschaffen. Die Mehrzahl der Arbeitnehmer ist heute im Ausland beschäftigt.[225]

5.2 Internationale Arbeitnehmervertretungsstrukturen

Ähnlich wie bei den anderen untersuchten Unternehmen haben sich auch bei Konzern D im Zuge der Internationalisierung internationale Arbeitnehmervertretungsstrukturen herausgebildet. Dabei können diese auf einer generell guten Beziehung zwischen Gewerkschaft und Unternehmen, ei-

224 Im Jahr 2006 betrug das Verkaufsvolumen des Unternehmens 43,7 Milliarden Euro (davon 65 Prozent in Europa, 19 Prozent in Amerika und 16 Prozent in Asien) gegenüber einem Volumen von 35 Milliarden Euro im Jahr 2002. Die Gewinne stiegen von 650 Millionen Euro im Jahr 2002 auf 2,17 Milliarden Euro im Jahr 2006. Im Jahr 2009 musste das Unternehmen allerdings aufgrund der allgemeinen Wirtschaftskrise erstmals Verluste hinnehmen. So machte der Konzern im Jahr 2009 Verluste von insgesamt 1,21 Milliarden Euro und die Anzahl der Mitarbeiter verringerte sich weltweit von 283.000 Mitarbeitern im Jahr 2008 auf 275.000 Mitarbeiter im Jahr 2009. Im Jahr 2011 konnte der Konzern jedoch wieder Gewinne von 1,82 Milliarden Euro verzeichnen (Soweit nicht anders angegeben, wurden alle Daten Geschäftsberichten, Internetpräsentationen und anderen Veröffentlichungen von Unternehmen D entnommen).

225 Im Jahr 2002 waren insgesamt 226.000 Mitarbeiter bei Unternehmen D beschäftigt, davon 123.000 im Ausland. Im Jahr 2006 arbeiteten bereits 258.000 Mitarbeiter bei Unternehmen D insgesamt, davon 148.000 Mitarbeiter in ausländischen Niederlassungen. Im Jahr 2009 verfügte das Unternehmen über 275.000 Mitarbeiter insgesamt und 162.000 Mitarbeiter außerhalb Deutschlands; im Jahr 2011 beschäftigte der Konzern 303.000 Mitarbeiter weltweit.

nem starken GBR und einer traditionell starken Präsenz der IG Metall im Unternehmen aufbauen (Schömann u. a. 2008: 37). So wurde 1998 ein EBR eingerichtet, dem 40 Betriebsräte aus 21 Ländern angehören und bei dessen regelmäßig stattfindenden Treffen ein Informations- und Gedankenaustausch zwischen Arbeitnehmervertretern und Geschäftsführung stattfindet mit Formulierung gemeinsamer Positionen seitens der Arbeitnehmervertreter (Unternehmen D 2008: 53). Die tragende Säule des EBR ist der deutsche GBR, der nicht nur den Vorsitzenden des Exekutivkomitees stellt, sondern in dessen Räumlichkeiten in der Regel auch die jährlichen Sitzungen des EBR stattfinden (Voss/Wilke 2008: 5).

Während sich die genannten Strukturen vor allem auf die europäische Ebene beziehen, existieren weltweite institutionalisierte Strukturen bislang nur in Ansätzen. Allerdings ist eine Herausbildung entsprechender Strukturen zu vermerken. So fanden bis zum Zeitpunkt der Untersuchung bereits drei ›Welttreffen‹ statt, an denen Arbeitnehmervertreter aus Produktionsstätten des Unternehmens weltweit teilnahmen. Während das erste Treffen im Jahr 2006 noch maßgeblich von IMB und FES unterstützt worden war, übernahm Unternehmen D bei dem Treffen im Jahr 2009, an dem 46 Delegierte aus insgesamt 27 Ländern (unter anderem Deutschland, Australien, Südafrika, USA, China, Japan, Brasilien und Mexiko) teilnahmen, die gesamte Finanzierung der Veranstaltung (Hebauf 2010: 43). Mit diesem finanziellen Engagement signalisierte das Unternehmen auch seine Bereitschaft zum Dialog und zur Etablierung weltweiter Arbeitnehmervertretungsstrukturen. An dem Welttreffen im März 2012 nahmen auch mexikanische Arbeitnehmervertreter teil.

Dennoch bleibt der Kontakt zwischen den verschiedenen nationalen Arbeitnehmervertretern aufgrund fehlender Strukturen und Ansprechpartner recht locker. Dabei erschweren nationale Unterschiede in den Vertretungsstrukturen und der inhaltlichen Ausrichtung der gewerkschaftlichen oder betrieblichen Arbeit sowie unterschiedliche Interessenlagen die Zusammenarbeit.[226] So stellen die Welttreffen für den GBR eine Übergangslösung dar. Angestrebt wird langfristig ein »fest installierter Welt-

226 So haben sich etwa brasilianische Arbeitnehmervertreter skeptisch gegenüber der Neutralität der deutschen Betriebsräte gezeigt, da diese als gewählte Arbeitnehmervertreter ihr Gehalt weiterhin vom Unternehmen und nicht aus gewerkschaftlichen Mitteln erhalten, wie dies in Brasilien der Fall ist (I 46: 38). Auch seitens chinesischer Arbeitnehmervertreter bestehen große Vorbehalte gegenüber der Arbeit der deutschen Betriebsräte (I 46: 39).

betriebsrat mit Kollegen, die auch ein Stück weit ein Mandat ihrer Belegschaften haben« (I 40: 132). Somit befindet sich die Internationalisierung der Arbeitnehmervertretung also noch im Entstehungsprozess, wobei erste Erfolge (EBR, Welttreffen) bereits zu verzeichnen sind.

5.3 Die Internationale Rahmenvereinbarung

5.3.1 Hintergründe und Aushandlungsprozess

Die IRV des Unternehmens, die »Grundsätze sozialer Verantwortung bei Unternehmen D«, wurde als letzte der hier untersuchten IRV im Januar 2004 von der Konzernleitung, dem EBR und dem IMB unterzeichnet und stellt damit die achte der vom IMB abgeschlossenen IRV dar. Initiiert wurde der Abschluss der IRV von dem damaligen GBR-Vorstand des Unternehmens D, der die IRV als wichtigen Schritt zu einer Internationalisierung der Arbeitsbeziehungen sah (I 38: 44). Durch eine IRV, so wurde sich erhofft, sollten die internationalen Kontakte der Arbeitnehmervertretungen intensiviert und für den Aufbau eines WBR genutzt werden (Schömann u. a. 2008: 43). Auch förderten die positiven Erfahrungen in Brasilien, wo es im Zusammenhang mit dem Projekt *Observatorio Social*[227] bereits zu einer guten Kooperation von EBR und lokalen Arbeitnehmern gekommen war, den Wunsch nach dem Abschluss einer IRV (I 38: 19).

Die »Grundsätze sozialer Verantwortung bei Unternehmen D« müssen auch im Zusammenhang mit Strategien zur Übernahme gesellschaftlicher Verantwortung gesehen werden. So engagiert sich das Unternehmen auf vielfältige Weise bei den Themen gesellschaftliche Verantwortung und Umweltschutz und hat Leitsätze zum Arbeits- und Umweltschutz erarbeitet sowie einen Ethikkodex unterzeichnet. Anders als die IRV handelt es sich bei diesen Grundsätzen jedoch um einseitige Erklärungen, an denen die Arbeitnehmervertretung nicht beteiligt ist. Im Jahr 2004 trat das Unternehmen der UN-Initiative *Global Compact* bei. Bezüglich der Mitarbeiterführung und der Gestaltung der Arbeitsbeziehungen legt das Unternehmen großen Wert auf eine gute Zusammenarbeit mit den Arbeitnehmern und

227 Das gewerkschaftsnahe *Instituto Observatorio Social* untersucht und fördert CSR-Strategien internationaler Unternehmen in Brasilien. Das Institut ist Teil einer nationalen und internationalen Gewerkschaftsbewegung und arbeitet in Deutschland u. a. mit dem DGB und der gewerkschaftsnahen Hans-Böckler-Stiftung zusammen.

hat zahlreiche Maßnahmen zu einer innovativen und verantwortungsvollen Personalpolitik ergriffen. So existieren etwa Programme zur Förderung von Frauen, zur Vereinbarkeit von Familie und Beruf sowie zur Qualifizierung der Mitarbeiter (vgl. Unternehmen D 2008: 72ff.). Auch im Umweltschutz ist der Konzern aktiv und bemüht sich, die einzelnen Produktionsstätten umweltgerecht einzurichten. So wurde das Dokument »Grundsätze zum Umweltschutz« bereits im Jahr 1996 verabschiedet. Darüber hinaus fördert die Stiftung des Unternehmens unter anderem Projekte aus den Themenbereichen Wissenschaft, Gesundheit und Kultur, und auch in den einzelnen Niederlassungen werden entsprechende Projekte unterstützt.

Dennoch zeigte Unternehmen D zunächst kein großes Interesse an dem Abschluss einer IRV. Als problematisch wurde dabei insbesondere die Einbindung des IMB betrachtet, da das Management die IRV stärker im Bereich CSR als im Bereich der Arbeitsbeziehungen ansiedeln wollte und daher ursprünglich eine unilaterale Erklärung bevorzugte (Voss/Wilke 2008: 5 und 9; I 18). Darüber hinaus befürchtete das Unternehmen, dass eine fehlende Kontinuität der Kontaktpersonen auf Arbeitnehmerseite insbesondere beim IMB die Zusammenarbeit erschweren würde (I 38: 89). Auf Arbeitnehmerseite wurde die Einbindung des IMB aber als unbedingt notwendig angesehen. Zum einen ist gerade die Unterschrift des IMB, wie bereits dargestellt, ein wichtiges Charakteristikum der IRV und garantiert die überbetriebliche Bindungswirkung der Vereinbarung. Zum anderen ist der Kompetenzbereich des EBR auf die europäischen Niederlassungen beschränkt, so dass erst die Unterschrift des IMB eine Einbindung aller Arbeitnehmer und deren Vertreter weltweit beinhaltet. Ausschlaggebend für den Abschluss der IRV waren schließlich der interne Druck durch den EBR sowie die spürbare Erwartungshaltung seitens der Kunden, im Bereich CSR aktiv zu werden (vgl. Schömann u. a. 2008: 78; I 40: 126). Darüber hinaus sah sich das Unternehmen einem wachsendem Druck zum Abschluss einer IRV ausgesetzt, nachdem die großen Automobilhersteller Unternehmen A und Unternehmen B eine IRV abgeschlossen hatten.

Insofern wird deutlich, dass die IRV von Unternehmen D eingebettet ist in ein Maßnahmenpaket zur Übernahme gesellschaftlicher Verantwortung. Gleichzeitig zeigt sich, dass der GBR maßgeblicher Motor für die Entwicklung und den Abschluss der IRV war. Das Unternehmen verhielt sich deutlich zögerlicher und auch der IMB spielte eine untergeordnete Rolle, die sich auch in den Umsetzungsvorgaben widerspiegelt, in denen dem Unternehmen und dem EBR die Hauptverantwortung zugeschrieben wird.

5.3.2 Inhalte

Bei den »Grundsätzen sozialer Verantwortung bei Unternehmen D« handelt es sich um eine inhaltlich recht weitreichende IRV. Die Vereinbarung nimmt explizit Bezug auf die ILO-Kernarbeitsnormen und orientiert sich an deren Zielsetzungen. Dabei werden die Inhalte der entsprechenden ILO-Konventionen in der Regel in eigenen Worten und deutlich verkürzt wiedergegeben und die zugrunde liegenden Konventionen nur zum Teil aufgeführt. Es wird das Grundrecht der Arbeitnehmerinnen und Arbeitnehmer genannt, Gewerkschaften zu bilden und ihnen in eigener und freier Entscheidung beizutreten. Das Recht auf Kollektivverhandlungen wird unter Bezugnahme auf die ILO-Konvention 98 in der Grundsatzerklärung verankert. Darüber hinaus werden die Wahrung von Chancengleichheit und das Verbot von Diskriminierung aufgrund von ethnischen und religiösen Zugehörigkeiten, Geschlecht, Alter, Nationalität, sexueller Orientierung, sozialer Herkunft oder politischer Überzeugung festgeschrieben.[228] Weiterhin geht die Grundsatzerklärung auf das Verbot von Zwangsarbeit ein, wobei jedoch die klare Bezugnahme auf die entsprechenden ILO-Konventionen fehlt, und auf die Rechte der Kinder, die in den ILO-Konventionen 138 und 182 aufgeführt sind.

Über die ILO-Kernarbeitsnormen hinausgehend enthält die IRV den Hinweis auf die Beachtung der grundlegenden Menschenrechte sowie der jeweiligen nationalen Bestimmungen zu Arbeits- und Gesundheitsschutz, Entgelt- und Sozialleistungen sowie Arbeitszeiten und Urlaub. Darüber hinaus verpflichtet sich das Unternehmen, die Qualifizierung von Mitarbeitern und den Umweltschutz zu fördern sowie die Verbesserung der Lebensbedingungen an den Standorten zu unterstützen.

Die »Grundsätze sozialer Verantwortung bei Unternehmen D« beziehen sich wie die Mehrzahl der IRV auf alle Standorte des Unternehmens weltweit. Ungewöhnlich weit geht die IRV von Unternehmen D aber bezüglich der Zulieferer und der ihnen abverlangten Beachtung der IRV.

---

228 Die IRV von Unternehmen D geht bezüglich des Diskriminierungsverbots über die ILO-Konvention 111 hinaus, indem sie die sexuelle Orientierung und das Alter der Beschäftigten als Kriterien aufnimmt.

Anders als die Vereinbarungen von Unternehmen A, B und C nennt die IRV von Unternehmen D die Beachtung der Grundsätze durch die Zulieferer nicht nur als ein wünschenswertes Ziel, sondern sieht explizit den Ausschluss von Zulieferern vor, denen eine Missachtung der ILO-Kernarbeitsnormen nachzuweisen ist: »… [Unternehmen D] wird Zulieferer ausschließen, von denen nachweislich bekannt ist, dass sie sich nachhaltig nicht an IAO- [Internationale Arbeitsorganisation] Kernarbeitsnormen halten«.[229]

Neben diesen materialen Normen, also den festgeschriebenen zu erreichenden Zielen, werden auch Angaben bezüglich der Implementierung der IRV gemacht. Diese prozeduralen Normen fallen allerdings im Umfang deutlich geringer aus und bleiben recht vage. So wird zunächst das Ziel genannt, die IRV weltweit im Unternehmen umzusetzen. Zu diesem Zweck sollen die Grundsätze in das »Handbuch Management-System für Qualität, Umwelt und Sicherheit« eingearbeitet werden. Als Verantwortliche für die Umsetzung der IRV werden die Leitungen der jeweiligen Geschäftsbereiche, die Regionalgesellschaften sowie die Standorte selbst genannt. Genauere Angaben, welche Aufgaben die jeweils Verantwortlichen ergreifen sollen, werden nicht gemacht. So bleibt es den jeweils Zuständigen überlassen, die geeigneten Maßnahmen zu entwickeln und einzusetzen.

Ebenso verhält es sich mit den Angaben der IRV zur Information der Beschäftigten. Auch hier werden keine einheitlichen Vorgaben gemacht, sondern es wird der Rahmen benannt, in dem die Maßnahmen zur Information der Mitarbeiter erarbeitet und umgesetzt werden sollen. So enthält die IRV die Angabe, dass Arbeitnehmervertreter und Unternehmensleitung gemeinsam die jeweils geeignete Informationsmethode erarbeiten und die Mitarbeiter entsprechend dieser Ergebnisse informiert werden sollen. Auf welche Art und durch wen genau die Information erfolgen soll, wird jedoch nicht konkretisiert.

Darüber hinaus sehen die »Grundsätze sozialer Verantwortung bei Unternehmen D« vor, dass eventuell eingehende Beschwerden von den jeweiligen Verantwortlichen auf Unternehmensseite und den Arbeitnehmervertretern bearbeitet werden sollen. Auch der EBR der Unternehmensgruppe soll über eventuelle Beschwerden informiert werden, jedoch nur dann, wenn die Konflikte nicht auf nationaler Ebene gelöst werden kön-

229 Alle Zitate sind den »Grundsätzen sozialer Verantwortung bei Unternehmen D« entnommen, die im Anhang der vorliegenden Arbeit abgedruckt sind.

nen. Eine regelmäßige Evaluation oder Überarbeitung der »Grundsätze sozialer Verantwortung bei Unternehmen D« ist nicht vorgesehen, wobei jedoch bei Bedarf eine Beratung zwischen Geschäftsführung und EBR stattfinden soll.

Damit weist die IRV von Unternehmen D die typischen Merkmale einer IRV auf. Allerdings geht sie bezüglich der Zulieferer deutlich über die meisten IRV hinaus, da sie strenge Sanktionen vorsieht. Indem sie den Sanktionsvorgang und die Monitoringmaßnahmen aber nicht konkretisiert, bleibt die Umsetzung in der Praxis ungewiss. Darüber hinaus zeichnet sich die IRV von Unternehmen D durch die Betonung einer dezentralen Umsetzung aus. Wie diese Spielräume in den jeweiligen Kontexten genutzt werden, soll im weiteren Verlauf der Arbeit am Beispiel Mexiko aufgezeigt werden.

5.4 Die Arbeit mit der Internationalen Rahmenvereinbarung bei Unternehmen D

In den folgenden Abschnitten sollen die Maßnahmen dargestellt werden, die zur Umsetzung der IRV bei Unternehmen D konzernweit ergriffen werden.

5.4.1 Information der Beschäftigten und Zulieferer

Die Kommunikation der IRV im Unternehmen übernimmt das Management. Dabei findet eine Information der Verantwortlichen im Unternehmen über die internen Kommunikationswege und Berichtstrukturen statt. Eine Information der einzelnen Arbeitnehmer wird jedoch nicht zentral gesteuert, sondern den jeweils Verantwortlichen überlassen. Laut Geschäftsleitung sei es wenig sinnvoll, die »Grundsätze breit an die Öffentlichkeit bis an jeden Fertigungsarbeiter« zu kommunizieren, sondern es sei vielmehr entscheidend, dass die »entsprechenden Leute, die damit tagtäglich umgehen und die das zu berücksichtigen haben, in ihrer Arbeit, dass die das wissen« (I 18: 12).

Den Erfolg dieser Maßnahmen schätzt ein Mitglied des GBR kritisch ein. So habe eine Umfrage des GBR ergeben, dass die IRV »fast nirgendwo auf der Welt« bekannt sei (I 46: 7). Auch bei den weltweiten Treffen von

Arbeitnehmervertretern und Geschäftsführung sei die IRV kein Thema. Ein entsprechender Versuch des GBR, die IRV anzusprechen, sei gescheitert:

»Wir haben die IRV noch einmal auf der Weltkonferenz im Mai angesprochen und es gab großes Schweigen, vielleicht schlechtes Gewissen. Ich hab da noch mal gesagt, die Welt bei [Unternehmen D] müsste ja eigentlich in Ordnung sein, wenn wir diese Regelung haben und ein Jahr lang nichts reinkommt an Problemen.« (I 46: 7)

Allerdings, so der Vertreter des Betriebsrats, habe sich auch der GBR selbst kaum um eine Kommunikation der IRV bemüht. So wurde sie zwar im GBR vorgestellt, eine Strategie zur weiteren Kommunikation oder zu ihrer Umsetzung habe es jedoch nicht gegeben (I 46: 7).

Die Information der Zulieferer über die Inhalte der IRV soll laut Geschäftsführung im Rahmen der Lieferantenverträge sichergestellt werden. In diese Rahmenverträge werden wichtige Grundsätze der IRV aufgenommen, zu deren Einhaltung sich der Zulieferer verpflichtet und die damit als allgemeine Geschäftsbedingungen gelten (I 18: 22).[230]

Insofern kann eine zielgerichtete Kommunikation der IRV im Unternehmen und bei den Zulieferern festgestellt werden. Die Bekanntmachung der IRV richtet sich jedoch weniger an die Beschäftigten in ihrer Gesamtheit als an das Personal in Führungspositionen. Eine Strategie zur Information der Beschäftigten insgesamt wurde weder vom Unternehmen noch vom GBR ausgearbeitet. Auch die Zulieferer werden nicht über die IRV im ihrer Gesamtheit, sondern über einzelne Inhalte informiert.

5.4.2 Kontrolle

Das Unternehmen misst der Überwachung und Kontrolle von grundlegenden Arbeitsstandards keine zentrale Bedeutung bei. Vielmehr wird versucht, präventiv zu arbeiten und bei der Auswahl der Produktionsstandorte auf die Einhaltung von fundamentalen Werten und Rechten zu achten. So werden laut Unternehmen etwa Länder grundsätzlich als Produktionsstandort ausgeschlossen, in denen mit »Vorteilsnahme und Korruption« gearbeitet wird (I 18: 28). Wie das in der Praxis umgesetzt werden soll, bleibt dabei unklar.

230 Die Rahmenverträge konnten im Rahmen dieser Arbeit nicht eingesehen werden.

Die IRV selbst enthält keine Richtlinien bezüglich der Kontrolle ihrer Einhaltung im Unternehmen D und in den Zulieferbetrieben. Dennoch sind entsprechende Maßnahmen implementiert worden. So wurden im Rahmen der bereits 2006 und 2008 erschienenen »Berichte zu Unternehmerischer Verantwortung« (Unternehmen D 2006 und 2008) die Regionalleitungen und Standorte mit Fertigungs- oder Entwicklungsfunktion über die Einhaltung der IRV befragt (I 45; I 18: 4). Allerdings, so der interviewte Vertreter des GBR, sei diese Umfrage wenig aufschlussreich gewesen, da zahlreiche der zunächst entwickelten detaillierten und umfassenden Fragen im weiteren Verfahren mit dem Hinweis auf mangelnde Praktikabilität entfernt worden seien (I 45).

Darüber hinaus stehen die Themen Legalität und Korruption im Unternehmen im Mittelpunkt des Interesses des Unternehmens. Als vorbeugende Maßnahme sind in den verschiedenen Ländern Stellen geschaffen und mit externen Mitarbeitern besetzt worden, die auf eine Einhaltung der entsprechenden Rechtsvorschriften achten sollen. Beschwerden werden recherchiert und dokumentiert. Dabei war die IRV zunächst nicht einbezogen worden und erst auf Drängen des GBR in die Berichterstattung integriert (I 45).

Trotz dieser Maßnahmen, so die Arbeitnehmervertretung, sei die Kontrolle der IRV in den einzelnen Produktionsstätten bislang nicht ausreichend. Die Firmenzentrale habe keine Kenntnis über die Situation in den Standorten weltweit, da sie einer Kontrolle keine Priorität beimesse:

»Die Firmenseite hatte nicht den Überblick, was draußen tatsächlich abgeht. Wahrscheinlich weil es nicht thematisiert worden ist. Die sehen von außen, es ist alles im grünen Bereich, alles läuft, da machen die Fachabteilungen irgendwas und haben aber nicht kontrolliert, was daraus wird, wie effektiv es ist oder nicht, und wenn sich in der Führung niemand drum kümmert, von der Betriebsseite, dann wird es auf der Arbeitsebene wahrscheinlich, wenn es viel Arbeit gibt, nicht mit Priorität behandelt.« (I 46: 19)

Eine Überprüfung der Zulieferer und der Einhaltung der in die Rahmenverträge aufgenommenen ILO-Kernarbeitsnormen soll im Rahmen von Audits durch die Einkaufsabteilung stattfinden (I 18: 19–24; auch Unternehmen D 2006: 19 und Unternehmen D 2008: 20). Allerdings wurde ein entsprechendes Projekt erst im Jahr 2009 auf Druck des GBR entwickelt und konnte im Untersuchungszeitraum noch nicht weltweit implementiert werden. Ein Pilotprojekt wird dazu in dem intensiv mit Zulieferern arbeitenden Geschäftsbereich Elektrowerkzeuge in China, Bulgarien und Rumänien erprobt (Hebauf 2010: 42).

Anders als vom GBR gefordert, sollen die Audits im Rahmen dieses Projekts aus Kostengründen nicht von externen Mitarbeitern, sondern von Mitarbeitern im Einkauf vorgenommen werden. Doch, so ein Vertreter des Betriebsrats, seien die Einkäufer weder ausreichend geschult, um soziale Prüfkriterien bei ihren Erhebungen aufzunehmen, noch würden sie die neue Aufgabe mit »Herzblut« verrichten (I 46: 21). Durch die geplante Integration der sozialen Kriterien in die Lieferantenbewertungen und die damit verbundene Festlegung von Abläufen könne aber eine Überprüfung der sozialen Standards sichergestellt werden, denn

»[...] wenn das in die Lieferantenbewertung mit eingearbeitet wird als fester Bestandteil – bei [Unternehmen D] ist auch wichtig, dass Dinge in Abläufen, in Organisationen drin sind und fest verankert –, dann ist auch gesichert, dass sich irgendwer drum kümmert« (I 46: 21).

Darüber hinaus wurde im Jahr 2009 eine Betriebsvereinbarung zum *whistleblowing* abgeschlossen, die den Beschäftigten und Externen die Möglichkeit gibt, Verstöße gegen Tarifverträge, Betriebsvereinbarungen oder die IRV zu melden. Über eine Kontaktseite im Internet und eine Telefonhotline können eventuelle Probleme dargestellt werden.

Es wird also deutlich, dass vor allem die Kontrolle der IRV bei den Zulieferern problematisch ist. Während die IRV in den Niederlassungen zumindest auf Führungsebene abgefragt werden, gestaltet sich die Kontrolle der IRV in den Zulieferbetrieben auch aus organisatorischen Gründen schwierig. Gleichzeitig wurde dem Monitoring der Zulieferbetriebe lange Zeit keine Priorität eingeräumt. Erst auf Druck seitens des GRB wurden entsprechende Maßnahmen diskutiert und zum Teil umgesetzt.

5.4.3 Nutzung bei Problemfällen

In den Produktionsstätten von Unternehmen D beobachten sowohl Unternehmensführung als auch GBR nach eigenen Angaben kaum Verstöße gegen grundlegende Arbeitsnormen. Die feste Verwurzelung von sozialen Werten spiele bei dem Unternehmen traditionell eine große Rolle und habe auch bereits vor Abschluss der IRV zur weitgehenden Einhaltung von Sozialstandards in den Niederlassungen beigetragen (I 18: 30; I 46: 27). Außerdem, so die Geschäftsführung, schließe die stark hierarchische Ordnung des Unternehmens eine Missachtung der IRV aus: »Es gibt keine Probleme, keine Konflikte. Das, was wir anordnen, wird durchgeführt.« (I 18: 26)

Konfliktfälle, bei denen sich auf die IRV bezogen wurde, sind dennoch bereits vereinzelt aufgetaucht. So kam es in Südafrika, Brasilien und Indien zu Konflikten in Zulieferbetrieben, bei denen das Recht auf Kollektivverhandlungen und gewerkschaftliche Vereinigung im Mittelpunkt stand (I 45).[231] Bei chinesischen Zulieferbetrieben wurde unter anderem eine massive Missachtung von Standards der Arbeitssicherheit festgestellt (Mann 2009). Allerdings, so ein GBR-Vertreter, sind die Fälle oft schlecht recherchiert, so dass sich die Vorwürfe zum Teil als unhaltbar erwiesen haben (I 45). Auch stünden die Forderungen der Gewerkschaften vor Ort nicht immer in direktem Bezug zur IRV.[232]

Kommt es zum Konfliktfall, zeigt sich die Geschäftsführung in der Regel zu Kompromissen bereit. Zwar können nicht alle Fälle gelöst werden, aber es konnten konstruktive Arbeitspläne einer Zusammenarbeit zur Vermeidung von Problemen entwickelt werden (I 38: 62). So wurde als Folge der Beschwerden in China das bereits erwähnte Pilotprojekt zur Durchführung von Sozialaudits ausgearbeitet (vgl. Hebauf 2010), wobei, so der GBR, auch die Angst vor einer Diskussion des Konfliktes in der Öffentlichkeit eine Rolle gespielt habe (I 46: 21).

Auch wenn ein direkter Zusammenhang nicht immer nachzuweisen ist, spielt die IRV für die Lösung der Konfliktfälle bei Unternehmen D dennoch eine zentrale Rolle. Sie stellt den rechtlichen und normativen Rahmen dar, auf den sich die Arbeitnehmervertreter beziehen können:

»Der Nutzen ist, dass Werte irgendwo niedergeschrieben sind, dass man sich drauf berufen kann, weil wir mit der Geschäftsführung da immer relativ schnell Konsens haben, aber auf anderer Ebene wird es manchmal unendlich zäh, wenn man nicht

---

231 In Südafrika wurde einem Zulieferer vorgeworfen, keine gewerkschaftliche Organisierung zuzulassen. Auf Nachfrage des GBR wurde nach zwei Wochen eine Stellungnahme des Zulieferbetriebs zusammen mit den Tarifverträgen vorgelegt. Ein weiterer Kontakt mit dem zuständigen *Shop Steward* entwickelte sich nicht (I 45). In Brasilien kam es zu Beschwerden, dass Arbeitnehmern wegen ihrer gewerkschaftlichen Aktivitäten gekündigt worden sei (I 45). In Indien gab es einen Streik in einem Werk des Unternehmens, da die Geschäftsleitung Vertragsverhandlungen mit den Gewerkschaften abgelehnt hatte. Der IMB leitete die Beschwerde an den GBR in Deutschland weiter, woraufhin vor Ort Verträge mit der lokalen Gewerkschaft abgeschlossen wurden (I 45).

232 So forderten brasilianische Kollegen mehrfach die Nutzung der IRV für Tarifverhandlungen (I 45), die aber nicht im Kompetenzbereich der IRV liegen.

auf Papiere verweisen kann. Weil nicht jeder die Werte wirklich verinnerlicht hat.« (I 46: 29).

Dennoch finde die Nutzung der IRV eher zufällig statt. Eine systematische Anwendung oder Aufarbeitung von Konfliktfällen sei nicht der Fall. So habe der Vertreter eines Betriebsrats von Unternehmen D in Deutschland die IRV »leicht angestaubt in der untersten Schublade« gefunden, als er sich mit den Problemen in China befasste (Mann 2009).[233] Dabei spielten auch das Interesse und der persönliche Einsatz der Arbeitnehmervertreter eine wichtige Rolle:

»Ich bin die treibende Kraft bei Zulieferaudits. Nur bei dem Punkt, bei allem anderen nicht. Aber es ist keine Frage der Kapazität, sondern der Sichtweise. Ob man sich damit beschäftigen will und das zu seiner Aufgabe macht.« (I 46: 45)

Aufgrund der konstruktiven Zusammenarbeit von Unternehmen und Arbeitnehmervertretern war es zum Zeitpunkt der Untersuchung noch nicht zu Sanktionen gegen Zulieferer gekommen, welche die IRV bei einem Verstoß gegen die IRV als letzte Konsequenz vorsieht. Es komme laut Unternehmen D zwar häufig vor, dass Zulieferer aus Gründen der Qualität gewechselt würden, aufgrund eines Verstoßes gegen die IRV sei dies aber noch nicht der Fall gewesen (I 18: 28). Ein Überblick über das weitverzweigte weltweite Zuliefernetz von Unternehmen D und eventuell auftretende Probleme und Lösungsansätze sei aber auch kaum möglich:

»Wir haben weltweit hunderte von Zulieferern. Ob da im Einzelfall mal aufgrund einer solchen Geschichte ein Vertragsverhältnis beendet worden ist, glaube ich eher nicht, das hätte ich wahrscheinlich gehört, kann ich jetzt aber auch spontan nicht ausschließen, ob das in der Mongolei mal passiert ist. Aber zumindest ist das nicht irgendwie hochgespielt worden, dass man sagt, das ist ein grundsätzliches Problem oder das passiert häufiger mal.« (I 18: 28)

Auch wenn also insgesamt sowohl das Unternehmen selbst als auch der GBR kaum Probleme bezüglich der Einhaltung von Mindestarbeitsstandards im Unternehmen sehen, gab es doch bereits einige Konflikte. Dabei stand insbesondere das Thema Arbeitssicherheit in chinesischen Zulieferbetrieben im Vordergrund. Bei den Konfliktfällen konnte die IRV als

233 Dabei sei die IRV keine Ausnahme. Auch Betriebsvereinbarungen würden häufig in der Schublade verschwinden: »Es ist oft so auch bei Betriebsvereinbarungen, man streitet über Punkt und Komma und wenn es mal fertig ist, kommt es in den Ordner und liegt da ziemlich gut. Bis man sich vielleicht mal wieder dran erinnert an den ein oder anderen Punkt, aber es ist nicht Teil von der laufenden Arbeit.« (I 46: 9)

rechtlicher und normativer Rahmen zur Problemlösung herangezogen werden. Dabei wurden die Konflikte in der Regel recht einvernehmlich geklärt; Sanktionen gegen Zulieferer, wie sie die IRV als letztes Mittel vorsieht, wurden nicht ausgesprochen.

5.4.4 Rolle der Akteure

Ähnlich wie bei den anderen untersuchten Unternehmen trägt auch bei Unternehmen D der Konzern selbst die Hauptverantwortung für die Umsetzung der IRV. Das Management sieht sich dabei jedoch nur als Koordinator der verschiedenen nationalen Akteure. Die »eigentliche, die tagtägliche Arbeit« müsse »dezentral« stattfinden (I 18: 3). Ein Projektteam, das sich im Vorfeld des ersten CSR-Berichts für die Jahre 2006/2007 gegründet hat und dem Mitarbeiter der Unternehmenskommunikation, des zentralen Umweltschutzes und eines Geschäftsbereichs der Geschäftsleitung angehören, beschäftigt sich aber mit der Kommunikation der IRV.

Neben dem Unternehmen selbst sind auch die Arbeitnehmervertreter von großer Bedeutung für die Umsetzung der IRV. Insbesondere der GBR spielt dabei eine wichtige Rolle und übernimmt einen Großteil der Arbeit. Er wird bei Beschwerden und Verstößen informiert und konsultiert und hat die Möglichkeit, sich aktiv an der Umsetzung der IRV zu beteiligen. Innerhalb des GBR hat sich wiederum ein »ganzes Team« (I 45) herausgebildet, das sich aus GBR-Mitgliedern zusammensetzt, die sich intensiver mit der IRV beschäftigt haben und die ein Interesse an dem Thema zeigen. Dabei liege dieser Struktur, so ein interviewtes GBR-Mitglied, weniger eine strategische Planung zugrunde als vielmehr eine sich aus den Notwendigkeiten und den personellen Mitteln ergebende Praxis (I 46: 45–51). Der GBR-Vorsitzende selbst ist dem Bereich Internationales aufgrund seiner Auslastung mit nationalen Themen »mehr oder weniger abhanden gekommen«, nachdem er diesen vorher als Betriebsratsmitglied stark geprägt hatte (I 38: 46). Auch der IMB und die IG Metall sind auf Arbeitnehmerseite in die Umsetzung der IRV eingebunden, insbesondere indem sie eine koordinierende Rolle übernehmen, wie etwa die Organisation des Welttreffens der Arbeitnehmervertreter.

Kaum ausgeprägt ist jedoch die internationale Zusammenarbeit der Arbeitnehmervertreter bezüglich der konkreten Umsetzung der IRV. In vielen Fällen existiert kein Kontakt zu den lokalen Arbeitnehmervertretungen. Einen großen Nutzen in dieser Hinsicht erwartet sich der GBR von der

IRV (I 45). Eine erste Intensivierung der Kontaktaufnahme ist durch die Durchführung der bereits erwähnten Welttreffen zu verzeichnen. In diesem Rahmen spielt auch die IRV eine wachsende Rolle. Während sie bei dem ersten Welttreffen im Jahr 2006 noch kaum Thema war, standen die IRV und das Thema der Sozialaudits bei Zulieferern beim zweiten Treffen 2009 auf Anregung des GRB im Mittelpunkt der Diskussion (I 38).

Es ist also deutlich geworden, dass sowohl das Unternehmen D als auch die Arbeitnehmervertreter Strukturen zur Umsetzung der IRV geschaffen haben. Während auf Unternehmensseite dabei vor allem die Kommunikation der IRV nach innen und außen im Vordergrund steht, suchen die Arbeitnehmervertreter konkretere Möglichkeiten einer Umsetzung.

5.4.5 Außendarstellung

Das Unternehmen präsentiert auf seiner Internetseite umfassend die ihm innewohnenden Werte. Dabei werden unter der Rubrik »Unternehmensgrundsätze« die Werte insgesamt, die »Grundsätze rechtmäßigen Verhaltens«, das »Leitbild Qualität«, die Prämisse »Innovation« und die »Grundsätze sozialer Verantwortung bei Unternehmen D« ausführlich dargestellt. Hierbei werden auch die einzelnen Inhalte der IRV aufgeführt. Da jedoch ein Hinweis auf die Unterschrift durch die Arbeitnehmervertreter fehlt, wird der Eindruck erweckt, dass es sich um eine einseitige Erklärung des Unternehmens handele.

Auf die gemeinsame Unterzeichnung der IRV durch Arbeitnehmervertreter und Unternehmen wird jedoch in den »Berichten zur Unternehmerischen Verantwortung« hingewiesen (Unternehmen D 2006: 34 und Unternehmen D 2008: 20f.). In der Rubrik Mitarbeiter wird dargestellt, dass die gemeinsame Erklärung von Geschäftsführung und Arbeitnehmervertretung den »traditionell hohen Stellenwert der Verantwortung gegen-über Mitarbeitern und Gesellschaft« als Maßstab für die gesamte Unternehmensgruppe betont (Unternehmen D 2006: 34). Dabei wird die IRV in ein System von verschiedenen Instrumenten zu Personalführung eingeordnet. So werden in dem Kapitel flexible Arbeitszeitmodelle vorgestellt, Maßnahmen zur Vereinbarkeit von Familie und Beruf und Qualifizierungsmodelle für Mitarbeiter dargestellt, aber auch die Einbeziehung der Arbeitnehmer durch Mitbestimmung erläutert. In Bezug auf die Zulieferer von Unternehmen D wird darüber hinaus die Durchführung von Audits zur

Überprüfung der Einhaltung der ILO-Kernarbeitsnormen erwähnt (Unternehmen D 2006: 19 und Unternehmen D 2008: 20).

Insgesamt zeigt sich also ein gewisses Interesse seitens des Konzerns, die IRV für seine Außendarstellung als gesellschaftlich verantwortliches Unternehmen zu nutzen. Dabei wird die IRV einerseits in den Zusammenhang mit einer verantwortungsbewussten Unternehmens- und Mitarbeiterführung gestellt, andererseits dient sie als Beleg einer guten Zusammenarbeit von Arbeitnehmervertretung und Unternehmensführung.

5.5 Die Umsetzung der Internationalen Rahmenvereinbarung bei Unternehmen D in Mexiko

Im Folgenden soll die Umsetzung der IRV an ausgesuchten Standorten von Unternehmen D in Mexiko dargestellt werden.

5.5.1 Unternehmen D in Mexiko

Das Unternehmen war im Untersuchungszeitraum mit 5.340 Beschäftigten einer der größten Arbeitgeber des Landes und ist in Mexiko in den drei Bereichen Kraftfahrzeugtechnik, Gebrauchsgüter und Elektrowerkzeuge tätig. Der traditionell wichtigste Arbeitsbereich in Mexiko ist dabei die Automobilindustrie. Vier der zum Zeitpunkt der Untersuchung insgesamt sechs Produktionsstätten von Unternehmen D in Mexiko widmen sich der Herstellung von elektrischen Autoteilen.[234] Darüber hinaus ist das Unternehmen in Mexiko mit einem Vertriebsstandort, einem technischen Servicecenter und zwei sogenannte Dieselcentern präsent, die speziellen Service für Dieselfahrzeuge anbieten. Weiterhin verfügt das Unternehmen über einer zentralen Hauptverwaltung und fünf Büros, die unter anderem hydraulische und pneumatische Komponenten für die Automobilbranche vertreiben.

---

234 Inzwischen ist das Unternehmen in Mexiko mit acht Produktionsstätten vertreten. (Soweit nicht anders vermerkt, wurden auch in Bezug auf Unternehmen D in Mexiko alle Angaben aus Geschäftsberichten, Internetpräsentationen und anderen Veröffentlichungen des Unternehmens entnommen.)

Mexiko hat innerhalb des Konzerns eine wachsende Bedeutung, die unter anderem durch einen schwachen Dollar und einen starken Euro bedingt ist, da die Fertigung im nordamerikanischen Raum und damit in der Nähe der Absatzmärkte wesentlich kostengünstiger ist als der Import aus anderen Regionen (I 45). So konnte das Unternehmen seine Präsenz in Mexiko trotz der weltweiten ökonomischen Krise des Konzerns in den vergangenen Jahren stärken, indem hohe Investitionen durch Firmenübernahmen, Ausbau der Infrastruktur sowie Aus- und Weiterbildungsmaßnahmen getätigt wurden. Weitere Investitionen sind geplant.

Im Rahmen der vorliegenden Untersuchung wurden Interviews in der Produktionsstätte am Standort H geführt, die seit 1966 Autoteile für die Automobilindustrie herstellt. Unter den Kunden befinden sich auch die Werke der in dieser Arbeit ebenfalls untersuchten Unternehmen A und B. In der Niederlassung H waren zum Zeitpunkt der Untersuchung 2.875 Mitarbeiter beschäftigt (I 23), davon ca. 600 (I 15) bis 700 (I 23) als *trabajadores de confianza*.

Darüber hinaus soll im Folgenden auch auf die Niederlassung des Konzerns am Standort L eingegangen werden. Bei diesem handelt es sich um einen Maquila-Betrieb, der ausschließlich für den Export produziert. Hergestellt werden Airbags, Ultraschallparkhilfe sowie elektronische Motorkontrollgeräte. Bei der Durchsicht der Tarifverträge von Unternehmen D in Mexiko waren bei dem Produktionsstandort L erhebliche Besonderheiten deutlich geworden. Interviews konnten im Werk jedoch nicht geführt werden, so dass in der vorliegenden Arbeit nicht zu allen Aspekten Angaben gemacht werden können.[235]

5.5.2 Gewerkschaft und tarifvertraglich festgelegte Arbeitsbedingungen

Bei der gewerkschaftlichen Vertretung der Arbeitnehmer bei Unternehmen D am Standort H handelt es sich um die Sektion 20 der nationalen CTM-Gewerkschaft (im Folgenden Gewerkschaft D1 genannt), die auch die Arbeitnehmer von Unternehmen B am Standort J vertritt. Wie bereits an anderer Stelle beschrieben, kann die Gewerkschaft, die in der Region über großen Einfluss verfügt, als traditionalistisch bezeichnet werden (vgl. Kapitel 3.5.2, Teil II).

---

235 Weder das lokale Management noch die Gewerkschaft waren zu Auskünften bereit.

Diese Charakterisierung trifft auch auf die Sektion der Gewerkschaft zu, die in dem Werk von Unternehmen D am Standort H die Arbeitnehmer vertritt. Die Gewerkschaft D1 hat bereits seit 1966 den alleinigen Vertretungsanspruch inne, und ihr Führungskomitee war zum Zeitpunkt der Untersuchung seit 18 Jahren im Amt. Die Wahlen fanden im Untersuchungszeitraum per Handzeichen statt, ein geheimes Wahlverfahren soll aber laut Gewerkschaft eingeführt werden. Zweimal jährlich hält die Gewerkschaft eine Vollversammlung ab, in der aktuelle Themen diskutiert werden. Darüber hinaus steht sie den Arbeitnehmern als Ansprechpartner zur Verfügung. Sie verfügt über ein Büro auf dem Werksgelände, das regelmäßig besetzt ist und einen regen Publikumsverkehr aufweist.[236]

Die Arbeitsbedingungen, die der zum Zeitpunkt der Untersuchung gültige Tarifvertrag festschreibt, können im nationalen Vergleich als gut bewertet werden. Die Gehälter waren relativ hoch[237] und die Arbeitszeiten kürzer als vom LFT vorgeschrieben.[238] Die Beschäftigten erhielten Sozialleistungen, wie zum Beispiel ein recht hohes dreizehntes Monatsentgelt,[239] mehr Urlaubstage als laut Gesetz vorgesehen[240] und einen monatlichen Beitrag zur Deckung ihres Grundbedarfs an Lebensmitteln und anderen Produkten. Weiterhin legt der Vertrag Zahlungen im Todesfall fest sowie Stipendien zur Weiterbildung der Arbeitnehmer, eine Anwesenheitsprämie und eine finanzielle Unterstützung zum Kauf von Kleidung. Der Tarifvertrag enthält darüber hinaus Regelungen zur Kantinennutzung, zu Arbeitsschutz und -hygiene, medizinischem Dienst und Disziplin am Ar-

---

236 Da die zwei durchgeführten Interviews im Gewerkschaftsbüro stattfanden, hatte die Autorin Gelegenheit, die Gewerkschaft bei ihrer Arbeit im Werk zu beobachten.

237 Während der gesetzliche Mindestlohn im Jahr 2006 bei 45,81 Peso pro Tag lag (Servicio de Administración Tributaria 2009), betrug der Tageslohn laut dem für die Jahre 2006 bis 2008 geltenden Tarifvertrag zwischen 139,70 Peso und 419,35 Peso (Unternehmen D S.A. de C.V. 2006: 33).

238 Die Arbeitszeiten betrugen in der ersten Schicht 45 Stunden, in der zweiten 42,5 und in der dritten 35 Stunden (Unternehmen D S.A. de C.V. 2006: 11). Damit lag die Arbeitszeit deutlich unter der im LFT vereinbarten (48, 45 und 42 Stunden; LFT: Art. 61).

239 Die Arbeitnehmer erhielten ein dreizehntes Monatsentgelt von 32 Tagessätzen (Unternehmen D S.A. de C.V.: 26), während das Gesetz einen Mindestsatz von fünf Tagesgehältern vorsah (LFT: Art. 87).

240 So lag die Mindestanzahl von Urlaubstagen bei Unternehmen D am Standort H bei acht Tagen bei einer Betriebszugehörigkeit von einem Jahr und steigerte sich auf 30 Tage bei einer Betriebszugehörigkeit von 39 bis 43 Jahren (Unternehmen D S.A. de C.V. 2006: 13–14). Damit ging der Tarifvertrag über die gesetzliche Regelung hinaus, die eine Mindestanzahl von sechs Urlaubstagen vorsieht und bei einer Betriebszugehörigkeit von 39 Jahren nur 26 Urlaubstage erreicht (LFT: Art. 76).

beitsplatz. Somit lag ein aktiv verhandelter Tarifvertrag vor, der über die gesetzlichen Bestimmungen hinausgehende Standards festschreibt.

Deutlich anders stellt sich die Situation bei demselben Unternehmen am Standort L dar. Bei der eingetragenen Gewerkschaft im Betrieb handelt es sich um eine Gewerkschaft, die in dem Dachverband COM organisiert ist, im Folgenden Gewerkschaft D2 genannt. Die Gewerkschaft D2 verfügt über die *titularidad*, also den Alleinvertretungsanspruch im Betrieb. Der Tarifvertrag kann aufgrund mehrerer Faktoren als Schutzvertrag identifiziert werden (vgl. zum Folgenden Hessler u. a. 2007: 40ff.).[241] Zum einen sind die unterzeichnenden Personen als Vertragspartner bei dem Abschluss von Schutzverträgen bekannt, zum anderen weist die Vereinbarung formale Kriterien eines Schutzvertrages auf. So wurde der Tarifvertrag etwa nach Ende seiner Gültigkeitsdauer nicht neu verhandelt, was auf ein geringes Interesse der Gewerkschaft hinweist und ein typisches Kriterium von Schutzverträgen darstellt. Weiterhin können die Arbeitsbedingungen bei Unternehmen D am Standort L im nationalen Vergleich als unzureichend gelten. Sie gehen nicht über das LFT hinaus und liegen deutlich unter denen der anderen Standorte von Unternehmen D in Mexiko. Nicht nur sind die Löhne niedrig und die Sozialleistungen schwach, sondern auch sind die Forderungen, die an die Arbeitnehmer gestellt werden, besonders hoch. So verfügt das Unternehmen unter anderem über das Recht, Arbeitnehmer sowohl zeitlich als auch aufgabenbezogen flexibel einzusetzen und *trabajadores de confianza* und *eventuales* in unbegrenzter Anzahl zu beschäftigen.[242]

5.5.3 Mögliche Wirkungsbereiche

Bei Unternehmen D am Standort H ließen sich im Rahmen dieser Untersuchung zwar keine expliziten Verstöße gegen die IRV feststellen. Trotzdem ist davon auszugehen, dass die generell in Mexiko bestehenden Problembereiche, wie etwa die übermäßige Beschäftigung von *trabajadores de confianza* und *eventuales* sowie der Abschluss von *contratos de protección,* auch bei Unternehmen D am Standort H und insbesondere in seinen Zuliefer-

241 Die Angaben beruhen auf einer Untersuchung, die von der Autorin der vorliegenden Arbeit und anderen Experten im Auftrag des IMB im Jahr 2007 erstellt wurde (vgl. auch Fußnote 89).

242 Das Unternehmen kann einseitig die Arbeit an Urlaubs- und Feiertagen bestimmen, und der Arbeitgeber muss weiterarbeiten, sollte seine Ablösung nicht zur Arbeit erscheinen.

betrieben existent sind. So waren im Untersuchungszeitraum nach Angaben des lokalen Personalmanagements knapp 21 Prozent der Mitarbeiter als *trabajadores de confianza* beschäftigt (I 15). Dennoch sehen weder die Gewerkschaft D1 noch die Geschäftsführung vor Ort Probleme bei Unternehmen D am Standort H und seinen Zulieferern, bei denen die »Grundsätze sozialer Verantwortung bei Unternehmen D Mexiko« wirken könnten (I 15: 46–66; I 23: 7–9). Auch wenn es einschneidende Veränderungen bei den Arbeitsbedingungen gegeben habe, wie etwa bei den Arbeitszeiten, die in den vergangenen Jahren deutlich flexibler geworden seien, oder die Integration von behinderten Menschen noch nicht ausreichend gewährleistet sei (I 15: 12), würden die grundlegenden Arbeitnehmerrechte doch respektiert (I 23: 7).

Gleichzeitig sehen sowohl die Gewerkschaft D1 als auch die Unternehmensleitung konkreten Nutzen in der IRV. Wie bereits geschildert, sieht die Geschäftsführung einen Vorteil in dem Abschluss der IRV im Zusammenhang mit seinen Geschäftsbeziehungen. Da die Automobilkonzerne zum Teil von ihren Zulieferern die Beachtung von Sozialstandards forderten, könne die IRV die Bemühungen des Unternehmens D in diese Richtung herausstreichen (I 15: 3). Auch im Zusammenhang mit den eigenen Zulieferern sei die Grundsatzerklärung von Nutzen. Denn im Vergleich zur mexikanischen Gesetzgebung würde die IRV einen in der Praxis direkt nutzbaren Forderungskatalog darstellen, der Erwartungen des Unternehmens D an seine Zulieferer formuliert. Es gebe zwar keine konkreten Probleme bei den Zulieferern, doch sei durch die IRV die Zusammenarbeit bereits erheblich verbessert worden, die nun auf der Grundlage gemeinsam definierter Werte und Arbeitsstandards aufbaue (I 15: 14). Positiv beurteilt der befragte Unternehmensvertreter auch die Stärkung des Zusammenhaltes zwischen den einzelnen Standorten und deren Einbindung in die Unternehmensgruppe. Auch wenn die Inhalte der IRV bereits vor deren Abschluss eingehalten worden seien, so der Mitarbeiter, gebe es nun eine formelle Vereinbarung, die das entsprechende Handeln legitimiere und fördere (I 15: 22).

Die Gewerkschaft am Standort H hingegen misst dem Dokument für die alltägliche Arbeit in Mexiko keine große Bedeutung bei. Die IRV verstärke das, »was heute ohnehin in stiller Übereinkunft tagtäglich getan werde«. (I 23: 42, eigene Übersetzung) Dennoch sei es wichtig, bestimmte Prinzipien festzuschreiben, um die Sicherheit der Arbeitnehmer zu gewährleisten. Die Internationalisierung von Arbeitsprozessen berge die Gefahr einer Verschlechterung der Arbeitsbedingungen, der durch die IRV zum Teil begegnet werden könne (I 23: 44). Auch werde mit der IRV den Erwartungen der Konsumenten entsprochen, die Wert auf die Beachtung von Sozialstandards legten (I 23: 46).

Der IRV wird also seitens des lokalen Managements und der lokalen Gewerkschaft bei Unternehmen D am Standort H im Zusammenhang mit der Festigung von Werten und Zielvorstellungen im Unternehmen selbst und bei der Zusammenarbeit mit Zulieferern eine Bedeutung beigemessen. Dabei konnten bereits erste Erfolge bei der Kooperation mit Zulieferern erreicht werden, die sich durch die IRV in Bezug auf Arbeitsstandards und allgemeine Werte deutlich klarer und strukturierter darstelle. Gleichzeitig nutzt das lokale Management die IRV, um in seiner Position als Automobilzulieferer die Erwartungen und Anforderungen der auftraggebenden Automobilkonzerne zu erfüllen.

Bei Unternehmen D am Standort L haben sich anders als am Standort H bereits große Wirkungsbereiche der IRV ergeben. Wie dargestellt wurde, konnte der geltende Tarifvertrag als ein *contrato de protección* identifiziert werden. Nach Erstellung und Verbreitung eines IMB-Dokuments, das diese Existenz eines Schutzvertrages für den Standort nachwies,[243] kam es zu Verhandlungen zwischen dem GBR in Deutschland, dem IMB, der zentralen Geschäftsführung in Deutschland und der für Mexiko zuständigen Regionalgesellschaft mit Sitz in den USA. Ziel war die Etablierung einer authentischen Gewerkschaft im Betrieb. Auch die FES in Mexiko wurde eingebunden, die weitere Forschungen vor Ort durchführte und gemeinsam mit dem IMB und örtlichen NGOs versucht, eine authentische Arbeitnehmervertretung zu organisieren (alle Angaben GBR und I 50). Bislang konnten jedoch keine substanziellen Veränderungen erzielt werden. Nach der Ermordung des mexikanischen Projektkoordinators durch Unbekannte wurde sich auf ein vorsichtigeres Vorgehen geeinigt..[244] In Gesprächen mit der Unternehmensleitung wurde ein Stufenplan erarbeitet, der in mehreren Schritten Wahl und Aufbau einer demokratisch gewählten Ar-

243 Bei dem Dokument (Hessler u. a. 2007) handelt es sich um eine Recherche zu der Präsenz verschiedener Metallunternehmen in Mexiko. Auftraggeber war der IMB, der die gewonnenen Daten zur Vorbereitung der bereits erwähnten Klage gegen Mexiko wegen der Praxis der Schutzverträge nutzen wollte (vgl. Kapitel 1.2.2, Teil II; auch Fußnote 89).

244 Der Tod des Mitarbeiters steht nicht in direkter Verbindung zu seinen Aktivitäten bezüglich des Unternehmens D, ist aber allem Anschein nach im Zusammenhang mit seinem Handeln als Menschenrechtsaktivist zu sehen (Angaben der FES in Mexiko). Dieser Fall verdeutlicht einmal mehr die strukturelle Gewalt in Mexiko.

beitnehmervertretung am Standort L vorsieht. Dieser Stufenplan sah unter anderem die demokratische Wahl eines Komitees für Arbeitssicherheit und Gesundheitsschutz vor, das langfristig auch gewerkschaftliche und tarifliche Aufgaben übernehmen sollte, sowie die Qualifizierung interessierter Mitarbeiter. Auch ein intensiver Austausch zwischen deutschen und mexikanischen Arbeitnehmervertretern und gegenseitige Besuche waren geplant.

Allerdings konnte auch der Stufenplan noch keine nachhaltigen Erfolge verzeichnen. Als problematisch bezeichnet der Vorsitzende des GBR vor allem fehlende gewerkschaftliche Alternativen in Mexiko. So gebe es keine demokratischen Gewerkschaften beziehungsweise gewerkschaftlichen Dachverbände, denen sich die mexikanischen Arbeitnehmer im Werk bereit wären anschließen.[245] Ohne eine entsprechende Zusammenarbeit bliebe eine neu gegründete Betriebsgewerkschaft aber weitgehend machtlos. Als problematisch betrachtet er auch die Haltung der für die mexikanischen Standorte zuständigen Regionalgesellschaft in den USA, die eine Zusammenarbeit mit Gewerkschaften oder anderen gewerkschaftsnahen Organisationen, etwa dem IMB, der FES in Mexiko oder auch mexikanischen Gewerkschaften, grundsätzlich ablehnt. Aufgrund dieser Probleme konzentrieren sich die Bemühungen des deutschen GBR derzeit darauf, die Zusammenarbeit zwischen deutschen und mexikanischen Arbeitnehmern zu stärken und eine über das Unternehmen hinaus gehende Diskussion über strukturelle Probleme in Mexiko anzustoßen.

5.5.4 Information der Beschäftigten und Zulieferer

Die Bekanntmachung der IRV bei Niederlassungen und Arbeitnehmern übernimmt bei Unternehmen D am Standort H das Management. Die mexikanische Geschäftsführung, die durch die zentrale Geschäftsführung in Deutschland über den Abschluss der Grundsatzerklärung informiert wurde (I 15: 4), hat die IRV in Eigenregie übersetzen lassen und den Mitarbeitern auf verschiedenen Wegen zugänglich gemacht. So wurden die »Grundsätze zur sozialen Verantwortung bei Unternehmen D« im Kollektivvertrag des Werkes, den jeder Mitarbeiter bei der Einstellung erhält,

245 Als schwierig betrachten sowohl der deutsche GBR als auch die mexikanischen Arbeitnehmer vor allem die in Mexiko auch bei unabhängigen Gewerkschaften übliche Zwangsmitgliedschaft in der Gewerkschaft, die im Betrieb über den Alleinvertretungsanspruch verfügt, sowie die damit verbundenen Zwangsabgaben.

vollständig abgedruckt. Darüber hinaus wurde die Erklärung auf jeweils mehreren Stellwänden im Eingangsbereich, in der Kantine und in der Produktion ausgehängt, wie im Rahmen der Untersuchung überprüft werden konnte. Auch im Intranet ist die IRV einsehbar und in der unternehmenseigenen Informationsbroschüre wird regelmäßig auf sie hingewiesen. Mit der wiederholten Veröffentlichung soll laut Geschäftsführung sichergestellt werden, dass auch neue Mitarbeiter informiert sind (I 15: 6).

Darüber hinaus hat es sich die Personalabteilung von Unternehmen D am Standort H zur Aufgabe gemacht, auch die anderen Niederlassungen des Unternehmens in Mexiko über die IRV und den eigenen Umgang mit dieser bekannt zu machen. Dabei musste sie auf den monatlich stattfindenden Treffen mit den Personalleitungen anderer Niederlassungen des Unternehmens in Mexiko feststellen, dass die IRV in vier Niederlassungen nicht einmal bekannt war (I 15: 36).[246] Dies führte die Personalabteilung des Standortes H im Interview darauf zurück, dass die einzelnen Geschäftsbereiche des Konzerns eine unterschiedliche Berichtstruktur aufweisen und somit keine einheitliche Informationspolitik verfolgt werde.

Neben den Arbeitnehmern und den Personalleitungen der anderen Niederlassungen des Unternehmens in Mexiko werden auch die Zulieferer durch die Personalabteilung am Standort H über den Abschluss der IRV aufgeklärt. Allerdings konnte bis zum Zeitpunkt der Untersuchung kein einheitliches Informationssystem etabliert werden. So wurden die Zulieferer nach Abschluss der IRV nur einmalig informiert. Dabei, so der zuständige Mitarbeiter der Personalabteilung, spiele es auch eine Rolle, dass die Werte der IRV bei Unternehmen D derart verinnerlicht seien, dass sie nicht mehr hinterfragt würden und ihre Kommunikation kaum noch als notwendig erachtet werde (I 15: 14).

Die Gewerkschaft D1 am Standort H, die von der Personalabteilung vor Ort über die Existenz der IRV informiert wurde (I 23: 28–29), bemüht sich im Gegensatz zum Unternehmen kaum um eine Information der Mitarbeiter. Zwar ist die IRV im Kollektivvertrag abgedruckt, der über die Gewerkschaft an die Arbeitnehmer verteilt wird, aber eine weiterführende Arbeit mit der IRV oder deren Diskussion mit den Arbeitnehmern erfolgt nicht.

246 Diese Feststellung konnte im Rahmen der vorliegenden Untersuchung bestätigt werden. So hatten etwa die zentrale Geschäftsführung und Mitarbeiter der Personalabteilung eines anderen Standortes von Unternehmen D in Mexiko, die ebenfalls befragt wurden, keine Kenntnis von der IRV (I 19; I 48).

Zusammenfassend kann eine umfangreiche Informationspolitik des Unternehmens konstatiert werden. Die Geschäftsführung nutzt ihre Möglichkeiten und geht sogar über die an sie gestellten Anforderungen hinaus. Die lokale Gewerkschaft hingegen zeigt deutlich weniger Engagement. Da am Standort L keine Interviews geführt werden konnten, können zur dortigen Informationspolitik keine Angaben gemacht werden.

5.5.5 Monitoring

Ein systematisches Monitoring oder eine Evaluation der IRV bei Unternehmen D am Standort H durch das Unternehmen findet nicht statt. Eine standardisierte innerbetriebliche Evaluation der IRV wird seitens des Unternehmens befürwortet, konnte aber zum Zeitpunkt der Untersuchung noch nicht in die Praxis umgesetzt werden. Dabei legt die Geschäftsführung Wert auf ein festgelegtes Monitoringverfahren bezüglich der IRV, da sich das Unternehmen gegenüber seinen Kunden durch die Einhaltung bestimmter Standards legitimieren muss. Ein wachsendes Interesse der Automobilhersteller, darunter auch die Unternehmen A und B, an Sozialstandards verstärkt dabei den Druck. Aufgrund seiner Stellung als Zulieferunternehmen befindet sich das Unternehmen D in einer Position, in der es durch seine Kunden bewertet wird. Ein Nichtbefolgen grundlegender Normen könne, so ein Vertreter des Unternehmens, zu Problemen mit den eigenen Kunden führen (I 15: 12). So hatte zum Zeitpunkt der Untersuchung ein großer US-amerikanischer Automobilhersteller bereits angekündigt, seine Zulieferer auditieren zu wollen. Die Erwartungshaltungen von Unternehmen A und B spielten dabei keine vergleichbare Rolle.

In diesem Zusammenhang spielt auch das Monitoring der Zulieferbetriebe von Unternehmen D eine Rolle. Die lokale Geschäftsführung hoffte deshalb, auch die Zulieferer in naher Zukunft auditieren zu können (I 15: 20). Zwar war zum Zeitpunkt der Untersuchung bereits ein System etabliert worden, in dessen Rahmen mithilfe der Einkäufer geprüft werden sollte, ob die Zulieferer die Anforderungen von Unternehmen D auch in Bezug auf die Sozialstandards und die Einhaltung der Grundsatzerklärung erfüllten. Dabei fehlten jedoch genaue Richtlinien für die Einkäufer, so ein Unternehmensvertreter, anhand derer die Einhaltung der Grundsätze zu überprüfen sei (I 15: 19–20). Laut lokaler Gewerkschaft gebe es diesbezüglich erheblichen Nachholbedarf.

Am Standort H befindet sich das Unternehmen D damit in einer Situation, die sich von derjenigen von Automobilproduzenten unterscheidet. Anders als die Hersteller selbst ist das Unternehmen D als Zulieferer stark von seinen industriellen Kunden abhängig, wobei im Falle von Unternehmen D ein großer Kunde explizit den Nachweis von Sozialstandards fordert. Der Aufbau eines internen wirksamen Monitorings, mithilfe dessen die Umsetzung der IRV in der Niederlassung selbst und bei den Zulieferern überprüft werden kann, ist also zentrales Ziel der Geschäftsführung. Zur Einführung und Umsetzung von Monitoringmaßnahmen am Standort L können aufgrund fehlender Daten keine Angaben gemacht werden.

5.5.6 Nationale und internationale Kooperationen zur Umsetzung der Internationalen Rahmenvereinbarung

Ein Austausch über die IRV und ihre Umsetzung findet in der Niederlassung von Unternehmen D am Standort H vor allem auf Initiative der mexikanischen Personalleitung statt. Wie bereits dargestellt, nimmt sie Kontakt mit anderen Niederlassungen des Unternehmens auf und informiert diese über den Abschluss der IRV und über ihre Arbeit mit der Grundsatzerklärung. Auch sucht sie den Kontakt mit Zulieferern und der Gewerkschaft und tauscht sich mit einem wichtigen Kunden, einem US-amerikanischen Automobilhersteller, über die »Grundsätze sozialer Verantwortung bei Unternehmen D« aus. Darüber hinaus kommuniziert die Geschäftsführung am Standort H die IRV mit der deutschen Konzernzentrale und der zentralen Personalleitung im Rahmen von Reisen nach Deutschland und über andere Kommunikationswege (I 15: 4, 24–26).

Insgesamt bleibt die Personalleitung aber bei der Umsetzung der IRV auf sich gestellt. Durch die dezentrale Organisationsstruktur des Unternehmens und die Zergliederung in einzelne Geschäftsbereiche operieren die einzelnen Produktionsstätten in Mexiko in hoher Eigenverantwortlichkeit. In Zukunft, so der interviewte Personalmitarbeiter, müsse die mexikanische Unternehmenszentrale eine größere Bedeutung bei Themen wie CSR und Sozialstandards erhalten (I 15: 38). Der Austausch mit anderen Organisationen über die IRV ist ebenfalls gering. Über die bereits erwähnte Zusammenarbeit mit dem US-amerikanischen Automobilhersteller zum Thema IRV hinaus gibt es keine Kooperationen (I 15: 39–44).

Anders als die lokale Geschäftsführung am Standort H zeigt die Gewerkschaft D1, wie bereits gezeigt, deutlich weniger Interesse an einem

Austausch bezüglich der IRV. So hat sie keinen Kontakt zu deutschen Arbeitnehmervertretern; weder zum deutschen GBR noch zur IG Metall gibt es direkte Verbindungen (I 23: 53). Kontakte bestehen allerdings zum IMB und zur FES in Mexiko. Zwar ist die Gewerkschaft D1 nicht Mitglied im IMB, aber es besteht ein persönlicher Kontakt zu dessen Vertreter in Mexiko (I 23: 51–52).[247] Auch hat das Gewerkschaftskomitee bereits an zahlreichen von der FES organisierten Seminaren teilgenommen, in denen auch das Thema IRV eine Rolle spielte (I 23: 48). In diesem Rahmen kam es auch zum Austausch mit anderen Gewerkschaftssektionen der CTM (I 23: 48). Weitergehende Kontakte zu (Zuliefer-) Gewerkschaften, Regierungsinstitutionen oder anderen Organisationen bestehen bezüglich der IRV nicht.

Über die nationale oder internationale Kooperation von Unternehmen D am Standort L stehen, wie bereits erwähnt, nur begrenzte Angaben zur Verfügung. Sicher ist, dass es zunächst keinen Kontakt zwischen dem deutschen GBR und dem Standort gab. Erst aufgrund der Verbreitung des bereits genannten IMB-Dokuments, in dessen Rahmen die Existenz des Schutzvertrages nachgewiesen wurde, kam es zum Austausch zwischen GBR, deutschem Management und lokalem Management. Es folgten Besichtigungen des Werkes und Gespräche vor Ort sowohl mit dem Management als auch mit der lokalen Gewerkschaft, die eine Verbesserung der gewerkschaftlichen Praktiken zum Ziel hatten. Begleitet wurde der Prozess vor Ort durch die FES, den IMB sowie örtliche NGOs und internationale Experten.

Es lässt sich also zusammenfassend feststellen, dass am Standort H sowohl seitens der lokalen Geschäftsführung als auch seitens der Gewerkschaft ein Austausch mit anderen Organisationen über die IRV besteht. Während sich das Unternehmen dabei sehr engagiert zeigt und um einen Austausch bemüht ist, bleibt die lokale Gewerkschaft hingegen eher passiv. Dennoch nimmt sie entsprechende Gesprächsangebote seitens Dritter wahr. Am Standort L hat sich im Zuge der Auseinandersetzung um die gewerkschaftliche Vertretung im Werk ein internationales Netzwerk herausgebildet, das sich mit dem Thema befasst.

247 Wie an anderer Stelle genannt, wurde der Vertreter des IMB in Mexiko inzwischen von seinen Ämtern entbunden. Die Koordination der Arbeit in Mexiko wird nun von Uruguay aus gesteuert (vgl. Kapitel 1.4, Teil I).

5.5.7 Zusammenfassung: Die Umsetzung der Internationalen Rahmenvereinbarung bei Unternehmen D in Mexiko

Im Rahmen der Forschung konnte festgestellt werden, dass die IRV bei Unternehmen D am Standort H durchaus eine Rolle spielt. Insbesondere das lokale Management der untersuchten Produktionsstätte zeigt Interesse an einer Arbeit mit der IRV. So wird die IRV im Unternehmen auf verschiedene Weise bekannt gemacht. Eine systematische Information der Zulieferer war zum Zeitpunkt der Untersuchung allerdings noch nicht entwickelt worden. Auch ein Monitoring wurde weder im Unternehmen noch bei den Zulieferern implementiert. Die Kommunikation der IRV findet im Rahmen des Austauschs mit der deutschen Zentrale und anderen Produktionsstätten in Mexiko statt.

Anders als das Management vor Ort zeigt die Gewerkschaft D1 wenig Interesse an einer Arbeit mit der IRV. Sie ergreift keine Maßnahmen zu ihrer Kommunikation oder Umsetzung. Die Vielschichtigkeit der IRV wird nicht genutzt, da bezüglich der IRV kaum eine Zusammenarbeit mit anderen Organisationen stattfindet. Allerdings kann festgestellt werden, dass die Umsetzung im lokalen Kontext – also die *adaptation* und die Einbindung lokaler Akteure – zumindest auf Unternehmensseite erfolgreich war. So hat sich die Geschäftsführung am Standort H das Thema IRV zu Eigen gemacht und wendet diese zur Durchsetzung ihrer Interessen an. Es kann deshalb festgehalten werden, dass bei Unternehmen D am Standort H eine Arbeit mit der IRV stattfindet. Diese beschränkt sich jedoch vor allem auf die Kommunikation der IRV im Unternehmen selbst sowie den Austausch mit wichtigen Kunden. Zentraler Akteur ist dabei die Personalabteilung des Unternehmens.

Bei Unternehmen D am Standort L zeigt sich ein gänzlich anderes Bild. Hier wird seitens des lokalen Managements nicht mit der IRV gearbeitet. Stattdessen üben die deutschen und internationalen Arbeitnehmervertreter sowie externe Akteure Druck aus, damit die Unternehmensführung die IRV umsetzt. Das lokale Management und auch die lokale Gewerkschaft zeigen kein Interesse an der IRV und missachten grundlegende Arbeitsstandards massiv. Somit muss im Fall von Unternehmen D am Standort L zumindest vor der Entstehung und Transnationalisierung des Konfliktes von einer Entkopplung gesprochen werden. Während der Konzern die Arbeit mit der IRV nach außen positiv darstellt, findet beziehungsweise fand vor Ort keine Umsetzung statt.

5.6 Faktoren für die Umsetzung der Internationalen Rahmenvereinbarung bei Unternehmen D in Mexiko

5.6.1 Die regulative Säule

Wie dargestellt, zeichnet sich die IRV von Unternehmen D durch eine besonders strenge Zulieferklausel aus, die einen Ausschluss derjenigen Zulieferer aus der Zusammenarbeit vorsieht, die gegen die Inhalte der IRV verstoßen. Dabei ist zu fragen, wie diese Sanktionierung umgesetzt werden kann und ob sie in der Praxis tatsächlich erfolgt. Im Rahmen der vorliegenden Arbeit ist festgestellt worden, dass eine konsequente Umsetzung der Zulieferklausel in der Praxis nicht stattfindet. So ist zumindest der Zentrale in Deutschland weltweit kein Fall bekannt, auch nicht in Mexiko. Aufgrund des bislang in Mexiko wenig systematischen Monitorings der Zulieferbetriebe ist eine konsequente Umsetzung der Klausel dort auch nicht zu erwarten. Eine Veränderung dieser Situation, zum Beispiel durch die Einführung von strukturierter Auditierung der Zulieferbetriebe, wie sie im Rahmen des in China, Bulgarien und Rumänien durchgeführten Pilotprojekts geplant ist, bleibt abzuwarten.

Darüber hinaus wurde aufgezeigt, dass im Konflikt um den Schutzvertrag am Standort L Bezug genommen wurde auf die Inhalte der IRV. Somit stellte die IRV hierbei durchaus einen regulativen Rahmem und Bezugspunkt dar, innerhalb dessen sich die Akteure bewegten.

5.6.2 Die normative Säule

Bei Unternehmen D wurden sowohl auf internationaler als auch auf nationaler Ebene Normen zur Umsetzung der IRV institutionalisiert. Auf internationaler Ebene wurden vor allem Strukturen der Information, Kommunikation und Kontrolle geschaffen. Es findet eine systematische Information und Berichterstattung auf Führungsebene statt, und die IRV werden gemeinsam von Arbeitnehmervertretern und Geschäftsführung auf den Welttreffen diskutiert. Durch das Modellprojekt einer Auditierung der Zulieferbetriebe werden erste Versuche einer systematischen Kontrolle der IRV bei den Zulieferbetrieben unternommen. Die Verabschiedung einer Betriebsvereinbarung zum *whistleblowing* kann unter anderem als Folge der IRV interpretiert werden, da sie auch die Möglichkeit der Meldung von Verstößen gegen diese beinhaltet. Die Einrichtung von Kontaktstellen im

Internet und einer Telefonhotline schafft entsprechende Strukturen in der Praxis. Darüber hinaus wird die Umsetzung der IRV im Rahmen der »Berichte zur Unternehmerischen Verantwortung« abgefragt und die Ergebnisse in die öffentliche Berichterstattung integriert. Die Gründung eines Projektteams auf Unternehmensseite verdeutlicht den Ausbau von Handlungsoptionen und -verpflichtungen, wobei sich auch auf Seite der Arbeitnehmervertreter innerhalb des GBR Verantwortlichkeiten herausgebildet haben.

Diese Entwicklungen auf internationaler Ebene bilden sich jedoch nur zum Teil bei Unternehmen D in Mexiko ab. Eine Einbindung in internationale Austausch- und Umsetzungsstrukturen auf Konzernebene ist bei Unternehmen D am Standort H nicht erkennbar. Vielmehr hat das lokale Management eigenständig Normen entwickelt, die eine Umsetzung der IRV ermöglichen sollen. So werden die IRV im lokalen Tarifvertrag abgedruckt sowie regelmäßig im Intranet, in der hausinternen Infobroschüre und über Aushänge veröffentlicht. Ferner findet ein Austausch über die IRV mit den anderen Produktionsstätten von Unternehmen D in Mexiko statt.

Die Entwicklung von Normen betrifft also in erster Linie die Kommunikation der IRV. Dabei sind die entsprechenden Strukturen lokal entwickelt worden, das heißt ohne Einflussnahme der mexikanischen oder deutschen Zentrale. Eine große Rolle spielten dabei die normativen Erwartungen im organisationalen Feld, denen das Unternehmen D am Standort H ausgesetzt ist. Wie beschrieben, geht das Unternehmen davon aus, dass ein wichtiger Kunde ein Zertifizierungsverfahren implementieren wird, das die Beachtung von Sozial- und Arbeitsstandards überprüfen und anerkennen will. Somit sieht sich das Unternehmen einer konkreten Erwartung ausgesetzt, die es durch die Arbeit mit der IRV zu erfüllen versucht. Darüber hinaus geht das Unternehmen davon aus, dass auch andere Kunden entsprechende Zertifizierungen durchführen werden.

Bei Unternehmen D am Standort L konnten sich nach vorliegendem Kenntnisstand keine Normen auf nationaler Ebene herausbilden, die eine Umsetzung der IRV begründen würden. Die Existenz eines Schutzvertrages weist darauf hin, dass mit der IRV nicht gearbeitet wird. Gleichzeitig spielen internationale Normen eine wichtige Rolle für die Umsetzung und Anwendung der IRV vor Ort. Die Kommunikation der Missstände mit internationalen Experten, dem IMB, dem GBR und auch der FES in Mexiko hat der IRV bei Unternehmen D am Standort L einen erheblichen

Bedeutungszuwachs verliehen. Ob sich aus dieser problemzentrierten, kurzfristigen Zusammenarbeit dauerhafte und stabile Austausch- und Umsetzungsstrukturen entwickeln können, ist noch nicht absehbar.

5.6.3 Die kulturell-kognitive Säule

Die kulturell-kognitive Säule, die, wie an anderer Stelle ausgeführt, unterteilt werden kann in den Glauben an die Inhalte der IRV und an die IRV als Instrument selbst (vgl. Kapitel 2.6.3, Teil II), ist bei Unternehmen D am Standort H ausgeprägt. Ebenso wie im gesamten Unternehmen wird dem Bereich gesellschaftliche Verantwortung auch bei dieser Niederlassung ein hoher Stellenwert eingeräumt. So werden in Mexiko Projekte zur Förderung von Schulen und Umweltprojekten durchgeführt und das Unternehmen übernimmt unter anderem durch eine Stiftung oder auch durch die Unterzeichnung zahlreicher Abkommen gesellschaftliche Verantwortung. Insofern können Werte wie gesellschaftliche Verantwortung und Umweltschutz als im Unternehmen fest verankert angesehen werden.

Bezüglich der konkreten Inhalte bestehen im Unternehmen jedoch Differenzen und Unsicherheiten. Während sowohl die lokale Gewerkschaft als auch die Unternehmensführung in Mexiko keine Verstöße gegen die IRV ausmachen können, gehen die deutschen Arbeitnehmervertreter von einer anderen Situation zumindest bei den Zulieferern aus. Auch bei der Niederlassung am Standort H ist es sehr wahrscheinlich, dass Probleme auftreten, wie etwa die Beschäftigung von *trabajadores de confianza* und von *eventuales*. Bezüglich des Instrumentes IRV kommen Unternehmen und Arbeitnehmervertretungen ebenfalls zu einer unterschiedlichen Bewertung. Während das Unternehmen in der IRV ein Instrument der CSR-Politik und damit ein einseitiges Instrument sieht, bewerten die deutschen Arbeitnehmervertreter die IRV als Vereinbarung zwischen Arbeitnehmervertretern und Unternehmen. Darüber hinaus ist eine kulturell-kognitive Verankerung des Instrumentes IRV im organisationalen Feld in Mexiko nicht zu erkennen, da die IRV dort generell keine große Bedeutung haben. Somit können die in der IRV festgehaltenen Werte bei der Niederlassung am Standort H und dem entsprechenden organisationalen Feld nur als zum Teil kulturell-kognitiv verankert beurteilt werden. Während vordergründig eine Zustimmung zu den vereinbarten Werten zu verzeichnen ist, offenbaren sich bei näherem Hinsehen doch deutliche Unsicherheiten und unterschiedliche Interpretationen.

Bei Unternehmen D am Standort L muss davon ausgegangen werden, dass die IRV nicht kulturell-kognitiv verankert ist. Die Existenz eines Schutzvertrages steht den in der IRV enthaltenen Arbeitsnormen diametral entgegen. Gleichwohl kann die IRV in dem organisationalen Feld als zumindest teilweise kulturell-kognitiv verankert betrachtet werden. So haben FES, IMB, GBR und ein internationales Forscherteam Verstöße gegen die IRV aufgedeckt und fordern deren Beseitigung. Insofern kann angenommen werden, dass die IRV und ihre Inhalte bei diesen Organisationen und Personengruppen auf kulturell-kognitiver Ebene verankert ist.

5.6.4 Die Internationale Rahmenvereinbarung als institutionalisiertes Element in einem transnationalen organisationalen Feld

Das organisationale Feld, in dem die IRV von Unternehmen D am Standort H eine Rolle spielt, ist relativ wenig ausdifferenziert. Zunächst ist die Unternehmenszentrale in Deutschland von Bedeutung. Sie informiert über die Existenz der »Grundsätze zur sozialen Verantwortung bei Unternehmen D« und fordert zur Bekanntmachung und Respektierung der Vereinbarung vor Ort auf. Dabei wird aufgrund einer dezentralen Unternehmensstruktur den regionalen Geschäftsleitungen und einzelnen Geschäftsbereichen eine große Eigenverantwortlichkeit zugesprochen, während die deutsche Unternehmensführung kaum konkrete Vorgaben bezüglich der Umsetzung der IRV macht.

Wie die Interviews verdeutlicht haben, wird dieser Spielraum bei Unternehmen D am Standort H genutzt. So entspricht das lokale Management den Erwartungen der deutschen Konzernzentrale, wichtiger aber sind die Erwartungen eines US-amerikanischen Automobilherstellers. Aber auch andere Kunden wie Unternehmen A und B äußern Erwartungen in Bezug auf die Einhaltung von Arbeits- und Sozialstandards. Ferner findet eine Zusammenarbeit mit anderen Standorten des Unternehmens D in Mexiko zur Umsetzung der IRV und damit zur Erfüllung der Erwartungen im organisationalen Feld statt.

Abbildung 6: Das organisationale Feld von Unternehmen D und seiner IRV am Standort H

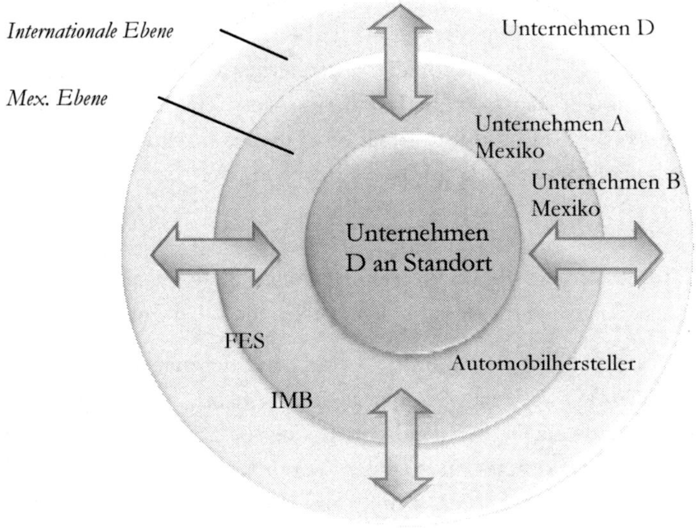

Quelle: eigene Darstellung

Zu einer Zusammenarbeit mit Arbeitnehmervertretungen auf internationaler Ebene kommt es nicht. Weder das Unternehmen und die einzelnen Niederlassungen noch die Betriebsgewerkschaften stehen in regelmäßigem Kontakt mit IMB, IG Metall, GBR oder EBR. Allerdings bestehen Kontakte zum lokalen IMB-Vertreter und zum Büro der FES in Mexiko. So hat auch die Betriebsgewerkschaft von Unternehmen D am Standort H bereits an Seminaren von FES und IMB teilgenommen, in denen diese Themen eine Rolle spielten. Insofern kann ein noch sehr schwach ausgeprägtes, aber sich dennoch entwickelndes transnationales organisationales Feld beobachtet werden, in dem die IRV eine Rolle spielen. Allerdings kann dabei noch nicht von einer rissfesten Netzwerktextur gesprochen werden, die eine Umsetzung der IRV nachhaltig fördern könnte.

Abbildung 7: Das organisationale Feld von Unternehmen D und seiner IRV am Standort L

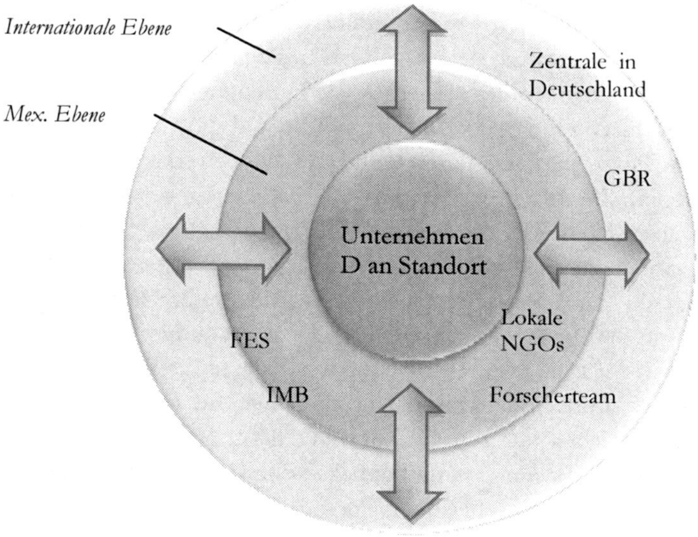

Quelle: eigene Zusammenstellung

Bei Unternehmen D am Standort L wurde das organisationale Feld aufgrund des Konflikts um den Schutzvertrag massiv erweitert. Während sich auf nationaler Ebene kein organisationales Feld herausgebildet hat, innerhalb dessen die IRV eine Bedeutung hätte erlangen können, brachte die Transnationalisierung des organisationalen Feldes den entscheidenden Anstoß. Der IMB, der GBR, das Forscherteam, das die erwähnte Studie zu Unternehmen D am Standort H erstellt hat (vgl. Hessler u. a. 2007),[248] die FES und lokale NGOs in Mexiko stellten dabei die Akteure in einem sich entwickelnden transnationalen organisationalen Feld dar.

248 Da die Autorin Teil dieses Forscherteams war und im Nachklang mehrfach Kontakt zu Entscheidungsträgern innerhalb der Gewerkschaften hatte, ist auch sie dem transnationalen Feld von Unternehmen D am Standort L zuzuordnen.

5.6.5 Die Rolle der Akteure

Wie dargestellt wurde, engagiert sich bei Unternehmen D am Standort H vor allem das lokale Management in der Arbeit mit der IRV. Die Gewerkschaft hingegen zeigt deutlich weniger Interesse, obwohl auch sie die IRV grundsätzlich befürwortet. Sie sieht in diesem Instrument eine Möglichkeit, die Situation der Arbeitnehmer zu verbessern beziehungsweise gegen eine drohende Verschlechterung zu verteidigen und damit die Werte innerhalb des Unternehmens zu festigen. Somit betrachtet die Gewerkschaft die IRV als Ressource, um ihre Machtposition im Unternehmen zu stabilisieren. Sie übernimmt eine Agentschaft des Selbst. Dabei spielt auch die Agentschaft für Andere eine Rolle, also das Eintreten für die Interessen der Arbeitnehmer, über die sich die Gewerkschaft zumindest teilweise legitimiert. Gleichzeitig tritt sie für die Werte der IRV ein, übernimmt also ebenfalls eine Agentschaft für Prinzipien. Das dennoch begrenzte Interesse der lokalen Gewerkschaft an der IRV kann darauf zurückgeführt werden, dass die Gewerkschaft sich eben nur zum Teil über die genannten Aspekte legitimiert. Da es sich bei ihr um eine traditionalistische Gewerkschaft handelt, legitimiert sie sich vor allem über die Nähe zur Politik und zum Arbeitgeber.

Bei Unternehmen D am Standort L spielen IMB und GBR die wichtigste Rolle bei der Umsetzung der IRV. Sie kommunizierten die aufgedeckten Missstände an die Unternehmenszentrale und üben Druck aus. Sie übernehmen damit eine Agentschaft des Selbst, indem sie sich für ihre Organisationen und deren Bedeutungserhalt beziehungsweise -gewinn einsetzen, und gleichzeitig aber auch eine Agentschaft für Andere, indem sie die Interessen der Arbeitnehmer vor Ort umzusetzen versuchen. Ihr Einsatz für Arbeitnehmerrechte stellt ferner eine Agentschaft für Prinzipien dar. Das Engagement der internationalen Akteure ist also ein entscheidender Faktor für die Umsetzung und Diskussion der IRV vor Ort.

5.6.6 Fazit: Faktoren für die Umsetzung der Internationalen Rahmenvereinbarung bei Unternehmen D in Mexiko

Es kann zusammengefasst werden, dass bei der Umsetzung der IRV bei Unternehmen D am Standort H vor allem die Erwartungen des organisationalen Feldes eine Rolle spielen. Die IRV ist in ihrem organisationalen Feld sowohl normativ als auch kulturell-kognitiv verankert. Der Konzern sieht sich am Standort H nicht nur den in Deutschland entwickelten Normen zur Umsetzung der IRV verpflichtet, sondern auch den seitens der Kunden des Werkes in Mexiko geäußerten Erwartungen. Darüber hinaus wird die IRV durch Geschäftsführung und Gewerkschaft am Standort H und in Deutschland als Instrument zur Umsetzung von sozialen Werten begrüßt – wobei jedoch durchaus Unterschiede im Verständnis der Formulierungen auszumachen sind. Eine regulative Verankerung lässt sich hingegen trotz einer streng formulierten IRV, die eine Sanktionierung der Zulieferer bei Verstößen gegen die IRV vorsieht, nicht erkennen.

Deutlich wird also, dass das Personalmanagement am Standort H mit der Veröffentlichung der IRV auf die Erwartungen von dem zentralen Management in Deutschland und eines US-amerikanischen Kunden reagiert. Die größte Bedeutung für die Arbeit mit der IRV haben dabei, nicht die Erwartungen der deutschen Konzernzentrale, mit der über das Thema IRV kein intensiver Austausch besteht, sondern die Erwartungen des Kunden. Dadurch entsteht ein transnationales Feld, in dem die IRV durchaus eine Rolle spielen. Darüber hinaus wird die IRV erfolgreich in das lokale Feld bei Unternehmen D am Standort H übertragen und von einem lokalen Akteur für seine Interessen eingesetzt. Die Gewerkschaft hingegen spielt als Akteur kaum eine Rolle, da sie als traditionalistische Organisation nur zum Teil auf die Legitimation durch eine aktive Vertretung der Arbeitnehmerinteressen gegenüber dem Unternehmen angewiesen ist.

Bei Unternehmen D am Standort L hingegen setzen sich weder die lokale Geschäftsführung noch die lokale Gewerkschaft für eine Umsetzung der IRV ein. Auf nationaler Ebene hat die IRV bei Unternehmen D am Standort L keine Bedeutung und wird durch die Existenz eines Schutzvertrags sogar missachtet. Erst die Verknüpfung mit internationalen Akteuren und deren Erwartungen sowie die damit einhergehende Entwicklung eines transnationalen organisationalen Feldes ermöglicht eine Arbeit mit den IRV vor Ort. Die Entstehung eines transnationalen organisationalen Feldes, in dem die IRV institutionell verankert ist, ist also wichtiger Motor für die Arbeit mit der IRV am Standort L in Mexiko.

Teil III: Ergebnisse

1 Vergleich der Fallstudien

1.1 Hintergründe, Akteure und Inhalte der Internationalen Rahmenvereinbarungen

Bezüglich der Entwicklung und des Abschlusses der untersuchten IRV sowie der beteiligten Akteure und ihrer Motive lassen sich zahlreiche Gemeinsamkeiten, aber gleichzeitig auch deutliche Unterschiede feststellen. So sind alle IRV innerhalb eines kurzen Zeitraums abgeschlossen worden, nämlich in den Jahren 2002 bis 2004. Die Automobilhersteller A und B nehmen dabei eine Vorreiterrolle ein. Sie waren die ersten Automobilkonzerne weltweit, die eine IRV unterzeichneten. Die IRV der Zulieferunternehmen C und D hingegen folgten in einigem zeitlichen Abstand. Sie waren durch den Abschluss der IRV bei Unternehmen A und B inspiriert und orientierten sich auch inhaltlich an diesen.

Initiiert wurden alle IRV von der jeweiligen deutschen Betriebsratsspitze, wobei diese, je nach Ausgestaltung der internationalen Arbeitnehmervertretung, zum Zeitpunkt des Abschlusses auch den EBR- oder den WBR-Vorsitz innehatte. Der IMB spielte bei der Aushandlung der IRV in allen Fällen eine untergeordnete Rolle, war aber jeweils am Abschluss beteiligt. Lokale Arbeitnehmervertretungen wurden nur im Fall von Unternehmen B in die Entwicklung der IRV einbezogen, wobei erhebliche Differenzen bei der Beurteilung der IRV insbesondere zwischen der deutschen und US-amerikanischen Seite der Arbeitnehmervertretung deutlich wurden.

Unterschiede zeigen sich auch bei den internationalen Strukturen der konzerninternen Interessenregulierung, die dem Abschluss einer IRV zugrunde liegen, sowie bei den Motiven der am Abschluss beteiligten Akteure. Während bei Unternehmen A und B sehr weit entwickelte Arbeitnehmervertretungsstrukturen auf internationaler Ebene existieren und eine entsprechende Kultur des Austauschs etabliert ist, verfügen die Zulieferer

C und D bezüglich der Arbeitnehmervertretung über deutlich geringer ausgeprägte Internationalisierungsstrukturen und insgesamt über weniger Erfahrungen bei internationalen Kooperationen. Die Automobilhersteller A und B hingegen können auf hohe Erfahrungswerte und ausgeprägte Strukturen zurückgreifen, wobei die IRV auf Arbeitnehmer- und Arbeitgeberseite dem Wunsch entspringen, diese Strukturen zu festigen und den internationalen Austausch sowie internationale Konfliktlösungsstrategien zu fördern. Bei Unternehmen C und D kann im Vergleich dazu kaum auf Erfahrungen einer über die europäische Ebene hinausgehenden Interessenregulierung im Konzern zurückgegriffen werden. Die Internationalisierung der Arbeitsbeziehungen ist deutlich weniger ausgeprägt und hat weder auf Arbeitnehmer- noch auf Arbeitgeberseite Priorität. Vielmehr ist der Aufbau von Strukturen einer internationalen Arbeitnehmervertretung ein wesentliches Motiv der Arbeitnehmervertretungen bei Abschluss der IRV.

Trotz dieser strukturellen Unterschiede zeichnen sich die IRV der untersuchten Unternehmen durch eine starke Ähnlichkeit bezüglich ihrer Inhalte aus. So nehmen alle vier IRV Bezug auf die ILO-Kernarbeitsnormen und enthalten Angaben zu Vergütung, Arbeitszeiten, Gesundheitsschutz und Arbeitssicherheit und empfehlen die Anwendung der IRV auch auf die Zulieferbetriebe. Allerdings sind bei der inhaltlichen Ausgestaltung der IRV auch qualitative Unterschiede festzustellen. Die IRV von Unternehmen A etwa führt das Recht auf Kollektivverhandlungen nicht auf und begrenzt die räumliche Reichweite der Vereinbarungen auf die im WBR vertretenen Länder und Regionen, während die Vereinbarung von Unternehmen D über die anderen IRV hinausgeht, indem sie Sanktionen gegen Zulieferer im Fall der Verletzung der in der IRV enthaltenen Normen vorsieht.

Neben den materialen Normen enthalten die untersuchten IRV auch prozedurale Normen. So machen alle IRV Vorgaben zur Information der Beschäftigten, wobei diese aber in allen vier Fällen die Bekanntmachung der IRV bei den Zulieferern außer Acht lassen. Weiterhin enthalten alle untersuchten IRV Richtlinien zur Diskussion beziehungsweise Revision der IRV. Diese Beratung soll je nach Struktur der Arbeitnehmervertretung entweder in den EBR- oder WBR-Gremien stattfinden. Monitoringmaßnahmen sehen nur Unternehmen B und C vor, indem sie die Aufnahme der IRV in die Prüfkriterien der Konzernrevision fordern. Konkrete Beschwerdeverfahren verankert einzig die IRV von Unternehmen B, die vorsieht, dass lokale Ansprechpartner für Beschwerden benannt werden, eine Hotline auf Konzernebene eingerichtet und die Konzernrevision im Falle von Problemen eingeschaltet wird. Zusammenfassend lässt sich also festhalten, dass alle vier IRV bezüglich der Maßnahmen zu ihrer Umsetzung insgesamt wenige Vorgaben machen und somit viel Spielraum für die lokale Ausgestaltung lassen.

Es fällt auf, dass die älteste der untersuchten IRV, nämlich die des Unternehmens A, die Vereinbarung mit der geringsten inhaltlichen Reichweite ist. Sie enthält insgesamt weniger materiale und prozedurale Normen als die drei später abgeschlossenen hier untersuchten IRV. Insbesondere die Ausklammerung des Rechts auf Kollektivverhandlungen in der IRV von Unternehmen A muss angemerkt werden. So werden weder Beschwerdeverfahren noch Monitoringmaßnahmen benannt, während die jüngste der vier IRV, nämlich die von Unternehmen D, als insgesamt am weitreichendsten gelten kann. Vor allem die bei Unternehmen D vorgesehene Sanktionierung von Zulieferern bei Verstoß gegen die IRV geht über die Inhalte der anderen IRV hinaus.

1.2 Die Umsetzung der Internationalen Rahmenvereinbarungen an den mexikanischen Standorten

Wie in den Fallstudien deutlich geworden ist, werden die IRV bei allen vier untersuchten Unternehmen in Mexiko nur lückenhaft umgesetzt. Über den gesamten Untersuchungszeitraum hinweg konnten bezüglich der Umsetzung in Mexiko – wie auch bezüglich der Anwendung der IRV allgemein – keine gravierenden Veränderungen beobachtet werden. Es findet zwar eine – zum Teil auf die Führungsebene beschränkte – Bekanntmachung der IRV statt, zu einer weiter gehenden Arbeit mit den Vereinbarungen kommt es in den meisten Fällen jedoch nicht. Bei der Bekanntmachung und der Umsetzung der IRV lassen sich darüber hinaus erhebliche Unterschiede an den verschiedenen Standorten beobachten. So hat Unternehmen D am Standort H die weitreichendsten Maßnahmen zur Information der Arbeitnehmer ergriffen. Das lokale Management hat die IRV nicht nur in den lokalen Tarifvertrag integriert, der allen Arbeitnehmern bei der Einstellung ausgehändigt wird, sondern informiert diese auch regelmäßig durch Aushänge, über das Intranet und Infobroschüren. Des Weiteren werden durch die Personalleitung des Standorts auch andere Niederlassungen des Unternehmens in Mexiko informiert und – wenn auch nicht systematisch – eine Vielzahl der Zulieferer. Bei Unternehmen A und C kann ebenfalls davon ausgegangen werden, dass die Arbeitnehmer an den Standorten über die IRV informiert sind. Vor allem Aushänge und Veröffentlichungen in Mitarbeiterzeitungen und im Intranet gewährleisten eine Bekanntmachung der IRV. Anders sieht es wiederum bei Unternehmen B aus. An keinem der beiden untersuchten Standorte fanden sich Anzeichen dafür, dass eine Information der Beschäftigten durchgeführt wird.

Eine konkrete Anwendung findet die IRV zum Zeitpunkt der Untersuchung nur bei Unternehmen A und D in Mexiko. Bei Konzern A wurde die IRV von der Gewerkschaft genutzt, um die Arbeitsbedingungen von Arbeitnehmern, die über Drittfirmen beschäftigt waren, zu verbessern. Auch die Praxis der übermäßigen Beschäftigung von *eventuales* und *trabajadores de confianza* sowie der Ausschluss Letzterer von gewerkschaftlicher Vereinigung oder auch der Abschluss von *contratos de protección* werden – wenn bislang auch erfolglos – diskutiert. Somit sind bei der Nutzung der IRV in Unternehmen A in Mexiko sowohl Bumerang-Effekte als auch *backdoor moves* zu beobachten. Die lokale Gewerkschaft nutzt einerseits die internationalen Kontakte und Erwartungen als Ressource, um auf Probleme aufmerksam zu machen und ihre Interessen umzusetzen, und nimmt dabei von außen kommende Impulse auf, wie dies bei der internationalen Diskussion der *trabajadores de confianza* und *contratos de protección* der Fall ist. Andererseits setzt sie aber auch unabhängig und unbeachtet von internationalen Akteuren eigene Schwerpunkte, etwa bezüglich der Arbeitsbedingungen von Arbeitnehmern, die über Drittfirmen beschäftigt sind. Sie unternimmt *backdoor moves*, indem sie die IRV für lokale, von den internationalen Akteuren nicht intendierte Aspekte nutzbar macht.

Bei Unternehmen D wurde bezüglich der gewerkschaftlichen Vertretung am Standort L auf die IRV Bezug genommen. Der Vorwurf der Existenz eines *contratos de protección*, der seitens des IMB und des deutschen GBR geäußert wurde, führte zu weiteren Untersuchungen am Standort L des Unternehmens D und einer Diskussion des Falls auf Konzernebene. Lokale Akteure sind in Form von NGOs und externen Experten an der Bearbeitung des – noch nicht abgeschlossenen – Falls beteiligt. An dem Standort H des Unternehmens D in Mexiko kann ebenfalls eine Arbeit mit der IRV beobachtet werden, die vor allem von der lokalen Personalabteilung vorangetrieben wird. Diese beschränkt sich jedoch auf die Bekanntmachung der Vereinbarung im Betrieb. Ausschlaggebend für die Arbeit mit der IRV sind am Standort H die Erwartungen eines Geschäftspartners des Unternehmens, eines US-amerikanischen Automobilherstellers. Somit ist auch der Status des Unternehmens als Zulieferer von Bedeutung.

Zu einer Anwendung der IRV auf die Zulieferbetriebe der untersuchten Unternehmen kommt es an fast keinem der untersuchten Standorte in Mexiko. Einzig Unternehmen A führt ein Kooperationsprojekt in den Zulieferbetrieben der ersten Zulieferkette durch, bei dem es vor allem um die Themen Arbeitsschutz und -sicherheit geht. Auch hierbei steht die IRV jedoch nicht im Zentrum des Projekts, sondern stellt nur einen Teilaspekt dar. Die fehlende Arbeit in den Zulieferbetrieben ist insofern bemerkenswert, als ausgerechnet hier die größten arbeitsrechtlichen Probleme festzustellen beziehungsweise zu vermuten sind, wie etwa die Existenz von *contratos de protección* oder die zunehmende Beschäftigung von *eventuales* oder *trabajadores de confianza*. Die Geschäftsführungen und Gewerkschaften der vier untersuchten Unternehmen sehen sich für die Umsetzung der IRV in den Zulieferbetrieben jedoch nicht verantwortlich beziehungsweise geben vor, keine Probleme zu beobachten, bei denen die IRV helfen könnte. Das fehlende Engagement der Gewerkschaften ist unter anderem dadurch begründet, dass es sich bei den genannten Gewerkschaften um Betriebsgewerkschaften handelt, deren Mandat auf die Produktionsstätten der internationalen Konzerne selbst beschränkt ist und sich nicht auf die gesamte Branche und die Zulieferbetriebe erstreckt.

Somit lässt sich also feststellen, dass bei Unternehmen B und C sowie zum Teil bei Unternehmen D ein Prozess der Entkopplung stattfindet. Die Arbeit mit den IRV wird auf den Internetseiten und in den Nachhaltigkeitsberichten der Konzerne als erfolgreich dargestellt, während vor Ort kaum eine effektive Umsetzung beobachtet werden kann. Darüber hinaus werden die inhaltlichen Ziele in den Vereinbarungen der Unternehmen B und C, wie auch in den anderen untersuchten IRV, meist vage gehalten und bieten, wie im Laufe der Arbeit vielfach geschildert, die Möglichkeit einer recht freien Auslegung und Umsetzung vor Ort. Konkrete und überprüfbare Zielvorgaben enthalten die IRV in der Regel nicht. Während diese offene Gestaltung bei anderen Unternehmen dennoch zu Veränderungen vor Ort führt, sind bei Unternehmen B und C in Mexiko keine entsprechenden Aktivitäten festzustellen.

Am prägnantesten kann die Entkopplung am Beispiel des Unternehmens D zumindest vor Auftreten des Konfliktes um gewerkschaftliche

Vereinigung am Standort L aufgezeigt werden. Das Unternehmen hat als letztes der vier Unternehmen eine IRV abgeschlossen. Dennoch war sich das Unternehmen über die Konsequenzen der Vereinbarung nur zum Teil bewusst und unternahm nur geringe Anstrengungen, die IRV tatsächlich umzusetzen. Am Standort L wurden gravierende Verletzungen von Kollektivrechten ignoriert, indem mit der lokalen Gewerkschaft ein sogenannter Schutzvertrag abgeschlossen worden war. Da die IRV von Unternehmen D gleichzeitig als die weitreichendste der hier untersuchten IRV gelten kann, muss in diesem Fall von einem hohen Grad an Entkopplung gesprochen werden. Damit bestätigen die Ergebnisse der vorliegenden Arbeit die bereits genannte These von Westphal und Zajac (1994 und 1997), die davon ausgeht, dass bei Organisationen, die institutionalisierte Elemente zu einem vergleichsweise späten Zeitpunkt übernehmen, häufiger eine Entkopplung auftritt, als bei Organisationen, die diesbezüglich zu den Vorreitern gehören. Somit kann die in dieser Arbeit eingangs aufgestellte These einer stattfindenden Entkopplung zumindest für die untersuchten Niederlassungen von Unternehmen B und C sowie Unternehmen D am Standort L vor Auftreten des erwähnten Konfliktes um die gewerkschaftliche Vertretung bestätigt werden.

Es lässt sich also zusammenfassen, dass sich die Arbeit mit den IRV und der Grad ihrer Umsetzung in den untersuchten Standorten der Unternehmen in Mexiko sehr unterschiedlich darstellen. Konkrete Anwendung fand die IRV bei Unternehmen A und D. Bei Unternehmen B und C hingegen können keine durch die IRV hervorgerufenen Veränderungen beobachtet werden; hier muss von einer Entkopplung gesprochen werden. Gleichzeitig ist das Engagement der lokalen Akteure bezüglich der Umsetzung der IRV begrenzt. Nur bei Unternehmen A und D in Mexiko machen sich lokale Akteure die IRV zu eigen und nutzen sie für ihre Zwecke. In diesen Fällen findet eine *adaptation* der IRV statt, indem ihre Umsetzung an den lokalen Kontext angepasst wird. Die Angebote, die die IRV bereitstellt, werden dabei von den Akteuren selektiv genutzt.

1.3 Die institutionelle Verankerung der Internationalen Rahmenvereinbarungen in einem organisationalen Feld

1.3.1 Regulative Verankerung

Die institutionelle Verankerung der IRV in einem organisationalen Feld stellt sich in den vier untersuchten Fällen durchaus unterschiedlich dar. Gemeinsam ist allen Fallbeispielen jedoch die geringe regulative Verankerung der IRV in den untersuchten Unternehmen in Mexiko und ihrem organisationalen Feld. Die IRV beruhen weder auf nationalen noch auf internationalen Regeln oder Gesetzen und sind damit nicht einklagbar. Auch die Umsetzung ihrer Inhalte, die im Wesentlichen auf den ILO-Kernarbeitsnormen beruhen, kann weder auf nationaler noch auf internationaler Ebene erzwungen werden. Zwar können die ILO-Kernarbeitsnormen als Teil des universellen Völkergewohnheitsrechts gelten, doch gibt es auf internationaler Ebene keine ausreichenden Möglichkeiten zu ihrer Durchsetzung und Kontrolle. Somit sind auch die Inhalte der IRV auf internationaler Ebene nicht einklagbar. Darüber hinaus spielen in Mexiko internationale Standards kaum eine Rolle innerhalb des nationalen Systems der Erwerbsregulierung, wie aufgezeigt wurde.

Gleichzeitig leiden auch die nationalen und betrieblichen Vereinbarungen in Mexiko an mangelnder Wirkungskraft. So fehlt auf nationaler Ebene der politische Wille zur Umsetzung der im LFT festgehaltenen Gesetze sowie zu deren Überarbeitung und Anpassung an die aktuellen Entwicklungen auf nationaler und internationaler Ebene. Die Probleme im Bereich Kollektivrechte, *trabajadores de confianza* und Beschäftigung von *eventuales* sind nur einige ausgewählte Belege für den mangelnden Willen zur Durchsetzung von verankerten Gesetzen.

Auswirkungen einer regulativen Verankerung der IRV waren aber spürbar bei Unternehmen D am Standort L, wo der vorhandene *contrato de protección* mit Verweis auf die IRV diskutiert und der Aufbau demokratischer Strukturen der Arbeitnehmervertretung vorangetrieben wird.

Darüber hinaus bleiben auch die IRV selbst rechtlich unverbindlich. Bei ihren Inhalten handelt es sich um Empfehlungen und nicht um bindende Regeln, wie bereits die Begriffe »Erklärung« (Unternehmen A und C) und »Grundsätze« (Unternehmen B und D) verdeutlichen. Eine höhere Bindungswirkung könnte durch die Verankerung verbindlicher Regularien zur Sanktionierung und durch die Bereitstellung entsprechender Ressourcen erreicht werden. Bei den vier untersuchten Vereinbarungen sieht jedoch einzig die IRV von Unternehmen D die Sanktionierung von Zulieferern bei Verstoß gegen die IRV vor. Doch auch hier konnten in Mexiko zum Zeitpunkt der Untersuchung keine Maßnahmen in Bezug auf die Sanktionierung von Zuliefererbetrieben beobachtet werden.

1.3.2 Normative Verankerung

Die Ausprägung der normativen Säule der IRV in den untersuchten Unternehmen in Mexiko ist sehr unterschiedlich. Vor allem bei Unternehmen A und seinem organisationalen Feld kann eine recht starke normative Verankerung der IRV festgestellt werden. So haben sich bei Unternehmen A sowohl auf Konzernebene als auch in Mexiko zahlreiche informelle und formelle Normen zur Umsetzung der IRV entwickelt. Dabei entstanden Normen der Information und Kontrolle der Zulieferbetriebe, der öffentlichen Berichterstattung, der Diskussion und des Austauschs sowie der Evaluation und Konfliktbearbeitung. Außerdem bestehen in Mexiko in Bezug auf die Umsetzung und Anwendung der IRV enge Kooperationen zwischen der lokalen Gewerkschaft, den betrieblichen und gewerkschaftlichen Arbeitnehmervertretungen sowie den Basisnetzwerken in Deutschland und der FES in Mexiko. Es konnte sich also ein transnationales organisationales Feld herausbilden, in dem normative Erwartungen eine Rolle spielen.

Bei untersuchten Unternehmen B und C in Mexiko hingegen ist die normative Verankerung der IRV deutlich geringer ausgeprägt. Auf Konzernebene haben sich zwar Normen zu ihrer Umsetzung herausgebildet, die vor allem die Kommunikation der IRV und die Konfliktlösung im Unternehmen betreffen, institutionalisiert werden konnten die entsprechenden Normen in Mexiko aber nicht. Problematisch bei Unternehmen B ist insbesondere die zum Hauptzeitpunkt der Untersuchung bestehende Spaltung des Unternehmens in eine US-amerikanische und eine deutsche Linie. So wird in den Unternehmenszentralen unterschiedlich mit den IRV gearbeitet und es konnten sich keine einheitlichen Normen zu ihrer Umsetzung entwickeln. Während die deutsche Konzernzentrale der Arbeit mit der IRV einen vergleichsweise hohen Stellenwert einräumt, ist dies auf der US-amerikanischen Seite nicht der Fall. Die IRV spielen hier im Unternehmensalltag eine deutliche geringere Rolle. Bei Unternehmen C hingegen ist die normative Säule der IRV sowohl auf der weltweiten Konzernebene als auch in Mexiko sehr gering ausgeprägt.

Sehr viel differenzierter stellt sich das Bild in den beiden untersuchten Standorten des Unternehmens D in Mexiko dar. Gemeinsamer Hintergrund ist eine recht starke normative Verankerung der IRV auf Unternehmensebene. So sind auf Konzernebene hinsichtlich der IRV Normen zu Information, Kontrolle und Beschwerde entwickelt worden. In Mexiko haben diese Normen jedoch in beiden Standorten kaum Auswirkungen gezeigt. Am Standort H fand eine eigenständige Weiterentwicklung der Normen im Bereich der Information von Beschäftigten und Zulieferern statt, wobei normative Erwartungen insbesondere auf Kundenseite innerhalb eines internationalen organisationalen Feldes eine Rolle spielen. Am Standort L hingegen sind es die normativen Erwartungen von Anspruchsgruppen, wie zum Beispiel internationale Organisationen, Wissenschaftler und Arbeitnehmervertreter innerhalb eines transnationalen organisationalen Feld, die eine Anwendung der IRV fordern.

1.3.3 Kulturell-kognitive Verankerung

Auch bei der kulturell-kognitiven Verwurzelung der IRV zeigen sich erhebliche Unterschiede zwischen den Unternehmen. Bei Unternehmen A ist die kulturell-kognitive Säule am stärksten ausgeprägt. Zumindest auf Konzernebene kann hier ein ungeteilter Glaube an die Inhalte der IRV festgestellt werden. Dies liegt auch in der langjährigen Kultur der kooperativen Konfliktbewältigung begründet, die sich im Unternehmen A herausgebildet hat, und in der Entwicklung verschiedener Instrumente wie EBR und WBR. In Mexiko offenbaren sich zwischen dem Unternehmen und seinem organisationalen Feld allerdings Differenzen. So sieht die Unternehmensleitung alle Inhalte der IRV erfüllt, während die lokale Gewerkschaft, deutsche Arbeitnehmervertreter sowie externe Organisationen und Experten erhebliche Missstände konstatieren. Das Beispiel von Unternehmen A zeigt also, dass sich aus dem beiderseitigen Glauben an die IRV noch keine gemeinsame Handlungslogik ergibt. Auch der Nutzen der IRV wird im organisationalen Feld von Konzern A in Mexiko nicht einheitlich bewertet. Hier können Management und Gewerkschaft auf einer weniger ausgeprägten Tradition einer kooperativen Konfliktlösung aufbauen; ihr Verhältnis ist gleichermaßen von Kooperation und Konfrontation geprägt. So wird die IRV seitens des Unternehmens zwar begrüßt, genutzt wird sie zur Beseitigung von Problemen – vor allem in den Zulieferbetrieben – jedoch nicht. Dennoch lässt sich festhalten, dass die IRV und ihre Inhalte bei Unternehmen A in Mexiko zum Zeitpunkt der Untersuchung kulturell-kognitiv zumindest in einem begrenzten Rahmen verankert sind.

Bei Unternehmen B hingegen ist die kulturell-kognitive Verankerung der IRV in einem organisationalen Feld deutlich geringer ausgeprägt. Von Bedeutung ist auch in diesem Punkt die unterschiedliche Unternehmenskultur der deutschen und US-amerikanischen Konzerteile. Während das deutsche Management und vor allem die deutschen Arbeitnehmervertreter der IRV eine hohe Bedeutung beimessen – insbesondere vor dem Hintergrund einer gewachsenen Tradition der gesellschaftlichen Verantwortung und guter Arbeitsbeziehungen – kann die IRV auf der US-amerikanischen Seite des Konzerns auf keiner vergleichbaren Tradition oder Überzeugung aufbauen. Zwar sind auch hier die Arbeitsbeziehungen traditionell gut und die Gewerkschaften stark, aber das Thema der gesellschaftlichen Verantwortung spielt nur eine untergeordnete Rolle. Gleichzeitig kann sich bei Unternehmen B kein transnationales organisationales Feld herausbilden, in dem die IRV verankert wäre. Der Einfluss der deutschen Seite, der eine weiter reichende Beschäftigung mit dem Thema IRV mit sich bringen könnte, bleibt also gering. Somit kann die IRV bei Unternehmen B in Mexiko kaum als institutionalisiertes Strukturelement in einem organisationalen Feld gelten.

Ähnlich wie bei Konzern B konnte sich auch bei Unternehmen C in Mexiko kein transnationales organisationales Feld herausbilden, in dem die IRV kulturell-kognitiv verankert wäre. Der Glaube an die IRV ist weder auf Arbeitgeber- noch auf Arbeitnehmerseite verankert. In Mexiko wird die IRV seitens der lokalen Gewerkschaft sogar abgelehnt.

Eine kulturell-kognitive Verankerung der IRV kann hingegen in dem sich entwickelnden transnationalen organisationalen Feld bei Unternehmen D am Standort L festgestellt werden. Die Umsetzung der IRV wird von verschiedenen nationalen und internationalen Anspruchsgruppen als notwendig und moralisch richtig angesehen und erwartet. Gleichzeitig bleibt die Verankerung auf Unternehmensebene vor Ort gering. Die lokale Geschäftsführung scheint keine Anstrengungen zur Umsetzung der IRV zu unternehmen.

Am Standort H von Unternehmen D in Mexiko ist die kulturell-kognitive Säule recht stark ausgeprägt. So geht nicht nur die lokale Geschäftsführung von der Notwendigkeit und moralischen Verpflichtung zur Umsetzung aus. Auch wichtige Kunden und andere Organisationen wie die FES, mit der die Akteure in Verbindung stehen, sehen die Inhalte und den

Nutzen der IRV als wertvoll an. Gleichzeitig besteht keine gemeinsame Vorstellung von der Bedeutung der Inhalte. Während die deutschen Arbeitnehmervertreter und die FES aus der IRV eine Handlungsaufforderung ableiten, sehen die lokale Gewerkschaft und die Geschäftsführung vor Ort keine Notwendigkeit, aktiv zu werden. Sie schätzen die Inhalte der IRV als weitgehend umgesetzt ein. Somit ergibt sich am Standort H von Unternehmen D keine gemeinsame Handlungslogik in dem organisationalen Feld.

1.3.4 Die Rolle der Akteure

Im Rahmen der Untersuchung ist deutlich geworden, dass nicht nur die Unternehmen selbst eine entscheidende Rolle bei der Umsetzung der IRV spielen, sondern dass auch die Arbeit insbesondere der lokalen Arbeitnehmervertretungen von Bedeutung ist. Diese müssen nicht nur als Anspruchs-, sondern auch als wichtige Akteursgruppe in den Blick genommen werden. Als Partner bei Abschluss und Umsetzung der IRV sind sie in deren Implementierungsprozess involviert. Dabei werden bei den verschiedenen Unternehmen erhebliche Unterschiede sichtbar.

Bei Unternehmen A ist die lokale Gewerkschaft gemeinsam mit den deutschen Arbeitnehmervertretern eine treibende Kraft bei der Umsetzung der IRV. Da sie sich als unabhängige Gewerkschaft über den Erfolg ihrer Arbeit legitimiert, nutzt sie die IRV als strategisches Instrument und als Ressource zur Verbesserung der Arbeitsbedingungen ihrer Beschäftigten. Dabei stützt sie sich nicht nur auf ihre nationalen, sondern auch auf ihre internationalen Kontakte. Als Motive ihres Handelns – im Rahmen der vorliegenden Arbeit als Prinzipale bezeichnet – kann sowohl eine Agentschaft des Selbst, also ein Erhalt der eigenen Machtposition, als auch eine Agentschaft für Andere konstatiert werden. Die Gewerkschaft setzt sich aktiv für die Interessen der Arbeitnehmer ein. Dabei spielt – wenn auch in geringerem Maße – die Agentschaft für Prinzipien eine Rolle, die sich in dem Einsatz für Arbeitnehmerrechte und Sozialstandards ausdrückt. Allerdings bleibt dieser Einsatz im Wesentlichen auf das Unternehmen A begrenzt, also auf die Domäne und damit den Einflussbereich der Betriebsgewerkschaft. Eine Einbindung der Zulieferer findet nicht statt.

Bei den anderen drei Unternehmen übernehmen die lokalen Gewerkschaften eine deutlich geringere Rolle bei der Umsetzung der IRV. Bei den Gewerkschaften von Unternehmen B und C sowie der Gewerkschaft von Unternehmen D am Standort H handelt es sich um Mitglieder des traditionalistischen mexikanischen Dachverbandes CTM, die sich vor allem über ihre Nähe zu politischen Parteien und zum Management legitimieren. Der unbedingte Einsatz für die Rechte der Beschäftigten und die Verbesserung ihrer Arbeitsbedingungen scheint nicht ausschlaggebend für den Erfolg der Gewerkschaft zu sein. Die IRV spielt deshalb keine Rolle für die Arbeit vor Ort. Darüber hinaus bleibt der Bezugsrahmen für die Durchsetzung von Interessen ein nationaler; internationale Instrumente spielen für die Legitimation der traditionalistischen Gewerkschaften keine Rolle. Eine andere Rolle nimmt die lokale Gewerkschaft bei Unternehmen D am Standort L ein. Bei ihr handelt es sich um eine sogenannte Schutzgewerkschaft, die vor allem die Interessen der lokalen Gewerkschaftsführer und der Geschäftsführung, und nicht diejenigen ihrer Mitglieder vertritt. Sie bezieht sich in ihrer Arbeit dementsprechend nicht auf die IRV.

Aus dem Vergleich der Fallstudien ist deutlich geworden, dass nur in zwei Fällen tatsächlich eine Arbeit mit der IRV vor Ort erfolgt, die über die reine Information der Beschäftigten hinausgeht und substanzielle Veränderungen zum Ziel hat, nämlich bei Unternehmen A und D am Standort L (vgl. Tabelle 8). Bei Unternehmen D am Standort H wird mit der IRV zwar gearbeitet, sich daraus ergebende Konflikte oder Veränderungsprozesse konnten jedoch nicht beobachtet werden. In den anderen untersuchten Unternehmen in Mexiko findet eine Entkopplung statt. Die institutionelle Verankerung der IRV ist insgesamt gering, wobei die normative und die kulturell-kognitive Säule gering ausgeprägt sind und die regulative Säule in der Regel gar nicht oder nur gerinfügig verankert ist. Die beteiligten Akteure nehmen dabei, wie aufgezeigt wurde, sehr unterschiedliche Rollen ein. Während sich in einigen Fällen lokale Akteure für eine Umsetzung der Vereinbarungen stark machen, sind es in anderen Fällen vor allem internationale Akteure, die eine Arbeit mit der IRV zu fördern versuchen.

Tabelle 8: Charakteristika der Umsetzung der IRV in Mexiko

Charakteristika / *Unternehmen*	*Grad und Art der Umsetzung*	*Inhaltliche Ausgestaltung der IRV*	*Verankerung der IRV im organisationalen Feld*	*Entwicklung eines transnationalen organisationalen Feldes*	*Engagement von lokalen Akteuren*	*Engagement internationaler Akteure in Mexiko*
A	z. T. konkrete Erfolge; lokale Ausgestaltung	Mit größeren Lücken	Regulative, normative und kulturell-kognitive Verankerung	Ausgeprägt	Ja (Gewerkschaft)	Ja (GBR/ EBR/ WBR, IG Metall, FES, IMB, Basisnetzwerk)
B	Information der Führungskräfte	Mit kleineren Lücken	Geringe normative und kulturell-kognitive Verankerung	Kaum	Nein	Geringfügig (IMB, FES)
C	Information der Beschäftigten	Mit kleineren Lücken	Geringe normative und kulturell-kognitive Verankerung	Kaum	Nein	Geringfügig (IMB, FES)
D	Standort H: Information der Beschäftigten, der anderen Standorte und z. T. der Zulieferer; Standort L: Konflikt um gewerkschaftliche Vertretung noch nicht gelöst	Umfassend	Standtort H: z. T. normative und kulturell-kognitive Verankerung; Standort L: z. T. regulative, normative und kulturell-kognitive Verankerung	Standort H: in Ansätzen entwickelt; Standort L: im Entstehen	Standort H: Ja (Geschäftsführung); Standort L: Nein	Standort H: Nein Standort L: Ja (GBR, FES, Wissenschaftler)

Quelle: eigene Zusammenstellung

1.4 Faktoren für die Umsetzung der Internationalen Rahmenvereinbarungen in den untersuchten Unternehmen in Mexiko

Ein Ziel der vorliegenden Forschungsarbeit war es, die Umsetzung der IRV bei ausgewählten Unternehmen in Mexiko zu untersuchen und die Faktoren herauszuarbeiten, die ihrer Umsetzung zugrunde liegen. Dabei wurde ein besonderer Schwerpunkt auf die Bedeutung des nationalen *settings* und auf die Erwartungen des organisationalen Feldes gelegt. Im Folgenden sollen die zentralen Ergebnisse dieser Untersuchung zusammengefasst werden.

Erstens konnte herausgearbeitet werden, dass die konkrete inhaltliche Ausgestaltung der IRV nur bedingt Auswirkungen auf die Umsetzung der IRV vor Ort hat. So ist die Umsetzung der IRV von Unternehmen A in Mexiko deutlich stärker vorangeschritten als die der anderen untersuchten Unternehmen, obwohl es sich bei der ausgehandelten Vereinbarung von Unternehmen A um diejenige IRV handelt, die von den vier untersuchten Beispielen sowohl quantitativ als auch qualitativ am wenigsten umfassend ausgestattet ist. Die IRV von Unternehmen A enthält vergleichsweise wenige Regelungsgegenstände, klammert das Recht auf Kollektivverhandlungen aus und sieht keine Sanktionen bei Verstößen von Zulieferbetrieben gegen die IRV vor. Auch in Bezug auf ihre Umsetzung macht die IRV von Unternehmen A kaum konkrete Angaben. Die IRV von Unternehmen D hingegen ist inhaltlich sehr weitreichend gestaltet, insbesondere durch die vorgesehene Sanktionierung von Zulieferern. In Mexiko wurde die strenge Zulieferklausel jedoch noch nicht angewandt.[249] Der Konflikt um die gewerkschaftliche Vertretung im Werk L betrifft vielmehr eine Produktionsstätte des Unternehmens selbst. Somit kann die strenge Zulieferklausel zwar als Impulsgeber und Referenzpunkt insgesamt positiv bewertet werden, ihre Wirkungsmächtigkeit muss aber im Einzelfall überprüft werden.

Zweitens konnte festgestellt werden, dass die Verankerung der IRV als institutionalisiertes Strukturelement in einem organisationalen Feld von großer Bedeutung für ihre Umsetzung ist. In allen untersuchten Fällen, in

249 Allerdings hat die strenge Zulieferklausel in anderen Fällen bereits zu Erfolgen geführt. So etwa in China, wo der GBR unter Bezugnahme auf die IRV auf Missstände aufmerksam gemacht hat und das Unternehmen wiederum mit der Entwicklung von Zulieferaudits reagiert hat (vgl. Kapitel 5.4.2 und 5.4.3, Teil II).

denen es zu einer über die bloße Information der Beschäftigten hinausgehenden Arbeit mit den Vereinbarungen kam, sind die IRV mittlerweile zumindest in geringem Maße normativ und kulturell-kognitiv verankert. Im organisationalen Feld konnten sich Normen herausbilden und Werte verankern, die sowohl die Erwartungshaltungen der Akteure im organisationalen Feld prägen und die Unternehmen unter Druck setzen als auch die Unternehmen anleiten und befähigen, die IRV umzusetzen. Dabei erweist sich die kulturell-kognitive Verankerung der IRV als zur Verfügung stehende Ressource und als Instrument einer internationalen Interessenregulierung im Konzern als besonders wichtig. Bei Unternehmen A, bei dem die internationale Interessenregulierung und damit einhergehende Instrumente traditionell in der Unternehmenskultur und -tradition stark verankert sind, kommt es zu der weitreichendsten Nutzung der IRV vor Ort. Somit kann der eingangs umrissenen These von Scott (2001: 60f.) zugestimmt werden, die der kulturell-kognitiven Säule eine besonders wichtige Funktion für die Aneignung von Legitimität zuschreibt. Die Bedeutung der kulturell-kognitiven Säule wird auch durch die Ergebnisse aus einer zeitlichen Perspektive untermauert. Da in keinem Unternehmen gravierende Veränderungen über den gesamten Untersuchungszeitraum hinweg beobachtet werden konnten, unterstreicht dies die Bedeutung einer kulturell-kognitiven Verankerung, die nicht kurzfristigen Veränderungen unterworfen ist, sondern sich langfristig manifestiert. Dennoch bleiben die institutionelle Verankerung der IRV und ihre Umsetzung in den untersuchten Unternehmen in Mexiko insgesamt gering. Aus diesem Grund kann die eingangs entwickelte These bezüglich einer mangelnden Verankerung der IRV als institutionalisiertes Strukturelement im organisationalen Feld und deren Bedeutung für ihre Umsetzung vor Ort verifiziert werden.

Drittens ist deutlich geworden, dass die Entwicklung eines transnationalen Feldes die Arbeit mit der IRV bei untersuchten Unternehmen erheblich fördert. Die Erweiterung des organisationalen Feldes auf den internationalen beziehungsweise deutschen Raum ermöglicht eine Einbindung von Akteuren in die Arbeit in Mexiko, für die die IRV eine wichtige Handlungsressource darstellen und deren Handlungslogiken entsprechend geprägt sind. Somit wird die Institutionalisierung der IRV, die diese in ihrem organisationalen Feld in Deutschland erfahren hat, nach Mexiko transportiert und steht dort als neue Ressource bereit. Für die lokalen Akteure bietet sich dadurch die Möglichkeit, internationale Akteure und Ressourcen und damit erweiterte Formen von Unterstützung zu mobilisieren. Existiert hingegen kein transnationales organisationales Feld, bleiben die Erwartungen, die hinsichtlich der Umsetzung der IRV an die Unternehmen gestellt werden, in den untersuchten Fällen deutlich geringer. Es lässt sich also festhalten, dass aufgrund einer mangelnden institutionellen Verankerung der IRV in Mexiko insgesamt erst eine transnationale Struktur des organisationalen Feldes eine Umsetzung der IRV fördert.

Viertens wurde aufgezeigt, dass die Rolle und der Einsatz der Akteure entscheidend für die Implementierung der IRV sind. So führte im Fall von Unternehmen A vor allem der Einsatz der lokalen Gewerkschaft zu einer ersten Nutzung der IRV bei Konfliktfällen. Mithilfe der deutschen und internationalen Arbeitnehmervertretungen konnten die lokalen Gewerkschaftsvertreter die IRV dabei als Ressource nutzen und für ihre Belange einsetzen. Bei Unternehmen D sind es in einem Werk das Engagement der lokalen Personalabteilung und an einem anderen Standort das Interesse internationaler Akteure auf Arbeitnehmerseite, die die Umsetzung der IRV fördern. Somit muss die zweite eingangs entwickelte These differenziert beantwortet werden: Die Erwartungen und Interessen, die das Handeln der Akteure leiten, sowie die zur Verfügung stehenden Ressourcen fördern die Umsetzung der IRV nur in einigen Fällen. Ausschlaggebend für die Nutzung der IRV vor Ort sind dabei zum einen das Interesse der lokalen Arbeitnehmervertretung sowie deren Ressourcen in Form von Kontakten, Erfahrungen im Austausch mit internen und externen Partnern und in Form von strategischem Wissen zur Nutzung der IRV. Zum anderen ist das Interesse von Akteuren in einem entstehenden transnationalen organisationalen Feld Voraussetzung für eine substanzielle Arbeit mit der IRV vor Ort.

Fünftens zeigen die Fallstudien, dass der Status eines Unternehmens als Hersteller oder Zulieferer nicht ursächlich für die erfolgreiche Umsetzung einer IRV ist. So konnte sowohl bei einem Hersteller – Unternehmen A – als auch bei einem Zulieferer – Unternehmen D – eine Nutzung der IRV in Mexiko festgestellt werden. Gleichwohl sind die Erwartungen, mit denen die Unternehmen konfrontiert sind und die Auswirkungen auf ihre Arbeit mit den IRV haben, sehr unterschiedlich. So sind es bei dem Zulieferer D am Standort H die Erwartungen von Kunden, die eine Arbeit mit der IRV befördern, während es sich bei Unternehmen A und bei Unternehmen D am Standort L um Erwartungen von Arbeitnehmervertretern, NGOs und anderen Anspruchsgruppen im organisationalen Feld handeln.

Somit haben sich die eingangs der Untersuchung geäußerten Hypothesen weitgehend bestätigt. Die Erwartungen der institutionellen Umwelt und das Engagement der Akteure spielen bei den vier untersuchten Unternehmen in Mexiko eine erhebliche Rolle für die Umsetzung der IRV. Allerdings ist die jeweilige institutionelle Verankerung der vier IRV in den nationalen organisationalen Feldern der untersuchten Unternehmen in Mexiko und das Interesse der Akteure insgesamt gering. Nur vereinzelt werden die Vereinbarungen als strategische Ressource zur Durchsetzung von Interessen genutzt. Entscheidend ist dabei vor allem das Engagement lokaler Akteure auf der Arbeitnehmerseite, die die IRV als strategische Ressource nutzen. Die Entstehung eines transnationalen organisationalen Feldes kann diese Defizite einer mangelnden Verankerung im nationalen organisationalen Feld zumindest teilweise ausgleichen, da die IRV in diesem Kontext oft eine deutliche Aufwertung erfährt.

2 Fazit: Internationale Rahmenvereinbarungen als wirksames Instrument einer internationalen Erwerbsregulierung?

2.1 Bewertung und Ausblick

Ein weiteres wichtiges Ziel der Arbeit war es, die IRV als Instrument einer internationalen Erwerbsregulierung einzuordnen und sie im Hinblick auf ihre Regulierungsmöglichkeiten zu bewerten. Im Folgenden sollen die zentralen Ergebnisse dargestellt und diskutiert werden.

Im Rahmen der Untersuchung ist deutlich geworden, dass es sich bei den IRV um ein Instrument handelt, das keiner Arena der internationalen Erwerbsregulierung klar zuzuordnen ist. Vielmehr weisen die IRV Elemente aller vier Regulierungsarenen auf. Zum einen sind sie im betrieblichen Kontext verankert und beziehen sich auf den Einflussbereich der Unternehmen. So sind an der Entwicklung und dem Abschluss der IRV in der Regel vor allem betriebliche Akteure beteiligt und die räumliche Reichweite beschränkt sich auf das Unternehmen selbst sowie seine direkten Geschäftspartner. Zum anderen sind die IRV der Arena Gesetze, Rechtsnormen und internationale Vereinbarungen zuzuordnen. Sie zeichnen sich durch den Bezug auf internationale und nationale Rechtsnormen aus, wie die ILO-Kernarbeitsnormen, die allgemeinen Menschenrechte oder nationale Gesetze, und sind damit auf verschiedenen Ebenen in die nationale und internationale Normsetzung eingebunden. Weiterhin können die IRV in eingeschränkter Form auch der Arena Tarifabkommen zugeordnet werden, indem sie Normen zu Arbeits-, Beschäftigungs- und Partizipationsbedingungen enthalten. Darüber hinaus weisen die IRV Elemente einer diskursiven Legitimation auf. Sie werden vor dem Hintergrund einer zumindest in Europa weit verbreiteten öffentlichen Diskussion über die gesellschaftliche Verantwortung von Unternehmen (CSR) und die Bedeutung von Arbeits- und Sozialstandards abgeschlossen. In der Praxis spielen dabei vor allem die Erwartungen der Umwelt eine Rolle. Wie gezeigt wurde, erzeugt erst der Wunsch nach Legitimität auf Seiten der Unternehmensführung den nötigen Druck zum Abschluss und zur Umsetzung einer IRV. Es ist also deutlich geworden, dass die IRV vielschichtige Bezüge zu verschiedenen Ebenen, Instrumenten und Akteuren einer internationalen Erwerbsregulierung aufweisen. Sie verfügen deshalb über ein hohes Maß an Flexibilität und Verknüpfungspotenzial und stellen im Idealfall einen Teil einer »emergierenden rissfesten Netzwerktextur« dar (Pries 2008: 344f.), die durch starke und vielfältige Bezüge in einem internationalen Kontext eine internationale Erwerbsregulierung möglich macht. In der Praxis wird dieses Potenzial jedoch oft nur in geringem Maße genutzt, wie die Ergebnisse der vorliegenden Arbeit zeigen, da ein substanzielles Interesse an ihrer Umsetzung sowohl auf internationaler als auch auf nationaler Ebene kaum ausgeprägt ist.

Zweitens konnte festgestellt werden, dass es sich bei den IRV um ein Instrument handelt, das einen prozesshaften Charakter aufweist. Sie beinhalten kaum materiale Normen oder konkrete Handlungsvorgaben, sondern legen durch ihre Bezugnahme auf die ILO-Kernarbeitsnormen Mindeststandards fest, bei deren Umsetzung erheblicher Gestaltungsspielraum offen bleibt. Somit kann es bei der Umsetzung einer IRV im nationalen Kontext zu einer *adaptation*, also einer flexiblen Anpassung an spezifische regionale und nationale Bedingungen, kommen. Wie im Fall von Unternehmen A gezeigt wurde, kann diese *adaptation* durchaus erfolgsversprechend sein, sie erfordert jedoch ein starkes Engagement der lokalen Akteure. So werden einerseits die lokalen Kräfte befähigt, ihre Interessen selbständig und nach eigener Prioritätensetzung zu vertreten. Andererseits besteht aber auch das Risiko, dass vor Ort entsprechende Strukturen und vor allem Akteure fehlen, die eine Umsetzung der IRV begünstigen und vorantreiben könnten.

Drittens ist in der vorliegenden Untersuchung deutlich geworden, dass es sich bei den IRV um ein Instrument handelt, das stark im europäischen Kontext verankert ist. Bislang wurde die überwiegende Anzahl der IRV in Unternehmen abgeschlossen, die ihren Stammsitz in Europa haben. Diese Entwicklung scheint maßgeblich beeinflusst zu sein durch die in Europa verankerte Tradition des Dialogs und der zum Teil weitreichenden Kooperation von Unternehmen und Arbeitnehmervertretern sowie der traditionell wichtigen Rolle von Betriebsräten und Gewerkschaften. Lokale, außereuropäische Partner haben nur bei Existenz eines WBR Einfluss auf die Aushandlung und Ausgestaltung einer IRV. Auch an Berichterstattung und

Strategiediskussionen hinsichtlich der IRV werden lokale Partner nur bedingt beteiligt. Das Machtzentrum liegt klar in den meist europäischen Konzernzentralen. In den Kontexten vor Ort stellt sich das nationale *setting* gegebenenfalls anders dar als in den europäischen Machtzentren. Wie am Beispiel Mexikos aufgezeigt wurde, sind die Erwartungen der institutionellen Umwelt unter Umständen deutlich andere als diejenigen, die der Aushandlung der IRV zugrundelagen, und fördern eine Umsetzung der IRV nicht. Insofern ist nicht nur die *adaptation* durch lokale Akteure, sondern auch die Unterstützung durch internationale Akteure vonnöten, um eine IRV auch tatsächlich anzuwenden. Durch die Information, Vernetzung und Bereitstellung von Ressourcen kann die Umsetzung einer IRV gefördert werden. Wie aufgezeigt wurde, ist die internationale Vernetzung oft aber gering. Vor allem auf Arbeitnehmerseite bestehen in der Regel keine ausreichenden Kontakte, um eine substanzielle Umsetzung der IRV wirksam voranzutreiben.

Die vorliegende Arbeit hat also wichtige Hinweise für eine Bewertung und Nutzung der IRV geliefert. Es ergibt sich ein ambivalentes Bild der IRV, ihres Potenzials und ihrer bisherigen und zukünftigen Nutzung als Instrument einer internationalen Erwerbsregulierung. Insgesamt muss die eingangs dargestellte Bewertung durch die Forschungsgemeinschaft der IRV als Instrument mit großem, aber bislang weitgehend ungenutztem Potenzial bestätigt werden. So ist zunächst festzuhalten, dass die IRV ein innovatives und durchaus zukunftsweisendes Instrument einer internationalen Erwerbsregulierung darstellen. Sie verknüpfen erstmals Elemente einer freiwilligen Selbstregulierung von Unternehmen mit globalen Mindestarbeitsstandards und schaffen durch Unterzeichnung der Vereinbarung durch die Arbeitgeber- und die Arbeitnehmerseite einen verbindlichen Rahmen. Ihr prozesshafter Charakter sowie ihr Potenzial für Verknüpfungen mit anderen Instrumenten und Organisationen ermöglichen dabei eine *adaptation* an lokale Kontexte und individuelle *settings*.

Wie in der vorliegenden Arbeit gezeigt wurde, wird dieses Potenzial zum Teil bereits erfolgreich genutzt. Die IRV stellen in diesen Fällen ein Instrument dar, das von lokalen und internationalen Arbeitnehmervertretern aufgegriffen wird, um ihre Interessen und die der Arbeitnehmer wirksam zu vertreten. Dabei sind jedoch meist keine substanziellen Veränderungen zu erwarten, wie die Ergebnisse der vorliegenden Arbeit gezeigt haben. Vielmehr müssen bereits eine erfolgreiche internationale Vernetzung, eine gemeinsame Entwicklung von Strategien sowie eine Diskussion lokaler und internationaler Missstände als Erfolg gelten. Werden auch diese kleinen Schritte als Erfolg gemessen und die IRV als Prozess bewertet, in dessen Verlauf sich Ziele und Umsetzungsstrategien erst noch entwickeln müssen, kann das neue Instrument IRV durchaus positiv bewertet werden. In anderen Fällen hingegen muss der *impact* der IRV als deutlich geringer eingestuft werden. So findet eine *adaptation* durch lokale Akteure bislang oft nicht statt. Nationale *settings* und Akteurskonstellationen behindern eine Umsetzung der IRV; ihr Potenzial kann deshalb oft nicht genutzt werden. Insbesondere in diesen Fällen bietet erst die Einbindung internationaler Akteure auf Arbeitgeber- und Arbeitnehmerseite eine Möglichkeit zur Umsetzung der IRV, indem durch die Bereitstellung von Informationen und Ressourcen die lokalen Akteure mobilisiert werden.

Dennoch ist fraglich, wie die Entwicklung der IRV in Bezug auf die Gesamtzahl ihrer Abschlüsse und ihre Bedeutung insgesamt in den nächsten Jahren voranschreiten wird. Wie dargestellt wurde, bleibt die quantitative Bedeutung der IRV trotz kontinuierlich neu ausgehandelter Vereinbarungen weltweit gering. Positiv zu bewerten ist jedoch die Ausweitung der IRV auf außereuropäische Unternehmen. Gleichzeitig kann davon ausgegangen werden, dass die Bedeutung der Arena der diskursiven Legitimität zunehmen wird. So steigt die Zahl der internationalen Kampagnen, NGOs und anderen Organisationen stetig, die sich mit weltweiten Mindestarbeitsstandards befassen, und die internationale Vernetzung der Aktivisten nimmt zu. Allerdings kann dies nicht über einen anhaltenden Machtgewinn der international agierenden Konzerne hinwegtäuschen. Trotz oder gerade aufgrund der Wirtschaftskrise des ersten Jahrzehnts des neuen Jahrhunderts konnten zahlreiche Unternehmen ihre Gewinne drastisch steigern – oft auf Kosten von Arbeitnehmern, die von Arbeitslosigkeit und sinkenden Löhnen bedroht sind.

Darüber hinaus ist fraglich, welche Bedeutung die diskursive Arena in aufstrebenden Wirtschaftsmächten wie etwa Indien und China haben kann. Kann sich hier ein organisationales Feld entwickeln, in dem Instrumente wie die IRV tatsächlich eine Rolle spielen? Wie in der vorliegenden Arbeit am Beispiel Mexikos deutlich geworden ist, bieten gerade spät industrialisierte Länder mit einer gering ausgeprägten Tradition formaler Erwerbsregulierung und einer mangelnden Einklagbarkeit nationaler und internationaler Rechtsnormen wenig Möglichkeiten einer institutionellen Verankerung von Instrumenten wie den IRV auf nationaler Ebene. Deshalb muss die Umsetzung derartiger Vereinbarungen vor Ort mit einer internationalen Vernetzung und Aufwertung von internationalen Mindestarbeitsstandards insgesamt einhergehen. Hier können aber gerade die Arena der diskursiven Legitimation und darin die IRV eine wichtige Rolle spielen. Indem sie über nationale Grenzen hinweg und unabhängig von nationalen Gesetzen und Regelungssystemen Erwartungshaltungen und damit Legitimierungsdruck erzeugen, begünstigen sie die Einhaltung von Mindestarbeitsstandards auch in den Ländern, in denen die nationalen Voraussetzungen diese kaum fördern. Allerdings müssen Gewerkschaften und Unternehmen die von ihnen geschlossenen Vereinbarungen ernst nehmen und lokale Partner in die Entwicklung und Umsetzung der IRV einbinden sowie internationale Kontakte herstellen, Informationen bereithalten und Ressourcen in ausreichendem Maße zur Verfügung stellen. Sonst drohen eine mangelhafte Anwendung und Nutzung der IRV und damit letztlich ihre Bedeutungslosigkeit.

2.2 Theorieentwicklung und Forschungsdesiderate

Die vorliegende Arbeit hat relevante Faktoren für eine erfolgreiche Umsetzung der IRV in lokale Kontexte identifiziert und die IRV als Instrument einer internationalen Erwerbsregulierung eingeordnet. Damit wurden wichtige Hinweise sowohl für die Forschung als auch für die Praxis geliefert.

Der neoinstitutionalistische Theorienansatz hat sich dabei als hilfreich und zielführend für die vorliegende Forschung erwiesen. Mit seiner Hilfe konnte herausgearbeitet werden, dass die Erwartungen der organisationalen Umwelt erheblichen Einfluss auf die Umsetzung der IRV vor Ort haben. Es wurde deutlich, dass erst eine institutionelle Verankerung in einem organisationalen Feld die Chancen einer substanziellen Arbeit mit der IRV erhöht. Dabei war insbesondere das eingangs vorgestellte Drei-Säulen-Modell von Scott (2001) hilfreich. Die Erwartungen im organisationalen Feld der Unternehmen in Mexiko und die Bedeutung der IRV für die Generierung von Legitimität konnten mithilfe des Modells detailliert abgebildet werden. Gleichzeitig wurde der neoinstitutionelle Ansatz erfolgreich auf die transnationale Ebene übertragen. Da eine Internationalisierung von gesellschaftlichen Prozessen auf zahlreichen Ebenen festzustellen ist, birgt dieser Ansatz auf für weitere Untersuchungen ein erhebliches Potenzial. Darüber hinaus konnte mithilfe des Prinzipal-Agenten-Modells die Rolle der Akteure herausgearbeitet werden, die sich als zentral für die Umsetzung der IRV herausgestellt hat.

Gleichzeitig wurden aber auch Defizite des theoretischen Konzepts sichtbar. So wurde deutlich, dass die Rolle der individuellen Akteure in den Unternehmen und in anderen beteiligten Organisationen stärker hinterfragt werden muss. Ihre eigenen, oft auch Machterhalt ausgerichteten Interessen innerhalb und außerhalb der Organisationen müssen noch genauer untersucht werden. Hier kann der machtzentrierte Ansatz von Crozier und Friedberg (1993) hilfreich sein, der davon ausgeht, dass das Handeln von Akteuren stark durch die Austragung von »Machtspielen« geprägt ist. Ferner muss die Frage gestellt werden, inwieweit persönliche Prägungen und Haltungen der jeweiligen Entscheidungsträger den Abschluss einer IRV beeinflussen. Auf Management- und Arbeitnehmerseite müssen deshalb Weltbilder, Normenorientierungen und Präferenzen untersucht werden, die sich nicht nur aus der institutionellen Umwelt, sondern auch aus biographischen Daten und anderen personenbezogenen Faktoren entwickeln (vgl. Hauser-Ditz u. a. 2010: 57; auch Papadakis 2009: 27). Ebenso kann die Suche nach inter- und intraorganisationalen Aushandlungsstrategien und -prozessen, wie sie Walton und McKersie (1965) vorgeschlagen haben, möglicherweise Erklärungen für den Verlauf der Aushandlung sowie die Umsetzung und den Erfolg der IRV als Instrument einer internationalen Erwerbsregulierung liefern.

Dabei müssen neben den Einflüssen der institutionellen Umwelt auch unternehmensinterne, technische und effizienzbezogene Faktoren einbezogen werden, die durch den neoinstitutionalistischen Ansatz nicht genügend abgedeckt werden. So muss auch untersucht werden, welche unternehmensinternen Aspekte zum Abschluss und zur Umsetzung einer IRV beitragen. Wie die vorliegende Arbeit, aber auch andere Untersuchungen bereits gezeigt haben, spielen Unternehmenstradition und -kultur dabei eine erhebliche Rolle bei Abschluss und Umsetzung der IRV (vgl. Pries 2010: 215; s. auch Kapitel 1, Teil I). Dabei kann der Ansatz der Pfadabhängigkeit *(trajectory)* eine wichtige Rolle spielen, da er die Bedeutung von historischen Entwicklungspfaden für die Ausprägung und Entwicklung von Organisationen herausarbeitet und betont (etwa Djelic/Quack 2007; Boyer/ Freyssenet 2003). So kann durchaus erwartet werden, dass die spezifischen historischen Erfahrungen von Organisationen einen größeren Einfluss auf ihre Entscheidungen haben, als in der vorliegenden Arbeit herausgearbeitet werden konnte.

Darüber hinaus muss untersucht werden, ob eine IRV abgeschlossen werden, um die Erwartungen der institutionellen Umwelt zu erfüllen, oder ob sie auch den Zweck verfolgt, die Effizienz des Unternehmens zu steigern.[250] Wie im Rahmen der Arbeit deutlich wurde, sehen manche Unternehmen in den IRV zum Teil auch ein Instrument des Risikomanagements sowie der Verbesserung der Beziehungen zu betrieblichen und gewerkschaftlichen Arbeitnehmervertretern und der Kontrolle der Zulieferer. Damit nutzen sie die IRV nicht nur, um den Erwartungen ihrer institutionellen Umwelt zu entsprechen, sondern auch zur Effizienzsteigerung organisationsinterner Abläufe. Ein Vergleich der IRV mit anderen Instrumenten, aber auch ein Vergleich der unterschiedlichen Nutzung der IRV innerhalb der Unternehmen könnte dazu interessante Antworten liefern. Der situative Ansatz bietet hier eine Möglichkeit, die entsprechenden Aspekte theoretisch zu fassen (etwa Blau 1970; Hickson 1981; Pugh/Payne 1977).

Stärker in den Fokus gerückt werden müssen die IRV auch als Strukturelement innerhalb einer Wertschöpfungskette. In der vorliegenden Untersuchung wurde in Ansätzen deutlich, dass bei den Motiven für den Abschluss und die Umsetzung der IRV durchaus Unterschiede bei Herstellern und Zulieferfirmen bestehen. So fühlten sich die untersuchten Hersteller einem großen öffentlichen Druck ausgesetzt, sich als sozial verantwortliches Unternehmen zu präsentieren. Die Zulieferer sahen sich hingegen nur zum Teil mit den Erwartungen der Hersteller konfrontiert, die IRV abzuschließen und umzusetzen. Trotz dieser Unterschiede können die IRV durchaus innerhalb eines organisationalen Feldes wirken, das Hersteller und Zulieferer einbezieht und das großen Einfluss auf die dort verankerten Erwartungshaltungen ausübt. Wie Fichter und Sydow (2008; auch 2002) in ihren eingangs diskutierten Ausführungen vorschlagen (s. Kapitel 1, Teil I), müssen die IRV deshalb auch innerhalb einer globalen Wertschöpfungskette untersucht werden, um ihre Wirksamkeit für die gesamte Zulieferkette herausarbeiten und analysieren zu können.

Des Weiteren muss betont werden, dass die dargestellten Ergebnisse eine regionale und unternehmensbezogene Reichweite aufweisen. Eine Verallgemeinerung der vorliegenden Forschungsergebnisse ist nur bedingt zulässig. Erst weitere Fallstudien in verschiedenen Branchen, Ländern und

250 Allerdings muss hier nicht zwangsläufig ein Widerspruch bestehen. So kann letztlich auch die Umsetzung von Erwartungen der institutionellen Umwelt, zum Beispiel durch den Abschluss und die Umsetzung der IRV, zur Effizienzsteigerung des Unternehmens beitragen.

Regionen können hier ein vollständiges Bild ergeben und die Möglichkeit zum Vergleich und zu allgemeingültigen Aussagen eröffnen. Mögliche interessante Vergleichsfälle stellen hier eventuell andere spät industrialisierte Länder dar, die ebenso wie Mexiko auf eine vergleichsweise gering ausgeprägte Tradition der formalisierten Erwerbsregulierung zurückblicken können und in denen es ebenfalls zu einer hohen Anzahl von Arbeitsrechtsverletzungen kommt. So könnte etwa eine Untersuchung in spät industrialisierten Ländern mit einer geringen rechtlichen Bindungswirkung das Ergebnis bestätigen, dass erst eine trans- beziehungsweise internationale Verknüpfung und die Schaffung einer internationalen Öffentlichkeit die Umsetzung der IRV fördern. Aber auch früh industrialisierte europäische Länder, in denen sich über einen langen Zeitraum hinweg komplexe formalisierte Systeme der Erwerbsregulierung herausbilden konnten, bieten sich als Forschungskontext an. Eine Untersuchung in Deutschland oder Großbritannien zum Beispiel könnte eventuell die rechtliche Verankerung wesentlicher Inhalte der IRV in internationalem und nationalem Recht sowie deren Einklagbarkeit und weniger die Herausbildung eines transnationalen organisationalen Feldes als ausschlaggebend für die substanzielle Umsetzung der Vereinbarungen identifizieren.

Auch in Bezug auf die relevanten Akteurs- und Anspruchsgruppen sind bei zukünftigen Untersuchungen unterschiedliche Konstellationen zu erwarten. Während in den untersuchten Fällen die lokalen Akteure in der Regel keine treibende Kraft darstellen und dadurch die Umsetzung erschwert wird, stellt sich dies in anderen Fällen wahrscheinlich anders dar. Hier müssten die Bedeutung und die Wirkung einer entsprechenden Einflussnahme auf die inhaltliche Ausgestaltung der IRV und ihre Umsetzung untersucht werden.

Darüber hinaus ergeben sich auch aus der zeitlichen Begrenzung der vorliegenden Studie mögliche Folgeprojekte. Zwar wurde versucht, Entwicklungen bezüglich der Anwendung der IRV in einer Langzeitperspektive abzubilden, doch wäre es interessant, die hier dargestellten Ergebnisse weiter zu prüfen. So könnte überprüft werden, ob der Institutionalisierungsprozess vorangeschritten oder stehengeblieben ist. Von besonderem Interesse wäre dabei auch eine kritische Beobachtung des konstatierten Entkopplungsprozesses, da erst im zeitlichen Verlauf eventuell auftretende Effekte wie das zu erwartende Einschleichen von Veränderungen abzulesen ist. In diesem Zusammenhang könnte auch eine engere Verknüpfung mit politikwissenschaftlichen Untersuchungen zu transnationalen Kampagnen und deren Rezeption auf nationaler Ebene, wie sie etwa Hertel (2006) vornimmt und auf die in der vorliegenden Arbeit Bezug genommen wurde, sinnvoll sein.

Abschließend bleibt festzuhalten, dass die IRV ein Forschungsfeld darstellen, das noch zahlreiche offene Fragen aufweist. Auch wenn die vorliegende Untersuchung die eingangs gestellten Fragen beantworten und kritisch diskutieren konnte, erhebt sie nicht den Anspruch, sämtliche Forschungslücken zu schließen. So müssen weitere Untersuchungen zu einer immer umfassenderen Beurteilung des Potenzials, der Wirksamkeit und der Defizite der IRV führen und die beteiligten Akteure bei der Entwicklung zukünftiger Handlungsstrategien unterstützen. Da es sich bei den IRV um ein Instrument handelt, das sowohl in der Forschung als auch in der Praxis immer größere Beachtung findet, sind entsprechende Ergebnisse zu erwarten.

Erklärung zu den sozialen Rechten und den industriellen Beziehungen bei Unternehmen A

Präambel

Unternehmen A dokumentiert mit dieser Erklärung die grundlegenden sozialen Rechte und Prinzipien. Sie sind Grundlage des Selbstverständnisses der Unternehmenspolitik von Unternehmen A. Die in dieser Vereinbarung beschriebenen sozialen Rechte und Prinzipien orientieren sich an den einschlägigen Konventionen der Internationalen Arbeitsorganisation.

Die Zukunftssicherung von Unternehmen A und der Beschäftigten erfolgt im Geiste der kooperativen Konfliktbewältigung und der sozialen Verpflichtung auf der Grundlage und mit dem Ziel der wirtschaftlichen und technologischen Wettbewerbsfähigkeit. Besonderer Ausdruck der sozialen Verpflichtung ist die Sicherung und Entwicklung der Beschäftigung.

Die Globalisierung von Unternehmen A ist für die internationale Wettbewerbsfähigkeit und damit für die Zukunftssicherung des Unternehmens und seiner Belegschaft unverzichtbar.

Unternehmen A und die Belegschaft stellen sich gemeinsam den Herausforderungen der Globalisierung. Gemeinsam sollen die Chancen für den Unternehmens- und Beschäftigungserfolg sowie für die Wettbewerbsfähigkeit genutzt und mögliche Risiken eingeschränkt werden.

Das Unternehmen A, der Weltkonzernbetriebsrat von Unternehmen A und der Internationale Metallgewerkschaftsbund vereinbaren folgende Ziele für die im Weltkonzernbetriebsrat von Unternehmen A vertretenen Länder und Regionen. Die Verwirklichung der nachfolgenden Ziele erfolgt unter der Berücksichtigung der in den verschiedenen Ländern und Standorten geltenden Gesetze und bestehenden Gepflogenheiten.

§ 1 Grundlegende Ziele

1.1 Vereinigungsrecht

Das Grundrecht aller Arbeitnehmer/-innen, Gewerkschaften und Arbeitnehmervertretungen zu bilden und ihnen beizutreten wird anerkannt. Unternehmen A und die Gewerkschaften bzw. Arbeitnehmervertretungen arbeiten offen und im Geiste einer konstruktiven, kooperativen Konfliktbewältigung zusammen.

1.2 Keine Diskriminierung
Chancengleichheit und Gleichbehandlung, ungeachtet von ethnischer Herkunft, Hautfarbe, Geschlecht, Religion, Staatsangehörigkeit, sexueller Ausrichtung, sozialer Herkunft oder politischer Einstellung, soweit diese auf demokratischen Prinzipien und Toleranz gegenüber Andersdenkenden beruht, wird gewährleistet. Arbeitnehmer/-innen werden grundsätzlich auf der Grundlage ihrer Qualifikation und ihrer Fähigkeiten ausgesucht, eingestellt und gefördert.

1.3 Freie Wahl der Beschäftigung
Unternehmen A lehnt jegliche wissentliche Nutzung von Zwangs- und Pflichtarbeit einschließlich Schuldknechtschaft oder unfreiwilliger Häftlingsarbeit ab.

1.4 Keine Kinderarbeit
Kinderarbeit ist untersagt. Das Mindestalter für die Zulassung zur Beschäftigung nach Maßgabe der staatlichen Regelungen wird beachtet.

1.5 Vergütung
Die Vergütungen und Leistungen, die für eine normale Arbeitswoche gezahlt oder erbracht werden, entsprechen mindestens den jeweiligen nationalen gesetzlichen Mindestnormen bzw. den Mindestnormen der jeweiligen nationalen Wirtschaftsbereiche.[251]

1.6 Arbeitszeiten
Die Arbeitszeit entspricht mindestens den jeweiligen nationalen gesetzlichen Vorgaben bzw. den Mindestnormen der jeweiligen nationalen Wirtschaftsbereiche.

251 Seit einer Änderung im Jahr 2012 lautet der Artikel 1.5: »Die Vergütungen und Leistungen, die für eine normale Arbeitswoche gezahlt oder erbracht werden, entsprechen mindestens dem rechtlich gültigen und zu garantierenden Minimum. Sollten gesetzliche oder tarifvertragliche Regelungen nicht vorliegen, orientieren sie sich an den branchenspezifischen, ortsüblichen tariflichen Vergütungen und Leistungen, die den Beschäftigten und ihren Familien einen angemessenen Lebensstandard sichern.«

1.7 Arbeits- und Gesundheitsschutzschutz
Unternehmen A hält zumindest die jeweiligen nationalen Standards für eine sichere und hygienische Arbeitsumwelt ein und wird in diesem Rahmen angemessene Maßnahmen zur Gewährleistung der Gesundheit und der Sicherheit am Arbeitsplatz treffen, damit gesundheitsgerechte Beschäftigungsbedingungen gewährleistet werden.

§ 2 Durchführung
2.1 Die Beschäftigten von Unternehmen A werden über alle Bestimmungen dieser Erklärung unterrichtet. Im Rahmen der jeweiligen betrieblichen Gepflogenheiten wird gewerkschaftlichen Organisationen oder den vorhandenen gewählten Arbeitnehmervertretungen die Möglichkeit gegeben, diese Unterrichtung gemeinsam mit Vertretern des Managements durchzuführen.

2.2 Unternehmen A unterstützt und ermutigt ausdrücklich ihre Geschäftspartner, diese Erklärung in ihrer jeweils eigenen Unternehmenspolitik zu berücksichtigen. Sie sieht hierin eine vorteilhafte Basis für die gegenseitigen Beziehungen.

2.3 Auf Vorschlag des Vorstandes von Unternehmen A oder des Weltkonzernbetriebsrates von Unternehmen A wird über diese Erklärung und deren Umsetzung im Rahmen der Weltkonzernbetriebsratssitzung zusammen mit Vertretern des Managements des Unternehmens A diskutiert und beraten werden. Bei Bedarf werden angemessene Maßnahmen vereinbart.

2.4 Aus dieser Erklärung können durch Dritte keinerlei Ansprüche geltend gemacht werden.

Die Erklärung tritt mit ihrer Unterzeichnung in Kraft und gilt nicht rückwirkend.

Bratislava, den 06.06.2002
für den Weltkonzernbetriebsrat
für die Konzernleitung
für den Internationalen Metallgewerkschaftsbund

Grundsätze zur sozialen Verantwortung bei Unternehmen B

Präambel

Unternehmen B bekennt sich zu seiner sozialen Verantwortung und zu den neun Prinzipien, die dem »Global Compact« zugrunde liegen. Zur Verwirklichung dieser gemeinsamen Ziele hat Unternehmen B mit den internationalen Arbeitnehmervertretungen die nachfolgenden Grundsätze vereinbart.

Wir unterstützen die Initiative der Vereinten Nationen und wollen gemeinsam mit anderen Unternehmen und Institutionen verhindern, dass der unumkehrbare Prozess der Globalisierung bei den Menschen auf dieser Welt Ängste auslöst; wir wollen das menschliche Gesicht der Globalisierung auch durch die Schaffung und den Erhalt von Arbeitsplätzen zeigen.

Wir sind überzeugt, dass soziale Verantwortung ein wichtiger Faktor für den langfristigen Erfolg des Unternehmens ist; dies gilt auch für unsere Aktionäre, Geschäftspartner, Kunden und Beschäftigte. Nur so können wir zu weltweitem Frieden und weltweitem Wohlstand in der Zukunft beitragen

Voraussetzung für die Wahrnehmung dieser Verantwortung ist allerdings, dass wir wettbewerbsfähig sind und dauerhaft bleiben. Die Wahrnehmung sozialer Verantwortung ist auch unverzichtbarer Bestandteil wertorientierter Unternehmensführung.

Die folgenden Grundsätze, die sich an den Konventionen der Internationalen Arbeitsorganisation orientieren, gelten bei Unternehmen B weltweit; bei ihrer Aufstellung wurden unterschiedliche Kulturen und die Vielfalt gesellschaftlicher Wertvorstellungen anerkannt und berücksichtigt.

Menschenrechte

Unternehmen B respektiert und unterstützt die Einhaltung der international anerkannten Menschenrechte.

Zwangsarbeit
Unternehmen B ächtet jegliche Form von Zwangsarbeit.

Kinderarbeit
Unternehmen B setzt sich für die effektive Abschaffung ausbeuterischer Kinderarbeit ein. Kinder dürfen in ihrer Entwicklung nicht gehemmt werden. Ihre Sicherheit und Gesundheit darf nicht beeinträchtigt werden. Ihre Würde ist zu respektieren.

Chancengleichheit
Unternehmen B verpflichtet sich, Chancengleichheit bei der Beschäftigung zu wahren und jegliche Diskriminierung zu unterlassen, sofern nicht nationales Recht ausdrücklich eine Auswahl nach bestimmten Kriterien vorsieht. Eine unterschiedliche Behandlung von Mitarbeitern wegen des Geschlechts, der Rasse, einer Behinderung, der Herkunft, der Religion, des Alters oder wegen der geschlechtlichen Ausrichtung darf nicht erfolgen.

Gleicher Lohn für gleichwertige Arbeit
Unternehmen B achtet im Rahmen nationaler Vorschriften den Grundsatz »Gleicher Lohn für gleichwertige Arbeit«, zum Beispiel für Frauen und Männer.

Verhältnis zu Beschäftigten und Arbeitnehmervertretungen
Unternehmen B erkennt das Menschenrecht an, sich gewerkschaftlich zu organisieren. Bei Organisationskampagnen verhalten sich Unternehmen und Führungskräfte neutral; die Gewerkschaften und das Unternehmen halten demokratische Grundprinzipien ein und stellen damit sicher, dass die Beschäftigten eine freie Entscheidung treffen können. Das Recht auf Tarifverhandlungen wird respektiert.

Bei der Ausgestaltung dieses Menschenrechts sind nationale gesetzliche Regelungen und bestehende Vereinbarungen zu beachten, wobei das Recht auf Koalitionsfreiheit selbst in den Staaten gewährleistet wird, in denen die Koalitionsfreiheit nicht geschützt ist.

Die Zusammenarbeit mit Mitarbeitern, Arbeitnehmervertretern und Gewerkschaften wird konstruktiv gestaltet. Dabei wird ein fairer Ausgleich zwischen den wirtschaftlichen Interessen des Unternehmens und den Interessen der Beschäftigten angestrebt. Auch bei strittigen Auseinandersetzungen bleibt es das Ziel, eine tragfähige konstruktive Zusammenarbeit auf Dauer zu bewahren.

Es ist das Ziel des Unternehmens, den einzelnen Mitarbeiter möglichst unmittelbar einzubeziehen, zu informieren und zu beteiligen. Das Verhalten und der Umgangston gegenüber den Mitarbeitern sind von Respekt und Fairness geprägt.

Arbeitsbedingungen
Unternehmen B wendet sich gegen alle ausbeuterischen Arbeitsbedingungen.

Gesundheitsschutz
Unternehmen B gewährleistet Arbeitssicherheit und Gesundheitsschutz am Arbeitsplatz mindestens im Rahmen der nationalen Bestimmungen und unterstützt eine ständige Weiterentwicklung zur Verbesserung der Arbeitswelt.

Entlohnung
Unternehmen B achtet das Recht auf eine angemessene Entlohnung, die sich mindestens an den gesetzlich garantierten Mindestlöhnen und am jeweiligen Arbeitsmarkt orientiert.

Arbeitszeit
Unternehmen B gewährleistet die Einhaltung der jeweiligen nationalen Regelungen und Vereinbarungen zur Arbeitszeit und zu regelmäßigem bezahlten Erholungsurlaub.

Qualifizierung
Unternehmen B unterstützt die Qualifizierung der Beschäftigten, um so ein hohes Leistungsniveau und qualitativ hochwertige Arbeit zu ermöglichen.

Zulieferer
Unternehmen B unterstützt und ermutigt seine Zulieferer, in ihren Unternehmen vergleichbare Grundsätze einzuführen und umzusetzen. Unternehmen B erwartet von seinen Zulieferern, diese Grundsätze als Basis für

gegenseitige Beziehungen anzuwenden. Unternehmen B sieht darin eine sehr gute Grundlage für dauerhafte Geschäftsbeziehungen.

Verfahren der Umsetzung
Diese Grundsätze sind für Unternehmen B weltweit verbindlich. Für alle Beschäftigten, auch für die Führungskräfte, werden die Grundsätze in der Verhaltensrichtlinie konkretisiert und umgesetzt.

Diese Grundsätze werden allen Beschäftigten und ihren Interessenvertretungen in geeigneter Form zugänglich gemacht. Die Kommunikationsmaßnahmen werden zuvor mit den Arbeitnehmervertretungen beraten.

Für die Einhaltung der Grundsätze sind die Geschäftsleitungen der jeweiligen Einheiten verantwortlich; sie werden hierfür geeignete Maßnahmen ergreifen. Sie benennen Ansprechpartner, an die sich Geschäftspartner, Kunden und Beschäftigte im Einzelfall wenden können. Aus einer Eingabe dürfen keine nachteiligen Folgen für den resultieren, der sie vorbringt.

Die Konzernrevision achtet bei ihren Prüfungen ebenfalls auf die Einhaltung dieser Grundsätze und nimmt sie in ihre Prüfkriterien auf.

Zusätzlich steht bei der Konzernrevision eine zentrale Hotline zur Verfügung. Diese ist Ansprechpartner, soweit die Einhaltung dieser Grundsätze auf der dezentralen Ebene nicht ausreichend gewährleistet ist. Die Konzernrevision leitet bei Hinweisen auf Verstöße entsprechende Maßnahmen ein.

Die Konzernleitung berichtet und berät mit den internationalen Arbeitnehmervertretungen regelmäßig über die Wahrnehmung sozialer Verantwortung im Unternehmen und die Umsetzung dieser Grundsätze.

Auburn Hills, im September 2002

Unternehmen B

für die Weltarbeitnehmervertretung und für die International Metalworkers‹ Federation (IMF)

Erklärung zu den sozialen Rechten und den industriellen Beziehungen bei Unternehmen C

Präambel

Unternehmen C dokumentiert mit dieser Erklärung die grundlegenden sozialen Rechte und Prinzipien.

Sie sind Grundlage des Selbstverständnisses der Unternehmenspolitik von Unternehmen C. Die in dieser Vereinbarung beschriebenen sozialen Rechte und Prinzipien orientieren sich an den einschlägigen Konventionen der internationalen Arbeitsorganisation der Vereinten Nationen.

Unternehmen C ist überzeugt, dass soziale Verantwortung ein wichtiger Faktor für den langfristigen Erfolg des Unternehmens ist; dies gilt auch für Aktionäre, Geschäftspartner, Kunden und Beschäftigte. Nur so kann zu weltweitem Frieden und weltweitem Wohlstand in der Zukunft beigetragen werden.

Die Zukunftssicherung von Unternehmen C und der Beschäftigten erfolgt im Geiste der kooperativen Konfliktbewältigung und der sozialen Verpflichtung auf der Grundlage und mit dem Ziel der wirtschaftlichen und technologischen Wettbewerbsfähigkeit. Besonderer Ausdruck der sozialen Verpflichtung ist das Bemühen um die Sicherung und Entwicklung der Beschäftigung.

Voraussetzung für die Wahrnehmung dieser Verantwortung ist, dass Unternehmen C wettbewerbsfähig ist und dauerhaft bleibt. Die Wahrnehmung sozialer Verantwortung ist auch unverzichtbarer Bestandteil wertorientierter Unternehmensführung.

Die Globalisierung von Unternehmen C ist für die internationale Wettbewerbsfähigkeit und damit für die Zukunftssicherung des Unternehmens und seiner Beschäftigten unverzichtbar.

Unternehmen C und die Beschäftigten stellen sich gemeinsam den Herausforderungen der Globalisierung.

Gemeinsam sollen die Chancen für den Unternehmens- und Beschäftigungserfolg sowie für die Wettbewerbsfähigkeit genutzt und mögliche Risiken eingeschränkt werden.

Die Verwirklichung der nachfolgenden Ziele erfolgt unter der Berücksichtigung der in den verschiedenen Ländern und Standorten geltenden Gesetze und bestehenden Gepflogenheiten.

§ 1 Grundlegende Ziele

1.1 Menschenrechte

Unternehmen C respektiert und unterstützt die Einhaltung der international anerkannten Menschenrechte.

1.2 Vereinigungsrecht

Das Recht aller Beschäftigten, Gewerkschaften und Arbeitnehmervertretungen zu bilden und ihnen beizutreten wird anerkannt. Bei der Ausgestaltung dieses Menschenrechts sind nationale gesetzliche Regelungen und bestehende Vereinbarungen zu beachten, soweit sie nicht den ILO Konventionen Nr. 87 (Vereinigungsfreiheit) und Nr. 98 (Tarifverhandlungsfreiheit) widersprechen. Das Recht auf Koalitionsfreiheit wird auch in den Staaten gewährleistet, in denen die Koalitionsfreiheit nicht geschützt ist. Unternehmen C und die Gewerkschaften bzw. Arbeitnehmervertretungen arbeiten offen und im Geiste einer konstruktiven, kooperativen Konfliktbewältigung zusammen.

1.3 Keine Diskriminierung

Chancengleichheit und Gleichbehandlung, ungeachtet von ethnischer Herkunft, Hautfarbe, Geschlecht, Religion, Staatsangehörigkeit, sexueller Ausrichtung, sozialer Herkunft oder politischer Einstellung, soweit diese auf demokratischen Prinzipien und Toleranz gegenüber Andersdenkenden beruht, wird gewährleistet.

Beschäftigte werden grundsätzlich auf der Grundlage ihrer Qualifikation und ihrer Fähigkeiten ausgesucht, eingestellt und gefördert, soweit nicht nationales Recht ausdrücklich andere Kriterien vorschreibt.

1.4 Freie Wahl der Beschäftigung

Unternehmen C lehnt jegliche wissentliche Nutzung von Zwangs- und Pflichtarbeit einschließlich Schuldknechtschaft oder unfreiwilliger Häftlingsarbeit ab.

1.5 Keine Kinderarbeit
Kinderarbeit ist untersagt. Das Mindestalter für die Zulassung zur Beschäftigung nach Maßgabe der jeweiligen staatlichen Regelungen wird beachtet. Ihre Sicherheit und Gesundheit darf nicht beeinträchtigt werden. Ihre Würde ist zu respektieren.

1.6 Vergütung
Die Vergütungen und Leistungen, die für eine normale Arbeitswoche gezahlt oder erbracht werden, entsprechen mindestens den jeweiligen nationalen gesetzlichen Mindestnormen, wobei der Grundsatz »Gleicher Lohn für gleichwertige Arbeit« gilt.

1.7 Arbeitszeiten
Die Arbeitszeit und bezahlter Erholungsurlaub entsprechen mindestens den jeweiligen nationalen gesetzlichen Vorgaben.

1.8 Arbeits- und Gesundheitsschutzschutz
Unternehmen C hält zumindest die jeweiligen nationalen Standards für eine sichere und hygienische Arbeitsumwelt ein und wird in diesem Rahmen angemessene Maßnahmen zur Gewährleistung der Gesundheit und der Sicherheit am Arbeitsplatz treffen, damit gesundheitsgerechte Beschäftigungsbedingungen gewährleistet werden.

1.9 Qualifizierung
Unternehmen C unterstützt die Qualifizierung der Beschäftigten, um so ein hohes Leistungsniveau und qualitativ hochwertige Arbeit zu ermöglichen.

§ 2 Durchführung
2.1
Diese Grundsätze sind für Unternehmen C weltweit verbindlich. Unternehmen C wird ihre Führungskräfte in den jeweiligen Ländern zur Einhaltung dieser Erklärung verpflichten.

Diese Grundsätze werden allen Beschäftigten und ihren Interessenvertretungen in geeigneter Form zugänglich gemacht.

2.2
Die Konzernrevision achtet bei ihren Prüfungen ebenfalls auf die Einhaltung dieser Grundsätze und nimmt sie in ihre Prüfkriterien mit auf.

2.3
Unternehmen C unterstützt und ermutigt ihre Geschäftspartner, diese Erklärung in ihrer jeweils eigenen Unternehmenspolitik zu berücksichtigen. Sie sieht hierin eine vorteilhafte Basis für die gegenseitigen Beziehungen.

2.4
Die Umsetzung und Einhaltung dieser Grundsätze ist Bestandteil des Berichts und der Beratung der jährlichen Eurobetriebsrats-Sitzungen.

2.5
Aus dieser Erklärung können durch Dritte keinerlei Ansprüche geltend gemacht werden.

2.6
Die Erklärung tritt mit ihrer Unterzeichnung in Kraft und gilt nicht rückwirkend.

Nürnberg, 14. April 2003

Der Vorstand

Für den EBR

Für den Internationalen Metallgewerkschaftsbund - IMB:
Generalsekretär

Grundsätze sozialer Verantwortung bei Unternehmen D

Präambel

Die Übernahme von Verantwortung gegenüber der Gesellschaft und künftigen Generationen hat bei Unternehmen D eine lange Tradition. Bereits B. [der Firmengründer] war Vorreiter bei der Einführung von sozialen Programmen für die Mitarbeiterinnen und Mitarbeiter und ihre Angehörigen; auch außerhalb seiner unternehmerischen Tätigkeit hat er sich vielfältig gesellschaftlich engagiert.

Die Stiftung [von Unternehmen D] engagiert sich heute in der Gesundheitspflege, für die Völkerverständigung, die Wohlfahrtspflege, die Bildung und Erziehung, für Kunst und Kultur und die Wissenschaften.

Die Kombination von ökonomischen Zielsetzungen mit sozialen und ökologischen Dimensionen hat für Unternehmen D einen hohen Stellenwert. Wir sind uns bewusst, dass unser unternehmerisches Handeln im Einklang mit den Interessen der Gesellschaft stehen muss. Unsere Erzeugnisse und Leistungen dienen vor allem der Sicherheit der Menschen, dem sparsamen Umgang mit den Ressourcen und der Sauberkeit der Umwelt.

Mit der nachfolgenden Erklärung dokumentieren die Geschäftsführung von Unternehmen D und die Arbeitnehmervertretungen gemeinsame Grundsätze sozialer Verantwortung.

Die im Folgenden beschriebenen Grundsätze orientieren sich an den Kernarbeitsnormen der Internationalen Arbeitsorganisation (IAO).

1. Menschenrechte

Wir respektieren und unterstützen die Einhaltung der international anerkannten Menschenrechte, insbesondere die unserer Mitarbeiterinnen und Mitarbeiter und der Geschäftspartner, mit denen wir zusammen arbeiten.

2. Chancengleichheit
Wir wahren die Chancengleichheit unserer Mitarbeiterinnen und Mitarbeiter ungeachtet ihrer Hautfarbe, Rasse, Geschlecht, Alter, Nationalität, sozialen Herkunft, Behinderung und sexuellen Orientierung. Wir achten die politischen oder religiösen Überzeugungen unserer Mitarbeiterinnen und Mitarbeiter, sofern diese selbst auf demokratischen Prinzipien und Toleranz gegenüber Andersdenkenden beruhen.

3. Integration von behinderten Menschen
Für uns sind behinderte Menschen gleichberechtigte Mitglieder der Gesellschaft und des Geschäftslebens. Ihre Förderung und Integration in das Unternehmen und die respektvolle Zusammenarbeit untereinander sind wesentliche Grundsätze unserer Unternehmenskultur.

4. Freie Wahl der Beschäftigung
Wir lehnen jede Art der Zwangsarbeit ab und respektieren den Grundsatz der freigewählten Beschäftigung.

5. Rechte der Kinder
Wir dulden keine Kinderarbeit und respektieren die Rechte der Kinder. Die Regelungen der IAO-Übereinkommen Nr. 138 und Nr. 182 werden in allen Unternehmen der [Unternehmens-]Gruppe eingehalten.

6. Beziehungen zu Arbeitnehmervertretungen
Das Grundrecht aller Arbeitnehmerinnen und Arbeitnehmer, Gewerkschaften zu bilden und ihnen in eigener und freier Entscheidung beizutreten, wird anerkannt. Mitarbeiterinnen und Mitarbeiter werden wegen ihrer Mitgliedschaft in Gewerkschaften oder Arbeitnehmervertretungen weder bevorzugt noch benachteiligt.

Wir respektieren im Rahmen der jeweiligen gesetzlichen Regelungen – sofern sie mit dem IAO-Übereinkommen Nr. 98 in Einklang stehen – das Recht auf Kollektivverhandlungen zur Regelung von Arbeitsbedingungen und streben mit unseren Partnern eine von gegenseitigem Vertrauen und Respekt geprägte konstruktive Zusammenarbeit an.

7. Faire Arbeitsbedingungen
Unsere Entgelt- und Sozialleistungen entsprechen mindestens den nationalen oder lokalen gesetzlichen Standards, Bestimmungen oder entspre-

chenden Vereinbarungen. Wir beachten die Regelungen des IAO-Übereinkommens Nr. 100 zum Grundsatz »Gleicher Lohn für gleichwertige Arbeit«. Die nationalen Regelungen zur Arbeitszeit und zum Urlaub werden eingehalten.

Jeder Mitarbeiter hat die Möglichkeit, sich beim zuständigen Vorgesetzten oder der jeweiligen Leitung zu beschweren, sofern er sich ungerecht behandelt oder im Hinblick auf seine Arbeitsbedingungen benachteiligt fühlt. Wegen einer Beschwerde dürfen ihm keine Nachteile entstehen.

8. Arbeits- und Gesundheitsschutz
Die Sicherheit am Arbeitsplatz und die körperliche Unversehrtheit unserer Mitarbeiter-innen und Mitarbeiter hat für uns hohe Priorität. Unternehmen D hält zumindest die jeweiligen nationalen Standards für ein sicheres und hygienisches Arbeitsumfeld ein und trifft in diesem Rahmen angemessene Maßnahmen zur Gewährleistung der Gesundheit und der Sicherheit am Arbeitsplatz, damit gesundheitsgerechte Beschäftigungsbedingungen gewährleistet werden.

9. Qualifizierung
Wir unterstützen Qualifizierungsmaßnahmen unserer Mitarbeiterinnen und Mitarbeiter, die es ihnen ermöglichen, Fertigkeiten und Kenntnisse zu erwerben und ihr berufliches und fachliches Wissen zu erweitern und zu vertiefen.

10. Umwelt
Wir blicken auf ein langjähriges Engagement zur Bewahrung und zum Schutz der Umwelt zurück. Darüber hinaus tragen wir dazu bei, die Lebensbedingungen an unseren Standorten weiter zu verbessern. Unsere Umweltschutz-Grundsätze spiegeln die Verantwortung für die Umwelt wider und sind die Grundlage zahlreicher Initiativen, die unternehmensweit durchgeführt werden.

11. Umsetzung
Es ist das Ziel, diese Grundsätze weltweit im Unternehmen umzusetzen. Diese Grundsätze werden in das »Handbuch Management-System für Qualität, Umwelt und Sicherheit der [Unternehmens-]Gruppe« eingear-

beitet. Die Verantwortung für die Umsetzung liegt bei den Leitungen der jeweiligen Geschäftsbereiche, Regionalgesellschaften und Standorte.

Unternehmen D wird Zulieferer ausschließen, von denen nachweislich bekannt ist, dass sie sich nachhaltig nicht an IAO-Kernarbeitsnormen halten.

Die Mitarbeiterinnen und Mitarbeiter werden nach Beratung mit den jeweiligen Arbeitnehmervertretungen in geeigneter Weise über den Inhalt der vorstehenden Grundsätze informiert.

Beschwerden hinsichtlich möglicher Verletzungen der vorstehenden Grundsätze wird nachgegangen; erforderliche Maßnahmen werden zwischen den zuständigen Leitungen und Arbeitnehmervertretungen beraten und umgesetzt. Der geschäftsführende Ausschuss des Europa-Committees der [Unternehmens-]Gruppe wird über Beschwerden informiert, sofern sie nicht auf nationaler Ebene erledigt werden können. Bei Bedarf wird über die Umsetzung dieser Erklärung anlässlich der Sitzungen zwischen Geschäftsführung und dem Europa-Committee beraten.

Stuttgart, den 2. März 2004

Unternehmen D
Board of Management

Europe Committee of Unternehmen D

International Metalworkers' Federation (for the IMF member unions represented in Unternehmen D)

Quellen

Mann, Wolfgang (2009): »Case Study [Unternehmen D]. International Principles for Social Responsibility at [Unternehmen D]: Global Work and Social Standard,« Vortrag im Rahmen der Konferenz *CSR – an Issue for Employee Participation in Transnational Companies?* 5. November 2009, Frankfurt a. M.

Unternehmen A (2002): *Erklärung zu den sozialen Rechten und industriellen Beziehungen bei [Unternehmen A]*, Bratislava.

— (2005): *Nachhaltigkeitsbericht 2005/2006*, Ort A.

— (2006a): *Nachhaltigkeit in den Lieferantenbeziehungen*, Ort A.

— (2006b): *Anforderungen von [Unternehmen A] zur Nachhaltigkeit in den Beziehungen zu Geschäftspartnern*, Ort A.

— (2006c): *Eins und eins gleich drei. Corporate Social Responsibility bei [Unternehmen A]: Wie man Wert und Werte zusammenbringt*, Ort A.

Unternehmen A de México (2006): *Contrato Colectivo de Tabajo 2006–2008*, Mexiko.

Unternehmen B (2002): *Grundsätze zur sozialen Verantwortung bei [Unternehmen B]*, Auburn Hills.

— (2005): *Fakten zur Nachhaltigkeit 2005*, Ort B.

Unternehmen B de México (2001): *Contrato Colectivo de Trabajo*, Mexiko.

Unternehmen B Vehículos Comerciales México, S.A. de C.V. (2005): *Contrato Colectivo de Trabajo, 2005–2007*, Mexiko.

Unternehmen C (2003): *Erklärung zu den sozialen Rechten und den industriellen Beziehungen bei [Unternehmen C]*, Ort C.

— (2008): *Geschäftsbericht 2007*, Ort C.

— (2010): *Geschäftsbericht 2009*, Ort C.

— (2012): *Geschäftsbericht 2011*, Ort C.

Unternehmen C, S.A. de C.V. (2007): *Contrato Colectivo de Trabajo 2007–2009*, Mexiko.

Unternehmen D (2004): *Grundsätze sozialer Verantwortung bei [Unternehmen D]*, Ort D.

— (2006): *Unternehmerische Verantwortung, Bericht 2005/2006*, Ort D.

— (2008): *Unternehmerische Verantwortung, Bericht 2007/2008*, Ort D.

Unternehmen D S.A. de C.V. (2006): *Contrato Colectivo de Trabajo, Reglamento Interior de Trabajo 2006–2008*, Mexiko.

Abkürzungen

AFL-CIO	American Federation of Labor – Congress of Industrial Organisations
BR	Betriebsrat
BRIC-Staaten	Gruppe der aufstrebenden Wirtschaftsmächte Brasilien, Russland, Indien und China
BWI	Building and Wood Workers' International
CASSI	Centro Americano para la Solidaridad Sindical
CAT	Centro de Apoyo al Trabajador
CAW	Canadian Auto Workers
CCC	Clean Clothes Campaign
Cemefi	Centro Mexicano para la Filantropia
Cereal	Centro de Reflexión y Acción Laboral
CFO	Comité Fronterizo de Obreras/os
CONCAMIN	Confederación de Cámaras Industriales
CONSTA	National Conference of Auto Unions
COPARMEX	Confederación Patronal de la República Mexicana
CROC	Confederación Revolucionaria de Obreros y Campesinos
CROM	Confederación Regional de Obreros Mexicanos
CSR	Corporate Social Responsibility
CTM	Confederación de Trabajadores de México
EBR	Europäischer Betriebsrat
EDF	Electricité de France
EU	Europäische Union
FAT	Frente Auténtico del Trabajo
FES	Friedrich-Ebert-Stiftung
FESEBS	Federación de Sindicatos de Empresas de Bienes y Servicios
GATT	General Agreement on Tariffs and Trade
GBR	Gesamtbetriebsrat
GSP	Generalized System of Preferences
GTZ	Gesellschaft für Technische Zusammenarbeit
GUF	Global Union Federation
ICEM	International Federation of Chemical, Energy, Mine and General

	Workers' Unions
IG Metall	Industriegewerkschaft Metall
ILO	International Labour Organization
IMB	Internationaler Metallgewerkschaftsbund
IOE	International Organization of Employers
IRV	Internationale Rahmenvereinbarung
ITF	International Transport Workers' Federation
ITGLWF	International Textile, Garment and Leather Workers Federation
ITUC	International Trade Union Confederation
IUF	International Food, Agricultural, Hotel, Restaurant, Catering, Tobacco and Allied Workers' Associations
IWF	Internationaler Währungsfond
JCA	Juntas de Conciliación y Arbitraje
LFT	Ley Federal del Trabajo
MNK	Multinationaler Konzern
NAALC	North American Agreement on Labor Cooperation
NAFTA	North American Free Trade Agreement
NGO	Non-Governmental Organization
OECD	Organisation for Economic Co-Operation and Development
ORIT	Organización Regional Interamericana de Trabajadores
PAN	Partido Acción Nacional
PRD	Partido de la Revolución Democrática
PRI	Partido Revolucionario Institucional
PSI	Public Service International
SITIMM	Sindicato de Trabajadores de la Industria Metal-Mecánica, Automotriz y Conexos de la República Mexicana
SNTMMSRM	Sindicato Nacional de Trabajadores de Teleindustrias y Sistemas Digitales de la República Mexicana, Sindicato Nacional de Trabajadores Mineros, Metalúrgicos y Similares de la República Mexicana
STIMAHC	Sindicato de Trabajadores de la Industria Metalica, Acero, Hierro, Conexos y Similares
STPS	Secretaría de Trabajo y Prevención Social
STRM	Sindicato de Telefonistas de la República Mexicana
TELMEX	Teléfonos de México
UAW	United Automobile, Areospace and Agricultural Implement Workers of America
UNI	Global Union for Skills and Services
UNO	United Nations Organization
UNT	Unión Nacional de Trabajadores
UOI	Unidad Obrera Independiente
USA	United States of America

WBR	Weltbetriebsrat
WTO	World Trade Organization

Weltweit abgeschlossene IRV

Tabelle 9: Weltweit abgeschlossene IRV (Stand: Juli 2012)[252]

	Unternehmen	*Beschäftigte*[253]	*Stammsitz*	*Branche*	*GUF*	*Jahr*
1	Danone	100.000	Frankreich	Lebensmittel	IUF	1988
2	Accor	147.000	Frankreich	Hotelgewerbe	IUF	1995
3	IKEA	84.000	Schweden	Möbel	BWI	1998
4	Statoil	16.000	Norwegen	Energie/Öl	ICEM	1998
5	Faber-Castell	6.000	Deutschland	Büromaterial	BWI	1999
6	Freudenberg	27.500	Deutschland	Chemische Industrie	ICEM	2000
7	Hochtief	37.000	Deutschland	Baugewerbe	BWI	2000
8	Carrefour	383.000	Frankreich	Einzelhandel	UNI	2001
9	Chiquita	26.000	USA	Landwirtschaft	IUF	2001
10	OTE Telecom	18.500	Griechenland	Telekommuni-kation	UNI	2001
11	Skanska	79.000	Schweden	Baugewerbe	BWI	2001
12	Telefonica	161.500	Spanien	Telekommuni-kation	UNI	2001
13	Indesit (Merloni)	20.000	Italien	Metallindustrie	IMB	2002
14	Endesa	13.600	Spanien	Energiewirtschaft	ICEM	2002
15	Ballast Nedam	7.800	Niederlande	Baugewerbe	BWI	2002
16	Fonterra	20.000	Neuseeland	Molkerei	IUF	2002
17	Volkswagen	325.000	Deutschland	Automobilin-dustrie	IMB	2002
18	Norske Skog	11.000	Norwegen	Papierindustrie	ICEM	2002
19	AngloGold	64.900	Südafrika	Bergbau	ICEM	2002

252 Die Angaben beruhen auf Zusammenstellungen der GUFs sowie auf Angaben von Brandl 2006, Hammer 2008, Zimmer 2009 und Pries 2010. Trotz sorgfältiger Recherche erhebt die Liste keinen Anspruch auf Vollständigkeit.

253 Bei den Beschäftigtenzahlen handelt es sich um ungefähre Angaben, die in der Regel von den Unternehmen selbst gemacht werden. Aufgrund stetiger Veränderungen und verschiedener Bezugsjahre sind sie als Richtwerte zu betrachten.

20	Daimler Chrysler	372.500	Deutschland	Automobilindustrie	IMB	2002
21	Eni	70.000	Italien	Energie	ICEM	2002
22	Leoni	18.000	Deutschland	Kabel/Automotive	IMB	2003
23	ISS	280.000	Dänemark	Reinigung/Wartung	UNI	2003
24	GEA	14.000	Deutschland	Maschinenbau	IMB	2003
25	SKF	39.000	Schweden	Kugellager	IMB	2003
26	Rheinmetall	25.950	Deutschland	Rüstung/Automotive	IMB	2003
27	RAG	31.500	Deutschland	Bergbau	ICEM	2003
28	H&M	40.000	Schweden	Einzelhandel	UNI	2004
29	Club Med[254]	14.850	Frankreich	Tourismus	IUF	2004
30	Bosch	225.900	Deutschland	Automotive/Elektronik	IMB	2004
31	Prym	4.000	Deutschland	Metallverarbeitung	IMB	2004
32	SCA	46.000	Schweden	Papierindustrie	ICEM	2004
33	Lukoil	150.000	Russland	Energie/Öl	ICEM	2004
34	Renault	130.700	Frankreich	Automobilindustrie	IMB	2004
35	Impregilo	13.000	Italien	Baugewerbe	BWI	2004
36	Electricité de Frankreich (EDF)	167.000	Frankreich	Energiewirtschaft	ICEM/PSI	2005
37	Rhodia	20.000	Frankreich	Chemische Industrie	ICEM	2005
38	Falck	13.810	Dänemark	Gesundheit	UNI	2005
39	Veidekke	5.000	Norwegen	Baugewerbe	BWI	2005
40	BMW	106.000	Deutschland	Automobilindustrie	IMB	2005
41	EADS	110.000	Niederlande	Luft- und Raumfahrt	IMB	2005
42	Röchling	8.000	Deutschland	KFZ-Zulieferindustrie	IMB	2005
43	Schwan-Stabilo	3.000	Deutschland	Schreibmaterial	BWI	2005
44	Lafarge Group	77.000	Frankreich	Baumaterial	BWI/ICEM	2005
45	Arcelor	95.000	Luxemburg	Stahlindustrie	IMB	2005
46	PSA Peugeot Citroën	207.000	Frankreich	Automobilindustrie	IMB	2006
47	Royal BAM Group	27.000	Niederlande	Baugewerbe	BWI	2006
48	Portugal	32.000	Portugal	Telekommuni-	UNI	2006

254 Das Abkommen war zunächst auf Afrika und Europa beschränkt. Im Juli 2009 wurde der Geltungsbereich auf die Niederlassungen weltweit ausgedehnt.

	Telecom			kation		
49	Securitas	217.000	Schweden	Sicherheitsdienst-leistung	UNI	2006
50	Staedtler	3.000	Deutschland	Schreibmaterial	BWI	2006
51	Euradius	600	Niederlande	Druck	UNI	2006
52	Frankreich Telecom	200.000	Frankreich	Telekommuni-kation	UNI	2006
53	Nampak	17.000	Südafrika	Verpackung	UNI	2006
54	Volker Wessels	17.000	Niederlande	Baugewerbe	BWI	2007
55	Brunel	5.300	Niederlande	Ingenieurswesen	IMB	2007
56	Umicore	14.000	Belgien	Metallverarbei-tung	IMB/ ICEM	2007
57	Inditex	70.000	Spanien	Textilien/ Bekleidung	ITGLWF	2007
58	Quebecor	62.880	Kanada	Druck	UNI	2007
59	Adecco	33.000	Schweiz	Personaldienst-leistung	UNI	2007
60	Allianz	182.860	Deutschland	Versicherung	UNI	2007
61	Barclays Africa	23.620	Dänemark	Bankwesen	UNI	2007
62	WAZ[255]		Deutschland	Medien	EJF/IJF	2007
63	Kelly Services	7.900	USA	Personaldienst-leistung	UNI	2007
64	Manpower	30.000	USA	Personaldienst-leistung	UNI	2007
65	Vallourec	18.000	Frankreich	Metallverarbei-tung	IMB	2008
66	Italcementi	23.000	Italien	Baugewerbe	BWI	2008
67	Ability	2.600	Brasilien	Telekommuni-kation	UNI	2008
68	Icomon	k.A.	Brasilien	Telekommuni-kation	UNI	2008
69	Aker	27.100	Norwegen	Schiffsbau	IMB	2008
70	Olympia Flexgroup	7.800	Niederlande	Personaldienst-leistung	UNI	2008
71	Randstad	547.000	Niederlande	Personaldienst-leistung	UNI	2008
72	USG People	7.160	Niederlande	Personaldienst-leistung	UNI	2008
73	Metro	281.500	Deutschland	Einzelhandel	UNI	2008
74	NAG	39.729	Australien	Bankwesen	UNI	2008
75	Nordea	34.000	Schweden	Finanzdienst-	UNI	2008

255 Die auf drei Jahre begrenzte IRV zwischen der deutschen Mediengruppe WAZ und dem europäischen und internationalem Journalistenverband (EJF/IJF) wurde im Februar 2011 durch den EJF gekündigt. Als Begründung gab der Verband an, dass die Hoffnungen, durch die IRV die Arbeitsbedingungen in den osteuropäischen Ländern, in denen die WAZ-Gruppe besonders aktiv ist, zu verbessern und einen sozialen Dialogs in Gang zu setzen, nicht erfüllt wurden (vgl. EJF 2011).

				leistung		
76	Danske Bank	23.620	Dänemark	Bankwesen	UNI	2008
77	Takashimaya	9.844	Japan	Einzelhandel	UNI	2008
78	Skandia	7.500	Schweden	Versicherung	UNI	2008
79	UPU[256]	5.000.000	Schweiz	Post	UNI	2008
80	G4S	5.700	Großbritannien	Sicherheitsdienstleistung	UNI	2008
81	Elanders	1.650	Schweden	Druck	UNI	2009
82	Wilkhahn	600	Deutschland	Möbel	BWI	2009
83	Shoprite Checkers	89.000	Südafrika	Einzelhandel	UNI	2010
84	Media Prima Berhad	k. A.	Malaysia	Medien	UNI	2010
85	Antara	k. A.	Indonesien	Medien	UNI	2010
86	GdF Suez/ Gaz de France)	200.650	Frankreich	Energie	ICEM/ BWI/ PSI	2010
87	Electrolux	51.000	Schweden	Elektronik	IMB	2010
88	Norsk Hydro	23.000	Norwegen	Metallverarbeitung/Energie	IMB/ ICEM	2011
89	Banco do Brasil	82.700	Brasilien	Bankwesen	UNI	2011
90	Petrobas	80.500	Brasilien	Energie/Öl	ICEM	2011
91	Sodexo	391.000	Frankreich	Lebensmittel/ Facilitymanagement	IUF	2011
92	FCC Construction	92.300	Spanien	Bauwesen/Abfallwirtschaft	BWI	2012
93	MAN	52.500	Deutschland	Maschinenbau/ Automotive	IMB	2012
94	Ford	164.000	USA	Automobilindustrie	IMB	2012

Quelle: eigene Zusammenstellung mit Informationen der GUFs sowie aus Brandl 2006, Hammer 2008, Zimmer 2009, Pries 2010, Euro-Betriebsrat 2004–2012.

256 Bei UPU (Weltpostverein) handelt es sich insofern um eine Besonderheit, als die Organisation eine Unterorganisation der UNO darstellt. Ihre Mitglieder sind keine Unternehmen, sondern Staaten. Dennoch nennt UNI die Vereinbarung als IRV (vgl. auch Pries 2010: 211).

Tabellenverzeichnis

Abbildungsverzeichnis

Literaturverzeichnis

Abel, Jörg u. a. (2001), »Alte und neue Arenen der industriellen Beziehungen – Resümee und Ausblick«, in: Jörg Abel/Hans Joachim Sperling (Hg.), *Umbrüche und Kontinuitäten: Perspektiven nationaler und internationaler Arbeitsbeziehungen*, München, S. 383–405.

Alcalde Justiniani, Arturo (2004), »El dificil camino hacia la Reforma Laboral«, in: José Alfonso Bouzas Ortiz (Hg.), *La Reforma Laboral que necesitamos: Cómo transitar a una auténtica modernización laboral?*, Mexiko, S. 123–150.

— (2006), »Balance sindical del gobierno de transición: promesas inclumplidas«, in: Inés González Nicolás (Hg.), *Los sindicatos en la encrucijada del siglo XXI*, Mexiko, S. 39–60.

Amnesty International (1996–2009), *Jahresberichte*, http://www. amnesty.de/laenderbericht/mexiko (8.11.2010)

Arciniega, Rosa Silvia (2007), »Maquila de Exportación y sindicatos en el Estado de México«, in: *El Cotidiano*, H. 142, S. 40–52.

Bartlett, Christopher/Ghoshal, Sumantra (1989), *Managing Across Borders: the Transnational Solution*, London.

Bass, Hans (2004) (Hg.), *Neue Instrumente zur sozialen und ökologischen Gestaltung der Globalisierung: Codes of Conduct, Sozialklauseln, nachhaltige Investmentfonds*, Münster.

Bensusán, Graciela (2000), *El modelo mexicano de regulación laboral*, Mexiko.

— (2006), »Instituciones laborales en México«, in: Graciela Bensusán (Hg.), *Diseño legal y desempeño real: instituciones laborales en América Latina*, Mexiko, S. 313–409.

— (2007), »Los determinantes institucionales de los contratos de protección«, in: José Alfonso Bouzas Ortiz (Hg.), *Contratación colectiva de protección en México. Informa a la Organización Regional Interamericana de Trabajadores (ORIT)*, Mexiko, S.13–48.

Berger, Peter L./Luckmann, Thomas (1967), *The Social Construction of Reality*, New York.

Beverland, Michael/Luxton, Sandra (2005), »Managing Integrated Marketing Communication (IMC) through Strategic Decoupling: How Luxury Wine Firms Retain Brand Leadership while Appearing to be Wedded to the Past«, in: *Journal of Advertising*, S. 103–116.

Bizberg, Ilán (1997), »Die Transformation des Modells der Arbeitsbeziehungen in Mexiko«, in: Rainer Dombois u. a. (Hg.), *Neoliberalismus und Arbeitsbeziehungen in Lateinamerika*, Frankfurt a. M., S. 288–301.

Blanke, Svenja (2009), »Finanzkrise in Mexiko: Der große Tsunami aus dem nahen Norden«, *Dialogue on Globalization, Brennpunkte*, hg. v. der Friedrich-Ebert-Stiftung, Bonn.

Blanplain, Roger (2000), »Introduction: The Global Challenges«, in: Blanplain, Roger (Hg.), *Multinational Enterprises and the Social Challenges of the XXIst Century: the ILO Declaration on Fundamental Principles at Work; Public and Private Corporate Codes of Conduct*, The Hague, S. 9–12.

Blau, Peter (1970), »A Formal Theory of Differentiation in Organizations«, in: *American Sociological Review*, Jg. 35, S. 210–218.

Block, Richard N. u. a. (2001), »Models of International Labor Standards«, in: *Industrial Relations*, Jg. 40, H. 2, S. 258–292.

Bogner, Alexander/Menz, Wolfgang (2009a), »Experteninterviews in der qualitativen Sozialforschung. Zur Einführung in eine sich intensivierende Methodendebatte«, in: Alexander Bogner u. a. (Hg.), *Experteninterviews: Theorien, Methoden, Anwendungsfelder*, 3., überarb. Auflage, Wiesbaden, S. 7–31.

— (2009b), »Das theoriegenerierende Experteninterview: Erkenntnisinteresse, Wissensformen, Interaktion«, in: Alexander Bogner u. a. (Hg.), *Experteninterviews: Theorien, Methoden, Anwendungsfelder*, 3., überarb. Auflage, Wiesbaden, S. 61–98.

Boletín CCPP (2012), »Negocia CTM huelga en la nueva planta de motores de VW«, Jg. 4, H. 24, S. 1–4.

Bonifaz Moreno, Luis Antonio/Bueno Rodríguez, Luis (2003), *Reporte sobre la empresa Volkswagen de México*, unveröffentlichter Bericht, hg. v. Centro de Investigación Laboral und der Friedrich-Ebert-Stiftung in Mexiko, Mexiko.

— (2003), *Reporte sobre la empresa DaimlerChrysler de México*, unveröffentlicher Bericht hg. v. Centro de Investigación Laboral und der Friedrich-Ebert-Stiftung in Mexiko, Mexiko.

Boris, Dieter/Sterr, Albert (2002), *Foxtrott in Mexiko. Demokratisierung oder Neopopulismus?* Köln.

Bourque, Reynald (2008), »International Framework Agreements and the Future of Collective Bargaining in Multinational Companies«, in: *Just Labour: A Canadian Journal of Work and Society*, Jg. 12, S. 30–47.

Bouzas, José Alfonso/Garza, Enrique de la (1998), *Flexibilidad del trabajo y contratación colectiva en México*, Mexiko.

— (1999) (Hg.), *Cambios en las relaciones laborales*, 2 Bd., Mexiko.

Bouzas Ortiz, J. A. u. a. (2002), »Relaciones Industriales en México«, in: Ludger Pries/Manfred Wannöffel (Hg.), *Regímenes de regulación laboral en la globalización*, Bochum, S. 169–196.

Bouzas Ortiz, José Alfonso (2006), »Los contratos de protección y el sindicalismos mexicano«, in: José Meréd González Guerra/Antonio Gutiérrez Castro (Hg.), *El sindicalismo mexicano. Historia, crisis y perspectivas*, Mexiko, S. 115–130.

— (Hg.), *Contratación colectiva de protección en México. Informa a la Organización Regional Interamericana de Trabajadores (ORIT)*, Mexiko.

Boyer, Robert/Freyssenet, Michel (2003), *Produktionsmodelle. Eine Typologie am Beispiel der Automobilindustrie*, Berlin.

Boxenbaum, Eva/Jonsson, Stefan (2008), »Isomorphism, Diffusion and Decoupling«, in: Royston Greenwod u. a. (Hg.), *The Sage Handbook of Organizational Institutionalism*, Los Angeles u. a., S. 78–98.

Brandl, Sebastian/Stelzl, Bernhard (2005), »Internationale Arbeitsbeziehungen – Globalisierung als Chance für die deutschen Gewerkschaften?«, in: *WSI Mitteilungen*, H. 2, S. 82–89.

Brandl, Sebastian (2006), »Nachholende Internationalisierung? Zur Dynamik Internationaler Rahmenvereinbarungen«, in: *Industrielle Beziehungen*, Jg. 13, H. 3, S. 270–281.

Brinton, Mary/Nee, Victor (1998) (Hg.), *The New Institutionalism in Sociology*, New York.

CAT (Centro de Apoyo al Trabajador) (2010), *¿Quiénes somos?* http://catpuebla.org/?page_id=8 (9.11.2010)

Croucher, Richard/Cotton, Elizabeth (2009), *Global Unions, Global Business. Global Union Federations and International Business*, London.

Crozier, Michel/Friedberg, Erhard (1993), *Die Zwänge kollektiven Handelns. Über Macht und Organisation*, 1. Aufl. 1979, fr. Originalausgabe 1977, Hanstein.

De la O Martínez, María Eugenia (2006), »La industria maquiladora en México, 2000–2004«, in: Enrique de la Garza/Carlos Salas (Hg.), *La situación del trabajo en México*, Mexiko, S. 235–254.

Deephouse, David L. (1996), »Does Isomorphism Legitimate?«, in: *Academy of Management Journal*, Jg. 39, S. 1024–1039.

Deephouse, David L./Suchman, Mark (2008), »Legitimacy in Organizational Institutionalism, in: Royston Greenwod u. a. (Hg.), *The Sage Handbook of Organizational Institutionalism*, Los Angeles u. a., S. 49–77.

Dijkzeul, Dennis (2000), *Reforming for Results in the UN System: A Study of UNOPS*, London/New York.

DiMaggio, Paul/Powell, Walter W. (1983), »The Iron Cage Revisited: Institutional Isomorphism and Collective Rationality in Organizational Fields«, in: *American Sociological Review*, Jg. 48, S. 147–160.

DiMaggio, Paul J. (1988), »Interest and Agency in Institutional Theory«, in: Lynn G. Zucker (Hg.), *Institutional Patterns and Organizations: Culture and Environment*, Cambridge, S. 3–21.

— (1991), »Constructing an Organizational Field«, in: Walter W. Powell/Paul J. DiMaggio (Hg.), *The New Institutionalism in Organizational Analysis*, Chicago, S. 267–292.

Dirks, Jan u. a. (2003), *Internationale Arbeitsregulierung in Zeiten der Globalisierung. Politisch-organisatorisches Lernen in der Internationalen Arbeitsorganisation (IAO)*, Münster.

Djelic, Marie-Laure/Quack, Sigrid (2007), »Overcoming Path Dependencies – Path Generation in Open Systems«, in: *Theory and Society*, Jg. 36, H. 2, S. 161–186.

Dombois, Rainer u. a. (2004), *Internationale Arbeitsregulierung in der Souveränitätsfalle: Das Lehrstück des North American Agreement on Labor Cooperation zwischen den USA, Mexico und Kanada*, Münster.

Dombois, Rainer/Pries, Ludger (1999), *Neue Arbeitsregimes im Transformationsprozess Lateinamerikas: Arbeitsbeziehungen zwischen Markt und Staat*, Münster.

Dunlop, John Thomas (1993), *Industrial Relations Systems*, überarb. Ausgabe, New York u. a.

Durkheim, Émile (1980), *Die Regeln der soziologischen Methode*, hg. u. eingel. v. René König, Neuwied.

Ebers, Mark/Gotsch, Wilfried (2006), »Institutionenökonomische Theorien der Organisation«, in: Alfred Kieser/Mark Ebers (Hg.), *Organisationstheorien*, Stuttgart, 6. erw. Auflage, S. 247–308.

Euro-Betriebsrat (2004–2012), *Newsletter für europäische Betriebsräte und angrenzende Themen*, versch. Ausgaben, Hamburg, http://www.ewc-news.com/

Eckardt, Andrea u. a. (1999), »Die Verschränkung von Globalisierung und Konzernmodernisierung oder: Der ›Elch-Test‹ für die deutsche Automobilindustrie«, in: Gert Schmidt/Rainer Trinczek (Hg.), *Ökonomische und soziale Herausforderungen am Ende des zwanzigsten Jahrhunderts*, Baden-Baden, S. 167–190.

Edelman, Lauren B. u. a. (1992), »Professional Construction of Law: The Inflated Threat of Wrongful Discharge«, in: *Law and Society Review*, Jg. 26, S. 47–94.

Edelman, Lauren B./Suchman, Mark C. (1997), »The Legal Environment of Organizations«, in: *Annual Review of Sociology*, Jg. 23, S. 479–515.

EJF (2011), *EJF Cuts Links with WAZ to Focus on Crisis Facing South East Europe Media*, http://europe.ifj.org/en/articles/efj-cuts-links-with-waz-to-focus-on-crisis-facing-south-east-europe-media (1.5.2011).

El Universal (2012), *México finalizó 2011con 12.903 asesinatos asociados narcotráfico*, http://www.eluniversal.com/internacional/120111/mexico-finalizo-2011-con-12903-asesinatos-asociados-narcotrafico (13.7.2012).

Elsbach, Kimberley D./Sutton, Robert I. (1992), »Acquiring Organizational Legitimacy through Illegitimate Actions: A Marriage of Institutional and Impression Management Theories«, in: *Academy of Management Journal*, Jg. 35, S. 699–738.

ETUI (2010), *EBR-Datenbank: Gründung von Europäischen Betriebsräten – Entwicklung*, http://www.ewcdb.eu/documents/freegraphs/2010_10_DE.pdf (08.03.2011).

FES (2009) (Hg.), »Mehr als ein institutionelles Feigenblatt? Die Bemühungen der Gewerkschaften zur Durchsetzung der OECD-Leitsätze in Lateinamerika«, *Newsletter des Referats Lateinamerika und Karibik*, H. 1.

Fichter, Michael/Sydow, Jörg (2002), »Using Networks Towards Global Labor Standards? Organizing Social Responsibility in Global Production Chains«, in: *Industrielle Beziehungen*, Jg. 6, H. 4, S. 357–380.

— (2008), *Organization and Regulation of Employment Relations in Transnational Production and Supply Networks. Ensuring Core Labor Standards through International Framework Agreements?*, http://www.global-labour-university.org/fileadmin/GLU_conference_Unicamp_2008/Submitted_papers/Organization_and_Regulation_....._by_Fichter_and_Sydow.pdf (7.10.2008).

Fichter, Michael/Helfen, Markus (2011), »Going Local with Global Policies: Implementing International Framework Agreements in Brazil and the United States«, in: Konstantinos Papadakis (Hg.), *Shaping Global Industrial Relations. The Impact of International Framework Agreements*, hg. v. d. International Labour Organization, Basingstoke, S. 85–115.

Flick, Uwe (2000), »Design und Prozess qualitativer Forschung«, in: Uwe Flick u. a. (Hg.), *Qualitative Forschung: Ein Handbuch*, Reinbek bei Hamburg, S. 252–265.

— (2004), *Qualitative Sozialforschung – eine Einführung*, Reinbek bei Hamburg, 2. überarb. u. erw. Neuaufl.

Fligstein, Neil (2001), »Social Skill and the Theory of Fields«, in: *Sociological Theory*, Jg. 19, S. 105–125.

Fressmann, Rebecca (2005), *Leiharbeit in Mexiko: Rechtliche Bestimmungen und sozialpolitische Realität*, Mexiko-Stadt: Friedrich-Ebert-Stiftung, http://www.fesmex.org/common/Documentos/Ponencias/Studie%20Leiharbeit%20in%20Mexico.pdf (25.8.2010)

Ganter, Sarah u. a. (2010), *Mit Netz und Doppelstrategie. Perspektiven internationaler Gewerkschaftsarbeit*, Bonn: Friedrich-Ebert-Stiftung.

Garza, Enrique de la (1998), *Estrategias de modernización empresarial en México, flexibilidad y control sobre el proceso de trabajo*, Mexiko.

— (2006), »El sindicalismo y el cambio en las relaciones de trabajo«, in: José Merced González Guerra/Antonio Gutiérrez Castro (Hg.), *El sindicalismo en México. Historia, crisis y perspectivas*, Mexiko, S. 305–330.

Geertz, Clifford (1973), *The Interpretation of Cultures*, New York.

Giddens, Anthony (1979), *Central Problems in Social Theory: Action, Structure and Contradiction in Social Analysis*, London.

— (1984), *The Constitution of Society: Outline of theory of structuration*, Cambridge.

González Nicolás, Inés (2006) (Hg.), *Los sindicatos en la encrucijada del siglo XXI*, hg. v. d. Friedrich-Ebert-Stiftung, Mexiko.

Greenwod, Royston u. a. (Hg.) (2008), *The Sage Handbook of Organizational Institutionalism*, Los Angeles u. a.

Greven, Thomas/Scherrer, Christoph (2005), *Globalisierung gestalten. Weltökonomie und soziale Standards*, Schriftenreihe der Bundeszentrale für politische Bildung, Band 440, Bonn.

Hahn, Verena (2007), *Internationale Arbeitnehmervertretungsarbeit im Volkswagen-Konzern. Eine Analyse der Einbindung des Standortes Puebla im Konzernverbund*, Masterarbeit, Fakultät für Soziologie, Universität Bochum.

Haipeter, Thomas (2002), »Chancen und Risiken der Mitbestimmung: das Beispiel Volkswagen«, in: *Industrielle Beziehungen*, Jg. 9, S. 319–342.

Hamm, Brigitte (2002) (Hg.), *Public-Private-Partnership und der Global Compact, INEF Report*, Nr. 62, Duisburg.

Hammer, Nikolaus (2005), »International Framework Agreements: Global Industrial Relations between Rights and Bargaining«, in: *Transfer*, Jg. 11, H. 4, S. 511–530.

— (2008), »International Framework Agreements in the Context of Global Production«, in: Papadakis, Konstantinos (Hg.), *Cross-Border Social Dialogue and Agreements: an Emerging Global Industrial Relations Framework?*, hg. v. International Labour Office u. International Institute for Labour Studies, Genf, S. 89–111.

Hasse, Raimund/Krücken, Georg (2005), *Neo-Institutionalismus*, Bielefeld, 2. überarb. Aufl.

Hauser-Ditz, Axel u. a. (2010), *Transnationale Mitbestimmung? Zur Praxis Europäischer Betriebsräte in der Automobilindustrie*, Frankfurt a. M./New York.

Hebauf, Renate (2010), »Gleiches Recht für alle«, in: *Mitbestimmung. Das Magazin der Hans-Böckler-Stiftung*, Jg. 56, H. 5, S. 40–43.

Hellmann, Marion F. (2007), »Social Partnership at the Global Level: Building and Wood Workers' International Experiences with International Framework Agreements«, in: Schmidt, Verena (Hg.), *Trade Union Responses to Globalization, a Review by the Global Union Research Network*, Genf, S. 23–34.

Herrera Lima, Fernando Francisco (1988), *Una experiencia de sindicalismo independiente en México. Los trabajadores de la empresa VW de México, su sindicato, sus conquistas y la Unidad Obrera Independiente, 1972–1981*, Centro de Estudios Internacionales, El Colegio de México, Mexiko.

Hertel, Shareen (2006), »New Moves in Transnational Advocacy: Getting Labor and Economic Rights on the Agenda in Unexpected Ways«, in: *Global Governance*, Jg. 12, S. 263–281.

Hessler, Siglinde (2005), *Die Trabajadores de Confianza in Mexiko: Rechtliche Grundlagen und praktische Umsetzung*. Studie im Auftrag der Friedrich Ebert Stiftung, Mexiko, http://www.fesmex.org/Documentos y Programas/Studie Traba jadores de Confianza.pdf (1.06.2005).

Hessler, Siglinde u. a. (2007), *Arbeitsbeziehungen in Unternehmen mit abgeschlossener Internationaler Rahmenvereinbarung in Mexiko* (unveröffentlichtes Arbeitspapier des IMB), Hamburg/Mexiko.

Hickson, David John (1981) (Hg.), *Organization and Nation. The Aston Programme IV*, Farnborough.

Hiß, Stefanie (2005), *Warum übernehmen Unternehmen gesellschaftliche Verantwortung? Ein soziologischer Erklärungsversuch*, Frankfurt a. M./New York.

Holdcroft, Jenny (2006), »International Framework Agreements: A Progress Report«, in: *IMF MetalWorld*, Genf, H. 3, S. 18–22.

Hughes, Everett C. (1958), *Men and their Work*, gesammelte Essays seit 1928, Glencoe, IL.

Hyman, Richard (1975), *Industrial Relations. A Marxist Introduction*, London.

— (1989), *The Political Economy of Industrial Relations*, London.

ICFTU (1997), *Internationally-Recognized Core Labour Standards in Mexico, Report for the WTO General Council Review of the Trade Policies of Mexico*, http://actrav.itcilo.org/actrav-english/telearn/global/ilo/standard/mexico.htm (25.8.2010).

ILO (2010), *ILOLEX: Mexico*, http://www.ilo.org/ilolex/english/newcountryframeE.htm (1.9.2010).

— (2011), *Comittee on Freedom of Association Report: Mexico (Case No. 2694)* http://webfusion.ilo.org/public/db/standards/normes/libsynd/index.cfm?hdroff=1, (1.05.2011).

IMB (2003), *The Power of Framework Agreements*, http://www.imfmetal.org/files/ENG2.pdf (18.05.2011).

— (2006), *Hintergrundinformationen über internationale Rahmenvereinbarungen des IMB*, für die IFA-Weltkonferenz in Deutschland vom 26.-27.September 2006 vorbereitetes Hintergrundpapier.

— (2009), *IMF lodges a Complaint against Mexico with the International Labor Organization in Geneva*, Background Paper, http://www.imfmetal.org/index.cfm?id=622&l =2&cid=18937 (9.11.2010).

— (2011a), *Mexican Parliament Considers Regressive Labour Law Reforms*, http://www.imfmetal.org/index.cfm?c=26016&l=2 (1.05.2011).

— (2011b), Unions join Forces to Demand Trade Union Rights in Mexico, http://www.imfmetal.org/strongertogether/issue-1-en.html#article- (21.5.2011).

— (2011c), *The Power of Framework Agreements*, http://www.imfmetal.org/index.cfm?c=7786&l=2 (18.05.2011).

INEGI (2010a), *Inversión extranjera directa en México*, http://dgcnesyp.inegi.org.mx/cgi-win/bdiecoy.exe/570?s=est&c=12613 (1.9.2010).

— (2010b), *Producto interno bruto trimestral*, http://dgcnesyp.inegi.org.mx/cgi-win/bdiecoy.exe/572?s=est&c=12546 (25.8.2010).

— (2010c), *Tasa de desocupación*, http://dgcnesyp.inegi.org.mx/cgi-win/bdiecoy.exe/575?s=est&c=12953 (25.8.2010).

— (2010d), *Vista rápida de los datos: porcentaje de la población ocupada*, http://dgcnesyp.inegi.org.mx/cgi-win/bdieintsi.exe/SER130837 (25.8.2010).

— (2010e), *Salarios, diversos países*, http://dgcnesyp.inegi.org.mx/cgi-win/bdiecoy.exe/539?s=est&c=13067 (25.8.2010).

IOE (2005), *International Framework Agreements, An Employers' Guide*, Genf.

Jenkins, Rhys (2002), »The Political Economy of Codes of Conduct«, in: Rhys Jenkins u. a. (Hg.), *Corporate Responsibility and Labour Rights: Codes of Conduct in the Global Economy*, London, S. 13–30.

Jepperson, Ronald L. (1991), »Institutions, Institutional Effects, and Institutionalism«, in: Walter W. Powell/Paul DiMaggio (Hg.), *The New Institutionalism in Organizational Analysis*, Chicago, S. 143–163.

La Jornada (2005), »En México no se cumple ni se respeta la ley laboral, afirma funcionario de la STPS«, http://www.jornada.unam.mx/2005/02/21/045n1soc.php (25.8.2010).

Juárez Nuñez, Huberto (2006), »Global Production and Worker Response: the Struggle at Volkswagen of Mexico«, in: *WorkingUSA: The Journal of Labor and Society*, Jg. 9, S. 7–28.

Karig, Thomas (2004), »Herausforderungen der Automobilproduktion in Mexiko. Das Beispiel Volkswagen«, in: Nikolaus Schweickart/Lutz Kaufmann (Hg.), *Lateinamerika-Management. Konzepte – Prozesse – Erfahrungen*, Wiesbaden, S. 263–278.

Keck, Margaret/Sikkink, Kathry (1998), *Activists beyond Borders*, Ithaca/London.

Kieser, Alfred (2006), »Der situative Ansatz«, in: Alfred Kieser/Mark Ebers (Hg.), *Organisationstheorien*, Stuttgart, 6. erw. Aufl., S. 215–245.

Köhler, Holm-Detlev (2003), »The DaimlerChrysler Deal: A Nice Marriage or a Nightmare?» in: Michel Freyssnet u. a. (Hg.), *Globalization or Regionalization of the European Car Industry?* Hampshire/New York, S. 73–102.

Kochan, Thomas A. (1998), What is Distinctive about Industrial Relations Research?« in: George Strauss/Keith Whitfield (Hg.), *Researching the World of Work: Strategies and Methods in Studying Industrial Relations*, Ithaca/London, S. 31–45.

Kotthoff, Hermann (2006), *Lehrjahre des Europäischen Betriebsrats: Zehn Jahre transnationale Arbeitnehmervertretung*, Berlin.

Kuckartz, Udo (2007), *Einführung in die computergestützte Analyse qualitativer Daten*, Wiesbaden, 2. akt. u. erw. Aufl.

Liebold, Renate/Trinczek, Rainer (2009): »Experteninterview«, in: Stefan Kühl u. a. (Hg.), *Handbuch Methoden der Organisationsforschung: Quantitative und Qualitative Methoden*, Wiesbaden, S. 32–56.

Lösche, Peter (2004), »Verbände, Gewerkschaften und das System der Arbeitsbeziehungen«, in: Peter Lösche/Hans Dietrich von Loeffelholz (Hg.), *Länderbericht USA*, Frankfurt a. M./New York, S. 353–389.

Lounsbury, Michael/Glynn, Mary Ann (2001), »Cultural Entrepreneurship: Stories, Legitimacy, and the Acquisition of Resources«, in: *Strategic Management Journal*, Jg. 22, S. 545–564.

Maldonado Trujillo, Claudia (2010), *Los impactos sociales de la crisis económica en México, análisis político*, Mexiko.

Mamic, Ivanka (2004), *Implementing Codes of Conduct: How Businesses Manage Social Performance in Global Supply Chains*, Sheffield.

Manz, Thomas (2010), »Mit neuen Allianzen aus der Reformkrise? Mexiko nach den Regionalwahlen 2010«, hg. v. d. Friedrich-Ebert-Stiftung, Berlin.

Mayring, Philipp (2008), *Qualitative Inhaltsanalyse: Grundlagen und Techniken, Weinheim*, Basel, 10. überarb. Aufl.

Mertens, Volker (1989), *Gewerkschaftliche Kooperation auf betrieblicher Ebene innerhalb eines Multinationalen Konzerns. Das Beispiel von Volkswagen de México innerhalb des Konzerns*, Diplomarbeit, Fakultät für Soziologie, Universität Bielefeld.

Meuser, Michael/Nagel, Ulrike (1991), »ExpertInneninterviews – vielfach erprobt, wenig bedacht. Ein Beitrag zur qualitativen Methodendiskussion«, in: Detlef

Garz/Klaus Kraimer (Hg.), *Qualitativ-empirische Sozialforschung: Konzepte, Methoden, Analysen*, Opladen, S. 441–471.

— (2009), »Experteninterview und der Wandel der Wissensproduktion«, in: Alexander Bogner u. a. (Hg.), *Experteninterviews: Theorien, Methoden, Anwendungsfelder*, Wiesbaden, 3. überarb. Aufl., S. 35–60.

Meyer, John W./Jepperson, Ronald L.(2000), »The Actors of Modern Society: The Cultural Construction of Social Agency«, in: *Sociological Theory*, Jg. 18, H. 1, S. 100–120.

Meyer, John W./Rowan, Brian (1977), »Institutionalized Organizations: Formal Structures as Myth and Ceremony«, in: *American Journal of Sociology*, Jg. 83, H. 2, S. 340–363.

Meyer, Maureen (2005), »El Acuerco Global y los derechos humanos: alianzas de la sociedad civil en torno a la cláusula democrática«, in: Piñon Antillón/Rosa María (Hg.), *El acuerdo global entre México y la Unión Europea*, Mexiko, S. 161–174.

Montiel H., Yolanda (1987), *Industria automotriz y automatización. El caso de Volkswagen de México*, Centro de Investigaciones y Estudios Superiores en Antropología Social, Mexiko-Stadt.

— (2004), *Solidaridad y costos compartidos para evitar despidos. Una experiencia en Volkswagen de México*, http://www.colson.edu.mx/rel_ind/foro-ford/Yolanda-Montiel-Solidaridad-costos-compartidos.pdf (26.10.2006).

Müller, Torsten u. a. (2003), »Globalisierung und gewerkschaftliche Internationalisierung – Zur Politik der Global Union Federations«, in: *WSI Mitteilungen*, H. 11, S. 666–672.

— (2004), *Globale Arbeitsbeziehungen in globalen Konzernen? Zur Transnationalisierung betrieblicher und gewerkschaftlicher Politik*, Wiesbaden.

— (2008), *Internationale Rahmenvereinbarungen – Chancen und Grenzen eines neuen Instruments globaler Gewerkschaftspolitik*, Kurzberichte Internationale Gewerkschaftspolitik, Nr. 8, hg. v. d. Friedrich-Ebert-Stiftung, Bonn.

Müller-Jentsch, Walther (1997), *Soziologie der Industriellen Beziehungen. Eine Einführung*, Frankfurt a. M./New York, 2. überarb. Aufl.

Müller-Jentsch, Walther (2007), *Strukturwandel der industriellen Beziehungen: 'Industrial Citizenship' zwischen Markt und Regulierung*, Wiesbaden.

Mund, Horst/Priegnitz, Klaus (2007), »Soft Law – Second Best Solution or a Privatization of Social Rights? Some Points for a Future Discussion«, in: *Transfer*, Jg. 13, H. 4, S. 671–678.

Neumann, Franz L. (1978), »Die Gewerkschaften in der Demokratie und in der Diktatur«, in: Neumann, Franz L., *Wirtschaft, Staat und Demokratie: Aufsätze 1930–1954*, hg. v. Alfons Söllner, Frankfurt a. M., S. 145–222.

Oliver, Christine (1991), »Strategic Responses to Institutional Processes«, in: *Academy of Management Review*, Jg. 16, S. 145–179.

— (1996), »The Institutional Embeddedness of Economic Activity«, in: *Advances in Strategic Management*, Jg. 13, S. 163–186.

Orsatti, Álvaro (2007), *América Latina y Caribe: los acuerdos marco en la estrategia de las Federaciones Sindicales Internacionales (FSI) ante las empresas multinacionales*, hg. v. d. Friedrich Ebert Stiftung, Uruguay.

Orsatti, Álvaro/Sánchez, Hilda, 2009: *Las Directrices de la OCDE para Empresas Multinacionales en América Latina: experiencias, aprendizajes y propuestas desde la perspectiva sindical*, hg. v. d. Friedrich-Ebert-Stiftung, Uruguay.

Papadakis, Konstantinos u. a. (2008), »International Framework Agreements as Elements of a Cross-Border Industrial Relations Framework«, in: Papadakis, Konstantinos (Hg.), *Cross-Border Social Dialogue and Agreements: an Emerging Global Industrial Relations Framework?*, hg. v. International Labour Office u. International Institute for Labour Studies, Genf, S. 67–87.

Papadakis, Konstantinos (2009), *Signing International Framework Agreements: Case Studies from South Africa, Russia and Japan*, Working Paper, Nr. 4, hg. v. International Labour Office, Genf.

— (2011) (Hg.), Shaping *Global Industrial Relations. The Impact of International Framework Agreements*, hg. v. d. International Labour Organization, Basingstoke.

Parsons, Talcott (1951), *The Social System*, New York.

— (1960), *Structure and Process in Modern Societies*, New York.

Pfadenhauer, Michaela (2009), »Auf gleicher Augenhöhe: Das Experteninterview – ein Gespräch zwischen Experte und Quasi-Experte«, in: Alexander Bogner u. a. (Hg.), *Experteninterviews: Theorien, Methoden, Anwendungsfelder*, Wiesbaden, 3. überarb. Aufl., S. 99–116.

Pietschmann, Horst (2000), »Die mexikanische Revolution«, in: Peter Wende (Hg.), *Große Revolutionen der Geschichte: von den Frühzeit bis zur Gegenwart*, München, S. 225–243.

Platzer, Hans-Wolfgang/Müller, Torsten (2009), *Die globalen und europäischen Gewerkschaftsverbände. Handbuch und Analysen zur transnationalen Gewerkschaftspolitik*, 2 Bd., Berlin.

Pollock, Timothy G./Rindova, Violina P. (2003), »Media Legitimation Effects in the Market for Initial Public Offerings«, in: *Academy of Management Journal*, Jg. 46, H. 5, S. 631–642.

Poniatowska, Elena (1992), *La noche de Tlatelolco. Testemonios de historia oral*, Mexiko.

Powell, Walter W. (1991), »Expanding the Scope of Institutional Analysis«, in: Walter W. Powell/Paul J. DiMaggio (Hg.), *The New Institutionalism in Organizational Analysis*, Chicago, S. 183–203.

Pries, Ludger (1985), *Die Unabhängige Betriebsgewerkschaft von Volkswagen de México. »Nuevo Sindicalismo« oder »Nuevo Charrismo«? Eine Fallstudie*, hg. vom Institut für Entwicklungsforschung und Entwicklungspolitik der Ruhr-Universität Bochum, Bochum.

— (1993), »Volkswagen: ¿Un Nudo Gordiano Resuelto?«, in: *Trabajo*, H. 9, S. 7–23.

— (1998), »›Arbeitsmarkt‹ oder ›erwerbsstrukturierende Institutionen‹? Theoretische Überlegungen zu einer Erwerbssoziologie«, in: *Kölner Zeitschrift für Soziologie und Sozialpsychologie*, Jg. 50, S. 159–175.

— (1999), *Auf dem Weg zu global operierenden Konzernen? BMW, DaimlerChrysler und Volkswagen: Die Drei Großen der deutschen Automobilindustrie*, München/Mering.

— (2000), »Globalisierung und Wandel internationaler Unternehmen. Konzeptionelle Überlegungen am Beispiel der deutschen Automobilindustrie«, in: *Kölner Zeitschrift für Soziologie und Sozialpsychologie*, Jg. 52, H. 4, S. 670–695.

— (2001), »Industrielle Beziehungen im globalen Wandel«, in: Jörg Abel/Hans Joachim Sperling (Hg.), *Umbrüche und Kontinuitäten. Perspektiven nationaler und internationaler Arbeitsbeziehungen*, München/Mering, S. 295–313.

— (2002), »International Enterprises as Global Players? Challenges and Opportunities for Industrial Relations«, in: Jürgen Hoffmann (Hg.), *The Solidarity Dilemma: Globalisation, Europeanisation and the Trade Unions*, Brussels, S. 43–62.

— (2003), »Emerging Production Systems in the Transnationalisation of German Carmakers: Adaption, Application or Innovation?«, in: *New Technology, Work and Employment*, Jg. 18, H. 2, S. 82–100.

— (2005a), »Configurations of Geographic and Societal Spaces: A Sociological Proposal between ›Methodological Nationalism‹ and the ›Spaces of Flow‹«, in: *Global Networks*, Jg. 5, H. 2, S. 167–190.

— (2005b), *Kräftefelder der Strukturierung und Regulierung von Erwerbsarbeit. Überlegungen zu einer entwicklungs- und institutionenorientierten Sozialwissenschaft der Erwerbsarbeit*, Soaps-Papers, Jg. 4, H. 1.

— (2008), *Die Transnationalisierung der sozialen Welt. Sozialräume jenseits von Nationalgesellschaften*, Frankfurt a. M.

— (2010), *Erwerbsregulierung in einer globalisierten Welt*, Wiesbaden.

Pries, Ludger u. a. (1990), *Entwicklungspfade von Industriearbeit. Chancen und Risiken betrieblicher Produktmodernisierung*, Opladen.

Pugh, Derek S./Payne, R.L. (1977) (Hg.), *Organizational Behaviour in its Context. The Aston Programme III*, Farnborough.

Riisgard, Lone (2004), *The IUF/COLSIBA - CHIQUITA framework agreement: a case study*, Working Paper Nr. 94, hg. v. d. International Labour Office, Genf.

Risse-Kappen, Thomas (1999), »Introduction«, in: Risse-Kappen, Thomas (Hg.), *Bringing Transnational Relations back in – Non State Actors, Domestic Structures and International Institution*, Cambridge, S. 1–33.

Risse, Thomas/Sikkink, Kathryn (1999), »The Sozialization of International Human Rights Norms into Domestic Practices: Introduction«, in: Thomas Risse u. a. (Hg.), *The Power of Human Rights. International Norms and Domestic Change*, Cambridge, S. 1–38.

Ritti, R. R./Goldner, Fred H. (1969), »Professional Pluralism in an Industrial Organization«, in: *Management Science*, Jg. 16, H. 4, S. 233–246.

Rüb, Stefan (2006), *IMB-Weltkonferenz zu Internationalen Rahmenvereinbarungen, 26.-27.9.2006*, unveröffentl. Auswertungsbericht für die IG Metall.

— (2009), *Die Transnationalisierung der Gewerkschaften. Eine empirische Untersuchung am Beispiel der IG Metall*, Berlin.

Rüb, Stefan u. a. (2011), *Transnationale Unternehmensvereinbarungen. Zur Neuordnung der Arbeitsbeziehungen in Europa*. Berlin.

Ruhl, Klaus-Jörg/Ibarra García, Laura (2000), *Kleine Geschichte Mexikos: Von der Frühzeit bis zur Gegenwart*, München.

Sahlin, Kerstin/Wedlin, Linda (2008), »Circulating Ideas: Imitation, Translation and Editing«, in: Royston Greenwod/ u. a. (Hg.), *The Sage Handbook of Organizational Institutionalism*, Los Angeles u. a., S. 218–242.

Scherrer, Christoph/Greven, Thomas (2001), *Global Rules for Trade. Codes of Conduct, Social Labelling, Workers' Rights Clauses*, Münster.

Schmitter, Philippe C./Streeck/Wolfgang (1999), *The Organization of Business Interests: Studying the Associative Action of Business in Advanced Industrial Societies*, Köln.

Schömann, Isabelle u. a. (2008), *Codes of Conduct and International Framework Agreements: New Forms of Governance at Company Level*, hg. v. d. European Foundation for the Improvement of Living and Working Conditions, Dublin.

Scott, W. Richard (1994), »Law and Organizations«, in: S. B. Sitkin/R. J. Bies (Hg.), *The Legalistic Organization*, London u. a., S. 55–80.

— (2001), *Institutions and Organizations*, London u. a., 2. überarb. Aufl.

Secretaría de Trabajo y Prevención Social (STPS) (2007), *Registro de Asociaciones*, http://www.stps.gob.mx/areasatencion/DGRA/lid_g.htm (28.03.2007).

Sengenberger, Werner (2002), *Globalization and Social Progress. The Role and Impact of International Labour Standards*, hg. von der Friedrich-Ebert-Stiftung, Bonn.

Senghaas-Knobloch, Eva (2004), »Auftrag und Möglichkeiten der Internationalen Arbeitsorganisation (ILO) unter den Bedingungen der Globalisierung«, in: *Arbeit. Zeitschrift für Arbeitsforschung, Arbeitsgestaltung und Arbeitspolitik*, Jg. 13, H. 1, S. 236–247.

Servicio de Administración Tributaria (2009), *Cuadro histórico de los salarios mínimos (1982 – 2009)*, http://www.sat.gob.mx/sitio_internet/asistencia_contribuyente /informacion_frecuente/salarios_minimos/45_7369.html (5.5.2010).

Sewell, William H., Jr. (1992), »A Theory of Structure: Duality, Agency, and Transformation«, in: *American Journal of Sociology*, Jg. 98, S. 1–29.

Sobczak, André (2008), »Legal Dimension of International Framework Agreements in the Field of Corporate Social Responsibility«, in: Papadakis, Konstantinos (Hg.), *Cross-Border Social Dialogue and Agreements: an Emerging Global Industrial Relations Framework?*, hg. v. International Labour Office u. International Institute for Labour Studies, Genf, S. 115–130.

Steiert, Robert u. a. (2002), »A Social Charter for Volkswagen: a New Milestone in Industrial Relations«, in: *Transfer*, Jg. 8, H. 4, S. 711–714.

Stevis, Dimitris (2010), *International Framework Agreements and Global Social Dialogue: Parameters and Prospects*, Employment Working Paper Nr. 47, hg. v. d. International Labour Organization, Genf.

— (2011), »The Impacts of International Framework Agreements: Lessons Learned from the Daimler Case«, in: Konstantinos Papadakis (Hg.), *Shaping Global Industrial Relations. The Impact of International Framework Agreements*, hg. v. d. International Labour Organization, Basingstoke, S. 116–142.

Strauss, George/Whitfield, Keith (1998), »Research Methods in Industrial Relations«, in: George Strauss/Keith Whitfield (Hg.), *Researching the World of Work: Strategies and Methods in Studying Industrial Relations*, Ithaca/London, S. 5–29.

Streeck, Wolfgang (1999), »Social Citizenship under Regime Competition: The Case of European Works Councils«, in: Streeck, Wolfgang (Hg.), *Korporatismus in Deutschland*, Frankfurt a. M./New York, S. 124–158.

Subcomandante Insurgente Marcos (2001): *Botschaften aus dem Lakandonischen Urwald*, Hamburg.

Suchman, Mark C. (1995), »Managing Legitimacy: Strategic and Institutional Approaches«, in: *Academy of Management Review*, Jg. 20, S. 571–610.

Tarrow, Sidney (2005), *The New Transnational Activism*, Cambridge.

Telljohann, Volker (2005), »The European Works Councils – a Role beyond the EC Directive?«, in: Transfer, Jg. 11, H. 1, S. 81–96.

Telljohann, Volker u. a. (2009), *European and International Framework Agreements: Practical Experiences and Strategic Approaches*, hg. v. d. European Foundation for the Improvement of Living and Working Conditions, Dublin.

Thompson, John B. (1989), »The Theory of Structuration«, in: David Held/John B. Thompson (Hg.), *Social Theory of Modern Societies: Anthony Giddens and his Critiques*, Cambridge, S. 56–76.

Tobler, Hans-Werner (1984), *Die mexikanische Revolution: Gesellschaftlicher Wandel und politischer Umbruch, 1876–1940*, Frankfurt a. M.

Tolbert, Pamela S./Zucker, Lynn G. (1996), »The Institutionalization of Institutional Theory«, in: Steward Clegg u. a. (Hg.), *Handbook of Organization Studies*, London/Thousand Oaks, S. 175–190.

Trainings- und Beratungsnetz Euro-Betriebsrat: *Newsletter*, versch. Ausgaben, Hamburg, http://www.ebr-news.de/ (8.8.2012.)

Traxler, Franz (2003), »Die Struktur der nationalen Gewerkschaftssysteme im Vergleich«, in: Wolfgang Schroeder/Bernhard Weßels (Hg.), *Die Gewerkschaften in Politik und Gesellschaft der Bundesrepublik Deutschland. Ein Handbuch*, Wiesbaden, S. 543–564.

Trinczek, Rainer (2009), »Wie befrage ich Manager? Methodische und methodologische Aspekte des Experteninterviews als qualitativer Methode empirischer Sozialforschung«, in: Alexander Bogner u. a. (Hg.), *Experteninterviews: Theorien, Methoden, Anwendungsfelder*, Wiesbaden, 3. überarb. Aufl., S. 225–238.

Uhl, Hans-Jürgen/Brüning, Magdalena (1999), »Der Volkswagen-Weltkonzernbetriebsrat«, in: *Personalwirtschaft*, Jg. 10, S. 58–61.

UNCTAD (2010), *World Investment Report 2010: Investing in a Low-Carbon Economy*, hg. v. d. United Nations Conference on Trade and Development, New York/Genf.

UNI (2011), *Multinationals*, http://www.uniglobalunion.org/Apps/iportal.nsf/pages/20090202_vlnuEn (30.4.2011).

Vogel, Wolf-Dieter u. a. (2012), »Vorwort«, in: Anne Huffschmid u. a. (Hg.), *NarcoZones. Entgrenzte Märkte und Gewalt in Lateinamerika*, Berlin/Hamburg, S. 7–12.

Voss, Eckhard (2008), *Codes of Conduct and International Framework Agreements: New Forms of Governance at Company Level. Case Study: LEONI*, hg. v. d. European Foundation for the Improvement of Living and Working Conditions, Dublin.

Voss, Eckhard/Wilke, Peter (2008), *Codes of Conduct and International Framework Agreements: New Forms of Governance at Company Level. Case Study: Bosch*, hg. v. d. European Foundation for the Improvement of Living and Working Conditions, Dublin.

Walgenbach, Peter (2006), »Neoinstitutionalistische Ansätze in der Organisationstheorie«, in: Alfred Kieser/Mark Ebers (Hg.), *Organisationstheorien*, Stuttgart, 6. erw. Aufl., S. 353–401.

Walgenbach, Peter/Meyer, Renate (2008), *Neoinstitutionalistische Organisationstheorie*, Stuttgart.

Walton, Richard E./McKersie, Robert B (1965), *A Behavioral Theory of Labor Negotiations: An Analysis of a Social Interaction System*, New York.

Wannöffel, Manfred (2005), »Mexiko: Industrielle Beziehungen im Umbruch«, in: *Entwicklungspolitik Lateinamerika: Neoliberale Globalisierung – Vergangenheit in der Gegenwart*, hg. v. DGB Bildungswerk Essen, S. 38–39.

Weber, Max (1968), *Economy and Society: An Interpretive Sociology*, hg. v. Guenther Roth und Claus Wittich, New York, 3. Aufl., 1. Aufl. 1924 (dt. Erstausgabe: 1922)

Welz, Christian (2011), »A Qualitative Analysis of International Framework Agreements: Implementation and Impact«, in: Konstantinos Papadakis (Hg.), *Shaping Global Industrial Relations. The Impact of International Framework Agreements*, hg. v. d. International Labour Organization, Basingstoke, S. 38–60.

Weiss, Manfred (2001), »Die Globalisierung arbeitsrechtlicher Mindeststandards«, in: Abel, Jörg/Sperling, Hans Joachim (Hg.), *Umbrüche und Kontinuitäten: Perspektiven nationaler und internationaler Arbeitsbeziehungen*, München, S. 369–382.

Westphal, James D./Zajac, Edward J. (1994), »Substance and Symbolism in CEO's Longterm Incentive Plans«, in: *Administrative Science Quarterly*, Jg. 39, S. 367–390.

— (1997), »Defections from the Inner Circle: Social Exchange, Reciprocity and the Diffusion of Board Independence in U.S. Corporations«, in: *Administrative Science Quarterly*, Jg. 42, S. 161–183.

Wick, Ingeborg (2003), *Workers' Tool or PR Ploy? A Guide to Codes of International Labour Practice*, hg. v. d. Friedrich-Ebert-Stiftung und Südwind, 3., überarb. Aufl., Bonn/Siegburg.

Widuckel, Werner (2001), »Globale Integration von Unternehmen und Interessenvertretung von Arbeitnehmern am Beispiel der Volkswagen AG«, in: *Industrielle Beziehungen*, Jg. 3, S. 333–340.

Worldbank (2011), *Mexico*, http://data.worldbank.org/country/mexico (18.05. 2011).

Wroblewski, Angela/Leitner, Andrea (2009), »Zwischen Wissenschaftlichkeitsstandards und Effizienzansprüchen – ExpertInneninterviews in der Praxis der Maßnahmeevaluation«, in: Alexander Bogner u. a. (Hg.), *Experteninterviews: Theorien, Methoden, Anwendungsfelder*, Wiesbaden, 3. überarb. Aufl., S. 259–276.

Xelhuantzi López, María (2000), *La democracia pendiente. La libertad de asociación sindical y los contratos de protección en México*, Mexiko.

— (2002), *Sindicalismo internacional*, Mexiko.

— (2006), »El sindicalismo mexicano contemporaneo«, in: Inés González Nicolás (Hg.), *Los sindicatos en la encrucijada del siglo XXI*, hg. v. d. Friedrich-Ebert-Stiftung, Mexiko, S. 13–38.

Zimmer, Reingard (2008), *Soziale Mindeststandards und ihre Durchsetzungsmechanismen. Sicherung internationaler Mindestandards durch Verhaltenskodizes?* Baden-Baden.

Zucker, Lynne G. (1977), »The Role of Institutionalization in Cultural Persistence«, in: *American Sociological Review*, Jg. 42, S. 726–743.

— (1987), »Institutional Theories of Organizations«, in: *Annual Review of Sociology*, Jg. 13, 443–464.

Danksagung

Das hier vorgelegte Buch beruht auf einer Dissertation, die im Juli 2011 an der Fakultät für Sozialwissenschaft der Ruhr-Universität Bochum angenommen wurde.

Während des gesamten Forschungsprozesses habe ich von zahlreichen Personen und Organisationen vielfältige Unterstützung erhalten, ohne die ich dieses Buch nicht hätte schreiben können. Mein Dank gilt an erster Stelle meinem Doktorvater Prof. Dr. Ludger Pries, der meine wissenschaftliche Arbeit mit kritischen, aber stets konstruktiven Anregungen begleitet und mich in jeder Hinsicht unterstützt hat. Bedanken möchte ich mich auch bei Prof. Dr. Dennis Dijkzeul, der mir während des Forschungsprozesses als verlässlicher und kompetenter Diskussionspartner und Ratgeber zur Seite gestanden hat. Mein besonderer Dank gilt darüber hinaus Dr. Manfred Wannöffel, der den Wunsch der Promotion in mir geweckt und den gesamten Forschungsprozess sowohl mit wissenschaftlichen als auch praktischen Anregungen und Hilfestellungen begleitet und gefördert hat.

Großzügige Hilfsbereitschaft erfuhr ich darüber hinaus während zweier Forschungsaufenthalte in Mexiko. Insbesondere dem Büro der Friedrich-Ebert-Stiftung in Mexiko-Stadt und Dr. Svenja Blanke gebührt mein aufrichtiger Dank. Nicht nur durfte ich vor Ort die Infrastruktur der Stiftung nutzen, sondern ich wurde auch warmherzig aufgenommen und in vielerlei Hinsicht unterstützt. Im Austausch mit den Mitarbeiterinnen und Mitarbeitern der Friedrich-Ebert-Stiftung und durch Einblicke in die Stiftungsarbeit konnte ich wichtige Erkenntnisse für die vorliegende Forschungsarbeit gewinnen. Mein besonderer Dank gilt dabei Inés González, die mir immer wieder geholfen hat, die komplexen mexikanischen gesellschaftlichen Realitäten zu verstehen und die Ergebnisse meiner Forschung in diese Zusammenhänge einzuordnen.

Bedanken möchte ich mich auch bei all denjenigen, die meine Arbeit in Mexiko und Deutschland durch wichtige Anregungen bereichert haben. Stellvertretend möchte ich erwähnen: Dr. Alfonso Bouzas, Prof. Dr. Rainer Dombois, Dr. Arturo Lara, Dr. Yolanda Montiel, Dr. Stefan Rüb und Ivonne Schuster.

Um die von einigen Interviewpartnerinnen und -partnern gewünschte Anonymität zu wahren, können an dieser Stelle die einzelnen befragten Expertinnen und Experten nicht aufgeführt werden. Ich bin ihnen dennoch zu großem Dank verpflichtet, da ich ohne ihre Bereitschaft, mir über die Dauer eines langen Forschungsprozesses hinweg ausführlich und geduldig Rede und Antwort zu stehen und wichtige Einblicke in ihre praktische Arbeit zu geben, diese Arbeit nicht hätte schreiben können.

Bedanken möchte ich mich auch bei der Hans-Böckler-Stiftung, die meine Forschung und die damit verbundenen Auslandsaufenthalte durch ein Promotionsstipendium ermöglicht und durch ein umfangreiches Seminarangebot und persönliche Betreuung konstruktiv begleitet hat, sowie bei der Research School der Ruhr-Universität Bochum, die meine Arbeit finanziell unterstützt hat.

Mit geduldiger und tatkräftiger Unterstützung bei Lektorat und Gestaltung der Arbeit haben mir Dr. Jannika Bock und Julian Ruscheweyh zur Seite gestanden. Auch ihnen gebührt mein herzlicher Dank.

Mein besonderer Dank gilt abschließend meiner Familie und meinen Freunden, die mich in dem oft entbehrungsreichen Forschungsprozess immer wieder ermutigt haben und die mir in allen Lebenslagen eine feste Stütze waren. Vor allem meinem Mann Hauke Wendler und meinem Sohn Esben gebührt meine tiefe Dankbarkeit für ihre Geduld und Unterstützung im Arbeits- und Familienalltag sowie für das Glück, mit dem sie mein Leben jenseits aller Forschungsprozesse bereichern.

Siglinde Hessler
Hamburg, im Juli 2012